文獻史料로 본
三國時代 社會 生活史

文獻史料로 본
三國時代 社會 生活史

尹 世 英

서경문화사

■ 著者 尹世英

1934, 서울 生
中央中·高校 卒業
高麗大 史學科 卒業
同 大學 博物館 學藝課長, 講師
日本 慶應義塾大學院 文學博士
高麗大 考古美術史學科 敎授
同 大學 博物館長
韓國考古學會長
文化財委員
高麗大 埋藏文化財硏究所長
中央文化財硏究院長

著書

古代金冠 및 天馬圖硏究(共)
古墳出土副葬品硏究
百濟彫刻工藝圖錄(共)
高句麗의 考古文物(共)
司譯院司譯書冊版硏究(共)
三공의 出 卒 外 論文 多數

文獻史料로 본
三國時代 社會 生活史

초판인쇄일	2007년 10월 1일
초판발행일	2007년 10월 3일
지 은 이	윤세영
펴 낸 이	김선경
펴 낸 곳	도서출판 서경문화사
주 소	서울시 종로구 동숭동 199-15(105호)
전 화	02-743-8203, 8205
팩 스	02-743-8210
메 일	sk8203@chollian.net
등 록 번 호	1-1664호
인 쇄	한성인쇄
제 책	반도제책사

ⓒ 윤세영, 2007

ISBN 978-89-6062-019-3 93900

* 파본은 본사나 구입처에서 교환하여 드립니다.

값 : 24,000원

序

고고학은 과거 인간이 남긴 생활행동이나 문화의 실태를 조명(照明)하는 학문이다. 따라서 당시의 역사문화와 사회생활을 재조명하기 위해서는 物質資料(遺蹟·遺物)들이 主 研究對象이 되겠지만, 이와 함께 문헌사료(文獻史料)도 빠질 수 없는 중요한 자료이다. 물론 위 두 자료를 같이 이용하면 最上이겠으나, 실제로는 병행(竝行)하기가 쉽지 않다. 圖書를 주로 취급하는 文獻考古學을 하면 유적 유물에 어둡고, 유적·유물을 주 대상으로 하는 野外考古學은 논거 전개(論據 展開)에서 문헌 인용(引用)을 하지 못한 허점(虛點)이 있다.

대학에서 정년을 한 후 바로 매장문화재 발굴조사기관에 재취임을 하니 어찌 보면 같은 일의 연장이라고도 생각되겠지만 다른 점도 매우 많음을 실감하였다. 대학에서는 책상과 강의실에서 대부분의 시간을 보냈지만, 연구원에서는 야외에서의 발굴조사 활동이 주된 업무이다. 대학에서는 기왕에 연구된 글을 참고하여 자기 학설이나 글로 발표 하지만, 이곳 연구원에서는 인위적(人爲的)이나 자연재해(自然災害)에 의해 오랜 기간 地下 水中에 매장(埋藏)되었던 유적 유물을 세상에 노출(露出)시켜 연구자들에게 새로운 일차적인 자료의 제공을 목적으로 하는 책무(責務)가 있다.

도심(都心)의 研究院에는 상근(常勤)하지만, 발굴현장 출장을 제외하면 약간의 시간 여유가 있어 후학(後學)을 위해 무엇인가를 남기고 싶은 마음에서, 또 야외현장(野外現場)에서 계절의 변화와 일기의 변동에도 관계치 않고 소임(所任)을 다하는 研究員들에게 文獻史料를 찾는 시간을 조금이라도 절약하게 하기위해 자료집 발간에 착안(着眼)하게 되었다.

따라서 이 책은 학술논문집이 아니며, 여기저기에서 특정(特定) 제목의 논술(論述)을 모은 편저(編著)도 아니고, 우리나라 현존(現存) 最古史書인 三國史記 三國遺事와 中國古代史書에서 관계자료를 발췌(拔萃)한 자료집이다. 그러나 각 절(節)과 항(項)에는 필자의 해설(解說)과 소견(所見)을 첨부(添附)하였으며, 가능한 한 많은 자료를 제시(提示)하려고 노력하였다. 그러므로 이 자료집은 고고학 전공자에게는 필수의 기본 자료가 될 것이고, 한국고대사를 비롯한 인문 사회계열의 학도들은 물론 자연과학 연구자, 그리고 한문(漢文)을 모르는 세대들에게도 유익(有益)하게 활용(活用)될 것이라 사료(思料)된다.

그러나 시력(視力)의 노화(老化)와 두뇌회전(頭腦回轉)의 둔화(鈍化)는 날이 다르게 변모(變貌) 발전하는 문명의 이기(利器) 이용(利用)·조작(操作)이 익숙치 못하여 시간의 흐름에도 진척(進陟)은 별로 없고, 간신히 몇 편을 꾸며 보았으나, 여의(如意)치 않아 교정·수정을 반복 하였지만 만족스럽지 못하다. 학문, 예술, 종교 등 많은 항목의 자료를 정리하였으나 모두 실리지 못한 것이 매우 한스럽지만 더 이상 지연시킬 수 없었다.

각 지역 발굴조사보고서, 연구논문집 등 수다(數多)한 출판물 간행으로 번거로운 중에도 졸고(拙稿)를 수용(受容)한 高麗大 韓國考古環境硏究所 李弘鍾 所長의 호의(好意)에 고마움을 표하고, 日常業務의 분주(奔走)에도 除百事하고 철저(徹底)하게 교정(校訂·校正)하여준 中文硏의 高素眞 硏究員의 勞苦와, 어려운 한문(漢文)이 대부분인 원고를 편집 출간(出刊)하여 주신 서경문화사 김선경 사장 외 여러분께도 감사드린다.

2007. 9 三空書室에서

芸艸. 尹 世 英

차례

- 序 —— 5

一. 三國時代의 자연환경(自然環境)과 기후(氣候)
　Ⅰ. 머리말 —— 11
　Ⅱ. 자연환경(自然環境) —— 13
　Ⅲ. 기상(氣象)·기후(氣候) —— 23
　Ⅳ. 누리(황충 蝗蟲, 비황 飛蝗)의 피해(蝗災, 蝗害) —— 76
　Ⅴ. 지진(地震)과 지열(地裂, 震裂) —— 80
　Ⅵ. 해일(海溢)·적조(赤潮) —— 89
　Ⅶ. 맺음말 —— 91

二. 三國時代의 기이탄생(奇異誕生)과 이상신체(異常身體)
　Ⅰ. 머리말 —— 95
　Ⅱ. 기이탄생(奇異誕生) —— 97
　Ⅲ. 이상신체(異常身體) —— 110
　Ⅳ. 편두(扁頭) —— 121
　Ⅴ. 문신(文身) —— 124
　Ⅵ. 맺음말 —— 126

三. 三國時代의 사회(社會)의 비참상(悲慘狀)
　Ⅰ. 머리말 —— 131
　Ⅱ. 절식(節食) —— 131
　Ⅲ. 기근(饑饉) —— 133
　Ⅳ. 매자(賣子)·인신매매(人身賣買)·상식(相食)·아사(餓死) —— 141
　Ⅴ. 도적(盜賊)과 형벌(刑罰) —— 148
　Ⅵ. 질역(疾疫, 유행병) —— 154
　Ⅶ. 대전(大戰)·전사(戰死)·포로(捕虜)·노역(勞役) —— 158
　Ⅷ. 맺음말 —— 198

四. 三國時代의 음란(淫亂)·혼례(婚禮)·공녀(貢女)

　　Ⅰ. 머리말 —— 203

　　Ⅱ. 질투(嫉妬)·음란(淫亂)과 형벌(刑罰) —— 205

　　Ⅲ. 혼례(婚禮)·국제혼(國際婚) —— 224

　　Ⅳ. 공녀(貢女) —— 235

　　Ⅴ. 맺음말 —— 243

五. 三國時代의 외교(外交)와 제례(祭禮)

　　Ⅰ. 머리말 —— 247

　　Ⅱ. 외교(外交) —— 248

　　Ⅲ. 하정(賀正) —— 260

　　Ⅳ. 조공(朝貢) —— 263

　　Ⅴ. 제례(祭禮) —— 272

　　Ⅵ. 점복(占卜)·일관(日官) —— 293

　　Ⅶ. 맺음말 —— 300

六. 三國時代의 장속(葬俗)

　　Ⅰ. 머리말 —— 303

　　Ⅱ. 장례(葬禮)의 여러 형태 —— 305

　　Ⅲ. 후장(厚葬)과 박장(薄葬) —— 324

　　Ⅳ. 시체(屍體)를 버리거나, 토막을 내거나, 미끼로 쓰다 —— 330

　　Ⅴ. 잔인(殘忍)한 처형(處刑) —— 333

　　Ⅵ. 무덤의 훼손(毁損, 破墳) —— 343

　　Ⅶ. 맺음말 —— 346

● 부록

　　삼국왕(三國王)들의 장단기(長短期) 집권(執權) —— 349

　　인용도서 해제(引用圖書 解題) —— 351

一. 三國時代의 자연환경(自然環境)과 기후(氣候)

Ⅰ. 머리말

Ⅱ. 자연환경(自然環境)

Ⅲ. 기상(氣象)·기후(氣候)
  일식(日蝕) 홍수(洪水)·폭우(暴雨)·철우(鐵雨) 대풍(大風 暴風) 큰눈(大雪)
  천둥(天動)·벼락(霹靂)·뇌우(雷雨) 우박(雨雹) 서리(霜) 가뭄(旱害) 적지(赤地)
  이상기후(異常氣候)

Ⅳ. 누리(황충 蝗蟲, 비황 飛蝗)의 피해(蝗災, 蝗害)

Ⅴ. 지진(地震)과 지열(地裂, 震裂)

Ⅵ. 해일(海溢)·적조(赤潮)

Ⅶ. 맺음말

Ⅰ. 머리말

자연은 태초(太初)의 천연(天然) 그대로 인위적(人爲的)이 아닌 모든 사물(事物)·성질(性質)·현상(現像)을 말한다. 즉 자연이란, 산 강 바다 초목 동물 비 바람 같이 저절로 생성(生成)·전개(展開)·소멸(消滅)이 이루어지는 일체의 것을 의미하므로, 넓은 의미로는 조화(調和)의 힘에 의하여 이루어진 일체의 것, 즉 인간을 포함한 천지간의 우주만물 까지도 포괄하며, 환경은 생물이나 인간을 둘러싸고 있는 외위(外圍) 가운데 주체의 생존과 행동에 관계가 있다고 생각 할 수 있는 여러 요소와 조건의 전체로서, 주체를 둘러싸는 주위의 사물이나 상태를 총칭한다.

기후는 기상(氣象)·기후(氣候)·천기(天氣)·천후(天候) 등으로 불리어, 모두 유사한 말로서 혼동하여 사용하기도 하지만, 엄밀히 말하면 차이가 있는데, 지구상의 어느 지역에서 1년을 주기(週期)로 매년 정해진 순서대로 되풀이 되는 대기의 종합 상태로서, 어느 지방의 고유한 대기의 평균 상태를 말한다. 그리고 기상관측기(氣象觀測器)로 측정하여 기온·습도·강수량·기압·바람 등 여러 해 동안의 평균치를 계산한 것이다. 그러므로 기후는 고대로부터 인간생활과 직결되어 농경(農耕)이나 어로활동(漁撈活動)에서는 계절의 변화와 깊은 관계를 가지고 있을 뿐 만 아니라, 현대의 식(食)·주(住)·의(衣) 생활과도 불가분(不可分)의 관계를 지니고 있다.

기상은 구름·비·바람·건습(乾濕)등의 대기의 상태나 현상을 총칭하며, 넓은 의미로 사용 할 때는 대기 상태나 대기중에서 일어나는 모든 현상을 가리키므로 기온·기압·풍향(風向)·풍속(風速)·습도·일조(日照)·운량(雲量)·운형(雲形)·강수(降水)량 등을 대상으로 한다.

인간의 지혜가 발달 되면서 월력(月曆)이 생기고, 24절(節)과 72후(候)가 만들어져 1년을 24등분하여 기록한 것이 입춘(立春)·추분(秋分)·하지(夏至)·동지(冬至) 등이다. 우리나라는 춘하추동이 일정하고 확실하게 연속되는 지역이므로 고구려·신라·백제 3국의 정립(鼎立) 이전부터 농업경제 수단에 의존하고 생활하였으므로 농사는 절기에 맞추지 못하면 실패하여 백성은 굶주리고, 국고(國庫)는 고갈(枯渴)되어 민생(民生)은 도탄(塗炭)에 빠지게 마련이다. 따라서 최고 통치자는 치산치수(治山治水)를 잘 해야 성군(聖君)이 되고 나라가 평온하였다.

참고로 삼국시대의 천문(天文)·역법(曆法)·지도(地圖)에 관한 기록을 찾아보면

後漢書 東夷列傳 濊전에, 예(濊)는 북으로 고구려 옥저와 접하고 남은 진한과 경계하고 동쪽은 큰 바다에 닿으며… 새벽에 별자리의 움직임을 관찰하여 그 해의 흉풍을 미리 안다.

濊北與高句驪 沃沮, 南與辰韓接, 東窮大海… 曉候星宿 豫知年歲豊約, 國史編纂委員會, 1986, 국역 中國正史朝鮮傳, 518쪽.

같은 내용이 三國志 魏書 濊전에도 실려 있다. 위 中國正史朝鮮傳, 525쪽.

北史 百濟전에, 음양 오행에 대해서도 알았다. 송나라 원가력을 사용하여 인월을 세수로 삼았다.

又解陰陽五行, 用宋元嘉曆, 以建寅月爲歲首, 위 中國正史朝鮮傳, 549쪽.

周書 百濟전에, 음양오행도 이해하였고…송 원가력을 채용하여 인월(寅月)로 세수(북두자리가 인방을 가리키는 달로 음력 정월에 해당)를 삼았다.

又知醫藥, 蓍龜 與相術, 陰陽五行法…行宋元嘉曆, 以建寅月爲歲首, 위 中國正史朝鮮傳, 567쪽.

三國史記 高句麗本紀 27대 榮留王 7년(624) 2월에 왕이 당나라에 사신을 보내어 역서의 반급(班給)을 청하고, 11년(628) 9월에 사신을 당에 보내어 …겸하여 아국(我國) 봉역도(封域圖, 疆域圖)를 바치었다.

七年, 春二月, 王遣使如唐, 請班曆, 十一年, 秋九月, 遣使入唐, …兼上封域圖, 李丙燾 校勘, 1993, 三國史記, 乙酉文化社, 188쪽.

三國史記 新羅本紀 30대 文武王 14년(674) 정월에 당나라에 가서 숙위(宿衛)하던 대나마(大奈麻, 十品官) 덕복전이 역술을 학습하고 돌아와 새 역법을 제정 하였다.

十四年, 春正月, 入唐宿衛大奈麻德福傳, 學曆術還, 改用新曆法, 위 三國史記, 75쪽.

32대 孝昭王, 원년(692) 8월 고승 도증이 당에서 귀국하여 천문도를 바치고,

元年, 八月, 高僧道證自唐廻, 上天文圖, 위 三國史記, 82쪽.

동왕 4년(695) 立子月(11월)을 정월로 삼았다가 9년에 다시 立寅月(1월)로 정월을 삼았

다 하여, 정월을 11월 또는 1월로 한적도 있다.
  以立子月爲正, 復以立寅月爲正, 앞 三國史記, 83쪽.

  33대 聖德王, 17년(718) 6월 처음으로 누각(漏刻, 물시계)을 제조하였고,
  十七年, 夏六月, 始造漏刻, 위 三國史記, 85쪽.

  35대 景德王, 8년(749) 천문박사 1인과 누각박사 6인을 두었다.
  八年, 三月, 置天文博士一員, 漏刻博士六員, 위 三國史記, 92쪽.

  그리고 9대 伐休尼師今(184~195) 원년에 풍운을 보고 점을 쳐서 미리 수재·한재와 그해의 풍흉을 알았다,
  王占風雲, 豫知水旱及年之豊儉, 위 三國史記, 15쪽.

  고고학을 이해 연구하는데는 당시의 자연환경 기상 기후를 생각하지 않고서는 성립할 수 없다. 그것은 동식물(動植物)을 포함하여 인간들이 생활 할 수 있는 첫째 조건이 자연환경과 기상·기후 여건이고 이에 따라 각 지역의 생태, 각 민족의 생활 문화가 형성 발전 전파되기 때문이다.
  우리나라 고고학도 최근 비약적인 발전을 거듭하여 유적 발굴조사 보고서에는 머리말 다음에 유적의 위치와 자연환경 기상에 대한 설명이 반드시 소개되고 있다. 뿐만 아니라 조사보고서 말미(末尾)에는 고고학자가 조사 할 수 없는 분야 즉 당시의 식생(植生)과 토양(土壤)·광물(鑛物)이나 출토된 유기물(有機物)이나 무기물질의 자료의 분석에 대한 논문을 해당 전문교수나 과학자에 의뢰하여 게재하고 있는 실정이다.

Ⅱ. 자연환경(自然環境)

  한반도의 자연은 아시아 대륙의 동북부에 남동쪽으로 돌출된 반도이다. 국토의 75%가 산지(山地)로서 북부와 동부는 높고 남서부는 얕아서 평야지대를 이루고 있다. 북쪽은 중국 대륙과 러시아의 연해주와 접경하고, 남쪽은 대한해협을 사이에 두고 일본과 마주하고 있다.

지층(地層)을 구성하고 있는 암석은 백두산 부근 철원 제주도 울릉도 등의 용암지대를 제외하고는 화강암과 편마암이 전국토의 60%를 차지하고 있으므로 토양은 화강암 편마암 등이 부스러져 된 사질양토(沙質壤土, 壤質沙土) 이다.

기후는 삼면이 바다와 접하고 한면이 대륙과 접경하고 있으므로, 겨울과 여름의 기온 차가 큰 대륙성기후이지만 제주도와 남부의 해안지방은 해양성 기후의 영향도 있다. 강수량은 남북의 차이도 있겠으나 건기(乾期)와 우기(雨期)가 뚜렷하고, 연 강수량(降水量)은 500~1500mm이다.

3국의 국토는 온대(溫帶)에 속하고 4계절이 뚜렷하고 강수량이 적당하여 일찍부터 농경문화(農耕文化)를 형성 발전시켜 왔다. 이러한 자연조건에서 한민족은 BC. 4000년경 시베리아와 만주에서 한반도로 옮겨온 퉁구스족으로 알려지고 있으며, BC. 2500년을 전후하여 만주 지역으로부터 민무늬토기인(無文土器人)들이 한반도 지역으로 유입된 예맥(濊貊)족으로 알려지고, 이들이 한반도에서 청동기문화(靑銅器文化)를 이룩하였다고 보고 있다. 이 청동기문화인들이 BC. 2300년경 고조선(古朝鮮)을 건국 하였으나, BC. 108년 한(漢)나라의 침략으로 고조선이 멸망하여 중국 문화의 영향을 받아 중국계의 북방 문화의 영향이 크게 작용하였다. 이에 따라 고조선인들은 남쪽으로 이주(移住)하여 기원 전후로 반도의 동남쪽에는 진한(辰韓)·사로(斯盧)국이 신라로, 서남쪽에는 마한(馬韓)·변한(弁韓)이 백제로, 반도의 중심부에서 북쪽으로 압록강 두만강을 건너 만주지역까지 고구려가, 함경도 지역에는 옥저(沃沮), 강원 북부 지역은 동예(東濊)가 자리 잡고 각기 고대국가로 발전하기 시작하였다.

신라·백제·고구려의 3국이라고 하지만, 3국이 모두 혈통(血統)·언어(言語) 문화가 대동소이(大同小異)하고, 신라와 백제는 거의 같은 위도(緯度) 상에 위치하고, 고구려가 북쪽에 위치하여, 위도로 보아 남북의 차이가 있어서 자연과 기후가 약간의 차이는 있으나, 사회 풍습은 크게 다른 것은 아니었다.

우리나라 고대의 자연환경이나 농경에 관한 기록이 별로 없으나 삼국유사 고조선조를 보면, 웅(雄)이 무리 3,000을 거느리고 태백산(현 묘향산) 꼭대기 신단수(神檀樹) 밑에 내려와 여기를 신시(神市)라 이르니 이이가 환웅천왕이다. 그는 풍백(風伯)·우사(雨師)·운사(雲師)를 거느리고 곡명병형선악(穀命病刑善惡)등 무릇 인간의 360 여사(餘事)를 맡아서 인세(人世)에서 다스리고 교화하였다〔곡(穀)은 농업(農業), 명(命)은 성산(星算), 병(病)은 의약(醫藥), 형(刑)은 법금(法禁), 선악(善惡)은 윤리(倫理)〕.

雄率徒三千, 降於太白山頂(妙香山) 神檀樹下, 謂之神市, 是謂 桓雄天王也, 將風伯 雨師 雲師, 而主穀主命主病主刑主善惡, 凡主人間三百六十餘事, 在世理化, 李丙燾 譯註, 1992, 三國遺事, 明文堂, 27쪽.

三國史記 雜志 地理一에, 신라 강역의 경계는 옛 전기와 일치하지 않는다. 통전에는, 그 선조는 본시 진한 종족인데 그 나라가 백제·고구려 두 나라 동남쪽에 있으며, 동쪽으로 큰 바다에 임하였다하고, 구당서에는 동남쪽이 모두 바다에 한 하였다하고, 신당서에는 동남쪽은 일본이요, 서쪽은 백제요, 북쪽은 고려요, 남쪽은 바다에 닿았다 하고, 사이술에는 진한은 마한 동쪽에 있는데 동쪽은 바다에 닿고, 북쪽은 예와 접하였다한다.

新羅疆界, 古傳記不同, 通典云, 其先本辰韓種, 其國在百濟高麗二國東南, 東濱大海, 唐書云, 東南俱限大海, 新書云, 東南日本, 西百濟, 北高麗, 南濱海, 四夷述曰, 辰韓在馬韓東, 東抵海, 北與濊接, 위 三國史記, 327쪽.

地理四 百濟전에는, 후한서에 3한이 78국인데 백제가 그 중에 1국이다하고, 북사에는 백제는 동쪽으로 신라에 극하고, 서남쪽은 모두 대해에 한하였으며, 북쪽은 한강에 임하였는데… 통전에는 백제가 남으로 신라와 접하고, 북으로 고구려에 닿았으며, 서쪽은 대해에 한하였다하고, 구당서에는 백제는 부여의 별종이니 북쪽은 신라요, 서쪽은 바다를 건너 월주에 이르고 남쪽은 바다를 건너 왜에 이르며, 북쪽은 고구려이다. 신당서에는 백제의 서계는 월주요, 남은 왜니 모두 바다건너 있으며, 북은 고구려이다.

後漢書云, 三韓凡七十八國, 百濟是其一國焉, 北史云, 百濟東極新羅, 西南俱限大海, 北際漢江,… 通典云, 百濟南接新羅, 北距高麗, 西限大海, 舊唐書云, 百濟扶餘之別種, 東北新羅, 西渡海之越州, 南渡海之倭, 北高麗, 위 三國史記, 353쪽.

中國 史料를 보면

後漢書 東夷列傳 高句麗傳에, 고구려는 요동의 천리 밖 동쪽에 있는데, 남은 조선과 예맥, 동은 옥저, 북은 부여와 접경하고 있다. 그 나라의 넓이는 사방 2천리인데, 큰산과 깊은 골짜기가 많으며 사람들은 산과 골짜기에 의지하여 산다. 농사지을 땅이 적어 힘껏 농사를 지어도 자급하기에 부족하므로 그들의 습속은 음식을 아낀다.

後漢書 高句驪전에, 高句麗, 在遼東之東千里, 南與朝鮮 濊貊, 東與沃沮, 北與夫餘接,

地方二千里, 多大山深谷, 人隨而爲居 少田業 力作不足以自資, 故其俗節飮食, 앞 中國正史朝鮮傳, 515쪽.

　三國志 魏書 東夷傳 高句麗전에는, 고구려는 요동의 동쪽 천리 밖에 있다. 남쪽은 조선 예맥과 동은 옥저와 북은 부여와 국경을 접하고 있다. …큰 산과 깊은 골짜기가 많고 넓은 들은 없다. 산골짜기에 의지하여 살고 간수를 식수로 한다. 좋은 전지가 없으므로 부지런히 농사를 지어도 식량이 충분치 못하여, 그들의 습속은 음식을 아껴 먹는다.
　高句麗在遼東之東千里, 南與朝鮮 濊貊, 東與沃沮, 北與夫餘接, … 多大山深谷, 無原澤, 隨山谷以爲居, 食澗水, 無良田, 雖力佃作, 不足以實口腹, 其俗節食, 위 中國正史朝鮮傳, 522쪽.

　宋書 東蠻列傳 高句驪國傳에, 동이 고구려국은 현재 한대의 요동군을 지배하고 있다.
　東夷, 高句麗國, 今治漢之遼東郡, 위 中國正史朝鮮傳, 533쪽.

　梁書 東夷列傳 高句驪傳에, 구려의 국토는 사방 약 이천리이다. 국토 가운데에 요산이 있고, 요수가 그 산에서 흘러나온다. 그 나라의 왕도는 환도 아래에 있고, 큰 산과 깊은 골짜기가 많고 넓은 들판이 없어서 백성들은 산골짜기에 의지하여 살고, 시냇물을 식수로 한다. 비록 땅에 붙박혀 살고 있지만 좋은 토지는 없어 그들의 습속은 음식을 아껴 먹는다.
　句驪地方可二千里, 中有遼山, 遼水所出, 其王都於丸都之下, 多大山深谷, 無原澤, 百姓依支以居, 食澗水, 雖土著, 無良田, 故其俗節食, 위 中國正史朝鮮傳, 538쪽.

　魏書 列傳 高句麗傳에, 고구려는 요동의 남쪽 일천여리 떨어진 곳으로 동서가 이천여리이고 남북은 일천여리이다. 백성은 모두 토착민으로 산골짜기를 따라 거주하고, 토질이 척박하여 양잠과 농업으로는 자급 하기에 부족하므로 사람들은 음식을 절약한다.
　遼東南一千餘里, 其地東西二千里, 南北一千餘里, 民皆土著 隨山谷而居, 土田薄堉, 蠶農不足以自供, 故其人節食, 위 中國正史朝鮮傳, 543쪽

周書 異域列傳 高(句)麗전에, 고(구)려는 그 선조가 부여에서 갈라져 나왔다…그 지역은 동쪽으로 신라, 서쪽은 요수(遼水)를 지나서 동서가 2000리요, 남쪽은 백제와 인접하고 북은 말갈(靺鞨)과 이웃하니 남북이 1000여리 이다… 땅은 척박하여 일상생활은 절제하며 검소하게 지내지만 꾸미는 것을 숭상한다. 하고

　高麗者, 其先出於夫餘…其地, 東至新羅, 西渡遼水二千里, 南接百濟, 北隣靺鞨千餘里…土田瘠薄, 居處節儉, 然尙容止, 앞 中國正史朝鮮傳, 548쪽.

南史 東夷 高句麗전에, 고구려는 요동 동쪽 천리밖에 있다. 그 선조의 출생에 대한 사적은 북사에 상세히 기록되어있다. 한위 때에는 남으로 조선 예맥, 동으로 옥저, 북으로 부여와 인접하였다. 국토는 큰산과 깊은 골짜기가 많고, 넓은 들이 없어서 백성들은 산골짜기에 의지하여 살면서 시냇물을 식수로 한다. 비록 땅에 붙박혀 살고 있지만 좋은 토지는 없어 그들의 습속은 음식을 아껴먹었다.

　高句麗在遼東之千里, 其先所出, 事詳北史, 漢魏世, 南與朝鮮 濊貊, 東與沃沮北與夫餘接, 地多大山深谷, 無原澤, 百姓依支以居, 食澗水, 雖土著, 無良田, 故其俗絶食, 위 中國正史朝鮮傳, 558쪽.

北史 列傳 高句麗전에, 동은 신라에 이르고, 서는 요수에 닿으니 동서가 2000리 이고, 남은 백제와 접하고 북은 말갈과 인접하여 남북이 일천 여리이다. 사람들은 모두 토착민으로 산골짜기를 따라 거주하고, …토지가 척박하여 양잠과 농사로서 충분히 자급하지 못하므로 음식을 절약하여 먹는다 하고,

　其國東至新羅, 西度遼, 二千里, 南接百濟, 北隣靺鞨, 一千餘里, 人皆土著隨山谷而居… 土田瘠薄 蠶農不足以自供 故其人節飮食, 위 中國正史朝鮮傳, 564쪽

舊唐書 高(句)麗전에, 고구려는 본시 부여의 별종이다. 평양성에 도읍 하였으니 옛 한 낙랑군이다. 동으로는 바다를 건너 신라에 이르고, 남으로는 바다를 건너 백제에 이르고… 주거는 반드시 산골짜기에 있고, 대개 모초로 이엉을 엮어 지붕을 잇고…일반인의 생활은 대부분 가난하고 겨울에는 모두 구덩이를 길게 파서 밑에다 숯불을 지펴 방을 덥힌다.

　高麗者, 出自扶餘之別種也, 其國都於平壤城, 則漢樂浪郡之故地, 東渡海至於新羅, 南渡海至于百濟,… 其所居必依山谷, 皆以茅草葺舍,… 其俗貧簍者多, 冬月皆作長坑, 下燃

溫火以取暖, 種田養蠶, 略同中國, 앞 中國正史朝鮮傳, 572쪽.

新唐書 高(句)麗전에, 고구려는 본래 부여의 별종이다. 동으로 바다를 건너 신라에 이르고 남으로 바다를 건너 백제에 이르고, …한대의 낙랑 땅이다.… 주거는 산골짜기에 있고 띠풀로 지붕을 덮고 가난한 백성들은 한겨울에 긴 구덩이를 파고 불을 지피어 방을 덥힌다.
高麗本扶餘別種也, 地東跨海距新羅, 南亦跨海距百濟, …漢樂浪郡也,… 居依山谷, 以草茨屋, 裏民盛冬作長坑, 溫火以取煖, 위 中國正史朝鮮傳, 594쪽.

後漢書 東沃沮전에, 동옥저는 고구려의 개마대산의 동쪽에 있다. 동은 큰 바다에 연접하고, 북은 읍루 부여와, 남은 예맥과 접하고 있다. 지형은 동서가 좁고, 남북은 긴데 면적은 사방 천리의 절반 쯤 된다. 토질은 비옥하며 산을 등지고 바다를 향해 있으므로 오곡이 잘 자라며 농사 짓기에 적합하다.
東沃沮在高句驪蓋馬大山之東, 東濱大海, 北與挹婁 夫餘, 南與濊貊接, 其地東西夾, 南北長, 可折方千里, 土肥美, 背山向海, 宜五穀, 善田種, 위 中國正史朝鮮傳, 517쪽.

三國志 東沃沮전에, 동옥저는 고구려 개마대산의 동쪽에 있는데 큰 바닷가에 연해 산다. 지형은 동북이 좁고 서남은 길어서 천리 정도가 된다. 북은 읍루와 부여, 남은 예맥과 접하고, 동옥저의 토질은 비옥하며 산을 등지고 바다를 향해 있으므로 오곡이 잘 자라서 농사 짓기에 적합하다.
東沃沮在高句麗蓋馬大山之東, 濱大海而居, 其地形東北狹, 西南長, 可千里, 北與挹婁 夫餘, 南與濊貊接, 其土地肥美, 背山向海, 宜五穀, 善田種, 위 中國正史朝鮮傳, 524쪽.

後漢書 濊전에, 예는 북으로는 고구려와 옥저, 남은 진한과 접해 있고, 동은 대해에 닿고, 서는 낙랑에 이른다.
濊北與高句驪沃沮, 南與辰韓接, 東窮大海, 西至樂浪, 위 中國正史朝鮮傳, 517쪽.

三國志 濊전에, 예는 남은 진한, 북은 고구려 옥저와 접하고 동은 대해에 닿고… 삼베가 산출되고 누에를 쳐서 옷감을 만들었다.
濊南與辰韓, 北與高句麗 沃沮接, 東窮大海… 有麻布, 蠶桑作縣, 위 中國正史朝鮮傳, 525쪽.

後漢書 韓전에, 한은 세 종족이 있는데 하나는 마한, 둘째는 진한, 셋째는 변진이다. 마한은 서쪽에 있는데 54국이 있으며 그 북쪽은 낙랑, 남쪽은 왜와 접하고 있다. 진한은 동쪽에 있는데 12국이 있으며 그 북쪽은 예맥과 접하고, 변진은 진한의 남쪽에 있는데 역시 12국이 있으며, 그 남쪽은 왜와 접하고 있다. 마한 사람들은 농사와 양잠을 할 줄 알고, 길쌈을 하여 베를 짜고, 큰 밤이 산출되는데 크기가 배(梨) 만 하다.

韓有三種, 一曰馬韓, 二曰辰韓, 三曰弁辰, 馬韓在西, 有五十四國, 其北與樂浪, 南與倭接, 辰韓在東, 十有二國, 其北與濊貊接, 弁辰在辰韓之南, 亦十有二國, 其南亦與倭接, 馬韓人知田蠶, 作緜布, 出大栗如梨, 앞 中國正史朝鮮傳, 518쪽.

三國志 韓전에, 한은 대방의 남쪽에 있는데 동과 서는 바다로 한계를 삼고, 남은 왜와 접경하고 사방 사천리 가량 된다. 한에는 세 종족이 있는데 하나는 마한, 둘째는 진한, 셋째는 변한인데 진한은 옛 진국이다. 마한은 삼국 중 서쪽에 위치 하였는데 백성들은 토착민으로 곡식을 심으며 누에치기와 뽕나무를 가꿀줄 알고, 면포를 만들었다. 그나라 사람들은 산과 바다 사이에 흩어져 살았으며… 동물과 초목은 대개 중국과 같고, 큰 밤이 나는데 크기가 배 만 하다.

韓在帶方之南, 東西以海爲限, 南與倭接, 方可四千里, 有三種, 一曰馬韓, 二曰辰韓, 三曰弁韓, 辰韓者, 古之辰國也, 馬韓在西. 其民土著, 種植, 知蠶桑, 作綿布, 散在山海間… 禽獸草木略如中國同, 出大栗, 大如梨, 위 中國正史朝鮮傳, 526쪽.

三國志 弁辰전에, 토지는 비옥하여 오곡과 벼를 심기에 적합하고, 누에치기와 뽕나무 가꾸기를 알아서 비단과 베를 짤 줄 알고, 소와 말을 탈 줄 알았다.

土地肥沃, 宜種五穀及稻, 曉蠶桑, 作縑布, 乘駕牛馬, 위 中國正史朝鮮傳, 528쪽.

晋書 東夷列傳 馬韓傳에, 한에는 세 종족이 있는데 하나는 마한, 둘째는 진한, 셋째는 변한이다. 진한은 대방의 남쪽에 있는데 동과 서는 바다로 한계를 삼는다. …해마다 5월에 씨 뿌리는 작업을 마친 후에 떼지어 노래하고 춤추며 신에게 제사를 지내고 10월에 추수를 마치면 역시 그렇게 한다.

韓種有三, 一曰馬韓 二曰 辰韓, 三曰弁韓, 辰韓在帶方南, 東西以海爲限, …常以五月耕種畢, 群聚歌舞以祭神, 至十月農事畢, 亦如之, 위 中國正史朝鮮傳, 530-1쪽.

晋書 辰韓전에, 진한은 마한의 동쪽에 있다. 토질은 오곡이 자라기에 적당하며 양잠이 성행하고 비단을 잘 짜며 소도 부리고 말도 탄다.

辰韓在馬韓之東, 地宜五穀, 俗饒蠶桑, 善作縑布, 服牛乘馬, 앞 中國正史朝鮮傳, 531쪽.

梁書 新羅전에, 신라는 그 선조가 원래 진한의 종족이었다. 진한은 처음 6국이었다가 차츰 나뉘어져 12국이 되었다. 신라는 그중 한 나라이다. 그 나라는 백제의 동남쪽 오천여리 밖에 있다. 동으로 큰 바다와 연해 있고, 남북으로는 구려와 백제와 접하고 있다. 토지는 비옥하여 오곡을 심기에 적합하고, 뽕나무와 삼이 많아 비단과 베를 생산한다. 소는 수레를 끌리고 말은 탄다.

新羅者, 其先本辰韓種也, 辰韓始有六國, 稍分爲十二, 新羅則其一也, 其國在百濟東南五千 餘里, 其地東濱大海, 南北與句驪 百濟接, 土地肥美, 宜植五穀, 多桑麻, 作縑布, 服牛乘馬, 위 中國正史朝鮮傳, 541쪽

南史 新羅전에, 신라는 백제의 동남 50여리에 있다. 국토의 동은 큰 바다와 연해 있고 남과 북은 고려 백제와 접하여 있다. … 토지가 비옥하여 오곡을 심기에 적합하고… 뽕나무와 삼이 많아 비단과 베를 생산한다. 소는 수레를 끌고 말은 탄다.

新羅在百濟東南五十餘里, 其地東濱大海, 南北與句麗百濟接, …土地肥美, 宜植五穀…多桑麻, 作縑布, 服牛乘馬, 위 中國正史朝鮮傳, 560쪽.

北史 新羅전에, 신라는 그 선조가 진한의 종족이었다. 그 땅은 고구려 동남쪽에 있으니, 한나라때의 낙랑 지역에 있었다. …땅이 매우 비옥하여 논곡식과 밭곡식을 모두 심을 수 있다. 오곡·과일·채소·새·짐승 등의 물산은 대략 중국과 같다.

新羅者, 其先本辰韓種也, 地在高麗東南, 居漢時樂浪地, …田甚良沃, 水陸兼種, 其五穀, 果菜鳥獸, 物産略與華同, 위 中國正史朝鮮傳, 569쪽.

隋書 新羅전에, 신라는 고구려의 동남쪽에 있는데 한대의 낙랑 땅으로 사로라고도 한다.…땅이 매우 비옥하여 논곡식과 밭곡식을 모두 심을 수 있다. 오곡·과일·채소·새·짐승 등 물산이 대략 중국과 같다.

新羅國, 在高麗東南, 居漢時樂浪之地, 或稱斯盧…田甚良沃, 水陸兼種, 其五穀, 果菜, 鳥獸物産, 略與華同, 위 中國正史朝鮮傳, 556쪽.

舊唐書 新羅전에, 신라는 본래 변한의 후예이다. 한대의 낙랑 땅에 있었으니, 동·남은 모두 큰 바다에 연하고, 서는 백제와 접하고, 북은 고려와 이웃하였다. 크기는 동서 1천리, 남북 2천리이다.

新羅國, 本弁韓之苗裔也, 其國在漢時樂浪之地, 東及南方俱限大海, 西接百濟, 北隣高麗, 東西千里, 南北二千里, 앞 中國正史朝鮮傳, 581쪽.

梁書 百濟전에, 백제는 앞서 동이에 삼한국이 있었는데 하나는 마한이요, 다른 하나는 진한이요, 또 하나는 변한이다. … 그나라는 본래 구려와 더불어 요동의 동쪽에 있었다.

百濟者, 其先東夷有三韓國, 一曰 馬韓, 二曰 辰韓, 三曰弁韓, … 其國本與句驪在遼東之東, 위 中國正史朝鮮傳, 540쪽

魏書 百濟전에, 북쪽으로 고구려와 천여리 떨어져 있고, 소해의 남쪽에 위치하고 있다. 그 백성들은 토착 생활을 하는데 지대가 대부분 낮고 습하여 모두 산에서 산다. 오곡이 생산된다.

其國北居高句麗千餘里, 處小海之南, 其民土著, 地多下濕, 率皆山居, 有五穀, 위 中國正史朝鮮傳, 544쪽

周書 百濟전에, 백제는 그 선대가 대개 마한의 속국이며 부여의 별종이다. …그 땅의 경계는 동으로 신라와, 북으로 고구려와 인접하고, 서쪽과 남쪽은 모두 큰 바다로 경계하고 있다. …토지는 낮고 습하며 기후는 따뜻하고, 오곡과 각종 과일·채소 및 술·음식·반찬·의약품은 거의 중국과 같다.

百濟者, 其先蓋馬韓之屬國, 夫餘之別種, …故其地界東極新羅, 北接高句麗, 西南俱限大海, …土田下濕, 氣候溫暖, 五穀雜果菜蔬及 酒醴餚饌藥品之屬 多同於內地, 위 中國正史朝鮮傳, 550쪽.

北史 百濟전에, 백제국은 마한의 족속으로…토지는 낮고 습하며, 기후가 따뜻하여 사람들이 모두 산에서 살았다.

百濟之國, 蓋馬韓之屬…土田濕, 氣候溫暖, 人皆山居, 위 中國正史朝鮮傳, 567쪽.

隋書 百濟전에, 동서가 450리, 남북이 900리이고, 남은 신라에, 북은 고구려와 접해 있다. …오곡과 소·돼지·닭이 있으나, 대개 화식을 하지않는다. 땅은 지대가 낮고 습하여 사람들은 모두 산에 올라가 산다. 굵은 밤이 생산된다.
其國東西四百五十里, 南北九百餘里, 南接新羅, 北拒高麗…有五穀, 牛猪鷄多不火食, 厥田下濕, 人皆山居, 有巨栗, 앞 中國正史朝鮮傳, 554쪽.

이 밖에 강역(疆域)에 대한 문제로 고구려와 백제가 각각 요동과 요서 지방을 경략 하였다는 특이한 기록이 있어 소개하면

宋書 百濟전에, 백제국은 본래 고(구)려와 더불어 요동의 동쪽 천여리 밖에 있다. 그 후 고(구)려는 요동을, 백제는 요서를 경략하여 차지하였다. 백제가 통치한 곳은 진평군 진평현이라한다.
百濟國, 本與高驪俱在遼東之東千餘里, 其後高驪略有遼東, 百濟略有遼西, 百濟所治, 謂之晉平郡晉平縣, 위 中國正史朝鮮傳, 534쪽.

梁書 百濟전에, 그 나라는 본래 (고)구려와 함께 요동의 동쪽에 있었다. 진나라때에 이르러 (고)구려가 이미 요동을 경략하자 백제 역시 요서 진평 2군의 땅을 점거하여 스스로 백제군을 설치하였다.
其國本與句驪在遼東之東, 晉世句驪旣略有遼東, 百濟亦據有遼西, 晉平二郡地矣, 自置百濟郡, 위 中國正史朝鮮傳, 540쪽.

南史 百濟전에, 그 나라는 본래 고구려와 더불어 요동의 동쪽 천여리에 있었다. 진나라 때에 이르러 고구려는 이미 요동을 경략하였고, 백제 역시 요서 진평 2군의 땅을 점거하여 스스로 백제군을 설치하였다.
其國本與高句驪在遼東之東, 晉世句驪旣略有遼東, 百濟亦據有遼西 晉平二郡地矣, 自置百濟郡, 위 中國正史朝鮮傳, 540쪽.

三國史記 百濟本紀 東城王 10년(488) 위나라가 군사를 보내어 쳐들어 왔으나, 우리에게 패하였다.
十年, 魏遣兵來伐, 爲我所敗, 앞 三國史記, 233쪽.

라는 기록이 있는데, 중국대륙 북부에 있던 기마민족(騎馬民族)인 선비족(鮮卑族) 위가 바다를 건너 한반도 서남부의 백제를 공격 하였다는것은 불가능 하므로 일부에서는 한반도의 백제가 아니라 중국의 요서지방이라고 하나 이해하기 어렵다.

三國史記 列傳 崔致遠전에, 고구려·백제가 전성하였을 때에는 강병이 백만이어서 남으로는 오월(吳越)을 침공하고 북으로는 중국의 유연제노(幽燕齊魯)의 지역을 흔들어서 중국의 큰 두통거리가 되었다.
　高麗百濟全盛之時, 强兵百萬, 南侵吳越, 北撓幽燕齊魯, 爲中國巨蠹, 隋皇失馭, 由於征遼, 앞 三國史記, 430쪽.

南齊書 百濟전에, 북위 오랑캐가 또다시 기병 수십만을 동원하여 백제를 공격하여 그 지경에 들어가니 모대가 장군 사법명 찬수류 해례곤 목간나를 파견하여 무리를 거느리고 북위 오랑캐군을 기습 공격하여 그들을 크게 무찔렀다.
　魏虜又發騎數十萬攻百濟, 入其界, 牟大遣將沙法名 贊首流 解禮昆 木干那率衆襲擊虜軍, 大破之, 위 中國正史朝鮮傳, 536쪽.

이 역시 북위가 바다를 건너 백제 본국을 공격 한것이 아니라 백제의 화중 진출 지역에 쳐들어 온것을 의미할 것이지만, 본고에서는 이러한 강역 문제에 대해서는 취급하니 않음을 밝혀 둔다.

Ⅲ. 기상(氣象)·기후(氣候)

일식(日蝕)

일식·월식은 고대 농경(農耕)과 직접적인 관계는 없으나, 천체(天體)의 움직임이므로 알아보기로 한다. 일식은 태양·달·지구가 일직선 상에 놓여져 태양에 의한 달의 그림자가 지상에 생겨 지구에서 볼 때, 달이 태양과 지구 사이에 놓여서 태양의 일부나 전부가 가려지는 상태이다. 중국의 서경(書經)에는 BC. 2128년의 일식이 기록되고, 바빌로니아에서 출토된 점토판(粘土板)에는 BC. 1063년의 일식이 새겨져 있다.

우리나라에서의 일식은 고대로부터 재이(災異)나 정치적 사건으로 여겨져, 중대한 사건으로 관측(觀測) 기록되었는데, 그 이유는 우리나라를 비롯한 고대 국가에서는 태양은 제왕(帝王)을 상징(象徵)하였고, 일식은 제왕의 빛을 잃은것으로 여겨 흉조(凶兆)로 보았기 때문이다. 고려사 예지(高麗史 禮志)에 의하면 일식 중에는 백관(百官)이 소복(素服)을 하고 북을 울렸다고 하였다.

삼국사기의 일식의 기록은 67회, 고려사에 132건, 증보문헌비고(增補文獻備考)에는 삼국시대에 67건(신라 30건, 백제 26건, 고구려 11건, 文武王 21년 정월 초하루에 날이 종일토록 밤과 같이 어두웠다라는 기록을 빼고도) 이고, 고려시대에 131건, 조선시대에 190건이 기록 되어있다.

한편 월식(月蝕)은 태양으로 인하여 생긴 지구의 그림자 속에 달이 들어오므로 달표면의 일부나 혹은 전부가 보이지 않게되는 현상이다. 삼국이 위치한 한반도는 그리 넓지 않아 3국에서 일식·월식을 같이 볼 수 있었을 터인데도 신라 백제 고구려에서의 일식 월식의 날짜가 각기 틀린다.

삼국사기에 실린 일식을 알아 보면

신라본기 시조 혁거세(赫居世) 4년(BC. 54) 4월 1일, 24년(BC.34) 6월 1일, 30년(BC.28) 4월 그믐에, 32년(BC.26) 8월 그믐에, 43년(BC.15) 2월 그믐에, 56년(BC.2) 1월 1일에, 59년(A.D 2) 9월 그믐에 일식이 있었다.

四年, 夏四月辛丑朔, 日有食之, 二十四年, 夏六月壬申晦, 日有食之, 三十年, 夏四月己亥晦, 日有食之, 三十二年, 秋八月乙卯晦, 日有食之, 四十三年, 春二月乙酉晦, 日有食之, 五十六年, 春正月辛丑朔, 日有食之, 五十九年, 秋九月戊申晦, 日有食之, 앞 三國史記, 1-3쪽

2대 南解次次雄 3년(6) 10월 1일에, 13년(16) 7월 그믐에 일식이 있었다.
三年, 冬十月丙辰朔, 日有食之, 十三年, 秋七月戊子晦, 日有食之, 위 三國史記, 4쪽.

6대 祗摩尼師今 13년(124) 9월 그믐에, 16년(127) 7월 1일(초하루)에 일식이 있었다.
十三年, 秋九月庚申晦, 日有食之, 十六年, 秋七月甲戌朔, 日有食之, 위 三國史記, 11쪽.

7대 逸聖尼師今 8년(141) 9월 그믐에 일식이 있었다.

八年, 秋九月辛亥晦, 日有食之, 앞 三國史記, 12쪽.

8대 阿達羅尼師今 13년(166) 정월 초하루에 일식이 있었다.
十三年, 春正月辛亥朔, 日有食之, 위 三國史記, 15쪽.

9대 伐休尼師今, 3년(186) 5월 그믐(晦日)에, 10년(193) 정월 초하루에, 11년(194) 6월 그믐에 일식이 있었다.
三年, 夏五月壬申晦, 日有食之, 十年, 春正月甲寅朔, 日有食之, 十一年, 夏六月乙巳晦, 日有食之, 위 三國史記, 16쪽.

10대 奈解尼師今, 5년(200) 9월 초하루에, 6년(201) 3월 초하루에 일식이 있었다.
五年, 九月庚午朔, 日有食之, 六年, 三月丁丑朔, 日有食之, 위 三國史記, 17쪽.

12대 沾解尼師今, 10년(256) 10월 그믐에 일식이 있었다.
十年, 冬十月晦, 日有食之, 위 三國史記, 20쪽.

38대 元聖王 3년(787) 8월 초하루에, 5년(789) 정월 초하루에, 8년(792) 11월 초하루에 일식이 있었다.
三年, 八月辛巳朔, 日有食之, 五年, 春正月甲辰朔, 日有食之, 八年, 冬十一月壬子朔 日有食之, 위 三國史記, 100쪽.

40대 애장왕 2년(801) 5월에 초하루에 당연히 일식이 있을 터인데 食(蝕)치 아니 하였다.
二年, 夏五月壬戌朔, 日當食不食, 위 三國史記, 103쪽.

9년(808) 7월 초하루에 일식이 있었다.
九年, 秋七月辛巳朔, 日有食之, 위 三國史記, 103-104쪽.

41대 憲德王, 7년(815) 8월 초하루에, 10년(818) 6월 초하루에 일식이 있었다.
七年, 秋八月己亥朔, 日有食之, 十年, 夏六月癸丑, 日有食之, 위 三國史記, 109쪽.

42대 興德王, 11년(836) 정월 초하루에 일식이 있었다.
十一年, 春正月辛丑朔, 日有食之, 앞 三國史記, 109쪽.

46대 文聖王, 6년(840) 2월 초하루에 일식이 있었다.
六年, 春二月甲寅朔, 日有食之, 위 三國史記, 112쪽.

51대 眞聖王, 2년(888) 3월 초하루에 일식이 있었다.
二年, 三月戊戌朔, 日有食之, 위 三國史記, 119쪽.

52대 孝恭王, 15년(911) 정월 초하루에 일식이 있었다.
十五年, 春正月丙戌朔, 日有食之, 위 三國史記, 122쪽.

백제에서는
三國史記 百濟本紀 시조 溫祚王 6년(BC.14) 7월 그믐에 일식이 있었다.
六年, 秋七月辛未晦, 日有食之, 위 三國史記, 208쪽.

2대 多婁王, 46년(73)에 일식이 있었다.
四十六年, 夏五月戊午晦, 日有食之, 위 三國史記, 212쪽.

3대 己婁王 11년(87) 8월 그믐과 16년(92) 6월 초하루에 일식이 있었다.
十一年, 秋八月乙未晦, 日有食之, 十六年, 夏六月戊戌朔, 日有食之, 위 三國史記, 212-213쪽.

4대 蓋婁王 28년(155) 정월 그믐날 일식이 있었다.
二十八年 春正月丙申晦, 日有食之, 위 三國史記, 214쪽.

5대 肖古王 5년(170) 3월 그믐과 24년(189) 4월 초하루, 47년(212) 6월 그믐날에 일식이 있었다.
五年, 春三月丙寅晦, 日有食之, 二十四年, 夏四月丙午朔, 日有食之, 四十七年 夏六月庚寅晦, 日有食之, 위 三國史記, 214-215쪽.

6대 仇首王 8년(221) 6월 그믐날, 9년(222) 11월 그믐날에 일식이 있었다.
八年, 六月戊辰晦, 日有食之, 九年, 十一月庚申晦, 日有食之, 앞 三國史記, 216쪽.

11대 比流王 5년(308) 정월 초하루에, 32년(355) 10월 초하루에 일식이 있었다.
五年, 春正月丙子朔, 日有食之, 三十二年, 冬十月乙未朔, 日有食之, 위 三國史記, 220쪽.

13대 近肖古王 23년(368) 3월 초하루에 일식이 있었다.
二十三年, 春三月丁巳朔, 日有食之, 위 三國史記, 221쪽.

16대 辰斯王 8년(392) 5월 초하루 정묘에 일식이 있었다.
八年, 夏五月丁卯朔, 日有食之, 위 三國史記, 224쪽.

17대 阿莘王 9년(400) 6월에 일식이 있었다.
九年, 夏六月庚辰朔, 日有食之, 위 三國史記, 225쪽.

18대 腆支王 13년(417) 춘 정월에, 15년(419) 11월 초하루에 일식이 있었다.
十三年, 春正月甲戌朔, 日有食之, 十五年, 冬十一月丁亥朔, 日有食之, 위 三國史記, 226쪽.

20대 毗有王 14년(440) 4월 초하루에 일식이 있었다.
十四年, 夏四月戊午朔, 日有食之, 위 三國史記, 226쪽.

21대 蓋鹵王 14년(468) 10월 초하루에 일식이 있었다.
十四年, 冬十月癸酉朔, 日有食之, 위 三國史記, 227쪽.

23대 三斤王 2년(478) 초하루에 일식이 있었다.
二年, 三月己酉朔, 日有食之, 위 三國史記, 232쪽.

24대 東城王 17년(495) 초하루에 일식이 있었다.
十七年, 夏五月甲戌朔, 日有食之, 위 三國史記, 233쪽.

25대 武寧王 16년(516) 3월 초하루에 일식이 있었다.
十六年, 春三月戊辰朔, 日有食之, 앞 三國史記, 235쪽.

26대 聖王 25년(547) 정월 초하루에 일식이 있었다.
二十五年, 春正月己亥朔, 日有食之, 위 三國史記, 236쪽.

27대 威德王 6년(559) 5월 초하루에 일식이, 19년(572) 9월 초하루에, 39년(592) 7월 그믐에 일식이 있었다.
六年, 夏五月丙辰朔, 日有食之, 十九年, 秋九月庚子朔, 日有食之, 三十九年, 秋七月壬申晦, 日有食之, 위 三國史記, 238-239쪽.

고구려에서는
삼국사기 고구려본기 6대 태조대왕 62년(114) 3월과, 64년(116) 3월에, 72년(124) 9월 그믐에도 일식이 있었다.
六十二年, 春三月, 日有食之, 六十四年, 春三月, 日有食之, 七十二年, 秋九月庚申晦, 日有食之, 위 三國史記, 144-145쪽.

7대 次大王 4년(149) 4월 그믐에, 13년(158) 5월 그믐에, 20년(165) 정월 그믐에 일식이 있었다.
四年, 夏四月丁卯晦, 日有食之, 十三年, 夏五月甲戌晦, 日有食之, 二十年, 春正月晦, 日有食之, 위 三國史記, 147-148쪽.

8대 新大王 14년(178) 10월 그믐에 일식이 있었다.
十四年, 冬十月丙子晦, 日有食之, 위 三國史記, 150쪽.

9대 故國川王 8년(186) 5월 그믐에 일식이 있었다.
八年, 五月壬辰晦, 日有食之, 위 三國史記, 151쪽.

10대 山上王 23년(219) 2월 그믐에 일식이 있었다.
二十三年, 春二月壬子晦, 日有食之, 위 三國史記, 155쪽.

13대 西川王 4년(273) 7월 1일(초하루)에 일식이 있었다.
四年, 秋七月丁酉朔, 日有食之, 앞 三國史記, 160쪽.

24대 陽原王 10년(554) 12월 그믐에 일식이 있었다.
十一年 冬十二月晦, 日有食之, 위 三國史記, 178쪽.

삼국의 일식을 정리하면
　　신라에서는
초하루에 18회, 그믐에 11회.
　　백제에서는
초하루에 16회, 그믐에 8회.
　　고구려에서는
초하루에 1회, 그믐에 10회이다(초하루와 그믐은 하루차이).

이외로 해(太陽)와 관련된 기사를 알아보면,
삼국사기 신라본기 30대 文武王 21년(681) 정월 초하루에 날이 종일토록 밤과 같이 어두웠다 한다.
二十一年, 春正月朔, 終日黑暗如夜, 위 三國史記, 77쪽.

36대 惠恭王 2년(766) 정월에 해가 둘이 한꺼번에 나타났다(日光의 반사로 나타난 현상).
二年 春正月, 二日並出, 위 三國史記, 95쪽.

三國遺事 月明師 兜率歌조에도, 35대 景德王 19년(760) 4월 초하루에 이러한 현상이 나타나 10일간 없어지지 않으므로 鄕歌로 유명한 月明大師에게 청하였는데 師는 두솔가를 지어 바치니 日怪가 없어졌다는 설화가 있다.
景德王十九年庚子四月朔, 二日並現, 挾旬不滅…앞 三國遺事, 161쪽.

삼국사기 신라본기 46대 文聖王 7년(845) 12월 초하루에 해가 셋이 나란히 나타났다.
七年, 十二月朔, 三日並出, 위 三國史記, 113쪽.

51대 眞聖女王 4년(890) 정월에 해무리(태양의 둘레를 두른 雲氣)가 다섯겹으로 돌렸다.
四年, 春正月, 日暈五重, 앞 三國史記, 120쪽.

三國史記 百濟本紀 14대 근구수왕 10년(384) 2월에 삼중의 무리(暈)가 생기었다.
十年, 春二月, 日有暈三重, 위 三國史記, 222쪽.

三國史記 高句麗本紀 27대 영류왕 23년(640) 9월 해가 광채(光彩)를 잃더니 3일이 지나서야 회복 되었다.
二十三年, 秋九月, 日無光, 經三日復明, 위 三國史記, 188쪽,

홍수(洪水)·폭우(暴雨)·철우(鐵雨)

호우(豪雨) 등으로 하천(河川)이나 강수량(江水量)이 갑자기 늘어나 유량(流量)이 범람(氾濫)하는 상태인데, 한반도의 경우 현대의 기상청의 계측에 의하면 장마전선의 세력 유지 기간이 여름철 약 30일간이라고 한다. 이러한 장마와 홍수는 하천의 제방(堤防)을 무너트려 저지대(低地帶)의 택지(宅地), 농경지(農耕地)가 침수(侵水)되어 인명과 재산에 막대한 재해(災害)를 입힌다. 우리나라 속담에 삼년 가뭄은 이겨도 석달 큰물에는 살아 남기 어렵다 하고, 불난 자리는 남아도 물간 자리는 없다고 하였다. 우리나라에서 근대에 발생한 대홍수는 1925년 을축년(乙丑年) 대홍수로 한강 임진강이 범남하여 주변 저지대의 주민에게 막대한 피해를 입혔을 뿐 만 아니라 전국에서 사망자가 600여명, 가옥 유실이 6,000여호 전답 유실이 10만 단보 이상으로 조사되어, 전국적인 피해액은 당시 조선총독부 예산의 58%라 하였으니, 근세의 최고 기록이라고 할 수 있다. 이렇게 무서운 홍수 장마가 최근에는 태풍과 함께 연례 행사처럼 해마다 맞게 되는데 삼국시대 기록에 의하면 몇십년에 한번 정도의 물난리를 겪었다.

삼국사기 신라본기 유리니사금 11년(서기 34년) 서울에 땅이 벌어지고 샘이 솟고, 6월에는 홍수가 났다. 33년(56) 4월 용이 금성 우물에 나타나더니 얼마 후 폭우가 서북으로부터 쏟아졌다. 5월에는 큰바람이 불어 나무를 뽑아 트렸다.
京都地裂, 湧泉, 夏六月, 大水, 三十三年 夏四月龍見金城井, 有頃, 暴雨自西北來, 五月, 大風拔木, 위 三國史記, 6쪽.

5대 婆娑尼師今 29년(108) 5월에 큰 물이 나서 민간에 기근이 들어 왕이 사람을 10도에 보내어 창름(창고)을 열어 구제하여 주었다.
夏五月, 大水 民飢, 發使十道, 開倉賑給, 앞 三國史記, 10쪽.

6대 祗摩尼師今 3년(114) 3월 우박이 와서 맥묘가 상하고 4월에 큰물이 나서 죄수를 관성하고… 5년(116) 8월 왕이 가야를 치려고 할 때 가야는 성을 돌려 굳게 지키고, 마침 비가 오래 오므로 돌아왔다. 20년(131) 5월 큰비가 와서 민가를 표몰하였다.
三年, 春三月, 雨雹, 麥苗傷, 夏四月, 大水, 慮囚… 五年, 秋八月 遣將侵加耶, 加耶嬰城固守, 會久雨, 乃還, 二十年, 夏五月 大雨, 漂沒民戶, 위 三國史記, 11쪽.

8대 阿達羅尼師今 7년(160) 4월에 폭우가 와서 알천이 넘고 인가가 떠내려 가고 금성 북문이 저절로 무너졌다.
七年 夏四月, 暴雨, 閼川水溢, 漂流人家, 金城北門自毁, 위 三國史記, 14쪽.

9대 伐休尼師今 9년(192) 5월, 큰물이 나서 10여 곳에서 산이 무너졌다, 하고.
夏五月, 大水, 山崩十餘所, 위 三國史記, 16쪽.

10대 奈解尼師今 원년(196) 정월부터 4월에 이르기까지 비가 오지 않더니 왕이 즉위하는 날에 이르러 큰비가 내려 백성들이 기뻐하였다. 3년(198) 5월에 나라 서쪽에 큰물이 나서 왕은 수재를 만난 주현에 1년간 지세 호세를 면제하여 주고 7월에 사신을 보내어 재민을 위로 하였다. 17년(212) 5월에 큰비가 와서 민가가 무너지고 떠내려 가기도 하였다.
自正月至四月, 不雨, 及王卽位之日, 大雨, 百姓歡慶, 三年 五月, 國西大水, 免遭水州縣一年租調, 秋七月, 遣使撫問, 十七年 夏五月, 大雨, 漂毁民屋, 위 三國史記, 16-17쪽.

12대 沾解尼師今 14년(260) 여름에 큰비가 와서 산이 40여개소가 무너졌다.
夏 大雨, 山崩四十餘所, 위 三國史記, 20쪽.

14대 儒禮尼師今 7년(290) 4월 큰물이 나고 월성이 무너졌다.
夏四月, 大水, 月城頹毁, 위 三國史記, 22쪽.

16대 訖解尼師今 41년(350) 4월 큰비가 10여일이나 내려 평지에 물이 3-4척(자)이나 괴이고 관 사가옥이 표몰하고 산이 13개소나 무너졌다.
夏四月, 大雨, 浹旬, 平地水三四尺, 漂沒官私屋舍, 山崩十三所, 앞 三國史記, 24쪽.

17대 奈勿尼師今 11년(366) 4월에 큰물이 나서 13개소의 산이 무너졌다.
夏四月 大水, 山崩十三所, 위 三國史記, 26쪽.

19대 訥祇麻立干 22년(438) 4월에 우두군(춘천?)에서 산물이 갑자기 닥치어 50여가를 떠내려 보내고, 서울에서는 대풍과 우박이 내렸다.
二十二年, 夏四月, 牛頭郡山水暴至, 漂流五十餘家, 京都大風雨雹, 위 三國史記, 29쪽.

20대 慈悲麻立干 8년(465) 4월에 큰물이 나서 산이 17개소나 무너졌고, 5월에는 사벌군(尙州)에서 누리가 생기었다. 12년(469) 4월 나라 서쪽에 큰물이 나서 민가가 떠내려 가고 무너지기도 하였다. 7월에 왕이 수해를 입은 주군을 순무 하였다.
八年, 夏四月, 大水, 山崩十七所, 五月, 沙伐郡蝗. 十二年, 夏四月, 國西大水, 漂毀民戶, 秋七月, 王巡撫經水州郡, 위 三國史記, 30쪽.

21대 照知麻立干 4년(482) 4월에 비가 오래동안 오므로 왕이 내외의 유사에게 명하여 죄수를 관성케 하였다. 5년(483) 4월과 7월에도 큰물이 나서 10월에 왕이 일선(선산)에 행행하여 수재를 만난 백성을 위문하고 그들에게 곡식을 내리되 차이를 두었다. 16년(494) 4월에 큰물이 났고, 18년(496) 5월 큰비가 와서 알천의 물이 붇고, 인가 200여 호가 표몰하였다.
四年, 夏四月, 久雨, 命內外有司慮囚, 五年, 夏四月, 大水, 秋七月, 大水, 冬十月, 幸一善界, 存問遭災百姓, 賜穀有差, 十六年, 夏四月, 大水, 十八年, 夏五月, 大雨 閼川水漲, 漂沒二百餘家, 위 三國史記, 32-33쪽.

26대 眞平王 11년(589) 7월에 나라 서쪽(낙동강 유역)에 큰물이 나서 표몰한 인가가 30,360호, 죽은자가 200여 명이나 되었다. 왕이 관리를 보내어 진휼케 하였다.
十一年, 秋七月, 國西大水, 漂沒人戶, 三萬三百六十, 死者 二百餘人, 王發使賑恤之, 위 三國史記, 42쪽.

29대 太宗武烈王 4년(657) 7월 일선군에 큰물이 나서 빠져 죽은 사람이 300여 명이었다.
四年, 秋七月, 一善郡大水, 溺死者 三百餘人, 앞 三國史記, 53쪽.

32대 孝昭王 7년(698) 7월 서울에 큰물이 났다.
秋七月, 京都大水, 위 三國史記, 83쪽.

33대 聖德王 2년(703) 7월 서울에 큰물이 나서 빠져 죽은 자가 많았다…19년(720) 4월 큰비가 와서 산이 13개소가 무너졌다. 우박이 와서 화묘(볏모)를 해치었다.
秋七月, 京都大水, 溺死者…十九年, 夏四月, 大雨, 山崩十三所, 雨雹傷禾苗, 위 三國史記, 83-86쪽.

38대 元聖王 13년(797) 9월에 나라 동쪽에 누리가 나서 곡물을 해치고 큰물이 나서 산이 무너졌다.
十三年, 秋九月, 國東蝗害穀, 大水山崩, 위 三國史記, 102쪽.

41대 憲德王 6년(814) 5월 나라 서쪽 지방(낙동강 연안)에 홍수가 나서 왕이 사자를 보내어 수재를 입은 두 군의 인민을 무문하고 그들의 1년간 조세와 공물을 면제 하였다.
夏五月, 國西大水, 發使撫問, 經水州郡人民, 復一年租稅, 위 三國史記, 105쪽.

46대 文聖王 15년(853) 6월에 큰물이 났다. 8월에 서남방 주군에 황재가 있었다.
夏六月大水, 秋八月, 西南州郡蝗, 위 三國史記, 114쪽.

48대 景文王 7년(867) 8월 큰물이 나고 곡식이 부실하였다. 10월에 왕이 사람을 각도에 보내어 이재민을 무문하였고, …10년(870) 7월 큰물이 나고 겨울에 눈이 오지 않고 백성이 많이 질역(전염병)에 걸리었다.
七年 秋八月, 大水, 穀不登, 冬十月, 發使分道撫問,… 十年 秋七月大水, 冬無雪, 國人多疫, 위 三國史記, 116-117쪽.

백제의 기사를 보면

三國史記 百濟本紀 己婁王 3대 기루왕 40년(서기 116년) 6월에 큰비가 협순(10일)이나 와서 한강의 물이 넘쳐 민가를 표훼하였다. 7월에 유사에게 명하여 수해를 입은 전답을 보수케 하였다.

六月, 大雨浹旬, 漢江水漲, 漂毀民屋, 秋七月, 命有司補水捐之田, 앞 三國史記, 213쪽.

6대 仇首王 8년(221) 5월에 국토 동편에 큰물이 나서 산이 40여 개소나 무너졌다.
夏五月 國東大水, 山崩四十餘所, 위 三國史記, 216쪽.

24대 東城王 13년(491) 6월 웅천(금강)의 물이 넘쳐서 왕도(공주)의 200여 가를 표몰시켰다. 7월에 백성이 굶주려 신라로 도망가는 자가 600여 집이 되었다. 19년(497) 6월 큰비로 민가가 표몰 하였다.

夏六月, 熊川水漲, 漂沒王都二百餘家, 秋七月, 民饑, 亡入新羅者六百餘家, 十九年, 夏六月, 大雨, 漂毀民屋, 위 三國史記, 233쪽.

25대 武寧王 21년(521) 5월 홍수가 나고, 8월에 누리가 곡물을 해치고, 민간에 기근이 들어 신라로 도망가는 자가 900호나 되었다.
夏五月, 大水, 秋八月, 蝗害穀, 民饑, 亡入新羅者九百戶, 위 三國史記, 235쪽.

30대 武王 13년(612) 5월 큰물이 나서 인가가 표몰 하였다.
五月, 大水, 漂沒人家, 위 三國史記, 241쪽.

고구려의 기록을 보면
三國史記 高句麗本紀, 4대 閔中王 2년(45) 5월 나라 동쪽에 큰물이 나서 민간에 기근이 일어나 창름(창고)을 열어 곡식을 나누어 주었다.
夏五月, 國東大水, 民饑, 發倉賑給, 위 三國史記, 141쪽.

5대 慕本王 원년(48) 8월 큰물이 나서 20여 군데의 산이 무너졌다.
秋八月, 大水, 山崩二十餘所, 위 三國史記, 141쪽.

6대 太祖大王 7년(59) 7월 서울에 큰물이 나서 민가가 표몰 하였다.
　　秋七月, 京都大水, 漂沒民屋, 앞 三國史記, 143쪽.

20대 長壽王 7년(419) 7월 나라 동쪽에 큰물이 나서 왕이 사람을 보내어 위문 하였다.
　　夏五月 國東大水, 王遣使存問, 위 三國史記, 169쪽.

23대 安原王 5년(635) 5월 국도 남쪽에 큰물이 나서 민가가 표몰되고 죽은 사람이 200여명이었다.
　　夏五月, 國南大水, 漂沒民屋, 死者二百餘人, 위 三國史記, 177쪽.

25대 平原王 3년(561) 6월 큰물이 있었다.
　　三年, 六月大水, 위 三國史記, 178쪽.

　위에서 삼국의 홍수에 대해서 알아 보았는데, 신라는 서기 34년 6월, 56년 4월, 108년 5월, 114년 4월, 116년 8월, 131년 5월, 160년 4월, 192년 5월, 196년 4월, 198년 5월, 215년 5월, 260년 여름, 290년 4월, 350년 4월, 366년 4월, 438년 4월, 465년 4월, 469년 4월, 482년 4월, 483년 4월, 7월, 494년 4월, 496년 5월, 589년 7월, 657년 7월, 698년 7월, 703년 7월, 720년 4월, 797년 9월, 814년 5월, 853년 6월, 867년 8월, 870년 7월로, 모두 31회이다. 4월에 16회, 5월에 7회, 6월이 2회, 7월이 6회, 8월이 1회, 9월에 1회 기록이 있다.
　백제는 서기 116년 6월, 221년 5월, 491년 6월, 521년 5월, 612년 5월의 5회로서, 5월이 3회, 6월에 2회 였다.
　고구려는 서기 45년 5월, 48년 8월, 59년 7월, 419년 7월, 635년 5월, 561년 6월 총 6회로 5월에 2회, 6월에 1회, 7월에 2회, 8월에 1회였다.

　현대에는 홍수와 태풍이 매년 연례행사처럼 되었으나, 삼국의 홍수는 기록상으로 보면 수년 또는 몇 십년에 큰물이 있었고, 계절적으로도 4, 5월이 가장 많았지만 7, 8, 9월에도 큰물이 있었다.

　이 밖에 토우(土雨)·철우(鐵雨)가 내린 예를 찾아 보면

一. 자연환경(自然環境)과 기후(氣候)

三國史記 新羅本紀 8대 阿達羅尼師今 21년(174) 정월에 흙비가 오고, 2월에는 가물어 우물과 샘이 말랐다.
　　春正月, 土雨, 二月, 旱, 井泉渴, 앞 三國史記, 15쪽.

17대 奈勿尼師今 34년(389) 2월에 흙비가 오고, 7월에 누리가 나서 곡식이 되지 않았다.
　　二月, 雨土, 秋七月, 蝗, 穀不登, 위 三國史記, 26쪽.

26대 眞平王 49년(627) 3월에 큰 바람이 불고 흙비가 5일간 왔다.
　　春三月, 大風雨土, 過五日, 위 三國史記, 45쪽.

36대 惠恭王 6년(770) 3월 흙비가 왔다.
　　三月 雨土, 위 三國史記, 96쪽.

46대 文聖王 12년(850) 정월 서울에 흙비가 오고 대풍이 불어 나무를 뽑아 트려 옥에 갇힌 자 중 사형수 이하의 죄인을 풀어 주었다.
　　春正月, 京都雨土, 大風拔木, 赦獄囚誅死已下, 위 三國史記, 113쪽.

삼국사기 백제본기 14대 近仇首王 5년(379) 4월에 흙비가 종일 왔다.
　　夏四月, 雨土竟日, 위 三國史記, 222쪽.

30대 武王 7년(606) 3월 왕도(부여읍)에 흙비가 와서 낮에도 어두웠다. 4월에 크게 가물어 기근이 있었다.
　　春三月, 王都雨土, 晝暗, 夏四月, 大旱, 年饑. 위 三國史記, 240쪽.

철우(鐵雨)의 기록을 보면

삼국사기 고구려본기 28대 寶臧王 15년(656) 5월에 왕도에 철우가 내렸다.
　　夏五月, 王都鐵雨, 위 三國史記, 201쪽.

대풍(大風, 暴風)

태풍(颱風)과 발달한 저기압(低氣壓) 등의 영향으로 비바람이 매우 강해서 재해(災害)를 발생시키는 기상상태(氣象狀態)로서 태풍과 저기압은 광범위(廣範圍)하게, 뇌우(雷雨)는 국지적(局地的)으로 폭풍우를 발생시킨다. 한반도 부근에서는 발달한 온대성(溫帶性) 저기압이 통과 할 때, 태풍이 불어 올 때, 겨울철의 북동(北東) 기류(氣流) 및 북서(北西) 계절풍(季節風)이 불어 올 때 폭풍우가 형성된다. 삼국시대에도 대풍이 불어 나무가 뽑히고 기와를 날리고 건물(殿閣, 寺刹)이 무너졌다는 기록이 여러 곳에서 찾아 볼 수 있다.

신라에서는

三國史記 新羅本紀 3대 儒理尼師今 33년(56) 5월에 용이 금성 우물에 나타나더니 얼마 후 폭우가 서북으로부터 쏟아졌다. 5월에는 큰 바람이 불어 나무를 뽑아 트렸다.
夏四月, 龍見金城井, 有頃, 暴雨自西北來, 五月, 大風拔木, 위 三國史記, 10쪽.

4대 脫解尼師今 24년(80) 4월 경도에 대풍이 일어나고 금성 동문이 저절로 무너졌다.
夏四月, 京都大風, 金城東門自壞, 위 三國史記, 8쪽.

5대 婆娑尼師今 17년(96) 7월 폭풍이 남에서 불어와 금성 남쪽의 큰 나무를 뽑았다.
秋七月, 暴風自南, 拔金城南大樹, 위 三國史記, 9쪽.

6대 祇摩尼師今 11년(122) 4월에 대풍이 동에서 불어와 나무를 꺾고 기와를 날리더니 저녁에 그치었다.
夏四月, 大風東來, 折木飛瓦. 위 三國史記, 11쪽.

10대 奈解尼師今 19년(214) 3월에 큰 바람이 불어 나무를 꺾었다.
春三月, 大風折木, 위 三國史記, 17쪽.

11대 助賁尼師今 4년(233) 4월에 큰 바람이 불어 집의 기와를 날리었다.
夏四月, 大風飛屋瓦, 위 三國史記, 18쪽.

13대 味鄒尼師今 17년(278) 4월 폭풍이 불어와 나무가 뽑혔다.
夏四月, 暴風拔木, 앞 三國史記, 21쪽.

16대 訖解尼師今 35년(345) 4월 폭풍이 불어와 궁의 남쪽에 있는 큰 나무를 뽑았다.
夏四月, 暴風拔宮南大樹, 위 三國史記, 23쪽.

19대 訥祇麻立干 19년(435) 정월에 큰 바람이 불어 나무를 뽑아 트렸고, 22년(438) 4월에 우두성(춘천?)에서 산물이 갑자기 닥치어 50여가를 떠내려 보내고, 서울에는 대풍과 우박이 왔다. 41년(457) 2월에는 큰바람이 불어 나무를 뽑아 트리고 4월에는 서리가 내려 보리를 상하게 하였다.
十九年 春正月, 大風拔木, 二十二年 夏四月, 牛頭郡山水暴之, 漂流五十餘家, 京都大風雨雹, 四十一年, 春二月, 大風拔木, 夏四月, 隕霜傷麥, 위 三國史記, 29쪽.

21대 照知麻立干 4년(482) 2월 대풍이 불어 나무를 뽑고, 금성 남문에 불이 나고, 4월에는 비가 오랫동안 오므로 왕은 내외의 유사에게 명하여 죄수를 관성케 하였다. 22년(500) 4월에는 폭풍이 불어 나무를 뽑고, 용이 금성 우물에 나타나고, 서울에 누런 안개가 사방으로 꽉 찬다.
四年, 春二月, 大風拔木, 金城南門火, 夏四月, 久雨, 命內外有司慮囚, 二十二年, 夏四月, 暴風拔木, 龍見金城井, 京都, 黃霧四塞, 위 三國史記, 32-33쪽.

26대 眞平王 49년(627) 3월 큰 바람이 불고 흙비가 5일간 왔다.
四十九年, 春三月, 大風雨土, 過五日, 위 三國史記, 44쪽.

30대 文武王 14년(674) 7월 대풍이 불어 황룡사의 불전을 헐어 버렸다.
十四年 秋七月, 大風, 毀皇龍寺佛殿, 위 三國史記, 75쪽.

32대 孝昭王 7년(698) 2월 서울에 지동(地動, 지진)이 있고, 대풍이 불어 나무가 꺾이었다.
七年, 二月, 京都地動, 大風折木, 위 三國史記, 83쪽.

33대 聖德王 15년(696) 3월 큰 바람이 불어 나무를 부러 트리고 기와를 날려 숭례전이 허물어 졌다.

　十五年 三月, 大風拔木飛瓦, 崇禮殿毀, 앞 三國史記, 83쪽.

　35대 景德王 8년(749) 3월 폭풍이 불어 나무를 뽑고, 22년(763) 7월 서울에 큰 바람이 불어 기와를 날리고 나무를 부러트렸다.

　八年, 春三月, 暴風拔木, 二十二年, 鎚七月, 京都大風, 飛瓦拔樹, 위 三國史記, 92-94쪽.

　38대 元聖王 9년(793) 8월 대풍이 불어 나무가 부러지고, 화곡이 쓰러졌다.

　九年, 秋八月, 大風, 折木偃禾, 위 三國史記, 101쪽.

　39대 昭聖王 2년(800) 4월 폭풍이 불어 나무를 부러 트리고, 기와를 날리며, 서란전의 발(簾)이 날리어 간곳을 모르고 임해 인화의 두 문이 무너졌다.

　二年, 夏四月, 暴風, 折木飛瓦, 瑞蘭殿簾, 飛不知處, 臨海 仁化 二門壞, 위 三國史記, 102쪽.

　46대 文聖王 12년(850) 1월 서울에 흙비가 오고 대풍이 불어 나무를 뽑아 옥에 갇힌 자 중 주사(사형수) 이하의 죄인을 사하였다.

　十二年, 春正月, 京都雨土, 大風拔木, 赦獄囚誅死已下, 위 三國史記, 113쪽.

　54대 景明王 5년(921) 4월, 서울에 대풍이 불어 나무를 뽑았다. 8월에 황재·한재가 있었다.

　五年, 夏四月, 京都大風拔樹, 秋八月, 蝗旱, 위 三國史記, 124쪽.

백제에서는
三國史記 百濟本紀 3대 己婁王 14년(90) 6월 큰 바람이 불어 나무를 뽑았다.
　夏六月 大風拔木, 위 三國史記, 213쪽.

　5대 肖古王 44년(209) 10월 큰 바람이 불어 나무를 뽑았다.
　四十四年 冬十月 大豊拔木, 위 三國史記, 215쪽.

20대 毗有王 3년(429) 11월 지진이 있고, 큰 바람이 불어 기와를 날리었다. 12월에 얼음이 얼지 않았다.
　　三年, 十一月, 地震, 大風飛瓦, 十二月, 無氷, 앞 三國史記, 226쪽.

24대 東城王 14년(492) 3월에 눈이 오고, 4월에 큰 바람이 불어 나무를 뽑았다.
　　十四年, 春三月, 雪, 夏四月, 大風拔木, 위 三國史記, 233쪽.

31대 義慈王 20년(660) 5월 폭풍우가 불고, 천왕사 도양사 두 절의 탑에 벼락이 떨어지고 백석사 강당에도 벼락이 떨어졌다.
　　二十年, 五月, 風雨暴至, 震天王道壤 二寺塔, 又震白石寺講堂, 위 三國史記, 246쪽.

고구려 에서는
三國史記 高句麗本紀 5대 모본왕 2년(49) 3월 폭풍이 불어 나무를 뽑았다. 4월에 서리가 내리고, 우박이 왔다. 8월에 사자를 보내어 국내의 굶주린 사람을 구제 하였다.
　　二年, 三月, 暴風拔樹, 夏四月, 隕霜雨雹, 秋八月, 發使賑恤, 國內饑民, 위 三國史記, 142쪽.

21대 文咨王 21년(512) 3월 폭풍이 불어 나무를 뽑고, 왕궁 남문이 저절로 무너졌다.
　　二十一年, 三月, 暴風拔木, 王宮南門自毀, 위 三國史記, 175쪽.

23대 安原王 12년(556) 3월에 대풍으로 나무가 뽑히고, 기와를 날리고, 4월에는 우박이 왔다.
　　十二年, 春三月, 大風, 拔木飛瓦, 夏四月, 雹, 위 三國史記, 177쪽.

대풍은 신라에서 서기 56년 5월, 80년 4월, 96년 7월, 122년 4월, 214년 3월, 233년 4월, 278년 4월, 345년 4월, 435년 4월, 435년 1월, 457년 2월, 482년 2월, 500년 4월, 627년 3월, 674년 7월, 698년 2월, 696년 3월, 749년 3월, 793년 8월, 800년 4월, 850년 1월, 921년 4월로 1월에 2회, 2월에 3회, 3월에 4회, 4월에 9회, 5월에 1회, 7월에 3회, 8월에 1회로서, 4월에 가장 많이 불어왔고, 다음으로 3월, 7월인데, 장마철인 하절기에는 별로 없었다.

백제에서는 서기 90년 6월, 209년 10월, 429년 11월, 492년 3월, 660년 5월로 3월에 1회, 5. 6월에 각각 1회, 10월, 11월에 각각 1회가 있었다.

고구려에서는 서기 49년 3월, 512년 3월, 556년 3월로 3회의 대풍은 모두 3월에 불어온 것으로 기록되었다.

큰눈(大雪)

신라의 대설에 관한 기록을 찾아보면,
三國史記 新羅本紀 5대 파사니사금 26년(105) 2월 서울에 눈이 석자나 왔다.
二十六年, 二月, 京都雪三尺, 앞 三國史記, 10쪽.

9대 伐休尼師今 4년(187) 10월 북지에 눈이 많이 와서 깊이 한발이나 되었다.
四年 冬十月, 北地大雪, 深一丈, 위 三國史記, 16쪽.

10대 奈解尼師今 34년(229) 9월 지진이 있었고, 10월에 눈이 다섯자나 왔다.
三十四年, 秋九月, 地震, 冬十月, 大雪, 深五尺, 위 三國史記, 18쪽.

24대 眞興王 2년(541) 3월에 눈이 한자나 왔다.
二年, 春三月, 雪一尺, 위 三國史記, 37쪽.

28대 眞德王 6년(652) 3월 서울에 큰 눈이 오고 왕궁 남문이 까닭 없이 저절로 무너졌다.
六年, 三月, 京都大雪, 王宮南門, 無故自毁, 위 三國史記, 52쪽.

31대 神文王 3년(683) 4월 평지에 눈이 한자나 왔다.
四月, 平地雪一尺, 위 三國史記, 80쪽.

33대 聖德王 10년(711) 3월에 대설이 내렸다.
十年, 春三月, 大雪, 위 三國史記, 84쪽.

37대 宣德王 4년(783) 2월 서울에 눈이 석자나 왔다.

四年, 二月, 京都雪, 三尺, 앞 三國史記, 97쪽.

38년 元聖王 7년(791) 10월 서울에 눈이 석자나 오고 얼어 죽는자도 있었다.
七年, 冬十月, 京都雪三尺, 人有凍死, 위 三國史記, 101쪽.

40대 哀莊王 8년(807) 8월에 큰 눈이 왔다.
八年, 秋八月, 大雪, 위 三國史記, 104쪽.

41대 憲德王 14년(822) 2월 눈이 다섯자나 오고 나무들이 말랐다.
十四年, 二月, 雪五尺, 樹木枯, 위 三國史記, 106쪽.

42대 興德王 3년(828) 3월 깊이 석자나 눈이 왔다.
三年, 三月, 雪深三尺, 위 三國史記, 108쪽.

백제의 대설은
三國史記 百濟本紀 始祖 溫祚王 18년(서기 1년) 11월에 왕이 낙랑의 우두산성(황해도)을 치려고 함곡에 이르렀으나 대설을 만나 돌아 왔다.
十八年, 十一月, 王欲襲樂浪牛頭山城, 至臼谷, 遇大雪乃還, 위 三國史記, 209쪽.

17대 阿莘王 43년(395) 11월에 왕은 군사 7,000을 거느리고 한수를 건너 청목령(개성 근처) 밑에 이르렀으나, 대설을 만나 사졸이 많이 얼어죽는 사람이 많아 회군하여 한산성(북한성 창의문 밖)에 이르러 군사를 위로 하였다.
親帥兵七千人過漢水, 次於靑木嶺下, 會大雪, 士卒多凍死, 廻軍至漢山城 勞軍士, 위 三國史記, 224쪽.

24대 東城王 4년(482) 10월 큰 눈이 한발 남짓 왔고, 23(501) 11월에 웅천 북원에서 사냥을 하였고, 또 사비 서원에서 사냥을 하였는데 대설에 막히어 마포촌(서산군 한산면)에 머물렀다.
四年, 十月 冬十月, 大雪丈餘, 二十三年 十一月, 獵於熊川北原, 又田於泗沘西原, 阻大雪, 宿於馬浦村, 위 三國史記, 132-234쪽.

고구려의 대설은

三國史記 高句麗本紀 2대 琉璃王 14년(BC.6) 11월에 帶素(扶餘王)가 군사 50,000을 이끌고 와서 침습 하다가 마침 큰 눈이 와서 얼어 죽는자가 많아 물러갔다.

冬十一月 帶素 以兵五萬來侵, 大雪, 人多凍死乃去, 위 三國史記, 133쪽.

6대 大祖大王 25년(74) 11월 서울에 눈이 석자나 왔고, 64년(116) 12월에 눈이 다섯자나 왔다.

二十五年, 十一月, 京都雪三尺, 六十四年, 京都 冬十二月雪五尺, 위 三國史記, 143-144쪽.

9대 故國川王 12년(190) 9월에 서울에 눈이 여섯자나 왔다.

十二年, 秋九月, 京都 雪六尺, 위 三國史記, 151쪽

16대 故國原王 13년(343) 11월에 눈이 다섯자나 왔다.

冬十一月, 雪五尺, 위 三國史記, 165쪽.

20대 長壽王 2년(414) 12월 서울에 눈이 다섯자가 왔다.

二年, 冬十二月, 王都雪, 五尺, 위 三國史記, 169쪽.

21대 文咨王 15년(506) 11월 왕이 장수를 보내어 백제를 치는데 마침 큰 눈이 와서 사졸의 수족이 얼어 터져 돌아왔다.

十五年 冬十一月, 遣將伐百濟, 大雪, 士卒冬皸而還, 위 三國史記, 175쪽.

28대 寶臧王 21년(662) 정월 소정방이 평양을 포위하고 있었는데 대설을 만나 포위를 풀고 물러 났다.

二十一年, 正月, 蘇定方圍平壤, 會大雪解而退, 위 三國史記, 202쪽.

큰눈은 신라에서 서기 105년 2월, 187년 10월, 229년 10월, 541년 3월, 652년 3월, 683년 4월, 711년 3월, 783년 2월, 791년 10월, 807년 8월, 822년 2월, 828년 3월에 왔다. 총 12회의 대설이 내렸는데, 그 중에서 4월과 8월에 대설이 내렸다 함은 분명히 이

상기온이라 할 수 있다.

　백제에서는 서기 1년 11월, 395년 11월, 482년 10월, 501년 11월에 큰눈이 내렸는데, 11월에 3회, 10월에 1회, 모두 4회 밖에 오지 않았다.

　고구려에서는 기원전 6년 11월, 서기 74년 11월, 190년 9월, 343년 11월, 414년 11월, 506년 11월, 662년 1월에 대설이 내렸는데, 11월에 3회로 가장 많고, 1월, 9월, 12월이 각각 1회로서 모두 7회 밖에 되지 않는다. 위에서 살펴 본 바와 같이 고구려는 북쪽에 위치하여 좀 차이가 있겠으나, 신라·백제는 같은 위도상에 인접 하였는데도 대설이 내린 해와 횟수가 서로 다른것은 기후의 이변이라기보다는 기록의 누락일 것이다.

천둥(天動)·벼락(霹靂)·뇌우(雷雨)

　대기(大氣)는 전도율이 매우 낮아 보통 절연체(絶緣體)로 취급 되지만 자연에서 일어나는 대규모의 공중방전(空中放電)으로, 불꽃이 튀어 방사(放射) 될 때의 빛이 번개이고 소리가 천둥(天動)이다. 이 불꽃 방전(放電)은 비·눈·우박 등을 내리게 하기도 하는데, 우리나라에서는 주로 장마철에 비와 함께 천둥 번개가 요란하다.

　三國史記 新羅本紀 시조 혁거세 60년(서기 3년) 9월에 두 용이 금성(왕성)우물 가운데 나타나더니 갑자기 뇌우(雷雨)가 있어 성 남문에 벼락을 쳤다.
　六十年, 秋九月, 二龍見於金城井中, 暴雷雨, 震城南門, 앞 三國史記, 3쪽.

　6대 祇摩尼師今 17년(128) 10월에 국(도) 동에 지진이 있었고, 11월에 우뢰가 있었다.
　十七年, 冬十月, 國東地震, 十一月, 雷, 위 三國史記, 11쪽.

　7대 逸聖尼師今 6년(139) 10월 말갈이 쳐들어 왔는데 마침 우뢰가 심하여 곧 물러 갔다. 10년(143) 11월 우뢰가 있었고, 16년(149) 11월에도 우뢰가 있고, 서울에 질역(疾疫)이 유행하였다.
　六年, 八月, 靺鞨襲長嶺, 虜掠民口, 冬十月, 又來, 雷甚乃退, 十年, 冬十一月, 雷, 十六年, 冬十一月, 雷, 京都大疫, 위 三國史記, 12-13쪽.

9대 伐休尼師今 13년(196) 3월에 가뭄이 있고 4월에 우뢰가 궁남의 큰 나무를 치고 또 금성(金城) 동문을 치더니 왕이 돌아갔다.

十三年, 三月, 旱, 夏四月, 震宮南大樹, 又震金城東門, 王薨, 앞 三國史記, 16쪽.

13대 奈解尼師今 19년(214) 12월 우뢰가 있었다.

十九年, 冬十二月, 雷, 위 三國史記, 17쪽.

21대 照知麻立干 5년(483) 11월 우뢰가 있고, 서울에 전염병이 크게 유행하였고, 9년(488) 10월에 우뢰가 있었다.

五年, 十一月, 雷, 京都大疫, 九年, 冬十月, 雷, 위 三國史記, 32쪽.

22대 智證王 11년(510) 5월에 지진이 있어 사람과 집이 무너지고 죽은 사람도 있었고, 10월 우뢰가 있었다.

十一年, 夏五月, 地震, 壞人屋有死者, 冬十月, 雷, 위 三國史記, 35쪽.

26대 眞平王 8년(586) 5월 뇌진(雷震)이 있더니 별들이 비와 같이 떨어졌다.

八年, 夏五月, 雷震, 星隕如雨, 위 三國史記, 41쪽.

29대 武烈王 8년(661) 5월 고구려가 내침 하였는데…이때 성안에는 남녀 2800인이 있었는데 城主 동시천이 능히 어리고 약한 남녀를 격려하여 강대한 적과 대적하기 20여일에 이르렀다. 양식이 다하고 힘이 피로하여 지성껏 하늘에 빌었더니 홀연히 큰 별이 적의 진영에 떨어지고 또 뇌우(雷雨)가 진동하여 적이 의심을 하고 두려워 하여 드디어 포위를 풀고 물러갔다.

八年, 五月 高句麗將軍來攻…時城內只男女二千八百人, 城主冬陁川, 能激勵少弱, 以敵强大之賊, 凡二十餘日, 然糧盡力疲, 至誠告天, 忽有大星, 落於賊營, 又雷雨以震, 賊疑懼, 解圍而去, 위 三國史記, 57쪽.

30대 文武王 2년(662) 8월 사찬(沙湌, 벼슬이름) 여동이 어미를 때려 하늘에서 뇌우가 내려 그를 벼락쳐 죽였다. 3년(663) 5월에는 영묘사 문에 벼락이 떨어지고, 11년(671) 4월에는 흥륜사 남문에 벼락이 떨어졌다.

二年, 八月, 沙湌如冬打母, 天雷雨震死, 三年, 五月, 震靈廟寺門, 十一年, 夏四月, 震興輪寺南門, 앞 三國史記, 60-67쪽.

31대 神文王 7년(687) 2월 원자(태자)가 탄생하였는데 이날 일기가 음침하고 어둡고 큰우뢰와 번개가 있었다.

七年, 春二月, 元子生, 是日, 陰沈昧暗, 大雷電, 위 三國史記, 81쪽.

33대 聖德王 17년(718) 3월에 지진이 있었고, 6월에 황룡사 탑에 벼락이 떨어졌다. 18년 9월에 금마군(익산) 미륵사에 벼락이 떨어졌다.

十七年, 三月, 地震, 夏六月, 震皇龍寺塔, 十八年, 秋九月, 震金馬郡彌勒寺, 위 三國史記, 83-84쪽.

35대 景德王 6년(747) 3월에 26대 진평왕릉에 벼락이 떨어졌고, 17년(758) 7월 큰 우뢰와 번개가 일어나 불사(절) 16개소에 벼락이 떨어졌다.

六年, 三月, 震眞平王陵, 秋 大雷電, 震佛寺十六所, 위 三國史記, 92-94쪽.

36대 惠恭王 4년(768) 6월 서울에 우뢰가 있었고, 우박이 와서 초목을 해쳤다.

六月 京都雷雹, 傷草木, 위 三國史記, 95쪽.

41대 憲德王 13년(821) 12월 큰 우뢰가 있었고, 17년(825) 3월 무진주 마미지현(장흥)의 여인이 아이를 낳았는데 머리가 둘, 몸이 둘, 팔이 넷인데 낳을 때 하늘에서 큰 우뢰가 있었다.

十三年, 冬十二月, 大雷, 十七年, 三月, 武珍州馬彌知縣女人, 産兒, 二頭, 二身, 四臂, 産時天大雷, 위 三國史記, 106-107쪽.

46대 文聖王 7년(845) 11월 우뢰가 있고 눈이 오지 않았다. 10년(848) 10월 하늘에서 우뢰와 같은 소리가 났다.

七年, 冬十一月, 雷, 十年, 冬十月, 天有聲如雷, 위 三國史記, 113쪽.

48대 景文王 8년(868) 6월 황룡사(구층탑)에 벼락이 떨어졌다.

八年, 夏六月, 震皇龍寺塔, 앞 三國史記, 116쪽.

51대 眞聖王 2년(888) 왕이 명하여 거인을 서울 감옥에 가두고, 장차 형을 가하려 하는데 운무가 끼고 뇌진이 일어나고 우박이 쏟아지니 왕이 두려워하여 곧 거인을 놓아 주었다.
王命拘巨人京獄, 將刑之, 其夕, 忽雲霧震雷雨雹, 王懼, 出巨人放歸, 위 三國史記, 119쪽.

백제에서는,
三國史記 百濟本紀 始祖 溫祚王 3년(BC.16년) 10월에 우뢰가 있고 복숭아 오얏나무에 꽃이 피었다.
三年 冬十月, 雷, 桃李華, 위 三國史記, 208쪽.

5대 肖古王 21년(186) 10월 눈이 오지 않고, 우뢰가 있었다.
二十一年, 冬十月, 無雲而雷, 위 三國史記, 214쪽.

8대 古爾王 5년(238) 4월 왕궁의 문 기둥에 벼락이 떨어지더니 황룡이 그 문에서 날아 나왔다.
五年, 夏四月, 震王宮門柱, 黃龍自其門飛出, 위 三國史記, 217쪽.

11대 比流王 30년(333) 12월 우뢰가 있었다.
三十年, 冬十二月, 雷, 위 三國史記, 220쪽.

30대 武王 13년(612) 4월 궁성 남문에 벼락이 떨어졌다.
夏四月, 震宮南門, 위 三國史記, 241쪽.

31대 義慈王 9년(649) 11월 우뢰가 있었고 얼음이 얼지 않았고, 20년(660) 5월에는 폭풍우가 불고 천왕사와 도양사 두 절의 탑에 벼락이 떨어졌으며, 또 백석사 강당에도 벼락이 떨어졌다.
九年 冬十一月, 雷, 無氷, 二十年, 五月, 風雨暴至, 震天王道讓二寺塔, 又震白石寺講堂, 위 三國史記, 245-246쪽.

고구려에서는

三國史記 高句麗本紀 3대 대무신왕 14년(31) 11월 우뢰가 있고 눈이 오지 않았다.
　十四年, 冬十一月, 有雷無雪, 앞 三國史記, 139쪽.

6대 大祖大王 16년(68) 10월 우뢰가 있었다.
　十六年, 冬十月, 雷, 위 三國史記, 143쪽.

7대 次大王 8년(153) 12월 우뢰와 지진이 있었다.
　八年, 冬十二月, 雷地震, 위 三國史記, 148쪽.

10대 山上王 21년(217) 10월 우뢰와 지진이 있다.
　二十一年, 冬十月, 雷, 地震, 위 三國史記, 155쪽.

12대 中川王 15년(262) 11월 우뢰와 지진이 있었다.
　十五年, 冬十一月, 雷 地震, 위 三國史記, 159쪽.

14대 烽上王 8년(299) 12월에 우뢰와 지진이 있었다.
　八年, 冬十二月, 雷, 地震, 위 三國史記, 161쪽.

23대 安原王 5년(535) 10월에 지진이 있고, 12월에 우뢰가 있고 질역이 크게 유행하였다.
　五年, 冬十月, 地震, 十二月, 雷, 大疫, 위 三國史記, 177쪽.

28대 寶臧王 20년(661) 5월에 왕이 장군 뇌음신(惱音信)을 시켜 말갈의 무리를 거느리고 신라의 북한산성을 포위하여 10일이 지나도록 풀지 않으므로 신라는 양도(糧道)가 끊어져 성중이 위태롭더니 갑자기 큰 별이 우리 진영에 떨어지고, 또 뇌우가 진격하여 뇌음신등이 의심하고 놀라 군사를 이끌고 물러났다.
　夏五月, 王遣將軍惱音信, 領靺鞨衆 圍, 新羅北漢山城, 浹旬不解, 新羅餉道絶, 城中危懼, 忽有大星, 落於我營, 又雷雨震擊 惱音信 等 疑駭引退, 위 三國史記, 202쪽.

신라에서는 서기 3년 9월, 128년 11월, 139년 10월, 143년 11월, 149년 11월, 196년 3월, 214년 12월, 483년 11월, 488년 10월, 510년 10월, 586년 10월, 661년 5월, 662년 8월, 663년 5월, 671년 4월, 687년 2월, 718년 6월, 719년 9월, 747년 3월, 758년 7월, 768년 6월, 821년 12월, 825년 3월, 845년 11월, 868년 6월, 888년 2월에, 총 27회의 천둥 번개가 있었는데 11월에 5회, 10월에 4회, 3월과 5월에 3회, 2, 6, 9, 12월에 2회씩, 그리고 4, 7, 8, 12월에 각각 1회의 벼락이 있었다.

백제에서는 기원전 16년 10월, 180년 10월, 186년 10월, 238년 4월, 333년 12월, 612년 4월, 649년 11월에, 모두 7회의 우뢰가 있었는데, 10월에 3회, 4월에 2회, 그리고 11월과 12월에 한번씩의 우뢰가 있었다.

고구려에서는 서기 31년 11월, 68년 10월, 153년 12월, 217년 10월, 262년 11월, 299년 12월, 535년 10월, 661년 10월의 8회로 10월에 3회, 11월과 12월에 각각 2회씩의 우뢰가 있었다. 벼락이 떨어진 후에 임금이 돌아가고, 건물이 무너지고, 나무가 부러지고, 침략자인 적군이 물러나고, 용이 나타나고, 기형아를 낳는 등의 괴이한 사건들이 각국에서 일어났다.

우박(雨雹)

한냉(寒冷) 전선 가까이에서 불안정한 공기가 강한 상승기류(上昇氣流)를 일으켜 발생한 적란운(積亂雲: 여름철 급격한 상승 기류로 생기는 산봉우리 모양으로 밑에는 비를 머금고 높이 뜨는 구름) 속에서 우박이 형성되는데 한반도에서는 5~6월과 9~10월에 많이 발생한다. 보통 지름이 5mm 이상 인 것을 말하며 그보다 작으면 싸락눈이라고 한다. 작은 우박이라도 농작물에 해를 주고 건물에 큰 피해를 입히기도 하고, 큰것은 사람이나 짐승을 상하게도 한다. 삼국사기에는 우박의 크기가 계란(鷄卵)만 하여 농산물의 피해는 말 할 수도 없거니와 오작(烏雀, 참새 까마귀)이 맞아 죽기도 하였다고 전하는데,

신라에서는

三國史記 新羅本紀 5대 婆娑王 21년(서기 100년) 7월에 우박이 와서 나는 새가 죽고, 7월에는 서울(경주)에 지진이 있어서 민옥이 쓰러지고 죽는자도 있었다.

二十一年, 秋七月, 雨雹, 飛鳥死, 冬十月, 京都地震, 倒民屋有死者, 앞 三國史記, 9쪽.

6대 祇摩尼師今 3년(114) 3월에 우박이 와서 맥묘가 상하고, 4월에 큰물이 나서 죄수를 관성하여 사죄를 제하고는 나머지는 모두 풀어 주었다.

三年, 春三月, 雨雹, 麥苗傷 夏四月, 大水 慮囚, 除死罪餘悉原之, 앞 三國史記, 10쪽.

7대 逸聖尼師今 18년(151) 3월에 우박이 왔다.

十八年, 三月, 雨雹, 위 三國史記, 13쪽.

8대 阿達羅尼師今 17년(170) 7월 서울에 지진이 있었고, 서리와 우박이 와서 곡식을 해치었다.

十七年, 秋七月, 京都地震, 霜雹害穀, 위 三國史記, 15쪽.

10대 奈解尼師今 10년(205) 7월 서리와 우박이 와서 곡식을 상하게 하고, 27년(222) 4월에 우박이 와서 뽕과 보리를 상하게 하였다.

十年, 秋七月, 霜雹殺穀, 二十七年, 夏四月, 雹傷菽麥, 위 三國史記, 17-18쪽.

13대 味鄒尼師今 11년(272) 7월 서리와 우박이 와서 곡식을 해치었다.

十一年, 秋七月, 霜雹害穀, 위 三國史記, 21쪽.

16대 訖解尼師今 28년(337) 3월 우박이 오고, 4월에 서리가 왔다.

二十八年, 三月 雨雹, 夏四月, 隕霜, 위 三國史記, 23쪽.

19대 訥祇尼師今 15년(431) 7월에 서리와 우박이 와서 곡식을 해치었고, 20년(436) 4월에 우두군에서 산물이 갑자기 닥치어 50여가구를 떠내려 보내고, 서울에는 대풍과 우박이 왔다. 38년(454) 7월에는 우박이 와서 곡식을 해치었다.

十五年, 秋七月, 霜雹殺穀, 二十年, 夏四月, 二十年, 夏四月, 雨雹, 慮囚, 二十二年, 夏四月, 牛頭郡山水暴至, 漂流五十餘家, 京都大風雨雹, 三十八年, 秋七月, 雨雹害穀, 위 三國史記, 29-30쪽.

27대 善德王 3년(634) 3월에 크기가 밤 만한 우박이 왔다.

三年, 三月, 雹, 大如栗, 위 三國史記, 46쪽.

33대 聖德王 19년(720) 4월에 큰비가 와서 산이 13개소가 무너졌고, 우박이 와서 화묘를 해치었고, 24년(725) 3월 눈이 오고, 4월에는 우박이 왔다.

十九年, 夏四月, 大雨山崩十三所, 雨雹傷禾苗, 二十四年, 三月, 雪, 夏四月, 雹, 앞 三國史記, 86쪽.

35대 景德王 4년(745) 4월에 서울에 우박이 왔는데 크기가 계란과 같았고, 13년(754) 4월 서울에 계란 만한 큰 우박이 왔고, 15년(756) 4월에 큰 우박이 왔다.

四年, 夏四月, 京都雹, 大如鷄子, 十三年, 夏四月, 京都雹, 大如鷄卵, 十五年, 夏四月, 大雹, 위 三國史記, 92-93쪽.

36대 惠恭王 4년(768) 6월 서울에 우뢰가 있고 우박이 와서 초목을 해치었다.

四年, 六月, 京都雷雹, 傷草木, 위 三國史記, 95쪽.

38대 元聖王 2년(786) 4월 서울 동쪽에서 우박이 와서 뽕나무와 보리에 해를 입혔다.

二年, 四月, 國東雨雹, 傷麥皆傷, 위 三國史記, 100쪽.

46대 文聖王 6년(844) 3월 서울에 우박이 왔다.

六年, 三月, 京都雨雹, 위 三國史記, 112쪽.

51대 眞聖王 2년(888) 5월 저녁에 홀연히 운무가 끼고 뇌진이 일어나고 우박이 쏟아졌다.

二年, 五月, 忽雲霧震雷雨雹, 위 三國史記, 119쪽.

52대 孝恭王 12년(908) 3월 서리가 오고 4월에 우박이 왔다.

十二年, 三月, 隕霜, 夏四月, 雨雹, 위 三國史記, 122쪽.

백제의 기록은

三國史記 百濟本紀 始祖 溫祚王 31년(서기 13년) 4월에 우박이 왔고, 5월과 6월에 지진이 있었다. 37년(19) 3월에 우박이 왔는데 크기가 계란만 하였고, 까마귀와 참새가 이에 맞아 죽었다.

三十一年, 夏四月, 雹, 五月, 地震, 六月, 又震, 三十七年, 春三月, 雹, 大如鷄子, 烏雀遇者死, 앞 三國史記, 210쪽.

3대 己婁王 23년(99) 8월에 서리가 내려 뽕나무를 해치고, 10월에는 우박이 왔다.
二十三年, 秋八月, 隕霜殺菽, 冬十月, 雨雹, 위 三國史記, 212쪽.

6대 仇首王 14년(227) 3월 우박이 오고 4월에는 크게 가물었다. 18년(231) 4월 우박이 왔는데 크기가 밤만 하여 까마귀 참새가 맞아 죽기도 하였다.
十四年, 春三月, 雨雹, 夏四月, 大旱, 十八年, 夏四月, 雨雹, 大如栗, 烏雀中者死, 위 三國史記, 217쪽.

24대 東城王 22년(500) 4월 우두성에서 사냥을 하였는데 비와 우박을 만나 그치었다.
二十二年, 夏四月, 田於牛頭城, 遇雨雹乃止, 五月, 旱, 위 三國史記, 234쪽.

고구려의 우박에 대한 기록은
三國史記 高句麗本紀 3대 대무신왕 24년(서기 41년) 3월 서울에 우박이 왔고, 7월에 서리가 내려 곡식을 해쳤다.
二十四年 春三月, 京都雨雹, 秋七月, 隕霜殺穀, 위 三國史記, 141쪽.

5대 慕本王 2년(49) 3월에 폭풍이 불어 나무를 뽑고, 4월에 서리가 내리고 우박이 왔다.
二年, 三月, 暴風拔樹, 夏四月, 隕霜雨雹, 秋八月, 發使賑恤, 위 三國史記, 142쪽.

6대 太祖大王 66년(118) 7월 누리가 생기고 우박이 와서 곡식을 해치었다.
六十六年, 秋七月, 蝗雹害穀, 위 三國史記, 144쪽.

14대 烽上王 7년(298) 9월에 서리와 우박이 와서 곡식을 해치어 민간에 기근이 생겼다.
七年, 秋九月, 霜雹殺穀, 위 三國史記, 161쪽.

23대 安原王 12년(542) 3월에 대풍이 불어 나무를 뽑고, 기와를 날리고 4월에는 우박이 왔다.

十二年, 春三月, 大風, 拔木飛瓦, 夏四月, 雹, 앞 三國史記, 177쪽.

24대 陽原王 2년(546) 4월 우박이 왔다.
夏四月, 雹, 위 三國史記, 299쪽.

25대 平原王 23년(581) 7월 서리와 우박이 와서 곡식을 해치었다. 10월에 기근이 들어 왕이 순행하여 무휼하였다.
秋七月, 霜雹殺穀, 冬十月, 民饑, 王巡幸撫恤, 위 三國史記, 179쪽.

28대 寶臧王 9년(650) 7월에 우박이 곡물을 헤치어 백성이 굶주리었다.
秋七月, 霜雹害穀, 民饑, 위 三國史記, 201쪽.

우박이 떨어진 해와 달을 조사하면

신라에서는 서기 100년 7월, 114년 3월, 151년 3월, 170년 7월, 205년 7월, 222년 4월, 272년 7월, 337년 3월, 431년 7월, 436년 4월, 438년 4월, 454년 7월, 634년 3월, 720년 4월, 725년 4월, 745년 4월, 754년 4월, 756년 4월, 768년 6월, 786년 4월, 844년 3월, 888년 5월, 908년 4월로, 23번의 우박이 왔다. 우박이 떨어진 달을 알아보면, 4월에 10회, 7월에 6회, 3월에 5회, 5월과 6월에 한번씩 왔다.

백제에서는 서기 13년 4월, 19년 3월, 99년 10월, 227년 3월, 231년 4월, 500년 4월의 6회인데, 4월에 3회, 3월에 2회, 10월에 한번의 우박이 떨어졌다.

고구려에서는 서기 41년 3월, 49년 4월, 118년 7월, 298년 9월, 542년 4월, 546년 4월, 581년 7월, 650년 7월의 8회로, 4월과 7월에 3번씩, 3월과 9월에 한번의 우박이 왔으므로, 삼국이 모두 4월에 우박이 많이 온 것으로 기록되었다.

서리(霜)

서리가 내리는 때를 상강(霜降)이라하는데 10월 말이나 11월 초가 된다. 상강은 24절기(節氣) 중 18번째 절기로 기온이 빙점(氷點, 0도) 이하로 내려 갔을 때 공기 중의 수증기가 지상의 물체 표면에 응결(凝結, 얼어붙는)되는 결정체(結晶體)로서, 들(野外)에서 뿐만 아니라 집안의 유리창에 맺인 이슬이 동결(凍結)되어 생기기도 한다. 상강(霜降)으로부터 15일 후면 겨울 문턱에 들어 선다는 입동(立冬)이 된다. 삼국시대의 서리에 대한 기록을 찾아 보면, 서리가 내리는 철이 아닌데도 내려 농산물에 피해를 준일이 여러차례 있었다.

三國史記 新羅本紀 6대 눌지왕 12년(123) 4월에 서리가 왔다.
十二年, 夏四月, 隕霜, 앞 三國史記, 11쪽.

7대 逸聖 尼師今 6년(139) 7월 서리가 내려 콩을 해치었다.
六年, 秋七月, 隕霜殺菽, 위 三國史記, 12쪽.

8대 阿達羅尼師今 3년(156) 4월 서리가 내렸고, 17년(170) 7월 서울에 지진이 있고, 서리와 우박이 와서 곡식을 해치었다.
三年, 夏四月, 隕霜, 十七年, 秋七月, 京師地震, 霜雹害穀, 위 三國史記, 14-15쪽.

10대 奈解尼師今 5년(200) 7월 태백(금성)이 낮에 나타나고 서리가 내려 풀을 상하게 하였고, 10년(205) 7월 서리와 우박이 와서 곡식을 상하고 태백이 달을 범하였다.
五年, 秋七月, 太白晝見, 十年, 秋七月, 霜雹殺穀, 太白犯月, 위 三國史記, 17쪽.

13대 味鄒尼師今 11년(272) 7월 서리와 우박이 와서 곡식을 해치었다.
十一年, 秋七月, 霜雹害穀, 위 三國史記, 21쪽.

16대 訖解尼師今 28년(337) 3월에 우박이 오고 4월에 서리가 왔다.
二十八年, 三月, 雨雹, 夏四月, 隕霜, 위 三國史記, 23쪽.

19대 訥祇麻立干 4년(420) 7월에 서리가 내려 곡식을 해치고 기근이 일어나 자손을 파는자까지 있었고, 15년(431) 7월 서리와 우박이 와서 곡식을 해치고, 38년(454) 7월 서리와 우박이 와서 곡식을 해치고, 41년(457) 4월에 서리가 내려 보리를 상하게 하였다.
四年, 秋七月, 隕霜殺穀, 民飢, 有賣子孫者, 十五年, 秋七月, 霜雹殺穀, 三十八年, 秋七月, 霜雹害穀, 四十一年, 夏四月, 隕霜傷麥, 위 三國史記, 28-30쪽.

22대 智證麻立干 10년(509) 7월에 서리가 내려 콩을 해치었다.
十年, 秋七月, 隕霜殺菽, 앞 三國史記, 35쪽.

26대 眞平王 35년(613) 4월 봄에 가물고, 4월에 서리가 왔고, 49년(627) 8월에 서리가 내려 곡식을 해치었다.
三十五年, 春, 旱, 夏四月, 降霜, 四十九年 八月, 隕霜殺穀, 위 三國史記, 43-44쪽.

38대 元聖王 5년(789) 7월 서리가 내려 곡식을 해치었고, 11년(795) 8월에도 서리가 내려 곡물을 해치었다.
五年, 秋七月, 隕霜傷穀, 十一年, 秋八月, 隕霜害穀, 위 三國史記, 100-101쪽.

42대 興德王 2년(827) 5월 서리가 내리고, 8월에 태백(금성)이 낮에 나타나더니 서울에 큰 가뭄이 있었다.
二年, 夏五月, 降霜, 秋八月, 太白晝見, 京都大旱, 위 三國史記, 108쪽.

46대 文聖王 13년(851) 4월 서리가 내렸다.
十三年, 夏四月, 隕霜, 위 三國史記, 113쪽.

47대 憲安王 2년(858) 4월에 서리가 내리고, 5월부터 7월까지 비가 오지 않았다.
二年, 夏四月, 降霜, 自五月至秋七月, 不雨, 위 三國史記, 114쪽.

51대 眞聖王 2년(888) 5월 서리가 내렸다.
二年, 五月, 霜, 위 三國史記, 118쪽.

52대 孝恭王 6년(902) 2월 서리가 왔고, 9년(905) 4월에 서리가 왔고, 12년(908) 3월에 서리가 오고 4월에 우박이 왔다.
六年, 春三月, 霜, 九年, 夏四月, 降霜, 十二年, 三月, 隕霜, 夏四月, 雨雹, 위 三國史記, 122쪽.

三國遺事에서는 효공왕 15년(911) 3월에 두 번 서리가 왔다.

又三月, 再降霜, 앞 三國遺事, 69쪽.

삼국사기 신라본기 53대 神德王 2년(913) 4월 서리가 오고 지진이 있었다.
　二年, 夏四月, 隕霜, 地震. 앞 三國史記, 122쪽.

백제에서는
三國史記 百濟本紀 시조 온조왕 28년(10) 4월에 서리가 내려 보리를 해치었다.
　二十八年, 夏四月, 隕霜害麥, 위 三國史記, 210쪽.

3대 己婁王 23년(99) 8월 서리가 내려 콩을 해치고 10월에는 우박이 왔다.
　二十三年 八月, 隕霜殺菽, 冬十月, 雨雹, 위 三國史記, 212쪽.

16대 辰斯王 2년(386) 7월 서리가 내려 곡물을 해치었다.
　二年, 秋七月, 隕霜害穀, 위 三國史記, 223쪽.

24대 東城王 23년(501) 3월 서리가 내려 보리를 해치었다.
　二十三年, 三月, 降霜害麥, 위 三國史記, 234쪽.

고구려에서는
三國史記 高句麗本紀 3대 大武神王 24년(41) 3월에 서울에 우박이 오고, 7월에 서리가 내려 곡식을 해치고, 8월에는 매화가 피었다.
　二十四年, 春三月, 京都雨雹, 秋七月, 隕霜殺穀, 八月, 梅花發, 위 三國史記, 141쪽.

5대 慕本王 2년(49) 4월에 서리가 내리고 우박이 왔다.
　二年, 夏四月, 隕霜雨雹, 위 三國史記, 142쪽.

9대 故國川王 16년(194) 7월 서리가 내려 곡식을 해치어 백성이 굶주리므로 창름(창고)을 열어 진급하였다.
　十六年, 秋七月, 墜霜殺穀, 民飢, 開倉賑給, 위 책, 152쪽.

13대 西川王 3년(272) 4월에 서리가 내려 보리를 해치었다.
三年, 夏四月, 隕霜害麥, 六月, 大旱, 앞 三國史記, 159쪽.

14대 烽上王 7년(298) 9월에 서리와 우박이 와서 곡식을 해하여 민간에 기근이 들었다.
七年, 秋七月, 霜雹殺穀, 民饑, 위 三國史記, 161쪽.

16대 故國原王 5년(335) 7월 서리가 내려 곡식을 해치었다.
五年, 秋七月, 隕霜殺穀, 위 三國史記, 164쪽.

25대 平原王 23년(581) 7월 서리와 우박이 와서 곡식을 해치었다.
二十三年, 秋七月, 霜雹殺穀, 冬十月, 民饑, 王巡行撫恤, 위 三國史記, 175쪽.

서리도 초겨울이면 해마다 내릴 터인데도 몇년 혹은 몇십, 몇백년에 한번 기록되고 있다.

서리가 내린 해와 달을 알아 보면, 신라에서는 서기 123년 4월에, 139년 7월, 156년 4월, 170년 7월, 200년 7월, 205년 7월, 272년 7월, 337년 3월, 420년 7월, 431년 7월, 454년 7월, 457년 4월, 509년 7월, 613년 4월, 627년 8월, 789년 7월, 795년 8월, 827년 5월, 851년 4월, 858년 4월, 888년 5월, 902년 2월, 905년 4월, 908년 3월, 913년 4월로, 모두 25차례 밖에 되지 않는다.

그것도 7월에 10회, 4월에, 8회, 3, 5, 8월에 각 2회, 12월에 한번 내렸으므로, 초겨울이 아닌 7월에 10회, 4월에 8회, 3, 5, 8월에 2회나 서리가 내렸다는것은 분명 이상 기후라고 할 수 있다.

백제에서는 서기 10년 4월, 98년 8월, 386년 7월, 501년 3월의 4회인데 백제의 존속 기간이 약 700년 간이나 되는데 단 4회의 서리 기록은 신빙성(信憑性)이 부족하다고 할 수 있을 것이다.

고구려에서는 서기 41년 7월에, 49년 4월, 194년 7월, 272년 4월, 298년 9월, 335년 7월, 581년 7월의 7회 뿐으로, 서리는 해마다 초겨울에는 어김없이 내렸을 터인데도, 내린 횟수도 매우 적을 뿐만 아니라, 내릴 철이 아닌 7월에 4회, 4월에 2회, 9월에 1회가 내려서 농작물에 많은 해를 입혔다고 하는것은 믿기 어렵다고 할 수 있으나, 삼국이 정립(鼎立)되어 왕권확립후 대형 토목공사·전쟁·기근·질역 등으로 사소한 기록은 하지 않았을 것으로 보아야 할 것이다.

一. 자연환경(自然環境)과 기후(氣候) 57

가뭄(旱害)

  가뭄은 한발(旱魃)이라고도 하는데 오랫동안 비가 오지 않거나 온다고 해도 그 양이 아주 적어 큰 피해를 보는 경우를 말한다. 현대사회에서도 가뭄이 들면 수력발전이나 공업용수 음료수의 부족 등으로 크게 곤경(困境)을 겪게 되므로 갈수재해(渴水災害) 라고도 한다. 그런데 삼국시대에는 농업경제(農業經濟) 사회였으므로 오랫동안 비가 오지 않거나 강우량이 매우 적으면 농작물이나 초목(草木) 식수(食水) 등에 큰 피해를 입을 뿐만 아니라, 기근(饑饉, 굶주림)으로 배를 주리고, 질역(疾疫, 전염병)이 유행하고, 도적(盜賊)의 봉기(蜂起), 다른 나라로의 유망(流亡)도 많았을 뿐만 아니라, 나라 재정(財政)에도 큰 영향을 미쳤다. 그러므로 전쟁보다 무서운 것이 가뭄이라고 한다. 전쟁은 참전한 사람중 몇사람 또는 다수의 군사가 죽지만 가뭄이 계속되면 모든 식물이 말라죽고, 초식동물이 먹이 부족으로 죽고 사람들에게도 기근이 들게 마련이다. 따라서 삼국사회에서는 못을 파기도 하고 제방(堤防)을 쌓는 등 치수(治水)에 많은 노동력을 동원 하였으며, 한해(旱害)를 입으면 창고(倉庫)를 열어 백성을 위로 하는가 하면, 어떤 왕은 좌우 신하들의 간곡한 도움을 청하여도 듣지 않았고, 자식을 팔기도 하고, 서로 잡아먹을 (相食) 지경의 처참(悽慘)한 생활을 하기도 하였다. 삼국시대의 가뭄에 대해서 알아 보면

  신라에서는
  三國史記 新羅本紀 2대 南解次次雄 8년(11) 봄·여름에 가뭄이 있었고, 15년(18) 서울에 가뭄이 있었고 7월에 누리(蝗災)가 있어 민간에 기근(饑饉)이 들어 창름(창고)을 열어 구제 하였다.
  八年, 春夏, 旱, 十五年 京城, 旱, 秋七月, 蝗, 民饑, 發倉廩救之, 위 三國史記, 4쪽.

  4대 脫解尼師今 19년(75) 큰 가뭄이 있어 인민이 주리므로 창름을 열어 구제하였다.
  十九年 大旱, 民饑, 發倉賑給, 위 三國史記, 8쪽.

  5대 婆娑尼師今 19년(98) 4월 서울에 가뭄이 있었고, 32년(111) 5월부터 7월까지 비가 오지 않았다.
  夏四月 京都, 旱, 三十二年 自五月, 至秋七月, 不雨, 위 三國史記, 9-10쪽.

6대 祗摩尼師今 23년(134) 봄 여름에 가뭄이 있었다.
二十三年, 春夏, 旱, 앞 三國史記, 11쪽.

7대 逸聖尼師今 12년(145) 봄 여름에 가뭄이 있어 남쪽 지방이 가장 심하여 인민이 굶주리므로 곡식을 이송하여 구제 하였다. 17년(150) 4월부터 비가 오지 않더니 7월에 가서야 비가 왔다.
十二年 春夏, 旱, 南地最甚, 民飢, 移其粟賑給之, 十七年, 自夏四月, 不雨, 至秋七月, 乃雨, 위 三國史記, 12-13쪽.

8대 阿達羅尼師今 21년(174) 정월 토우(土雨)가 오고, 2월에는 가물어 샘과 우물이 말랐다.
二十一年 春正月, 雨土, 二月, 旱, 井泉渴, 위 三國史記, 15쪽.

9대 伐休尼師今 13년(196) 3월에 가뭄이 있고, 4월에 우뢰가 궁 남쪽의 큰 나무를 쳤다.
十三年 三月, 旱, 夏四月, 震宮南大樹, 위 三國史記, 16쪽.

10대 奈解尼師今 원년(196) 정월부터 4월까지 비가 오지 않더니 왕이 즉위하는 날에 큰비가 내려 백성들이 기뻐하였고, 6년(201) 3월 날이 매우 가물어 왕이 중외의 죄수를 관성하여 가벼운 죄인만을 석방하고, 15년(210) 봄 여름에 날이 가물어 왕이 사신을 보내어 군 읍의 죄수를 관성하여 이사(二死 絞 斬刑)를 제하고 나머지 죄인들을 석방하였고, 31년(226)봄에 비가 오지 않더니 7월에야 비가 왔다. 백성들이 굶주리므로 창름(창고)을 열어 곡식을 베풀어 주었다.
元年, 自正月至四月, 不雨, 及王卽位之日, 大雨 百姓歡慶, 六年 三月, 大旱, 錄內外繫囚, 原輕罪, 十五年, 春夏, 旱, 發使錄郡邑獄囚, 除二死餘悉原之, 三十一年, 春, 不雨, 至秋七月, 乃雨, 民飢發倉廩賑給, 위 三國史記, 16-18쪽.

12대 沾解尼師今 7년(253) 5월부터 7월까지 비가 오지 않아 조묘(祖廟)와 명산에 제사를 지냈더니 곧 비가 왔다. 그러나 흉년이 들어 도적이 많았다. 13년(259) 7월에 가물고 누리가 있어 흉년이 들고 도적이 많았다.
七年, 自五月至七月, 不雨, 禱祀祖廟及名山, 乃雨, 年饑, 多盜賊, 十三年, 秋七月, 旱

荒, 年荒, 多盜, 앞 三國史記, 20쪽.

13대 味鄒尼師今 7년(268) 봄 여름에 비가 오지 않으므로 왕이 남당(南堂 政廳)에 군신을 모으고 친히 정형(政刑)의 득실을 묻고, 또 5인의 사자(使者)를 각지에 파견하여 백성의 고환(苦患)을 순문하였다. 19년(280) 4월에도 가뭄이 있어 죄수를 관성하였다.
七年, 春夏, 不雨, 會群臣於南堂, 親問政刑得失, 又遣使五人, 巡問百姓苦患 十九年, 夏四月, 旱, 錄囚, 위 三國史記, 21쪽.

14대 儒禮尼師今 3년(286) 3월 가뭄이 있었고, 9년(292) 7월에도 가물고 누리가 있었다.
三年, 三月, 旱, 九年, 秋七月, 旱蝗, 위 三國史記, 21-22쪽.

15대 基臨尼師今 5년(302) 봄 여름에 가뭄이 있었다.
五年, 春夏, 旱, 위 三國史記, 23쪽.

16대 訖解尼師今 4년(313) 7월 한발(旱魃)과 황해(蝗害)가 있어 민간에 기근이 일어나 사신을 보내어 구휼 하였다. 8년(317) 봄과 여름에 날이 가물어 왕이 친히 죄수를 관성하여 많이 풀어 주었다.
四年, 秋七月, 旱蝗, 民飢, 發使救恤之, 八年, 春夏, 旱, 王親錄囚, 多原之, 위 三國史記, 23쪽.

17대 奈勿尼師今 17년(372) 봄 여름에 몹시 가물어 흉년이 들고 기근이 일어나 사람들이 많이 유망(流亡)하므로 왕이 사람을 보내어 창름(창고)을 열고 구제하였다. 26년(381) 봄 여름에 가물어 연사(年事 일년 농사)가 나쁘고 기근이 있었다. 42년(397) 7월 북변 아슬라(강릉)에 가뭄과 누리가 있어 연사가 나쁘고 기근이 일어나 왕은 죄수를 곡사하고 1년간 세금을 면제하여 주었다. 46년(401) 봄・여름에 가뭄이 있었다.
十七年, 春夏, 大旱, 年荒, 民飢, 多流亡, 發使開倉廩賑之, 二十六年, 春夏, 旱, 年荒, 民飢, 四十二年, 秋七月, 北邊何瑟羅旱蝗, 年荒, 民飢, 曲赦囚徒, 復一年租調, 四十六年, 春夏, 旱, 위 三國史記, 26-27쪽.

19대 訥祇麻立干 4년(420) 4년 봄 여름에 크게 가물고, 7월에는 서리가 내려 곡식을 해치고 기근이 일어나 자손을 파는(賣)자까지 있었다. 왕은 죄수를 관성하여 죄수를 풀어 주었다. 37년(453) 봄·여름에 가뭄이 있었다.

四年, 春夏, 大旱, 秋七月, 隕霜殺穀, 民飢,有賣子孫者, 慮囚原罪, 三十七年, 春夏, 旱, 앞 三國史記, 28-30쪽.

21대 炤知麻立干 2년(480) 5월 서울에 가뭄이 들고 10월에 기근이 있어 창곡을 내어 진급 하였다. 14년(492) 봄 여름에 가물어 왕이 자기를 책하고(반성) 상선(평상시의 음식물)을 덜(減)하였다. 19년(497) 7월에 가뭄과 누리가 있어 왕은 여러 관리에게 명하여 능히 백성을 다스릴 만한 인재 각각 한사람 씩을 천거케 하였다.

二年, 夏五月, 京都, 旱, 冬十月, 民飢, 出倉穀賑給之, 十四年, 春夏, 旱, 王責己減常膳, 十九年, 秋七月, 旱蝗, 命群官, 擧才堪牧民者各一人, 위 三國史記, 31-33쪽.

    참고로 삼국시대 왕의 상선(常膳 평상시의 음식물)을 알아보면
    三國遺事 太宗春秋公전에, 왕의 식사는 하루에 쌀 3말과 꿩 8마리를 먹더니 경신년에 백제를 멸한 후에는 점심을 그만두고 다만 조석 뿐이었는데 계산하여 보면 하루에 쌀 6말, 술 6말, 꿩 10마리였다.

    王膳一日飯米三斗, 雄稚九首, 子庚申年滅百濟後, 除晝膳, 但朝暮而已, 然計一日米六斗, 酒六斗, 雉十首, 앞 三國遺事, 48쪽.

    三國遺事 文虎王 法敏전에, 공이 듣고 쫓아 나와 손을 잡고 궁으로 들어가 공의 부인을 불러 안길과 함께 잔치를 하는데 찬(饌)이 50가지나 되었다.

    公聞而走出, 携手入宮, 喚出公之妃, 與安吉共宴, 具饌至五十味, 위 三國遺事, 57쪽.

    왕의 혼례(婚禮)때 폐백(幣帛)은
    三國史記 新羅本紀 31대 신문왕 3년 왕이 일길찬(제7품관) 김흠운의 소녀를 맞아 부인을 삼으려 하는데 먼저 이찬(제2품관) 문영과 파진찬(제4품관) 삼광(김유신의 子)을 보내어 기일을 정하고 대아찬 지상을 시켜 부인에게 납채케 하니 폐백이 15수레, 쌀·술·기름·꿀·간장·된장·포·식혜가 135수레, 벼가 150수레였다.

    三年 春二月, 納一吉湌金欽運小女爲夫人, 先差伊湌文潁, 波珍湌三光定期, 以大阿湌智常納采, 納帛十五轝, 米 酒 油 密 醬 豉 脯 醢 一百三十五轝, 租一百五十車, 위 三

國史記, 80쪽.

상선을 감한 왕으로는

21대 照知麻立干 14년 봄 여름에 가뭄이 있어 왕이 자기를 책(反省)하고 상선(常膳)을 덜하였다.

十四年, 春夏, 旱, 王責己減常膳, 위 三國史記, 32쪽.

26대 진평왕 7년 3월에 가뭄이 있었으므로 왕이 정전(正殿)을 피하고 상선을 감하고 남당에 어(御)하여 친히 죄수를 관성하였다.

七年, 春三月, 旱, 王避正殿減常膳, 御南堂親錄囚, 위 三國史記, 41쪽.

42대 흥덕왕 7년 봄 여름에 가물어 적지(赤地)가 되어 왕이 정정을 피하고 상선을 감하고 중외의 죄수를 사하였다.

七年 春夏, 旱, 赤地, 王避正殿減常膳, 赦內外獄囚, 위 三國史記, 108쪽.

42대 흥덕왕은 왕비 장화부인이 돌아가자 창연불락(悵然不樂)하고 군신이 재빙(再聘 채취)을 청하여도 듣지 않고 좌우 사령(使令)은 오직 고자 만을 둔 왕이기도 하다.

삼국사기 고구려본기 25대 平原王 5년 여름에 큰 가뭄이 있어 왕은 상선을 감하고 산천에 기도하였다.

五年 夏, 大旱, 王減常膳, 祈禱山川, 위 三國史記 179쪽.

신라 56대 경순왕이 고려에 귀의(歸依)할 때의 모습을 보면

三國史記 新羅本紀 敬順王전에, 왕은 백료(백관)를 이끌고 왕도 경주를 떠나 태조에게 귀의하는데 향차(좋은 수레)와 보마는 30여리에 뻗쳐 도로는 호위의 인증으로 막히고 구경꾼은 담을 두른 것 같았다.

王率百寮, 發自王都, 歸于太祖, 香車, 寶馬, 連亘三十餘里, 道路塡咽, 觀者如堵, 위 三國史記, 127쪽.

22대 智證麻立干 7년(506) 봄·여름에 가뭄이 있고 기근이 일어나 창름(창고)을 열어 진급

하였다.

七年, 春夏, 旱, 民饑, 發倉賑救, 앞 三國史記, 35쪽.

24대 眞興王 36년(575) 봄·여름에 가뭄이 있었다.

三十六年, 春夏, 旱, 위 三國史記, 40쪽.

26대 眞平王 7년(585) 3월에 가뭄이 있었는데 왕이 정전을 피하고 상선(常膳 평상시의 음식물)을 감하고 남당에 나아가 친히 죄수를 관성 하였다. 35년(613) 봄에 가뭄이 있었고 4월에 서리가 왔다. 50년(628) 여름에 큰 가뭄이 있었다. 시장을 옮기어 용을 그리고 비를 빌고, 가을 겨울에 기근이 일어나 자녀를 파는(賣)자도 있었다.

七年, 春三月, 旱, 王避正殿減常膳, 御南堂親錄囚, 三十五年, 春, 旱, 夏四月, 降霜, 五十年, 夏, 大旱, 移市, 畵龍祈雨, 秋冬, 民飢, 賣子女, 위 三國史記, 41-44쪽.

27대 善德王 원년(632) 5월에 가물더니 6월에야 비가 왔다. 10월에 사람을 파견하여 국내의 홀아비 과부 고 독으로 자존 할 수 없는 자를 무문하였다.

元年, 夏五月, 旱, 至六月, 乃雨, 遣使, 撫問國內鰥寡孤獨不能自存者, 賑恤之, 위 三國史記, 46쪽.

32대 孝昭王 5년(696) 4월 나라 서쪽 지방에 가뭄이 있었다.

五年, 夏四月, 國西, 旱, 위 三國史記, 82쪽.

33대 聖德王 4년(705) 5월 날이 몹시 가물었다. 8월에 고령자에게 주식을 내리고, 10월 나라 동쪽 주군에 기근이 있어 인민이 많이 유이하여 사람을 보내어 진휼케 하고, 8년 5월 가뭄이 들고, 13년(714) 여름 가뭄이 있고, 14년(715) 6월에도 크게 가물고, 질역에 걸리는 사람이 많았다. 15년(716) 6월에도 가뭄이 있어 왕은 이효를 불러 기도를 하게 하였더니 곧 비가오고 죄인을 사하였다.

四年, 夏五月, 旱, 秋八月, 賜老人酒食, 冬十月, 國東州郡饑, 人多流亡, 發使賑恤, 八年, 五月, 旱, 十三年, 夏,旱,人多疾疫, 十四年, 夏六月, 大旱, 王召河西州龍鳴居士理曉, 祈禱, 則雨, 赦罪人, 위 三國史記, 84-85쪽.

38대 元聖王 2년(786) 7월 가뭄이 있었고, 9월에 서울에 기근이 있어 조 33,240석을 내어 진급하고, 10월에도 33,000석을 내어 분급 하였다. 4년(788) 가을에 나라 서쪽에 가뭄과 누리가 있고, 도적이 많아 왕이 사자를 보내어 백성을 안무케 하였다. 6년(790) 3월에도 큰가뭄이 있었다. 5월에 조를 내어 한산 웅천 두 주의 기민에게 진급하였다. 11년(795) 4월에도 가뭄이 있어 왕이 친히 죄수들을 관성 하더니 6월에 이르러 비가 왔다. 8월에 서리가 내려 곡물을 해치었다. 14년(798) 6월에 가뭄이 있었다.

二年, 秋七月, 旱, 九月, 王都民饑, 出粟三万三千二百四十石, 以賑給之, 冬十月, 又出粟三万三千石, 以給之, 四年, 秋, 國西, 旱蝗, 多盜賊, 王發使安撫之, 六年, 三月, 大旱, 五月, 出粟賑漢山 熊川二州饑民, 十一年, 夏四月, 旱, 親錄囚, 至六月, 乃雨, 十四年, 夏六月, 旱, 앞 三國史記, 100-102쪽.

35대 景德王 4년(745) 5월 가뭄이 있었고, 6년(747) 가을에 가물고, 겨울에 눈이 오지 않아 민간에 기근이 있고, 질역이 돌아 왕이 사람을 사방에 보내어 안무케 하였다.

四年, 五月, 旱, 六年, 秋, 旱, 冬, 無雪, 民饑且疫, 出使十道, 安撫, 十三年, 八月, 旱蝗, 위 三國史記, 92쪽.

같은 내용이 三國遺事 賢瑜珈 海華嚴전에도 실려있는데

같은 왕 12년(753) 여름에 가뭄이 심하여 대현을 내전에 불러 들여 금광경을 강하여 단비를 빌게 하였다. 어느날 재(齋)를 올릴 때에 바릿대를 열고 한참 동안 있었으나, 공자(供者)가 정수(淨水)를 늦게 올리므로 감리(監吏)가 꾸짖었다. 공자의 말이 궁정(宮井)이 말라 멀리 물을 저 오는 까닭에 늦었다고 하니 대현이 듣고 그러면 왜 진작 말하지 않았느냐하였다. 낮에 강할 때에 대현이 향로를 받들고 잠자코 있었더니 얼마 아니되어 정수(井水)가 솟아 나와 높이가 7발 가량 찰당(刹幢,절의 당간)과 같아지므로 궁중(宮中)이 모두 놀라 그 우물을 금광정이라 하였다.

景德王 天寶十二年癸巳, 夏大旱, 詔入內殿, 講金光經, 以祈甘澍, 一日齋次, 展鉢良久, 而淨水獻遲, 監吏詰之, 供者曰, 宮井枯沽, 汲遠故遲爾, 賢聞之曰, 何不早云, 及晝講時, 捧爐默然, 斯湏井水湧出, 高七丈許, 與刹幢齊, 闔宮驚駭, 因名其井曰金光井, 앞 三國遺事, 151쪽.

40대 哀莊王 10년(807) 7월에 크게 가물었다.

秋七月, 大旱, 위 三國史記, 104쪽.

41대 憲德王 12년(820) 봄과 여름에 가물더니 겨울에 기근이 있었다.
十二年, 春夏, 旱, 冬, 飢, 앞 三國史記, 101쪽.

42대 興德王 2년(827) 5월 서리가 내리고 8월에 태백(금성)이 낮에 나타나더니 서울에 큰 가뭄이 있었다. 7년(832) 봄과 여름에 가물어 적지가 되매 왕이 정전을 피하고 상선(통산 음식)을 감하고 중외의 옥수를 사하였다. 7월에 비가 왔다. 8월에 기근과 흉년으로 도적이 도처에서 일어났다. 10월에 왕이 사자를 명하여 백성을 안무케 하였다.
二年, 夏五月, 降霜, 秋八月, 太白晝見, 京都大旱, 七年, 春夏, 旱, 赤地, 王避正殿減常膳, 赦內外獄囚, 秋七月, 乃雨, 八月, 飢荒, 盜賊遍起, 冬十月, 王命使安撫之, 위 三國史記, 108쪽.

46대 文聖王 2년(840) 4월부터 6월까지 비가 오지 않았다. 겨울에 기근이 있었다. 10년(848) 봄·여름에 가뭄이 있었다.
二年, 自夏四月至六月, 不雨, 冬, 饑, 十年, 春夏, 旱, 위 三國史記, 112-113쪽.

47대 憲安王 2년(858) 4월 서리가 내리고 5월부터 7월까지 비가 오지 않았다.
二年, 夏四月, 降霜, 自五月至秋七月, 不雨, 위 三國史記, 114쪽.

50대 定康王 원년(886) 8월 나라 서쪽에 가뭄이 들었다.
國西旱且荒, 위 三國史記, 119쪽.

51대 眞聖王 2년(888) 5월 가뭄이 있었다.
二年, 夏, 五月, 旱, 위 三國史記, 119쪽.

52대 孝恭王 10년(906) 4월부터 5월까지 비가 오지 않았고, 11년(907) 봄 여름에도 비가 오지 않았다.
十年, 自夏四月至五月, 不雨, 十一年, 春夏, 無雨, 위 三國史記, 122쪽.

54대 景明王 5년(921) 4월에 서울에 대풍이 불어 나무를 뽑고, 8월 황재(蝗災) 한재(旱

災)가 있었다.

夏四月, 京都, 大風拔樹, 秋八月, 蝗旱, 위 三國史記, 124쪽.

백제에서는

삼국사기 백제본기 시조 溫祚王 4년(BC.15년) 봄과 여름에 가뭄이 있어, 기근이 생기고 질역이 유행 하였다. 33년(15) 봄과 여름에 크게 가물어서 백성이 굶주려 상식(相食)하고 도적이 크게 일어나므로 왕이 인민을 안무하였다. 37년(19) 3월에 우박이 왔는데 크기가 계란만 하였고, 까마귀와 참새가 이에 맞아 죽었다. 4월부터 가물었다가 6월에야 비가 왔다. 한수의 동북 부락에 기근이 들어 고구려로 도망가는 자가 1,000 여호가 되어 패수(예성강)와 대수(임진강) 사이가 비어 사는 사람이 없었다. 45년(27) 봄과 여름에 크게 가물어 초목이 말라 죽었다.

四年, 春夏, 旱, 饑疫, 三十三年, 春夏, 大旱, 民饑相食, 盜賊大起, 王撫安之, 三十七年, 春三月, 雹, 大如鷄子, 烏雀遇者死, 夏四月, 旱, 至六月乃雨, 漢水東北部落饑荒, 亡入高句麗者一千餘戶, 浿帶之間空無居人, 四十五年, 春夏, 大旱, 草木焦枯, 앞 三國史記, 208-210쪽.

2대 多婁王 28년(55) 봄과 여름에 가물었다. 이에 죄수를 관성하고 죽을 죄를 사하여 주었다.

二十八年, 春夏, 旱, 慮囚赦死罪, 위 三國史記, 212쪽.

3대 己婁王 14년(90) 3월 크게 가물어 보리가 되지 않았다. 6월에는 큰 바람이 불어 나무를 뽑아 트렸다.

十四年, 春三月, 大旱無麥, 夏六月, 大風拔木, 위 三國史記, 213쪽.

5대 肖古王 43년(208) 가을에 누리와 가뭄이 있어 곡식이 순조롭게 자라지 못하였고, 도적이 많이 일어나 왕이 백성을 안무하였다.

四十三年, 秋, 蝗, 旱, 穀不順成, 盜賊多起, 王撫安之, 위 三國史記, 215쪽.

6대 仇首王 14년(227) 3월에 우박이 왔고, 4월에는 가물어서 왕이 동명묘에 빌었더니 비가 왔다.

十四年, 春三月, 雨雹, 夏四月, 大旱, 王祈東明廟, 乃雨, 위 三國史記, 217쪽.

8대 古爾王 6년(239) 정월부터 비가 오지 않더니 5월에야 비가 왔다. 13년(246) 여름에 크게 가물어서 보리가 여물지 않았다. 15년(248) 봄과 여름에 가물었다. 겨울에 백성이 굶주리므로 창름(창고)을 열어 진휼하고, 또 1년간의 조(租, 地稅)와 조(調, 戶稅)를 면제하여 주었다. 24년(257) 정월에 크게 가물어 수목이 모두 말라 죽었다.

六年, 春正月, 不雨, 至夏五月, 乃雨, 十三年, 夏, 大旱無麥, 十五年, 春夏, 旱, 冬民饑, 發倉賑恤, 又復一年租調, 二十四年 春正月 大旱, 樹木皆枯, 앞 三國史記, 217-219쪽.

11대 比流王 13년(316) 봄에 가뭄이 있고, 28년(331) 봄과 여름에 크게 가물어서 초목과 강물이 말랐는데 7월에 가서야 비가 왔다. 이해에 기근이 들어 사람들이 서로 잡아먹으려하였다.

十三年, 春, 旱, 二十八年, 春夏, 大旱, 草木枯江水竭 至秋七月乃雨, 年饑, 人相食, 위 三國史記, 220쪽.

14대 近仇首王 8년(382) 봄에 비가 오지 않더니 6월까지 계속 되었다. 백성이 굶주려 자식까지 팔려고 하므로 왕이 관의 곡식을 내어 주었다.

八年, 春, 不雨至六月, 民饑, 至有鬻子者, 王出官穀贖之, 위 三國史記, 222쪽.

17대 阿莘王 11년(402) 여름에 크게 가물어 벼 싹이 타서 마르므로, 왕이 친히 횡악에 제사를 지냈더니 비가 왔다.

十一年, 夏, 大旱, 禾苗焦枯, 王親祭橫岳, 乃雨, 위 三國史記, 225쪽.

18대 腆支王 13년(417) 4월 가물어서 백성이 주리었다.

十三年, 夏四月, 旱, 民饑, 위 三國史記, 225쪽.

20대 毗有王 7년(433) 봄과 여름에 비가 오지 않았다.

七年, 春夏, 不雨, 위 三國史記, 226쪽.

23대 三斤王 3년(479) 봄과 여름에 크게 가물었다.

三年, 春夏, 大旱, 위 三國史記, 232쪽.

24대 東城王 21년(499) 여름에 크게 가물어 백성이 주려서 서로 잡아먹을 지경이고, 도적이 많이 일어났다. 신하들이 창름을 열어 백성에게 베풀어 주기를 청하였으나, 왕이 듣지 않았다. 한산인이 고구려로 도망 가는 자가 2,000인 이나 되었다. 10월에는 질역이 크게 유행 하였다. 22년(500) 5월부터 가을까지 비가 오지 않았다.

二十一年, 夏, 大旱, 民饑相食, 盜賊多起, 臣僚請發倉賑救, 王不聽, 漢山人亡入高句麗者二千 冬, 十月, 大疫, 二十二年, 夏五月, 不雨至秋, 앞 三國史記, 234쪽.

25대 武寧王 6년(506) 봄에 질역(疾疫)이 크게 유행하였다. 3월부터 5월까지 비가 오지 않아 강과 내(川澤)가 마르고 민간에 기근이 들어 창름(창고)을 열어 백성을 구제하였다.

六年, 春, 大疫, 三月至五月, 不雨, 川澤竭, 民饑, 發倉賑救, 위 三國史記, 235쪽.

29대 法王 2년(600) 크게 가물어서 왕이 칠악사에 가서 비를 빌었다.

二年, 大旱, 王幸漆岳寺祈雨, 위 三國史記, 240쪽.

30대 武王 31년(630) 여름에 가물어서 사비의 역사를 그치었고, 37년(636) 6월에도 가물었다.

三十一年, 夏, 旱, 停泗沘之役, 三十七年, 六月, 旱, 위 三國史記, 242쪽.

31대 義慈王 13년(653) 봄에 크게 가물어 백성이 주리었고, 17년(657) 4월에 크게 가물어 적지(赤地)가 되었다.

十三年, 春, 大旱, 民饑, 十七年, 夏四月, 大旱赤地, 위 三國史記, 246쪽.

고구려에서는

三國史記 高句麗本紀 6대 태조대왕 20년(72년) 4월 서울에 가뭄이 있었고, 56년(108) 봄에 큰 가뭄이 있어 여름에는 적지가 되고 백성이 주리므로 왕이 사자를 보내어 진휼하였다.

二十年, 夏四月, 京都旱, 五十六年, 春, 大旱, 至夏赤地, 民饑, 王發使賑恤, 위 三國史記, 143-144쪽.

13대 西川王 3년(272) 4월에 서리가 내려 보리를 해치고 6월에는 가뭄이 있었다.

三年, 夏四月, 隕霜害麥, 六月, 大旱, 위 三國史記, 159쪽.

14대 烽上王 9년(300) 2월부터 7월까지 비가 오지 않아, 연사(年事)에 흉년이 들어 사람들은 서로 잡아먹을 지경이었다.
九年, 自二月至秋七月, 不雨, 年饑民相食, 앞 三國史記, 161쪽.

17대 小獸林王 8년(378) 가뭄이 있어 백성이 서로 잡아 먹을 지경이다.
八年, 旱, 民饑相食, 위 三國史記, 166쪽.

18대 故國壤王 5년(388) 4월에 크게 가물고, 8월에는 누리가 있었다.
五年, 夏四月, 大旱, 秋八月, 蝗, 위 三國史記, 167쪽.

19대 廣開土王 15년(405) 7월 누리가 나고 가뭄이 있었다.
十五年, 秋七月, 蝗旱, 위 三國史記, 168쪽.

21대 文咨王 4년(495) 2월 큰 가뭄이 있었다.
四年, 春二月, 大旱, 위 三國史記, 173쪽.

22대 安臧王 5년(523) 봄에 가물고, 10월에 기근이 있어 창름(창고)을 열어 구제하였다.
五年, 春, 旱, 冬十月, 饑, 發倉賑救, 위 三國史記, 176쪽.

25대 平原王 5년(563) 여름에 큰 가뭄이 있었고, 왕은 상선을 감하고 산천에 기도 하였다. 13년(571) 8월 궁실을 중수 하는데 황재 한재가 있어 역사를 그만두었다.
五年, 夏, 大旱, 王減常膳, 祈禱山川, 十三年, 八月, 重修宮室, 蝗旱, 罷役, 위 三國史記, 179쪽.

적지(赤地)

적토(赤土)라고도 하는데 오랜 가뭄으로인해 토지가 바짝 말라 농작물의 수확이 전연 없게 된 황폐(荒廢)한 땅을 가리킨다.

三國史記 新羅本紀 42대 興德王 7년(832) 봄·여름의 가뭄으로 赤地가 되매 왕이 정전을 피하고, 상선(통상 음식)을 감(減, 덜함)하고 중외의 옥에 갇힌 죄수(獄囚)를 풀어 주었다. 7월에 비가 왔는데 8월에 기근과 흉년으로 도적이 도처에서 일어났다. 10월에 왕이 사자를 명하여 백성을 안무케 하였다.
　七年, 春夏, 赤地, 王避正殿減常膳, 赦內外獄囚, 秋七月, 乃雨, 八月, 飢荒, 盜賊遍起, 冬十月, 王命使安撫之, 앞 三國史記, 108쪽.

高句麗本紀 6대 太祖大王 56년(108) 봄에 큰 가뭄이 있어 여름에는 적지가 되고 백성이 주리므로, 왕이 사자를 보내어 진휼하였다.
　五十六年, 春, 大旱, 至夏赤地, 民饑, 王發使賑恤, 위 三國史記, 144쪽.

百濟本紀 31대 義慈王 17년(657) 4월 크게 가물어 적지가 되었다.
　十七年, 夏四月, 大旱赤地, 위 三國史記, 246쪽.

이상기후(異常氣候)

　기온은 공기의 온도로 장소에 따라, 실내기온·실외기온·대기기온 등으로 나뉜다. 우리가 일상적으로 기온이라고 하면 실외(室外)의 지상 1.2~1.5m 높이에서 측정한 공기의 온도를 말하는데 이러한 기온은 한난(寒暖)의 정도에 따라 인간생활과 식물의 생육(生育)에 막대한 영향을 준다.
　한반도는 온난대(溫暖帶)에 걸쳐 위치하였으므로, 근세까지 농업을 제일 생산수단으로 삼았던 우리 조상들은 기온 절기(節氣)에 매우 민감(敏感) 할 수 밖에 없었다. 따라서 잠시라도 실기(失期, 때를 놓치면)하던지, 자연재해(自然災害) 즉 가뭄(旱災)·홍수·폭풍·황재(蝗災 누리) 등의 피해는 그해의 농사를 망치게 됨으로 개인이나 나라가 큰 고통을 받게 된다. 몇 가지 이상기후를 알아 보면, 제철이 아닌 시기에 도리(桃李, 복숭아 오얏나무) 매화에 꽃이 피고, 우박 서리 눈이 오거나 또는 오지 않고, 겨울에도 얼음이 얼지 않은 예가 있다.

삼국사기 신라본기 5대 婆娑尼師今 23년(102) 10월에 복숭아 오얏나무에 꽃이 피었다.
　冬十月, 桃李華, 위 三國史記, 10쪽.

10대 奈解尼師今 8년(203) 10월에 도리에 꽃이 피고 사람들이 많이 유행병에 걸리었다.
八年, 冬十月, 桃李華, 人大疫, 앞 三國史記, 17쪽.

24대 眞興王 1년(540) 10월에 지진이 있고 도리에 꽃이 피었다.
元年, 冬十月, 地震, 桃李華, 위 三國史記, 37쪽.

35대 景德王 22년(763) 8월에 도리에 두 번째 꽃이 피었다.
二十二年, 八月, 桃李再華, 위 三國史記, 94쪽.

42대 興德王 8년(834) 10월 도리가 꽃을 다시 피우고 유행병으로 죽는자가 많았다.
八年, 冬十月, 桃李再華, 民多疫死, 위 三國史記, 109쪽.

48대 景文王 3년(863) 10월 도리에 꽃이 피고 11월에 눈이 오지 않았다.
三年, 冬十月, 桃李華, 十一月, 無雪, 위 三國史記, 115쪽.

백제에서는 시조 온조왕 3년(16) 10월에 우뢰가 있고 도리에 꽃이 피었다.
三年, 冬十月, 雷, 桃李華, 위 三國史記, 208쪽.

고구려에서는 3대 大武神王 24년(20년) 3월 서울에 우박이 오고, 7월에 서리가 내려 곡식을 해치고, 8월에는 매화꽃이 피었다.
二十四年, 春三月, 京都雨雹, 秋七月, 隕霜殺穀, 八月, 梅花發, 위 三國史記, 141쪽.

18대 故國壤王 3년(386) 10월 도리가 꽃을 피웠다.
三年, 冬十月, 桃李華, 위 三國史記, 167쪽.

21대 文咨王 3년(494) 10월에 도리에 꽃이 피었다.
三年, 冬十月, 桃李華, 위 三國史記, 173쪽.

23대 安原王 10년(540) 10월에 도리에 꽃이 피었다.
十年 冬十月, 桃李華, 위 三國史記, 177쪽.

때 아닌 눈이 오다

三國遺事 무雪조에 신라 40대 哀莊王 9년(808) 8월 15일에 대설이 왔다.
哀莊王, 末年戊子八月十五日 有雪, 앞 三國遺事 , 64쪽.

三國遺事 무雪조에 신라 46대 文聖王 1년(839) 5월 19일에 대설이 왔다.
文聖王, 己未五月十九日, 大雪, 위 三國遺事, 65쪽.

三國史記 新羅本紀 41대 憲德王 7년(815) 5월에 눈이 오고, 8월 초하루 己亥에 日蝕이 있었고, 서변 주군에 눈 큰 기근이 있어 도적이 봉기하여 군사를 내어 토평하였고, 15년(823) 7월에도 눈이 왔다.
七年, 夏五月, 下雪, 秋八月己亥朔, 日有食之 西邊州郡大飢, 盜賊蜂起, 出軍討平之, 十五年, 秋七月, 雪, 위 三國史記, 105-107쪽.

백제본기 24대 동성왕 14년(492) 3월 눈이 왔고, 4월에 큰 바람이 불어 나무를 뽑아 트렸다.
十四年, 春三月, 雪, 夏四月, 大風拔木, 위 三國史記, 233쪽.

겨울에 눈이 오지 않다

삼국사기 신라본기 4대 脫解尼師今 8년(서기 64) 12월 지진이 있었고, 눈이 오지 않았다.
八年, 十二月, 地震, 無雪, 위 三國史記, 7쪽.

33대 聖德王 20년(721) 겨울에 눈이 오지 않았다.
二十年, 冬, 無雪, 위 三國史記, 86쪽.

35대 景德王 6년(747) 가을에 가물고 겨울에 눈이 오지 않았다.
六年, 秋, 旱, 冬, 無雪, 위 三國史記, 92쪽.

36대 惠恭王 5년(769) 11월 겨울에 눈이 오지 않았다.
五年, 冬十一月, 無雪, 위 三國史記, 96쪽.

46대 文聖王 7년(845) 11월 우뢰가 있고 눈이 오지 않았다.
七年 冬十一月, 雷, 無雪, 앞 三國史記, 113쪽.

48대 景文王 3년(863) 10월에 도리에 꽃이 피고, 11월 눈이 오지 않았고. 10년(870) 7월 큰 물이 나고 겨울에 눈이 오지 않고, 나라 사람들이 많이 질역(疾疫, 전염병)에 걸리었다.
三年, 冬十月, 桃李華, 十一月, 無雪, 十年, 秋七月, 大水, 冬無雪, 國人多疫, 위 三國史記, 115-117쪽.

51대 眞聖王 원년(887) 겨울에 눈이 오지 않았다.
元年, 冬, 無雪, 위 三國史記, 119쪽.

백제본기 5대 肖古王 21년(186) 10월에 눈이 오지 않고, 우뢰가 있었다.
二十一年, 冬十月, 無雪而雷, 위 三國史記, 214쪽.

고구려본기 3대 大武神王 14년(31) 11월 우뢰가 있고, 눈이 오지 않았다.
十四年, 冬十一月, 有雷無雪, 위 三國史記, 139쪽.

4대 閔中王 3년(46) 12월 서울에 눈이 오지 않았다.
三年, 十二月, 京都無雪, 위 三國史記, 141쪽.

12대 中川王 9년(256) 12월에 눈이 오지 않고 전염병이 크게 유행하였다.
九年, 冬十二月, 無雪, 大疫, 위 三國史記, 159쪽.

16대 故國原王 4년(334) 12월에 눈이 오지 않았다.
四年, 冬十二月, 無雪, 위 三國史記, 164쪽.

17대 小獸林王 7년(377) 10월 눈이 오지 않고, 때 아닌 우뢰가 있고 질역이 유행하였다.
冬十月, 無雪雷, 民疫, 위 三國史記, 166쪽.

겨울에 얼음이 얼지 않다

삼국사기 신라본기 2대 南解次次雄 19년(22) 질병이 크게 유행하여 사람이 많이 죽고, 11월에 물이 얼지 않았다.

十九年, 大疫, 人多死, 冬十一月, 無氷, 앞 三國史記, 4쪽.

17대 奈勿尼師今 33년(388) 4월에 서울에 지진이 있었고, 6월에도 지진이 있었고, 겨울에 얼음이 얼지 않았다.

三十三年, 夏四月, 京都地震, 六月, 又震, 冬, 無氷, 위 三國史記, 26쪽.

18대 實聖王 5년(406) 7월에 나라 서쪽에 누리(蝗)가 나서 곡식을 해치고, 10월에는 서울에 지진이 나고, 11월에 얼음이 얼지 않았다.

五年, 秋七月, 國西蝗害穀, 冬十月, 京都地震, 十一月, 無氷, 위 三國史記, 27쪽.

百濟本記 3대 己婁王 31년(107) 겨울에 얼음이 얼지 않았다.

三十一年, 冬, 無氷, 위 三國史記, 213쪽.

5대 肖古王 46년(211) 8월 나라 남쪽에 누리가 곡식을 해치니 인민이 주리었다. 11월에는 얼음이 얼지 않았다.

秋八月, 國西蝗害穀, 民饑, 冬十一月, 無氷, 위 三國史記, 215쪽.

20대 毗有王 3년(429) 11월에 지진이 있었고, 큰 바람이 불어 기와를 날리고, 12월에 얼음이 얼지 않았다.

三年, 十一月, 地震, 大風飛瓦, 十二月, 無氷, 위 三國史記, 226쪽.

24대 東城王 12년(490) 11월에 얼음이 얼지 않았다.

十二年, 冬十一月, 無氷, 위 三國史記, 233쪽.

25대 武寧王 3년(503) 겨울에 얼음이 얼지 않았다.

三年, 冬, 無氷, 위 三國史記, 235쪽.

31대 義慈王 9년(649) 11월에 우뢰가 있고, 얼음이 얼지 않았다.
九年, 冬十一月, 雷, 無氷, 앞 三國史記, 245쪽,

고구려본기 7대 次次雄 4년(149) 12월에 물이 얼지 않았다.
四年, 冬十二月, 無氷, 위 三國史記, 147쪽.

24대 陽原王 10년(554) 12월 그믐에 일식이 있었고, 얼음이 얼지 않았다.
十年, 十二月晦, 日有食之, 無氷, 위 三國史記, 178쪽.

이 외에도

고구려본기 28대 寶臧王 3년(644) 겨울 평양의 눈빛이 붉었다. 19년(660) 7월 평양의 하수가 핏빛이 되기를 무릇 3일이었다.
三年, 冬十月, 平壤雪色赤, 十九年, 秋七月, 平壤河水血色, 凡三日, 위 三國史記, 191-202쪽.

신라본기 29대 武烈王 8년(661) 6월에 大官寺의 우물물이 변하여 피가 되고, 금마군(익산)에서는 땅에서 피가 흘러나와 너비 5步나 되더니 왕이 돌아갔다.
八年, 六月, 大官寺井水爲血, 金馬郡地流血廣五步, 王薨, 위 三國史記, 57쪽.

백제본기 31대 義慈王 20년(660) 2월 왕도의 우물물이 핏빛이 되었고, 사비하의 물이 핏빛처럼 붉었다.
二十年, 春二月, 王都井水血色, 泗沘河水赤如血色, 위 三國史記, 246쪽.

신라본기 34대 孝成王 2년(738) 4월 소부리군(부여)의 강물이 핏빛으로 변했다.
二年, 四月, 所夫里郡河水變血, 위 三國史記, 90쪽.

Ⅳ. 누리(황충 蝗蟲, 비황 飛蝗)의 피해(蝗災, 蝗害)

누리는 메뚜기과(蝗蟲科)에 속한 벌레로 농사에 큰 해를 끼치는데, BC. 1200년경 중국의 상(商, 殷)나라에서는 방제(防除)를 위한 관리를 두었다하고, 당(唐)나라에서는 중국 전역에서 예찰(豫察) 조직을 만들었다하고, 남송 효종 9년(1182)에는 방제법을 공포하였다. 조선조 순조(純祖)때 서유구(徐有榘)가 지은 임원경제지(林園經濟志), 林園十六志, 농업을 주로한 산업의 百科辭書에도 누리의 방제법(防除法)이 실려 있을 정도로 근세(近世)에 농약이 개발되기 전까지 누리 메뚜기의 극성으로 초목이나 벼농사에 큰 피해를 주었음을 알 수 있다. 이러한 누리에 의한 농작물의 피해는 흉년으로 연결 되고, 결국 백성들을 기근(饑饉, 굶주림)으로 인한 질병 도적 등 여러 가지로 곤궁(困窮)한 생활을 하게 되었다.

삼국사기 신라본기 2代 南解次次雄 15년(18)서울에 가뭄이 있고, 7월에 누리(蝗災)가 있어 민간에 기근(饑饉)이 들어 창름(倉廩, 창고)을 열어 구제 하였고, 21년(24) 9월에도 황재가 있었다.
  十五年, 京城旱, 秋七月, 蝗, 民饑, 發倉廩救之, 二十一年, 秋九月, 蝗, 앞 三國史記, 4쪽.

5대 婆娑尼師今 30년(109) 7월에 누리가 곡식을 해치므로 왕이 두루 산천에 제사하여 기도 하였더니 누리가 없어져 풍년이 들었다.
  三十年, 秋七月, 蝗害穀, 王遍祭山川, 以祈禱之, 蝗滅, 有年, 위 三國史記, 10쪽.

6대 祇摩尼師今 11년(122) 4월 대풍이 동에서 불어와 나무를 꺾고 기와를 날리더니 저녁에야 그치고, 7월에 비황(飛蝗)이 곡식을 해쳐서 흉년이 들고 도적이 많았다.
  十一年, 夏四月, 大風東來, 折木飛瓦, 秋七月, 飛蝗害穀, 年饑, 多盜, 위 三國史記, 11쪽.

8대 阿達羅尼師今 8년(161) 7월 누리가 곡물을 해치고 해어(海魚)가 많이 나와 죽었다.
  八年, 鎚七月, 蝗害穀, 海魚多出死, 위 三國史記, 14쪽.

11대 助賁尼師今 8년(237) 8월 누리가 곡식을 해치었다.

八年, 秋八月, 蝗害穀, 앞 三國史記, 19쪽.

12대 沾解尼師今 13년(259) 7월에 가물고 누리가 있어 흉년이 들고 도적이 많았다.
十三年, 秋七月, 旱荒, 年晃, 多盜, 위 三國史記, 20쪽.

14대 儒禮尼師今 9년(292) 7월 가물고 누리가 있었다.
九年, 秋七月, 旱蝗, 위 三國史記, 22쪽.

16대 訖解尼師今 4년(313) 7월 한발과 황해가 있어 민간에 기근이 일어나 사신을 보내어 구휼하였다.
四年, 秋七月, 旱荒, 民饑, 發使救恤之, 위 三國史記, 23쪽.

17대 奈勿尼師今 34년(389) 정월에 서울에 대역(大疫)이 유행하고 2월에 흙비가 오고 7월에 누리가 나서 곡식이 되지 못하였다.
三十四年, 春正月, 京都大疫, 二月, 雨土, 秋七月, 蝗, 穀不登, 위 三國史記, 26쪽.

18대 實聖尼師今 5년(426) 7월 나라 서쪽에 누리가 나서 곡식을 해치고 10월에 서울에 지진이 나고 11월에 얼음이 얼지 않았다.
五年, 秋七月, 國西蝗害穀, 冬十月, 京都地震, 十一月, 無氷, 위 三國史記, 27쪽.

20대 慈悲麻立干 8년(465) 4월에 큰 물이 나서 산이 17개소나 무너지고 5월에는 사벌군(상주)에서 누리가 생기었다.
八年, 夏四月, 大水, 山崩十七所, 五月, 沙伐郡蝗, 위 三國史記, 30쪽.

21대 炤知麻立干 19년(497) 7월 가뭄과 누리가 있어 왕은 여러 관리에게 명하여 능히 백성을 다스릴 만한 인재를 각각 한사람을 천거하게 하였다.
十九年, 秋七月, 旱蝗 命群官, 擧才堪牧民者各一人, 위 三國史記, 33쪽.

33대 聖德王 19년(720) 7월 황충(蝗蟲, 누리)이 곡식을 해치었다.
十九年, 秋七月, 蝗蟲害穀, 위 三國史記, 86쪽.

35대 景德王 13년(754) 8월 가뭄과 누리가 있었다.
八月, 旱蝗, 앞 三國史記, 92쪽.

36대 惠恭王 5년(769) 5월에 누리와 가뭄이 있어 왕은 백관에게 명하여 각기 한 사람을 천거하게 하였다.
五年, 夏五月, 蝗旱, 命百官各擧所知, 위 三國史記, 96쪽.

38대 元聖王 3년(787) 7월 누리가 있어 곡물을 해치었고, 4년(788) 가을에 나라 서쪽 지방에 가뭄과 누리가 있고, 도적이 많아 왕이 관리를 보내어 백성을 안무케 하였고, 13년(797) 9월 나라 동쪽에 누리가 나서 곡물을 해치고 또 큰 물이 나서 산이 무너졌다.
三年, 秋七月, 蝗害穀, 四年, 秋, 國西旱蝗, 多盜賊, 王發使安撫之, 十三年 九月, 國東, 蝗害穀, 大水山崩, 위 三國史記, 100-102쪽.

46대 文聖王 15년(853) 6월에 큰 물이 나고, 8월에 서남쪽 주군에 황재가 있었다.
十五年, 夏六月, 大水, 秋八月, 西南州郡蝗, 위 三國史記, 114쪽,

48대 景文王 12년(872) 8월에 국내 여러 주군에 누리가 발생하여 곡물을 해치었다.
十二年, 夏四月, 京都地震, 秋八月, 國內州郡蝗害穀, 위 三國史記, 117쪽.

54대 景明王 5년(921) 4월 서울에 대풍이 불어 나무를 뽑아 트리고, 8월에 황재와 한재가 있었다.
五年, 夏四月, 京都大風拔樹, 秋八月, 蝗旱, 위 三國史記, 124쪽.

百濟本紀 5대 肖古王 43년(208) 가을에 누리와 가뭄이 있어 곡식이 순조롭게 자라지 못하고, 도적이 많이 일어나므로 왕이 백성을 안무하였다.
四十三年, 秋, 旱, 蝗, 穀不順成, 盜賊多起, 王撫安之, 위 三國史記, 215쪽.

11대 比流王 18년(321) 나라 남쪽에 누리가 발생하여 곡식을 해치었다.
秋七月, 國南蝗害穀, 위 三國史記, 220쪽.

20대 毗有王 28년(454) 8월 누리가 있어 곡물을 해치고, 이해에 기근(饑饉)이 들었다.
二十八年, 秋八月, 蝗害穀, 年饑, 앞 三國史記, 226쪽.

25대 武寧王 21년(521) 5월에 홍수가 나고, 8월에 누리가 곡물을 해치고, 민간에 기근이 생기자 신라로 도망가는 자가 900호나 되었다.
二十一年, 夏五月, 大水, 秋八月, 蝗害穀, 民饑, 亡入新羅者九百戶, 위 三國史記, 235쪽.

고구려본기 6대 太祖大王 3년(55) 8월 나라 남쪽에 누리가 나서 곡식을 해치었고, 10년(66) 8월에도 나라 남쪽에 비황(飛蝗)이 생기어 곡식을 해치고, 66년(118) 2월에는 지진이 있었고, 7월에는 누리가 생기고 우박이 와서 곡식을 해치었다. 8월에 소사(所司)에게 명하여 현량(賢良, 方正의 士)과 효순(孝子, 順孫)을 천거하게 하고, 환(鰥, 홀아비)·과(寡, 홀어미)·고(孤, 고아)·독(獨, 아들 없는이)과 연로자로 자활치 못하는 사람을 무문(撫問)하여 옷과 먹을것을 주게 하였다.
三年, 秋八月, 國南蝗害穀, 十年, 秋八月, 國南飛蝗害穀, 六十六年, 春二月, 地震, 秋七月, 蝗雹害穀, 八月, 命所司, 擧賢良, 孝順, 問鰥寡孤獨及老不能自存者, 給衣食, 위 三國史記, 143-144쪽.

18대 故國壤王 5년(388) 4월에 크게 가물고 8월에 누리가 있었다.
五年, 夏四月, 大旱, 秋八月, 蝗, 위 三國史記, 167쪽.

19대 廣開土大王 15년(405) 7월 누리가 나고 가뭄이 있었다.
十五年, 秋七月, 蝗旱, 위 三國史記, 168쪽.

21대 文咨王 11년(502) 8월 황재(蝗災)가 있었고, 10월에 지진이 일어나 집이 무너지고 죽은사람도 있었다.
十一年, 秋, 八月 蝗, 冬十月, 地震, 民屋倒壞, 有死者, 위 三國史記, 174쪽.

23대 安原王 6년(536) 봄 여름에 한재(旱災)가 대단하므로 왕이 사람을 보내어 기민(饑民)을 무휼(撫恤)하고 8월에는 황재가 있었다.
春夏, 大旱, 發使撫恤饑民, 秋八月, 蝗, 위 三國史記, 177쪽.

一. 자연환경(自然環境)과 기후(氣候) 79

25대 平原王 13년(571) 8월 궁실을 중수 하는데, 황재(蝗災) 한재(旱災)가 있어 역사(役事)를 그만두게 하였다.

十三年, 八月, 重修宮室, 蝗旱, 罷役, 앞 三國史記, 179쪽.

이외에 신라 41대 憲德王 15년(823) 정월 5일에 서원경(西原京)에 벌레가 하늘에서 떨어지고, 9일에는 희고 검고 붉은 3 색종(色種)의 벌레가 눈을 맞으면서 움직여 다니다가 볕을 보고 그치었다하는 기록도 있다.

十五年 春正月五日, 西原京有蟲, 從天而墜, 九日, 有白黑赤三種蟲 冒雪能行, 見陽而止, 위 三國史記, 107쪽.

V. 지진(地震)과 지열(地裂, 震裂)

지진은 지구(地球)의 단단한 겉 껍데기인 지각판(地殼板)들이 맞물려 부딪치는 경계지점에서 열(熱)과 압력을 견디지 못한 마그마가 분출 하면서 폭발 하여 지각(地殼)을 뒤틀리게 하여 거대한 지진을 일으킨다. 지구 내부에 축적(蓄積)된 여러 가지 형태의 에너지가 암석(岩石)을 파괴 함으로서 생기는 지진파(地震波, 탄성파)의 현상인데 그 발생 장소를 진원역(震源域)이라 한다. 대규모의 지진 일수록 진원역이 확대되어 수백Km에 이르는 경우도 있다. 진원역에서의 파괴는 한순간에 전체가 파괴되는 것이 아니라, 한 지점에서 시작되어 일정한 속도로 퍼져 나가는데, 파괴가 처음 시작된 지점이 진원이고, 진원 바로 위의 지표상(地表上)의 지점을 진앙(震央)이라고 한다.

세계적인 대지진 몇 예를 살펴 보면, 1556년 1월 중국에서는 지진 또는 지진 후의 기근(饑饉) 질병 등으로 사망자가 830,000명에 이르렀다. 1897년 진도 8.7의 아쌈 지진은 히말라야 산맥을 끼고 인도판과 유라시아판의 양판의 충돌로 인한 대지진이 있었고, 日本 부근의 지진 활동은 태평양판, 유라시아판(중국판), 필립핀판, 북아메리카판이 관계되는데, 1923년 9월의 관동대지진(關東大地震)은 진도 7정도로 도꾜(東京)를 중심으로 시즈오까(靜岡) 야마나시(山梨)의 두 현(縣)에도 큰 피해를 주었는데 9만 여명의 사상자와 4만 여명의 실종자가 생기고 재산 피해는 이루 말 할 수 없었으나, 이보다도 일본인들은 조선인(한국인)들이 폭동을 일으켰다는 소문을 퍼트려 일본의 관헌(官憲)들은 조선의 양민들을 무차별하게 학살하였다. 1960년 칠레의 지진은 진도 9.5로 세계 최대의 지진으로 진원역은 1,000Km 정도이고 발생한 해일(海溢)은 태평양 전체에 파급되었다. 1995년 1월 일본(日本) 효고(兵庫)현 남부 고베(神戶)의 간사이(關西) 일대의 한신(阪神) 대지진이 일어나 5,000 여명의 사상자와 많은 시설물(施設物)이 파괴 되었다. 최근에는 2004년 여름에는 타이랜드(泰國) 인도네시아에서 큰 지진이 발생하여 해일과 더불어 수십만의 인명 피해와 재난을 당하고, 2006년 초여름에는 인도네시아의 족자카르타에서 대지진이 발생하여 수많은 인명 피해와 가옥이 붕괴되었다.

삼국시대의 지진을 알아보면

삼국사기 신라본기 3대 儒理尼師今 11년(34) 서울에 땅이 벌어지고 샘이 솟았다. 6월에는 큰 물(홍수)이 났다.

十一年, 京都地裂, 泉湧, 夏六月, 大水, 앞 三國史記, 6쪽.

4대 脫解尼師今 8년(64) 12월 지진이 있고 눈이 오지 않았다.

八年, 十二月, 地震, 無雪, 위 三國史記, 7쪽.

5대 婆娑尼師今 14년(93) 10월에 서울에 지진이 있었고. 21년(100) 7월에 우박이 와서 나는 새가 맞아 죽고 10월에는 경도에 지진이 있어 민옥이 쓰러지고 죽는자도 있었다.

十四年, 冬十月, 京都地震, 二十一年, 秋七月, 雨雹, 飛鳥死, 冬十月, 京都地震, 倒民屋有死者, 위 三國史記, 9쪽.

6대 祇摩尼師今 12년(123) 4월에 서리가 오고, 5월에 금성 동쪽의 민옥이 저절로 땅속으로 들어가면서 못이 되고 연(蓮)이 나왔고, 17년(128) 10월 나라(都) 동쪽에 지진이 있고 11월에 우뢰가 있었다.

十二年, 夏四月, 隕霜, 五月, 金城東民屋陷爲池, 위 三國史記, 11쪽.

8대 阿達羅尼師今 17년(170) 7월 서울에 지진이 있었고, 서리와 우박이 와서 곡식을 해치었다.

十七年, 秋七月, 京師地震, 霜雹害穀, 위 三國史記, 15쪽.

10대 奈解尼師今 34년(229) 9월에 지진이 있었고, 10월에는 눈이 많이 와서 다섯자나 쌓였다.

　　三十四年, 秋九月, 地震, 冬十月, 大雪, 深五尺, 앞 三國史記, 18쪽.

11대 助賁尼師今 17년(246) 11월 서울에 지진이 있었다.
　　十七年, 十一月, 京都地震, 위 三國史記, 19쪽.

15대 基臨尼師今 7년(304) 8월 지진이 있고 샘이 솟았으며, 9월에 서울에 지진이 있었는데 민옥이 무너져 죽은 자도 있었다.
　　七年, 秋八月, 地震, 泉湧, 九月, 京都地震, 壞民屋有死者, 위 三國史記, 23쪽.

17대 奈勿尼師今 33년(388) 4월 서울에 지진이 있었고, 6월에도 지진이 있었고, 겨울에는 얼음이 얼지 않았다.
　　三十三年, 夏四月, 京都地震, 六月, 又震, 冬, 無氷, 위 三國史記, 26쪽.

18대 實聖尼師今 5년(406) 7월에 나라 서쪽에 누리가 나서 곡식을 해치고, 10월에는 서울에 지진이 일어나고, 11월에는 얼음이 얼지 않았고, 15년(416) 5월에 토함산이 무너지더니 샘물이 세 발이나 높이 솟았다.
　　五年, 七月, 國西蝗害穀, 冬十月, 京都地震, 十一月, 無氷, 十五年, 夏五月, 吐含山崩, 泉水湧, 高三丈, 위 三國史記, 27쪽.

19대 訥祇麻立干 3년(419) 4월 우곡에서 물이 솟아났다. 42년(458) 2월 지진이 있어 금성(왕성) 남문이 저절로 무너졌다.
　　三年, 夏四月, 牛谷水湧, 四十二年, 春二月, 地震, 金城南門自毁, 위 三國史記, 28-30쪽.

20대 慈悲麻立干 14년(471) 3월에 서울에서 땅이 갈라져 광무(廣袤)가 20발(丈)이나 되며 탁한 물이 솟아 나왔다. 10월에 큰 질역이 돌았다. 21년(478) 2월 밤에 붉은 빛이 필련(匹練 비단)과 같이 땅에서 하늘까지 뻗치고 10월에 서울에 지진이 있었다.
　　十四年, 三月, 京都地裂, 廣袤二十丈, 濁水湧, 冬十月, 大疫, 二十一年, 春二月, 夜赤, 光如匹練, 自地至天, 冬十月, 京都地震, 위 三國史記, 31쪽.

22대 智證王 11년(510) 5월에 지진으로 인옥(人屋)이 무너지고 죽은 사람까지 있었다.
十一年, 夏五月, 地震, 壞人屋有死者, 앞 三國史記, 35쪽.

24대 眞興王 원년(540) 10월 지진이 있었고, 복숭아 오얏나무에 꽃이 피었다.
元年, 冬十月, 地震, 桃李華, 위 三國史記, 37쪽.

26대 眞平王 8년(586) 5월 지진이 있더니 별들이 비와 같이 떨어지고, 37년(615) 10월에도 지진이 있었다. 52년(630) 대궁(대궐)의 마당이 갈라졌다.
八年, 夏五月, 地震, 星隕如雨, 五十二年, 大宮庭地裂, 위 三國史記, 41-44쪽.

27대 善德王 2년(633) 2월 서울에 지진이 있었다.
二年, 二月, 京都地震, 위 三國史記, 46쪽.

30대 文武王 4년(664) 3월 지진이 있었고, 8월 14일 지진이 있어 민옥이 무너졌는데 남방이 더욱 심하였다. 6년(666) 2월에도 서울에 지진이 있었고, 10년(670) 12월에 토성이 달을 범하고, 서울에 지진이 있었고, 21년(681) 5월에도 지진이 있었다.
四年, 三月, 地震, 八月十四日, 地震, 壞民屋, 南方尤甚, 六年, 春二月, 京都地震, 十年 十二月, 土星入月, 京都地震, 二十一年, 夏五月, 地震, 위 三國史記, 61-62, 66-77쪽.

32대 孝昭王 4년(695) 10월 서울에 지진이 있었다. 7년(698) 2월에도 서울에 지동(지진)이 있고, 대풍이 불어 나무가 꺾였다. 8년 9월 동해에 물싸움(海底地震, 海底噴火)이 일어나 그 소리가 왕도에까지 들렸다.
四年, 冬十月, 京都地震, 七年, 二月, 京都地動, 大風折木, 八年 九月, 東海水戰, 聲聞王都, 위 三國史記, 82-83쪽.

33대 聖德王 7년(708) 2월 지진이 있고, 4월에 진성이 달을 범하고, 이로 인해 죄수들을 크게 풀어 주었다. 9년(710) 지진이 있었는데, 죄인을 크게 풀어주었다. 16년(717) 4월에 지진이 있었고, 17년(718) 3월에도 지진이 있었고, 19년(720) 정월에도 지진이 있었다. 21년(722) 2월 서울에 지진이 있었고, 22년(723)에 지진이 있었고, 24년(725) 10월에 지동(地動 지진)이 있었다.

七年, 二月, 地震, 夏四月, 鎭星犯月, 大赦, 九年, 地震, 赦罪人, 十六年, 夏四月, 地震, 十七年, 三月, 地震, 十九年, 春正月, 地震, 二十一年, 二月, 二十二年, 地震, 二十四年, 冬十月, 地動, 앞 三國史記, 84-85, 87쪽.

34대 孝成王 원년(737) 5월에 지진이 있었다.
元年, 夏五月, 地震, 위 三國史記, 90쪽.

35대 景德王 2년(743) 8월에 지진이 있었고, 24년(765) 4월 지진이 있었다.
二年, 秋八月, 地震, 二十四年 夏四月, 地震, 위 三國史記, 91, 94쪽.

36대 惠恭王 2년(766) 강주(康州,진주)에서 땅이 저절로 빠져(함몰) 못을 이루었는데 장광이 50여척이고, 물빛은 푸르고 검었다. 10월에 하늘에서 북치는 소리 같은것이 들렸다. 3년(767) 6월 지진이 있었고, 4년(768) 6월에 서울에 우뢰가 있고 우박이 떨어져 초목을 해치고, 또 큰별이 황룡사 남쪽에 떨어지고 뇌성과 같은 지진이 있고, 샘과 우물이 말랐다. 6년(770) 11월에 서울에 지진이 있었고, 13년(777) 3월 서울에 지진이 있었으며, 4월에도 지진이 있었다.
二年, 康州地陷成池, 縱廣五十餘尺, 水色靑黑, 冬十月, 天有聲如鼓, 三年, 夏六月, 地震, 四年, 夏五月, 京都雷雹, 傷草木, 大星隕皇龍寺南, 地震聲如雷, 泉井皆渴, 六年, 冬十一月, 京都地震, 十三年, 春三月, 京都地震, 夏五月, 又震, 위 三國史記, 95-96쪽.

38대 元聖王 3년(787) 2월 서울에 지진이 있었고, 7년(791) 11월 서울에 지진이 있었고, 10년(794) 2월 지진이 있었다.
三年, 春二月, 京都地震, 七年, 十一月, 京都地震, 十年, 春二月, 地震, 위 三國史記, 100-101쪽.

40대 哀莊王 3년(802) 7월 지진이 있었고, 6년(805) 11월에도 지진이 있었다.
三年, 秋七月, 地震, 六年, 冬十一月, 地震, 위 三國史記, 103쪽.

42대 興德王 6년(831) 정월에 지진이 있었다.
六年, 春正月, 地震, 위 三國史記, 108쪽.

48대 景文王 10년(870) 4월에 서울에 지진이 있었고, 12년(872) 4월에도 서울에 지진이 있었고, 15년(875) 2월 서울과 그 동쪽에 지진이 있었다.
十年, 夏四月, 京都地震, 十二年, 夏四月, 京師地震, 十五年, 春二月, 京都及國東地震, 앞 三國史記, 117쪽.

53대 神德王 2년(913) 4월 서리가 내리고 지진이 있었고, 5년(916) 10월에 지진이 있었는데 그 소리가 우뢰와 같았다.
二年, 夏四月, 隕霜, 地震, 五年, 冬十月, 地震, 聲如雷, 위 三國史記, 123쪽.

56대 敬順王 2년(928) 6월 지진이 있었고, 6년(932) 정월에 지진이 있었다.
二年, 六月, 地震, 六年 春正月, 地震, 위 三國史記, 126쪽.

신라에서 지진이 일어난 해와 달(年, 月)을 요약하면, 서기 34년(몇월인지 모름), 64년 12월, 93년 10월, 100년 10월, 123년 5월, 128년 10월, 170년 7월, 229년 9월, 246년 11월, 304년 8월·9월, 388년 4월·6월, 406년 10월, 416년 5월, 458년 2월, 471년 3월, 478년 10월, 510년 5월, 540년 10월, 586년 5월, 615년 10월, 633년 2월, 664년 3월·8월, 666년 2월, 670년 12월, 681년 5월, 695년 10월, 698년 2월, 708년 2월, 717년 4월, 718년 3월, 720년 1월, 723년 (몇월인지 모름), 725년 10월, 737년 5월, 743년 8월, 765년 4월, 766년(몇월인지 모름), 767년 6월, 770년 11월, 777년 3월·4월, 787년 2월, 791년 11월, 802년 7월, 805년 11월, 831년 1월, 870년 4월, 872년 4월, 875년 2월, 913년 4월, 916년 10월, 928년 6월, 932년 1월로, 56회의 지진이 발생하였는데 월별(月別)로 보면 10월이 10회로 가장 많고, 2월과 4월이 각각 7회이고, 5월이 6회, 3월과 11월이 4회씩, 1·6·8월이 각각 3회씩, 7·9·12월이 2회씩이고, 달이 기록되지 않은 해가 3회이다.

백제본기 始祖 溫祚王 31년(서기 13년) 4월에 우박이 왔고, 5월과 6월에 지진이 있었고, 45년(27) 10월 봄과 여름에 크게 가물어 초목이 말라 죽었고, 10월에는 지진이 있어서 인가가 넘어졌다.
三十一年, 夏四月, 雹, 五月, 地震, 六月, 又震, 四十五年, 春夏, 大旱, 草木焦枯, 冬十月, 地震, 傾倒人屋, 위 三國史記, 210-211쪽.

一. 자연환경(自然環境)과 기후(氣候) 85

2대 多婁王 10년(37) 11월 지진이 있었는데 그 소리가 우뢰와 같았다.
十年, 十一月, 地震, 聲如雷, 앞 三國史記, 211쪽.

3대 己婁王 13년(89) 6월에 지진이 있어 민가를 열함시키니 죽는자가 많았고, 35년(111) 3월과 10월에 지진이 있었다.
十三年, 夏六月, 地震, 裂陷民屋, 死者多. 三十五年, 春三月, 地震, 冬十月, 又震, 위 三國史記, 213쪽.

5대 肖古王 34년(199) 7월 지진이 있었다.
三十四年, 秋七月, 地震, 위 三國史記, 215쪽.

13대 近肖古王 27년(372) 7월 지진이 있었다.
二十七年, 秋七月, 地震, 위 三國史記, 221쪽.

14대 近仇首王 6년(380) 질역이 크게 유행하였고, 5월에는 땅이 갈라져 깊이 다섯발, 너비 세발이나 되었는데, 3일 만에 합치었다.
六年, 大疫, 夏五月, 地裂, 深五丈, 橫廣三丈, 三日乃合, 위 三國史記, 222쪽.

20대 毗有王 3년(429) 11월 지진이 있었고, 큰 바람이 불어 기와를 날렸다. 12월에는 얼음이 얼지 않았다.
三年, 十一月, 地震, 大風飛瓦, 十二月, 無氷, 위 三國史記, 226쪽.

25대 武寧王 22년(522) 10월 지진이 있었다.
二十二年, 冬十月, 地震, 위 三國史記, 235쪽.

27대 威德王 26년(579) 10월 지진이 있었다.
二十六年, 冬十月, 地震, 위 三國史記, 239쪽.

30대 무왕 17년(616) 11월 왕도에 지진이 있었고, 38년(637) 2월에도 왕도에 지진이 있었고, 3월에 또 지진이 있었다.

十七年, 十一月, 王都地震, 三十八年, 春二月, 王都地震, 三月, 又震, 앞 三國史記, 241-242쪽.

백제에서는 서기 13년 5월과 6월, 27년 10월, 37년 11월, 89년 6월, 111년 3월과 10월, 199년 7월, 372년 7월, 380년 5월, 429년 11월, 522년 10월, 579년 10월, 616년 11월, 637년 2월, 같은해 3월로서 모두 16회인데 10월에 4회, 11월에 3회, 3·5·6·7월에 각각 2회씩이었고 2월에는 1회가 발생하여 동서로 인접(隣接)한 신라와는 年月이 전연 맞지 않는 것은 삼국사기의 기록을 의심케한다.

고구려본기 2대 琉璃王 21년(2) 8월에 지진이 있었다.
二十一年, 秋八月, 地震, 위 三國史記, 133쪽.

3대 大武神王 2년(19) 정월에 서울에 지진이 있었다. 죄수를 크게 풀어 주었다.
二年, 春正月, 京都震, 大赦, 위 三國史記, 137쪽.

6대 太祖大王 66년(118) 2월 지진이 있었고, 72년(124) 11월 서울에 지진이 있었고, 90년(142) 9월 환도에 지진이 있었다.
六十六年, 春二月, 地震, 七十二年, 十一月, 京都地震, 九十年, 秋九月, 丸都地震, 위 三國史記, 144-146쪽.

7대 次大王 2년(147) 11월 지진이 있었고, 8년(153) 6월에 서리가 내리고, 12월에 우뢰와 지진이 있었다.
二年, 十一月, 地震, 八年, 夏六月, 隕霜, 冬十二月, 雷地震, 위 三國史記, 147-148쪽.

10대 山上王 21년(217) 10월에 우뢰와 지진이 있고, 혜성이 동북에 나타났다.
二十一年, 冬十月, 雷, 地震, 星孛于東北, 위 三國史記, 155쪽.

12대 中川王 7년(254) 7월에 지진이 있었고, 15년(262) 11월에도 우뢰와 지진이 있었다.
七年, 秋七月, 地震, 十五年, 冬十一月, 雷, 地震, 위 三國史記, 159쪽.

13대 西川王 2년(271) 12월에 지진이 있었고, 19년(288) 9월에도 지진이 있었다.

二年, 冬十二月, 地震, 十九年, 九月, 地震, 앞 三國史記, 159-160쪽.

14대 烽上王 원년(292) 9월 지진이 있었고, 8년(299) 12월 우뢰와 지진이 있었고, 9년(300) 1월에 지진이 있었고, 2월부터 7월까지 비가 오지 않아 흉년이 들어 사람들은 서로 잡아먹을 지경이었다.

元年, 秋九月, 地震, 八年, 冬十二月, 雷, 地震, 九年, 春正月, 地震, 自二月至秋七月, 不雨, 年饑民相食, 위 三國史記, 161쪽.

18대 故國壤王 2년(385) 12월에 지진이 있었다.

二年, 十二月 地震, 위 三國史記, 167쪽.

21대 文咨王 2년(493) 10월 지진이 있었고, 11년(502) 8월에 황재가 있었고, 10월에 지진이 일어나 집이 무너지고 죽은 사람까지 있었다.

二年, 冬十月, 地震, 十一年, 秋八月, 蝗, 冬十月, 地震, 民屋倒墜, 有死者, 위 三國史記, 174쪽.

23대 安原王 5년(536) 5월에 국도 남에 큰 물이 나서 민가가 표몰하고 죽은자가 200여명이었다. 10월에 지진이 있고, 12월에는 우뢰가 있고 질역이 크게 유행하였다.

五年, 夏五月, 國南大水, 漂沒民屋, 死者二百餘人, 冬十月, 地震, 十二月, 雷 大疫, 위 三國史記, 177쪽.

28대 寶臧王 27년(668) 고구려는 연이어 흉년이 들어 사람들이 늘 약매(掠賣)하고, 땅이 진열(震裂)하고 이리와 여우(狼狐)가 성(城)으로 들어오고 두더지가 문에 구멍을 뚫고 인심이 흉흉하다.

二十七年, 高句麗 虜仍荐饑, 人常掠賣, 地震裂, 狼狐入城, 蚡穴於門, 人心危駭, 위 三國史記, 204쪽.

고구려에서는 서기 2년 8월, 19년 1월, 118년 2월, 124년 11월, 142년 9월, 147년 11월, 153년 12월, 217년 10월, 254년 7월, 262년 11월, 271년 12월, 288년 9월, 292년 9

월, 299년 12월, 300년 1월, 385년 12월, 493년 10월, 502년 10월, 536년 10월, 668년 (몇월인지 모름)에 지진이 났는데, 10월과 12월에 각각 4회, 9월과 11월에 각 3회, 1월이 2회이고, 2·7·8월이 각 1회씩이었다.

Ⅵ. 해일(海溢)·적조(赤潮)

해일은 지진·화산활동·태풍 등에 의해 평상시 보다 큰 파도가 갑자기 육지로 덮쳐 오는것인데, 대지진이 발생하면 단층의 급격한 어긋남이 규모가 커서, 그 영향이 해저 까지 미쳐 해저지형 변화때처럼 해면에 요철(凹凸)이 생긴 결과 발생한 중력장파가 주 위로 퍼져나가서 생긴다. 2004년 여름 태국의 해일은 인명·재산의 피해가 막심하였 다. 가끔은 해저화산의 분화, 해안 부근의 붕괴, 해양에서의 핵실험 등에 의해서도 일 어날 수 있다.

적조는 해역에서 프랑크톤이 환경의 변화에 따라 크게 번식하여 해수가 붉은색을 띠 는 현상이다. 호소(湖沼)에서도 생기는데 이것은 담수적조(淡水赤潮)라고 한다. 적조의 원인은 생물 특히 식물종이 크게 증식하려면 물이 성층(成層)되어 있고, 상하의 대류가 적고, 유광층(有光層)에 영양 염류가 풍부하며, 빛의 세기와 파장, 수온, 염분이 그 종에 대해 알맞아야 한다. 온대지방에서는 봄부터 초여름에 이르기까지 바다에 생기는데 특 히 장마 후에 개인날이 계속되면 발생하기 쉽다.

삼국사기 신라본기 32대 孝昭王 8년(699) 7월에 동해수가 핏빛으로 변하더니 5일 만 에 회복되었다하고, 9월에는 동해에 물싸움(海底地震, 海底噴火)으로 인한 진파(津波)가 일어나 그 소리가 왕도에까지 들렸다.
秋七月, 東海水血色, 五日復舊, 九月, 東海水戰, 聲聞王都, 앞 三國史記, 83쪽.

52대 孝恭王 15년(911) 6월에 참포의 물이 바닷물결과 3일 동안이나 서로 싸웠다.
六月, 斬浦水與海水波相鬪三日, 앞 三國遺事, 69쪽.

53대 神德王 4년(915) 6월 참포(塹浦, 영일군 흥덕면)의 물이 동해의 물과 서로 부딪혀 물결 높이가 20장(발) 가량 되더니 3일만에 그쳤다(2년 4월에 지진이 있었음).

四年, 夏四月, 槩浦水與東海水相擊, 浪高二十丈許, 三日而止, 앞 三國史記, 123쪽.

27대 善德王(639) 8년 7월 동해수가 붉고 뜨거워 어별(魚鼈, 고기와 자라)이 죽었다.
八年, 秋七月, 東海水赤, 且熱, 魚鼈死, 위 三國史記, 47쪽.

8대 阿達羅尼師今 8년(161) 7월에 누리가 곡물을 해치고, 바다 고기가 많이 나와 죽었다.
八年, 秋七月, 蝗害穀, 海魚多出死, 위 三國史記, 14쪽.

32대 孝昭王 8년(699) 7월 동해수가 핏빛으로 변하더니 5일 만에 회복 되었다.
秋七月, 東海水血色, 五日復舊, 위 三國史記, 83쪽.

34대 孝成王 2년(738) 3월 백홍(白虹, 흰무지개)이 해를 가리고 소부리군(부여,扶餘)의 강물이 핏빛으로 변하였다.
二年, 三月, 白虹貫日, 所夫里郡河水變血, 위 三國史記, 90쪽.

29대 武烈王 8년(661) 6월 대관사의 우물물이 변하여 피가 되고, 금마군(益山)에서는 땅에서 피가 흘러 나와 너비 5보나 되더니 왕이 돌아갔다.
八年, 六月, 大官寺井水爲血, 金馬郡地流血廣五步, 王薨, 위 三國史記, 57쪽.

삼국사기 백제본기 31대 義慈王 20년(660) 2월에 왕도의 우물물이 핏빛이 되었다. 서해 해변에는 작은 물고기가 나와 죽었는데 백성이 이것을 다 먹을 수가 없었다. 사비하의 물이 핏빛처럼 붉었다.
二十年, 春二月, 王都井水血色, 西海濱小魚出死, 百姓食之不能盡, 泗沘河水赤如血色, 위 三國史記, 246쪽.

삼국사기 고구려본기 28대 寶臧王 19년(660) 7월 평양의 냇물이 핏빛이 되었는데 3일간 계속 되었다.
十九年, 秋七月, 平壤河水血色, 凡三日, 위 三國史記, 202쪽.

삼국사기 신라본기 20대 慈悲麻立干 21년(478) 2월 밤에 붉은 빛이 필연(匹練, 비단)과 같이 땅에서 하늘까지 뻗치었다(火山의 폭발인듯 함, 이로 인해 10월에 지진이 일어 났는지도 모름). 10월에 서울에 지진이 있었다.

二十一年, 春二月, 夜赤, 光如匹練, 自地至天, 冬十月, 京都地震, 앞 三國史記, 30쪽.

26대 眞平王 31년(609) 정월에 모지악 아래의 땅이 탔는데(까스가 분출되어 타는 것 ?) 너비 4보, 길이 8보, 깊이 다섯자가 되더니 10월 15일에 이르러 없어졌다.

三十一年, 春正月, 毛只嶽下地燒, 廣四步, 長八步, 深五尺, 至十月十五日滅, 위 三國史記, 43쪽.

29대 武烈王 4년(657) 7월 동쪽 토함산의 땅이 타기 시작하여 3년 만에 없어졌다(까스 용출인 듯?).

四年, 秋七月, 東吐含山地燃, 三年而滅, 위 三國史記, 53쪽.

20대 慈悲麻立干 21년(478) 2월 밤(夜)에 붉은 빛이 필연(匹練,비단)과 같이 땅에서 하늘까지 뻗혔다(火山의 폭발인 듯, 10월에 지진이 있어서).

二十一年, 春二月, 夜赤, 光如匹練, 自地至天, 冬十月, 京都地震, 위 三國史記, 31쪽.

19대 訥祇麻立干 3년(419) 4월에 우곡에서 물이 솟았다.

三年, 夏四月, 牛谷水湧, 위 三國史記, 28쪽.

Ⅶ. 맺음말

현대 고고학은 특수분야 별로 분열(分列)되어, 선사고고학·역사고고학·불교(佛敎)고고학·수중(水中)고고학·산업(産業)고고학 등의 세분화로 발전하여, 최근에는 환경(環境)고고학이 대두되어 각광을 받고 있다.

환경고고학은, 고고학과 관계되는 유적 유물과 인류의 역사 문화를 자연환경의 변화와 연관 고찰하여, 인류와 자연환경과의 관계를 조사 연구하게 된다. 자연환경이 모든 생물의 생사(生死)와 직결 된다는것은 주지의 사실이다. 그것은 자연이 식물(植物)을 생식(生殖)하고, 식물은 인류를 비롯한 동물들의 생존과 번식을 좌우하므로, 자연환경의 연구는 자연과학과 인문과학의 종합과학으로 보완(補完) 발전되고 있다.

고대 환경의 복원은 유적에서 채취한 유기물(有機物)이나 무기물을 과학적으로 분석 연구하여 당시의 기후 토양의 성분까지도 추찰(推察)하게 된다. 따라서 본고에서는 삼국시대 생활 문화와 직결되는 자연환경과, 천후(天候)로 발생되는 가뭄(旱災)·폭우(暴雨)·홍수·폭풍·대설(大雪)·우박(雨雹)·서리·이상기류·지진·누리(蝗災) 등에 관해서 알아보았다. 이러한 재해는 바로 수확의 절대부족에 의한 흉년기근(饑饉)으로 이어지게 마련이다. 농업경제 사회였던 삼국시대는 오로지 자연현상에만 의존하였으므로, 자연재난을 당하면 국가적인 제천의식(祭天儀式)을 거행하고, 점술사(占術師)에게 명하여 점(占)으로 해결하려고도 하였다.

위와 같은 자연재해로 인해 흉년이 들면, 기근(饑饉 굶주림)으로, 다른 나라인 신라 백제·고구려로 유망(流亡)하는 사람들이 많고, 각처에서 도적이 봉기(蜂起)하고, 자식을 팔고(賣子), 서로 잡아먹을 지경(相食)에 이르기도 하였다. 이러한 때에 최고 통치자로서 백성들이 어렵게 된것은 부덕(不德)한 자신의 책임이라 하여 스스로 책(責)하고, 상선(常膳, 평상시의 음식)을 감(減)한 왕도 있었고, 창고를 열어 위문 진휼(賑恤)하고, 조세(租稅)를 면제해 주고, 옥수(獄囚)를 크게 풀어(大赦)주는 인군(仁君)도 많았으나, 신료(臣僚)들이 창름(倉廩창고)을 열어 백성들에게 베풀어 주기를 간청 하였으나, 듣지 않는 왕도 있었다.

그런데 삼국 중, 신라·백제는 거의 같은 위도(緯度)상에 인접하고 있음에도, 가뭄·홍수·지진 등의 일시와 회수가 많이 다르다. 뿐만 아니라, 모든 기록이 신라에 비하여 백제 고구려의 기사 내용이 빈약하다. 그것은 삼국사기가 우리나라 현존 최고(最古)의 사서(史書)로서, 고려 왕조 귀족 출신인 김부식(金富軾) 등이 고기(古記)·유적(遺籍) 외에 중국 사기(史記)를 참작 발췌(拔萃)하여 본기(本紀)·연표(年表)·지류(志類)·열전(列傳)의 순으로 편찬하여, 사대주의(事大主義)적인 기록과, 삼국을 통일한 승전국(勝戰國)인 신라 위주로 서술(敍述)하였기 때문일 것이다.

삼국시대 사람들은 가무(歌舞)를 즐겼다고 하나, 위와 같은 재해(災害) 외에도, 전염병(疾疫), 각종 부역(賦役), 영토 확장을 위한 침공과 방어 등의 참전, 패전(敗戰)으로 인한 적국의 포로 등 하층계급을 비롯한 대다수 백성들의 생활모습은 매우 곤궁(困窮)하고 처참(悽慘) 하였다고도 할 수 있을 것이다.

二. 三國時代의 기이탄생(奇異誕生)과 이상신체(異常身體)

Ⅰ. 머리말

Ⅱ. 기이탄생(奇異誕生)
  난생(卵生) 햇빛(日光)·달빛(月光)·별빛(星光)·잉태(孕胎) 천기를 받아 알을 낳다(天氣卵生)
  궤(櫃)에서 동자(童子)가 나옴 웅녀와 혼인(熊女와 婚姻) 용(龍)의 갈빗대에서 출생
  용(龍)과 교통 득남(交通 得男)

Ⅲ. 이상신체(異常身體)
  다산(多産) 동물들의 다생(多生)·괴이(怪異)·이신(異身)

Ⅳ. 편두(扁頭)

Ⅴ. 문신(文身)

Ⅵ. 맺음말

Ⅰ. 머리말

고대로부터 이상세계(理想世界)인 신령(神靈)한 천신세계(天神世界)와 자신들이 살고 있는 인간세계를 자유롭게 비상(飛翔) 왕래하는 동물이 새(鳥類)라고 생각해 왔다. 따라서 동서를 막론하고 인간들은 탄생부터 죽음까지 조류를 신성시(神聖視)하는 민속신앙을 갖고 있다.

우리나라에서도 예로부터 솟대를 만들어 마을의 액(厄)을 물리치고 복(福)을 빌고, 안녕과 수호(守護), 풍년을 기원(祈願)하기 위하여 마을에서 공동으로 제작·건립하여 신앙대상으로 삼았다. 그런데 솟대 위에는 세 가지(三枝)가 있고 가지 끝마다 한 마리의 새가 앉아 있다.

국립중앙박물관에 소장된 청동기시대(BC. 3세기 경으로 추정) 농경문청동기(農耕文靑銅器) 뒷면에 따비를 잡고 밭을 가는 남자의 모습과 앞면에는 솟대 위 나뭇가지에 새가 앉아 있는 모습이 양각되었고, 부여 능산리 출토 백제금동향로(百濟金銅香爐) 뚜껑꼭지에도 봉황(鳳凰)이 날개를 펴고 앉아 있는 모습을 보더라도 선사시대(先史時代) 이래 삼국시대에도 조류신앙 사상이 널리 보편화 되었던 듯 하다.

동북 아시아 동이계(東夷系)의 여러 종족(種族)에 공통된 신화로서 부족(部族)의 시조(始祖)나 최고 통치자들은 알(卵)에서 출생하였다는 천신하강설화(天神下降說話, 神話)가 있다. 천신은 하늘(天界)을 자유롭게 날아다니는 조류(鳥類, 새)라고 믿었기 때문에 그 신인(神人)은 알에서 출생하였다고 하는 관념이다.

고구려의 시조 동명왕 주몽은 하나님의 아들(天帝之子) 해모수(解慕漱)와 정을 통한 유화(柳花)부인이 낳은 알에서 출생(日影照孕生卵)하였다 하고, 신라의 박혁거세는 백마(白馬)가 울고 간 자리에 남은 알에서 탄생(白馬紫卵)하였다하고, 가야(伽倻)는 하늘에서 내려온 6개의 황금알에서 태어난 6명의 동자가 10여일 후에 어른이 되어 왕이 되었다고 전한다.

중국 은(殷)나라의 성탕(成湯)은 제비알에서 나왔고, 청(淸)나라 애신각라(愛新覺羅)는 붉은 까치알에서 출생하였다고 전한다.

출생 뿐만 아니라 타계(他界)한 사람 즉, 죽은 사람의 영혼도 그의 원적(原籍)인 저승(天界)으로 보내기 위하여, 큰 새의 깃을 뽑아 하늘에 날린다(大鳥羽送死其意欲使死者飛

揚)라는 기록이 삼국지 변진(三國志 弁辰)조와 통전 진한(通典 辰韓)조에 전하고 있다. 그리고 1973년에 발굴조사된 경주의 천마총(天馬塚)에서는 각종의 다양한 부장품 가운데 많은 계란(鷄卵)이 출토되었고, 신라 서봉총(瑞鳳塚) 출토 금관의 2개의 양대(樑帶)가 서로 직교(直交)하는 정부(頂部)에 금판을 오려 만든 3마리의 새가 앉아있다.

실제로 시체를 새들에게 먹게하는 조장(鳥葬) 풍습은 죽은사람의 영혼이 하늘의 천신(天神)에게 돌아가라는 뜻이다. 인도 봄베이를 중심으로 사는 파르시족은 시체를 침묵의 탑으로 운반하는데 이 탑은 천장과 지붕이 없어 독수리 같은 큰 새들이 와서 먹게하고, 티베트에서는 사람들이 시체를 산중턱으로 옮겨 칼이나 도끼로 작게 잘라서 큰 새들이 먹기 쉽게하고 내려온다.

뿐만 아니라 무덤(고분 古墳)속의 그림(벽화壁畵)에도 새들이 많이 등장하는데, 천마총의 백화수피제서조도(白樺樹皮製瑞鳥圖) 채화판(彩畵板), 황해도 안악(安岳) 제1호분 천왕지신총주실(天王地神塚主室) 천장 천왕도에, 강서 중묘 대묘에 주작도(朱雀圖)가 보이고, 통구 사신총(四神塚) 신선도에는 창을 든 신선이 서조(瑞鳥)를 타고 구름 위를 날으는 벽화도 있다. 그리고 통일 신라시대의 많은 골호(骨壺, 화장 산골한 뼈를 담는 그릇)에는 새들이 구름 위를 날아 다니는 그림들이 음각되어 있다. 덕흥리 삼실총, 무용총 등과 신라의 식이총(飾履塚) 청동신발 바닥에서 인두조신[人頭鳥身(人面鳥), 사람의 얼굴에 새의 몸통을 한 상상 동물]이 투조(透彫)되었고, 최근에 공주 무녕왕릉 출토 은제잔 받침에서도 인면조가 발견되었다. 인면조는 불교에서 극락정토(極樂淨土)에 산다는 가릉빈가(迦陵頻伽, Kalavinka, 머리는 사람 모양이고, 날개·발·꼬리는 새의 모습) 의 상서로운 새(瑞鳥)이다.

이외에도 신라·가야 지역의 고분에서는 오리모양토기(鴨形土器) 들이 많이 출토되고 있는데, 이 역시 죽은 사람의 영혼을 저승으로 운반한다는(昇天乘駕) 뜻이 담겨서이다.

삼국의 시조들의 기이한 출생이 별로 이상 할것이 없다고 삼국유사 서(序)에서 기록하고 있는데,

三國遺事 紀異 第一에, 자서(自敍) 대저 옛날 성인이 예악으로 나라를 일으키고 인의로 교를 설함에 있어 괴력난신을 말하지 아니하는 것이었다. 그러나 제왕이 일어날 때는 부명과 도록(天命과 瑞徵)을 받아 보통사람과 다름이 있는 것이니 그런 뒤에 능히 큰 변화를 타고 대기를 잡으며 또 대업을 이룰 수 있는 것이다. 그러므로 하수에서 도가 나왔고 낙수에서 서가 나와서 성인이 일어났다(중국 고대 伏羲씨 때 河水에서 龍馬의 圖가

나오고 洛水에서 神龜의 書가 나왔다는 설). 무지개가 신모를 둘러 복희를 낳고, 용이 여등에게 감촉되어 염제를 낳고, 황아가 궁상들에서 놀 때 신동이 있어 자칭 백제의 아들이라하고 상교하여 소아를 낳고, 간협이 알을 삼키고 설을 낳고, 강원이 발자취를 밟고 기를 낳고, 요는 잉태 14월 만에 낳고, 용이 큰 못에서 유온과 교접하여 시공을 낳았다. 그 뒤의 일은 어찌 다 적으랴. 그러므로 삼국의 시조가 모두 신이한데서 나왔다는것이 무엇이 괴이할 것이랴. 이 기이가 제편 첫 머리에 실린것은 그 뜻이 여기에 있는 것이다라 하였다.

叙日, 大抵古之聖人, 方其禮樂與邦, 仁義設敎, 則怪力亂神, 在所不語, 然而帝王之將興也, 膺符命, 受圖籙, 必有以異於人者, 然後能乘大變, 握大器, 成大業也, 故河出圖, 洛出書, 而聖人作, 以至紅繞神母而誕羲, 龍感女登而生炎, 皇俄遊窮桑之野, 有神童自稱白帝子, 交通以生小昊, 簡狹吞卵而生契, 姜嫄履跡而生炎, 胎孕十四月, 而生堯, 龍交大澤而生沛公, 自此而降, 豈可殫記, 然則三國之始祖, 皆發乎神異, 何足怪哉, 此紀異之所以漸諸篇也, 意在斯焉, 李丙燾 譯註, 1992, 三國遺事, 明文堂, 27쪽.

Ⅱ. 기이탄생(奇異誕生)

난생(卵生)

三國史記 新羅本紀 赫居世居西干전에, 고허촌장 소벌공이 양산 밑 나정 곁에 있는 숲 사이를 바라보니 말이 무릎을 꿇고 우는지라 가서 보니 말은 간데 없고 다만 큰 알 뿐이었다. 알을 깨어 본즉 한 어린아이가 나왔다. 곧 데려다 길렀더니 나이 10여세가 되어 유별났다. 6부 사람들이 그 아이의 출생이 이상하다하여 높이 받들더니 그를 세워 임금을 삼았다. 진나라 사람(辰人)은 표주박(호 瓠)을 박이라 함으로 처음 큰 알이 박과 같다하여 박(朴)으로 성(姓)을 삼았다. 거서간(居西干)은 진나라 사람 말에 왕이라는 뜻이다.

高墟村長蘇伐公, 望楊山麓, 蘿井傍林間, 有馬跪而嘶, 則往觀之, 忽不見馬, 只有大卵, 剖之, 有嬰兒出焉, 則收而養之, 及年十餘歲, 岐嶷然夙成, 六部人, 以其生神異, 推尊之, 至是, 立爲君焉, 辰人謂瓠爲朴, 以初大卵如瓠故, 以朴爲姓, 居西干, 辰言王, 李丙燾 校勘, 1993, 三國史記, 乙酉文化社, 1쪽.

같은 내용이 삼국유사에도 실려 있는데,

三國遺事 新羅始祖 赫居世王전에, 3월 1일에 6부의 조상들이 각기 자제들을 데리고 알천안상(閼川岸上)에 모여 의논하기를 우리 위에 백성을 다스릴 군주가 없어 백성들이 모두 방일(放逸)하여 제 마음대로 하니, 어찌 덕있는 사람을 찾아 임금으로 삼아 나라를 세우고 도읍을 정하지 아니하랴하고 높은 곳에 올라가 남쪽을 바라보니, 양산 밑 나정 옆에 이상한 기운이 전광(電光)과 같이 땅에 비치더니 그곳에 백마 한마리가 꿇어 앉아 절하는 형상을 하고 있어 찾아가 보니 한 붉은 알(혹을 푸른 큰알)이 있는데 말은 사람을 보고 길게 울다가 하늘로 올라갔다. 그 알을 깨어보니 모양이 단정한 아름다운 동자(童子)가 나왔다. 경이히 여겨 그 아이를 동천(東泉)에서 목욕 시키니 몸에서 광채가 나고 새와 짐승이 따라 춤추며 천지가 진동하고 일월이 청명하여 그를 혁거세왕이라 하였다.

三月朔, 六部祖各率子弟, 俱會於閼川岸上, 議曰, 我輩上無君主臨理蒸民, 民皆傍逸, 自從所欲, 盍覓有德人, 爲之君主, 入邦設都乎, 於時乘高南望, 楊山下蘿井傍, 異氣如電光垂地, 有一白馬跪拜之狀, 尋撿之, 有一紫卵, (一云靑大卵), 馬見人長嘶上天, 剖其卵得童子, 形儀端美, 驚異之, 浴於東泉, 身生光彩, 鳥獸率舞, 天地振動, 日月淸明, 因名赫居世王, 앞 三國遺事, 35쪽.

三國史記 新羅本紀 脫解尼師今전에, 4대 탈해니사금 원년(57) 처음 그 국왕이 여국왕의 딸을 데려다 아내를 삼았더니 임신한지 7년 만에 큰 알을 낳아 왕이 이르기를 사람이 알을 낳은것은 상서롭지 못한 일이니 버리라고 하였다. 아내는 차마 그러지 못하고 비단에 알을 싸서 보물과 함께 궤(櫃) 속에 넣어 바다에 띄워 갈대로 가게하였다. 처음 금관국 해변에 닿으니 금관국 사람이 이것을 괴상히 여겨 취하지 않고, 다시 진한의 아진포구에 이르니 이때는 시조 혁거세가 재위 39년 되던 해였다. 그때 해변의 노모가 이를 줄로 잡아 당겨 바닷가에 매고 궤를 열어 본즉 한 어린아이가 들어 있었다. 노모가 이를 데려다 길렀더니 커지면서 신장이 9척이나 되고 인물이 동탕하고 지식이 남보다 뛰어났다. 어떤 사람이 말하기를 이 아이의 성을 알지 못하니 궤가 와서 닿을 때 까치한 마리가 날아와 울며 따라다녔으니, 까치작(鵲)자의 한쪽을 약하여 석(昔)씨로 성을 삼고, 궤를 풀고 나왔으니 이름을 탈해(脫解)로 지으라고 하였다.

初其國王娶女國王女爲妻, 有娠七年, 乃生大卵, 王曰, 人而生卵不祥也, 宜棄之, 其女不忍, 以帛囊卵並寶物, 置於櫃中, 浮於海, 任其所往, 初至金官國海邊, 金官人怪之不取,

又至辰韓阿珍浦口, 是始祖赫居世在位三十九年也, 時海邊老母, 以繩引繫海岸, 開樻見之, 有一小兒在焉, 其母取養之, 及壯身長九尺, 風神秀朗, 智識過人, 或曰, 此兒不知姓氏, 初樻來時, 有一鵲飛鳴而隧之, 宜姓鵲字, 以昔爲氏, 又解韞樻而出, 宜名脫解, 앞 三國史記, 6쪽.

　　三國遺事 脫解王전에는, 나는 본래 용성국 사람이다. 우리나라에 일찍이 28용왕이 있었는데 모두 사람의 태에서 나왔고 5·6세 때부터 왕위를 이어 만민을 가르쳐 성명을 올바르게 하였다. 8품의 성골이 있으나, 선택하는 일 없이 모두 대위에 올랐다. 이때 우리 부왕 함달파가 적녀국의 왕녀를 맞아 부인을 삼았더니 오래도록 아들이 없어 기도하여 아들을 구하였는데 7년 후에 큰 알 하나를 낳았다. 대왕이 군신에게 묻기를 사람이 알을 낳는것은 고금에 없는 일이니 이것은 불길한 징조라하고 궤를 만들어 나를 그 속에 넣고 칠보와 노비를 배안에 가득 실어 바다에 띄우면서 축원하기를 마음대로 인연있는 곳에 가서 나라를 세우고 집을 이루라 하였다. 그러자 문득 붉은 용이 나타나 배를 호위하여 여기에 왔노라 하였다.
　我本龍城國人, 我國嘗有二十八龍王, 從人胎而生, 自五歲六歲, 繼登王位, 敎萬民修正性命, 而有八品聖骨, 然無揀擇, 皆登大位, 時我父王含達婆, 娉積女國王女爲妃, 久無子胤, 禱祀求息, 七年後產一大卵, 於是大王會問群臣, 人而生卵, 古今未有, 殆非吉祥, 乃造櫃置我, 幷七寶奴婢在於舡中, 浮海而祝曰, 任到有緣之地, 立國成家, 便有赤龍, 護舡而至此矣, 앞 三國遺事, 37쪽.

　　三國遺事 駕洛國記에 구간등이 그 말과 같이 모두 기뻐서 춤추며 노래 하다가 얼마 아니하여 쳐다 보니 자색 줄이 하늘에서 내려와 땅에 닿아 줄 끝을 찾아보니 붉은 폭에 금합이 쌓여 있었다. 열어 보니 해와 같이 둥근 6개의 황금알이 있었다. 모두 놀라고 기뻐하여 백배하고 조금 있다가 다시 싸가지고 아도의 집으로 돌아와 탑(榻)위에 두고 각기 흩어졌다. 12시가 지나 이튿날 평명에 중인(촌인)이 다시 모여 합을 열어 보니 6개의 알이 동자로 변했는데 용모가 매우 깨끗하여 상위에 앉히고 여럿이 절하고 극진히 위하였다. 나날이 자라 10여일이 지나 신장이 9척이나 되었으니, 이는 은(殷)의 천을(天乙)과 같고, 얼굴이 용과 같음은 한나라 고조와 같고, 눈썹의 광채는 당고(요)와 같고, 눈에 동자가 둘씩 있음은 오순과 같았다. 그날 보름에 즉위하였는데 처음으로 나타났다고 하여 휘를 수로라 하고 혹은 수능이라(죽은 뒤 호)하며 나라를 대가락 또는 가야국이라

부르니 6가야의 하나요, 나머지 5인은 각각 가서 오가야의 주가 되었다.

九干等如其言, 咸忻而歌舞, 未幾仰而觀之, 唯紫繩自天垂而着地, 尋繩之下, 乃見紅幅囊金合子, 開而視之, 有黃金卵六, 圓如日者, 衆人悉皆驚喜, 俱伸百拜, 尋還, 裹著抱持而, 歸我刀家, 寘榻上, 其衆各散, 過浹辰, 翌日平明, 衆庶復相聚集開合, 而六卵化爲童子, 容貌甚偉, 仍坐於床, 衆庶拜賀, 盡恭敬止, 日月而大, 踰十餘晨昏, 身長九尺, 則殷之天乙, 顔如龍焉, 則漢之高祖, 眉之八彩, 則有唐之高, 眼之重瞳則, 有虞之舜, 其於月望日卽位也, 始現故諱首露, 或云首陵(首陵是崩後諡也), 國稱大駕洛, 又稱伽耶國, 卽六伽耶之一也, 餘五人各歸爲五伽耶, 앞 三國遺事, 81쪽.

三國遺事 駕洛國記에, 완하국 함달왕의 부인이 홀연히 아이를 배어 날이 차서 알을 낳았는데 사람으로 화하였으므로 이름을 탈해라고 하였는데…
忽有玩夏國含達王之夫人姙娠, 彌月生卵, 卵化爲人, 名曰脫解… 위 三國遺事, 82쪽.

三國遺事 魚山佛影전에, 옛 기록에 말하기를 만어사는 옛날의 자성산 또는 아야사산인데 그 옆에 아라국이 있었다. 옛적에 하늘에서 알이 바닷가에 내려와 사람이 되어 나라를 다스렸으니 곧 수로왕이다.
古記云, 萬魚寺者, 古之慈成山也, 又阿耶斯山, 傍有呵囉國, 昔天卵下于海邊, 作人御國, 卽首露王, 위 三國遺事, 120쪽.

햇빛(日光)·달빛(月光)·별빛(星光)·잉태(孕胎)

周書 高(句)麗전에, 고구려는 그 선조가 부여에서 갈라져 나왔다. 스스로 말하기를 시조는 주몽인데 하백의 딸이 햇빛에 감응되어 잉태 하였다.
高麗者, 其先出於夫餘, 自言始祖曰朱蒙, 河伯女感日影所孕也, 國史編纂委員會, 1986, 국역 中國正史朝鮮傳, 548쪽.

三國史記 高句麗本紀 시조 東明聖王전에, 금와는 태백산(백두산) 남쪽 우발수에서 한 여자를 얻어 내력을 물으니 대답하기를, "나는 하백의 딸로 이름은 유화인데 여러 아우들과 같이 놀고 있는데 한 남자가 나타나 자기 말로 천제의 아들 해모수라 하고 나를 웅심산 아래 압록변의 집속으로 유인하여 사욕을 채운 후 곧 가서 돌아오지 않았다. 우

리 부모는 내가 중매도 없이 남에게 몸을 허락하였다 하여 꾸짖어 드디어 이 우발수에 귀양살이를 하게 되었다"고 하니 금와는 이상히 여겨 그를 집안에 가두었더니 그에게 일광이 비춰 몸을 피해도 일광은 따라다니며 비추었다. 그 때문에 태기가 있더니 닷되들이 만한 큰 알을 낳았다. 왕(금와)이 상서롭지 못하게 여겨 그 알을 버려 개와 돼지에게 주었더니 모두 먹지 않고, 또 길바닥에 버렸더니 소와 말이 밟지 않고 피해 갔다. 후에 들에 버렸더니 새가 날개로 덮어 안았다. 왕이 그 알을 쪼개 보려 하는데 잘 깨어지지 않으므로 드디어 그의 어머니에게 도로 주었다. 그 어미는 물건으로 알을 싸서 따뜻한 곳에 두었더니 한 사내아이가 껍데기를 깨고 나왔다.

金蛙嗣位, 於是時, 得女子於太白山南優渤水, 問之曰, 我是河伯之女, 名柳花, 與諸弟出遊, 時有一男子, 自言天帝子解慕漱, 誘我於熊心山下, 鴨渌邊室中私之, 卽往不返, 父母責我無媒而從人, 遂謫居優渤水, 金蛙異之, 幽閉於室中, 爲日所炤, 引身避之, 日影又遂而炤之, 因而有孕, 生一卵, 大如五升許, 王棄之與犬豕, 皆不食, 又棄之路中, 牛馬避之, 後棄之野, 鳥覆翼之, 王欲剖之, 不能破, 遂還其母, 以物囊之, 置於煖處, 有一男兒, 破殼而出, 앞 三國史記, 129쪽.

같은 내용이 삼국유사에도 실려있는데

三國遺事 高句麗전에, 금와가 태백산 남쪽 우발수에서 한 여자를 만나 물으니, 나는 본시 하백의 딸로 이름은 유화인데 여러 아우들과 놀고 있을 때 한 남자가 자기는 천제의 아들 해모수라하고 나를 웅신산 아래 압록강가의 집으로 꾀어 사통(私通)하고 돌아오지 않으므로 부모가 중매 없이 혼인한 것을 꾸짖어 이곳으로 귀양 보낸것이라 하였다. 금와가 이상히 여겨 그를 방속에 가두었더니 일광이 비추었다. 그가 몸을 피할 때마다 쫓아와 비쳤는데 이로써 태기가 있어 알 하나를 낳았다. 크기가 닷되들이만 하였는데 왕이 버려 개와 돼지에게 주니 모두 먹지 않고, 길에 버리니 소와 말이 피하고, 들에 버렸더니 새와 짐승이 덮어 주었다. 왕이 알을 깨트리려 하는데 깨어지지 않아 그 어미에게 돌려 주었다. 그는 물건에 싸서 따뜻한 곳에 두었더니 한아이가 껍질을 깨고 나왔는데 골격과 외양이 영특하고 기이하였다.

金蛙嗣位, 于時得一女子於太白山南優渤水, 問之, 云我是河伯之女, 名柳花, 與諸弟出遊, 時有一男子, 自言天帝子解慕漱, 誘我於熊神山下鴨渌邊室中知之, 而往不還, 父母責我無媒而從人, 遂謫居于此, 金蛙異之, 幽閉於室中, 爲日光所照, 引身避之, 日影于逐而照之, 因而有孕, 生一卵, 大五升許, 王棄之與犬猪, 又棄之路, 牛馬避之, 棄之野, 鳥獸覆之,

王欲剖之, 而不能破, 乃還其母, 母以物裏之, 置於暖處, 有一兒破殼而出, 骨表英奇, 앞, 三國遺事, 32-33쪽.

같은 내용이 北史에도 기록 되었는데
　北史 高句麗전에, 고구려는 그 선조가 부여에서 나왔다. 부여왕이 일찍이 하백의 딸을 붙잡아 방안에 가두어 두었더니 햇빛을 받게 되자 몸을 돌려 피했으나, 햇빛은 여전히 그를 따라와 비쳐 주었다. 얼마 후에 임신하여 알을 하나 낳았는데 크기가 닷되 들이만 하였다. 부여왕은 그 알을 개에게 주었으나 먹지 않고, 돼지에게 주어도 먹지 않았다. 길가에 버려 두어도 소와 말들이 이를 피해 가므로 들판에 버려 두었더니 여러 새들이 깃털로 알을 덮어주었다. 왕이 그 알을 쪼개려 하였으나 깨트릴 수 없어 결국 그의 어머니에게 돌려 주었다. 그 어미가 물건으로 알을 싸서 따뜻한 곳에 두었더니 사내아이 하나가 알을 깨고 나왔다. 장성하여 자를 주몽이라 하였는데 고구려의 속언에 주몽이란 활을 잘 쏜다는 뜻이다.
　高句麗, 其先出夫餘, 王嘗得河伯女, 因閉於室內, 爲日所照, 引身避之, 日影又逐, 旣而有孕, 生一卵, 大如五升, 夫餘王棄之與犬, 犬不食, 與豕, 豕不食, 棄於路, 牛馬避之, 棄於野, 衆鳥以毛與之, 王剖之不能破, 遂還其母, 母以物囊置暖處, 有一男破而出, 及長, 字之曰朱蒙, 其俗言朱蒙者, 善射也, 앞 中國正史朝鮮傳, 561쪽.

　隋書 高(句)麗전에, 고구려의 선조는 부여에서 갈라져 나왔다. 부여왕이 일찍이 하백의 딸을 잡아 방안에 가두어 두었는데 햇빛이 따라다니면서 그녀를 비추었다. 그 빛을 받고 마침내 아이를 배어 큰 알 하나를 낳았다. 알 속에서 한 사내아이가 껍질을 깨고 나오니 이름을 주몽이라 하였다.
　高麗之先, 出自夫餘, 夫餘王嘗得河伯女, 因閉於室內, 爲日光隧而照之, 感而逐孕, 生一大卵, 有一男子破殼而出, 名曰朱蒙, 夫餘之臣以朱蒙非人所生, 咸請殺之, 王不聽, 위 中國正史朝鮮傳, 551쪽.

　三國史記 新羅本紀 敬順王 9년(935) 사신(史臣)이 이르기를 신라의 박씨·석씨는 모두 알(卵)에서 나오고 김씨는 하늘로부터 금독(金櫝)에 들어 탄생하였다하고 혹은 금차(金車)를 탔다고도 하는데 이는 더욱 황탄하여 믿을 수 없는 말이지만 세속에 서로 전하고 전하여 사실로 화하게 되었다.

論曰, 新羅朴氏昔氏, 皆自卵生, 金氏從天入金櫝而降, 或云乘金車, 此尤詭怪, 不可信, 然世俗相傳, 爲之實事, 앞 三國史記, 127쪽.

천기를 받아 알을 낳다(天氣卵生)

後漢書 夫餘國전에, 처음에 북리의 색리국왕이 출타 중에 그의 시녀가 후궁에서 임신을 하였다. 왕이 돌아와서 그녀를 죽이려하자 시녀가 말하기를 "지난번 하늘에 크기가 달걀 만 한 기(氣)가 있어 저에게 떨어져 내려오는것을 보았는데 그대로 임신이 되었습니다" 하니 왕이 그녀를 옥에 가두었는데 아들을 낳았다. 왕이 그 아이를 돼지 우리에 버렸으나 돼지가 입김을 불어주어 죽지 않았다. 다시 마굿간에 옮겼으나 말도 역시 그와 같이 하였다. 왕은 그 아이를 신이하게 생각하여 그 어미에게 거두어 기르도록 허락하고 이름을 동명이라 하였다.

初, 北夷索離國王出行, 其侍兒於後姙娠, 王還, 欲殺之, 侍兒曰 "前見天上有氣, 大如鷄子, 來降我, 因以有娠" 王囚之, 後遂生男, 王令置於豕牢, 豕以口氣噓之, 不死, 復徙於馬蘭, 馬亦如之, 王以爲神, 乃聽母收養, 名曰東明, 앞 中國正史朝鮮傳, 514쪽.

같은 내용이 梁書 高句驪전에도 있는데,

고구려는 그의 선조가 동명으로부터 나왔다. 동명은 본래 북쪽 오랑캐 고리국의 아들이다. 리왕이 출행한 사이에 한 시녀가 후궁에서 임신하였다. 리왕이 돌아와 그 여자를 죽이려 하자 시녀가 말하기를 "앞서 하늘 위에 큰 달걀 만 한 기가 떠 있는것을 보았는데 이것이 저에게 내려와서 임신이 되었습니다" 라고 하였다. 왕이 그를 가두어 두었더니 후에 사내아이를 낳았다. 왕은 그 아이를 돼지우리에 버렸으나 돼지는 입김을 불어주어 죽지 않았다. 왕은 이를 신성 스럽게 여겨 거두어 기르기를 허락 하였다. 장성하면서 활을 잘 쏘니…

高句驪者, 其先出自東明, 東明本北夷囊離王之子, 離王出行, 其侍兒於後任娠, 離王還, 欲殺之, 侍兒曰, "前見天上有氣如大鷄子, 來降我, 因以有娠" 王囚之, 後遂生男, 王置之豕牢, 豕以口氣噓之, 不死, 王以爲神, 乃聽收養, 長而善射, … 위 中國正史朝鮮傳, 538쪽.
(後漢書 夫餘國, 北史 百濟조에는 索離國, 梁書 高句驪전에는 囊離國으로)

魏書 高句麗전에도, 고구려는 부여에서 갈라져 나왔는데, 스스로 말하기를 그들의

선조는 주몽이라 하였다. 주몽의 어머니는 하백의 딸로서 부여왕에게 잡혀 방에 갇혀 있던 중 햇빛이 비치는것을 몸을 돌려 피하였으나, 햇빛은 다시 따라왔다. 얼마 후에 잉태하여 알 하나를 낳았는데 크기가 닷되 들이 만 하였다. 부여왕은 그 알을 개에게 주었으나 개는 먹지 않았고, 돼지에게 주어도 먹지 않았다. 길에다 버렸으나, 소와 말도 피해 다니므로 다시 들판에 버려 두었더니 여러 새들이 깃털로 그 알을 감쌌다. 부여왕은 그 알을 쪼개려 하였으나 깨트릴 수 없게 되자 결국 그 어미에게 돌려 주었다. 그 어미는 다른 물건으로 이 알을 싸서 따뜻한 곳에 두었더니 사내아이가 껍질을 깨고 나왔다. 그가 성장하여 자를 주몽이라 하니 그나라 속언에 주몽이란 활을 잘 쏜다는 뜻이다.

高句麗者, 出於夫餘, 自言先祖朱蒙, 朱蒙母河伯女, 爲夫餘王閉於室中, 爲日所照, 引身避之, 日影又逐, 旣而有孕, 生一卵, 大如五升, 夫餘王棄之與犬, 犬不食, 棄之與豕, 豕又不食, 棄之於路, 牛馬避之, 後棄之野, 衆鳥以毛茹之, 夫餘王割剖之, 不能破, 遂還其母, 其母以物囊之, 置於暖處, 有一男破殼而出, 及其長也, 字之曰朱蒙, 其俗言, 朱蒙, 者, 善射也, 앞 中國正史朝鮮傳, 542쪽.

北史 百濟전에, 백제국은 대개 마한의 족속으로 색리국에서 나왔다. 색리국왕이 출행중에 그 시녀가 후궁에서 임신 하였는데 왕이 환궁하여 그녀를 죽이려하니 시녀가 "얼마 전에 하늘에서 큰 달걀만한 기운이 내려오는것을 보았는데 거기에 감응되어 임신 하였습니다" 라고 아뢰자 왕은 그 시녀를 살려 주었다. 뒷날 아들을 낳으니 왕은 그 아이를 돼지 우리에 버렸으나 돼지가 입김으로 불어주어 죽지 않았다. 다시 마굿간에 옮겨 놓았으나 말이 역시 그와 같이 하였다. 왕은 신령스럽게 여겨 그 아이를 기르도록 명하고 이름을 동명이라 하였다.

百濟之國, 蓋馬韓之屬也, 出自索離國, 其王出行, 其侍兒於後姙娠, 王還, 欲殺之, 侍兒曰, 前見天上有氣如大鷄子來降, 感, 故有娠, 王捨之, 後生男, 王置之豕牢, 豕以口氣嘘之, 不死, 後徒於馬闌, 亦如之, 王以爲神, 命養之, 名曰東明, 위 中國正史朝鮮傳, 566쪽.

같은 내용이 수서(隋書)에도 실렸는데,

隋書 百濟전에, 백제의 선대는 고(구)려 국에서 나왔다. 그 나라 왕의 한 시비가 갑자기 임신하여 왕이 그녀를 죽이려 하였다. 그녀가 말하기를 "달걀 같이 생긴 물건이 나에게 내려와 닿으면서 임신이 되었습니다" 라고 하자 그냥 놓아 주었다. 뒤에 사내아이

를 하나 낳았는데 죽으라고 뒷간에 빠트려 놓아 두었더니 오래도록 죽지 않았다. 왕이 신령스럽게 여겨 기르도록 명하고 이름을 동명이라 하였다.

百濟之先, 出自高麗國, 其國王有一侍婢, 忽懷孕, 王欲殺之, 婢云 "有物狀如鷄子, 來感於我, 故有娠也" 王捨之, 後遂生一男, 棄之廁溷, 久而不死, 以爲神, 命養之, 名曰東明, 앞 中國正史朝鮮傳, 554쪽.

三國遺事 高句麗전에, 주림전 제 21권에 기재하되 옛날 영품리 왕의 시비가 임신 하였는데 상이점을 쳐 말하기를 귀하게 되어 왕이 될것이라 하였다. 왕이 말하기를 나의 자식이 아니니 죽이는것이 마땅하다 하니 시비가 아뢰기를 하늘로부터 무슨 기운이 내려와 임신한 것이라 하였다. 그아이의 출생이 상서롭지 못하다 하여 돼지우리에 버리니 돼지가 입김을 넣어 주고 또 마굿간에 버리니 말이 젖을 먹여 죽지 않게하여 마침내 부여왕이 되었다.

珠琳傳第二十一卷載, 昔寧廩離王侍婢有娠, 相者占之日, 貴而當王, 王日, 非我之胤也, 當殺之, 婢日, 氣從天來, 故我有娠, 及子之産, 謂爲不祥, 捐圈則猪噓, 棄欄則馬乳, 而得不死, 卒爲扶餘之王, 앞 三國遺事, 33쪽.

三國史記 新羅本紀 儒禮尼師今전에, 11대 조분왕(助賁王)의 장자이다. 어머니는 박씨, 갈문왕 나음의 딸인데 어느날 밤길을 가다가 별빛이 입속으로 들어와 아이(유례)를 배었는데 해산하던 밤에 이상한 향기가 집에 가득 하였다.

助賁王長者, 母朴氏, 葛文王奈音之女, 嘗夜行, 星光入口, 因有娠, 載誕之夕, 異香滿室, 앞 三國史記, 21쪽.

三國遺事 慈藏定律전에, 대덕자장은 김씨인데 본래 진한의 진골인 소판(三級) 무림의 아들이다. 그의 아버지는 청관요직을 지냈으나 후사가 없으므로 불교에 귀의하여 천부관음에게 자식을 얻게하여 달라고 축원하기를 "만일 아들을 낳으면 시주하여 법민의 율량을 이루겠다" 하더니 홀연히 그의 어머니가 꿈에 별이 떨어져 품안에 들어와 태기가 있었다. 탄생한 것이 석가와 같은날이었으므로 선종랑이라고 이름을 지었다. 심지가 맑고 슬기로우며 문장구성이 날로 풍부하여 세속에 물들지 않았다.

大德慈藏, 金氏, 本辰韓眞骨蘇判(三級), 茂林之子, 其父歷官淸要, 絶無後胤, 乃歸心三寶, 造于千部觀音, 希生一息, 祝日, 若生男子, 捨作法海律梁, 母忽夢星墜入懷, 因有娠,

二. 기이탄생(奇異誕生)과 이상신체(異常身體) 105

及誕, 如釋尊同日, 名善宗郎, 神志澄睿, 文思日瞻, 而無染世趣, 앞 삼국유사, 139쪽.

三國遺事 元曉不羈전에, 성사 원효의 속성은 설씨이고… 꿈에 유성이 품속에 들어옴을 보고 태기가 있더니 해산하려 할 때 5색 구름이 땅을 덮었다.
聖師元曉, 俗姓薛氏. 初母夢流星入懷, 因而有娠, 及將産, 有五色雲覆地, 위 三國遺事, 142쪽.

궤(櫃)에서 동자(童子)가 나옴

三國史記 新羅本紀 脫解尼師今 9년(65) 3월에 왕이 밤에 금성·서편·시림·숲 사이에서 닭 우는 소리가 들려 새벽에 호공을 보내어 살펴보게 하니 나무가지에 금색의 작은 궤가 걸려있고, 그 아래 흰닭이 울고 있었다. 호공이 돌아와 그대로 고하니 왕이 사람을 보내어 그 궤를 가져다 열어 보니 작은 사내아이가 들어있는데, 그 외모가 동탕하였다. 왕이 기뻐하여 좌우에게 말하기를 하늘이 나에게 아들을 준것이라 하여 거두어 길렀다. 차차 자라는데 총명하고 지략이 많아, 이름을 알지라 하고 금궤에서 나와 성을 김씨로 하고, 또 시림을 고쳐 계림이라 하고 국호를 삼았다.
九年, 春三月, 王夜聞, 金城西始林樹間, 有鷄鳴聲, 遲明, 遣瓠公視之, 有金色小櫃掛樹枝, 白鷄鳴於其下, 瓠公還告, 王使人取櫃開之, 有小男兒其中, 姿容奇偉, 上喜, 謂左右曰, 此豈非天遺我以令胤乎, 乃收養之, 及長聰明多智略, 乃名閼智, 以其出於金櫃姓金氏, 改始林名鷄林, 因以爲國號, 앞 三國史記, 7쪽.

같은 내용이 三國遺事에도 실려 있는데
삼국유사 脫解王전에, 탈해 이사금(토해)은 남해왕대에 가락국 해중에 어떤 배가 와 닿았다. 그 나라의 수로왕이 신민들과 함께 북을 치고 맞아 들여 머물게 하려하니 배가 곧 달아나 계림 동쪽 하서지촌 아진포에 닿았다. 마침 포구변에 한 노파가 있어 이름을 아진의선이라 하니 혁거세의 고기잡이 할미였다. 바라보고 말하기를 이 바다 가운데에 본래 바위가 없었는데 까치가 모여들어 우는것은 무슨 일인가 하고 배를 끌고 가서 찾아 보니 까치가 배위에 모여들고 그 배 가운데에 궤 하나가 있는데 길이가 20척, 너비가 13척이나 되었다. 배를 끌어다 수림밑에 두고 길흉을 알지 못해 하늘에 고하였다. 잠시 후 궤를 열어 보니 단정한 남자 아이와 함께 칠보(七寶)와 노비가 가득차 있었다.

脫解齒叱今(一作吐解尼師今), 南解王時, 駕洛國海中有船來泊, 其國首露王, 與臣民鼓噪而迎, 將欲留之, 而舡乃飛走, 至於雞林東下西知村阿珍浦, 時浦邊有一嫗, 名阿珍義先, 乃赫居王之海尺之母, 望之謂日, 此海中元無石嵒, 何因鵲集而鳴, 拏舡尋之, 鵲集一舡上, 舡中有一櫃子, 長二十尺, 廣十三尺, 曳其船, 置於一樹林下, 而未知凶乎吉乎, 向天而誓爾, 俄而乃開見, 有端正男子, 并七寶奴婢滿載其中, 앞 三國遺事, 37쪽.

또 三國遺事 金閼智 脫解王전에, 호공이 밤에 월성 서리를 가다가 큰 광명이 시림(계림)속에서 나타남을 보았다. 자색구름이 하늘에서 땅에 비치었는데 구름 가운데 황금궤가 나무끝에 걸려있고 그 빛이 궤에서 나오고, 또 흰닭이 나무 밑에서 울어서 왕에게 고하니 왕은 그 숲에 가서 궤를 열어보니 속에 어린 남자아이 하나가 누워 있다가 일어났다. 마치 혁거세의 고사와 같아 알지라고 이름을 지었다. 알지는 우리말에 소아를 말한다. 동남(童男)을 안고 대궐로 들어오니, 새와 짐승들이 서로 따르며 기뻐하고 모두 뛰놀았다. 왕이 좋은 날을 택하여 태자로 책봉하였으나, 후에 파사에게 사양하고 왕위에 나가지 않았다. 금궤에서 나왔다고하여 성을 김씨라 하였다. 신라의 김씨는 알지에서 시작되었다.

瓠公夜行月城西里, 見大光明於始林中,(一作鳩林), 有紫雲從天垂地, 雲中有黃金櫃, 掛於樹枝, 光自櫃出, 亦有白鷄鳴於樹下, 以狀聞於王, 駕行其林, 開櫃有童男, 臥而卽起, 如赫居世之故事, 故因其言, 以閼智名之, 閼智卽鄕言小兒之稱也, 抱載還闕, 鳥獸相隨, 喜躍蹌蹌, 王擇吉日, 册位太子, 後讓於婆娑, 不卽王位, 因金櫃而出, 乃姓金氏, 新羅金氏自閼智始, 위 三國遺事, 38쪽.

웅녀와 혼인(熊女와 婚姻)

三國遺事 古朝鮮(王儉朝鮮)전에, 옛기록에 이르기를 옛날에 환인(제석)의 서자 환웅이 항상 천하에 뜻을 두고 인세(人世)를 탐내어, 아버지가 아들의 뜻을 알고 삼위태백을 내려다 보니 인간을 널리 이롭게 할 만 하여 천부인 3개를 주어 세상사람을 다스리게 하였다. 웅이 무리 3,000을 거느리고 대백산(묘향산) 꼭대기 신단수 밑에 내려와 신시라고 하니 이이가 환웅천왕이다. 그는 풍백·우사·운사를 거느리고 穀命病刑善惡〔곡(穀)은 농업(農業), 명(命)은 성산(星算), 병(病)은 의약(醫藥), 형(刑)은 법금(法禁), 선악(善惡)은 윤리(倫理)〕 등 무릇 인간의 360여사를 맡아서 인세를 다스리고 교화하였다. 그

때 한 곰과 한 범이 같은 굴에서 살며 항상 신웅(神雄)에게 사람으로 변하게 하여달라고 빌었다. 한번은 신웅이 신령스러운 쑥 한주먹과 마늘 20개를 주고 이르기를 너희들이 이것을 먹고 100일 동안 일광을 보지 않으면 곧 사람이 된다고 하였다. 곰과 범이 이것을 받아 먹고 금기 하기를 21일 만에, 곰은 여자의 몸이 되고 범은 지키지 못하여 사람이 되지 못하였다. 웅녀는 그와 혼인해 주는 사람이 없어 항상 단수 아래서 아기 갖기를 축원하였다. 웅이 이에 잠깐 변하여 혼인하여 아들을 낳으니, 이름을 단군왕검이라 하였다.

古記云, 昔有桓因(謂帝釋), 庶子桓雄, 數意天下, 貪求人世, 父知子意, 下視三危太白可以弘益人間, 乃授天符印三箇, 遣往理之, 雄率徒三千, 降於太白山頂(妙香山), 神檀樹下, 謂之神市, 是謂桓雄天王也, 將風伯雨師雲師, 而主穀主命主病主刑主善惡, 凡主人間三百六十餘事, 在世理化, 時有一熊一虎, 同穴而居, 常祈于神雄, 願化爲人, 時神遺靈艾一炷, 蒜二十枚曰, 爾輩食之, 不見日光百日, 便得人形, 熊虎得而食之忌三七日, 熊得女身, 虎不能忌, 而不得人身, 熊女者無與爲婚, 故每於壇樹下, 呪願有孕, 雄乃假化而婚之, 孕生子, 號曰檀君王儉, 앞 三國遺事, 27쪽,

용(龍)의 갈빗대에서 출생

용(龍)은 상상동물로 몸은 큰 뱀과 같고 머리에는 사슴뿔 같이 2개가 솟았고, 입 양쪽으로 긴 수염이 뻗었고, 4개의 다리와 4~5개의 발가락(발톱)을 가진 거대한 파충류로 세계 각국에서 민속숭배의 대상이 되었는데, 민간에서는 물을 지배하는 수신(水神)으로 용우물(龍井)·용못(龍淵)·용궁(龍宮) 등이 전해지고, 방위신(方位神)으로 좌청룡(左靑龍)이고, 불교에서는 호교(護敎)를, 나라에서는 호국(護國)신으로 일찍부터 기린·봉황·거북과 함께 길조(吉兆)로 여기고, 미래를 기원(祈願)하는 초월적(超越的)인 세계로 연결시켜 준다고 신령(神靈)시 하였다. 평남 중화군 진파리에서 출토된 고구려의 금동투조용봉문관형식구(金銅透彫龍鳳文冠形飾具)도 고구려인들의 내세관을 엿볼 수 있는 좋은 자료이고, 1993년 백제금동향로(百濟金銅香爐) 받침대(대족부,臺足部)의 생동하는 용의 모습은 백제인들의 정신속에서 불교·도교의 이상세계가 하나로 일체화된 모습을 볼 수 있다, 용은 우리나라에서는 민속 뿐만 아니라 불교의 영향으로 그림이나 조각으로 형상화 되어 숭상(崇尙)되고, 제왕(帝王)과 같은 존재로 비유되면서 왕권·왕위를 상징하기도 하였다. 이러한 용이 삼국사기에서 20여번, 삼국유사에서도 20여회

에 이를 정도로 많이 등장되고 황룡(黃龍)·흑룡(黑龍)·적룡(赤龍)·계룡(鷄龍) 등의 특수한 용의 기록도 보이고 있다.

三國史記 新羅本紀 시조 赫居世 5년(BC. 53) 정월에 용이 알영정에 나타나 그의 오른쪽 갈빗대에서 한 계집아이를 낳았다. 늙은 할멈이 이를 보고 이상히 여겨 데려다 길렀는데 우물 이름(알영)으로 그 아이의 이름을 지었다. 그 계집아이가 자라면서 덕기가 있어 시조가 이를 듣고 맞이하여 부인을 삼으니 과연 현행이 있고 내보를 잘하였다. 그래서 당시 사람들이 두 성인이라 하였다.

五年, 春正月, 龍見於閼英井, 右脇誕生女兒, 老嫗見而異之, 收養之, 以井名名之, 及長有德容, 始祖聞之, 納以爲妃, 有賢行能內輔, 時人謂之二聖, 앞 三國史記, 1쪽.

같은 기록이 三國遺事에도 실려 있는데

삼국유사 新羅始祖 赫居世王전에, 사람들이 서로 다투어 치하하기를 이제 천자가 내려 왔으니, 마땅히 덕이 있는 여자를 찾아 짝을 지어야 할것이라 하였다. 이날 사량리 알영정(아리영정)가에 계룡(鷄龍)이 나타나 왼편 갈비에서 동녀 하나를 탄생하니(혹은 용이 나타나 죽어 그 배를 갈라 동녀를 얻었다고도 함), 자태와 얼굴은 유달리 고왔으나 입술이 닭의 부리와 같았다. 월성 북천에 가서 목욕을 시키니 그 부리가 빠져 그 내를 발천이라 하였다. 궁실을 남산 서록에 세워 두 성아(聖兒)를 받들어 기르니 사나이는 알에서 나왔는데 알은 박과 같아 향인들이 박을 박이라 하므로 그의 성을 박이라하고, 여자는 그가 나온 우물로 이름을 지었다 하는데 삼국사기에서는 오른쪽 갈비에서, 삼국유사에서는 왼쪽 갈비에서 태어났다고 하는것이 다를 뿐이다.

時人爭賀曰, 今天子已降, 宜覓有德女君配之, 是日, 沙梁里閼英井(一作娥利英井)邊, 有龍現而左脇誕生童女(一云龍現死剖其腹得之), 姿容殊麗, 然而唇似鷄嘴, 將浴於月城北川, 其嘴撥落, 因名其川曰撥川, 營宮室於南山西麓, 奉養二聖兒, 男以卵生, 卵如瓠, 鄕人以瓠爲朴, 故因姓朴, 女以所出井名名之, 앞 三國遺事, 36쪽.

용(龍)과 교통 득남(交通 得男)

三國遺事 武王전에, 제 30대 무왕의 이름은 장이다. 그의 모친이 과부가 되어 서울 남지변에 집을 짓고 사는데 그 연못의 용과 교통하여 장을 낳고 아명을 서동이라 하였

는데 그의 도량이 커서 헤아리기가 어렵다하고, 항상 마(薯)를 캐어 팔아 생활하였으므로 나라사람들이 그렇게 이름을 지었다.

第三十, 武王名璋, 母寡居, 築室於京師南池邊, 池龍交通而生, 小名薯童, 器量難測, 常掘薯蕷, 賣爲活業, 國人因以爲名, 앞 三國遺事, 74쪽.

Ⅲ. 이상신체(異常身體)

三國史記 新羅本紀 제4대 脫解尼師今전에, 노모가 이를 데려다 길렀더니 커서 신장이 9척이나 되고 인물이 동탕하고 지식이 남에게 뛰어났다.

其母取養之, 及壯身長九尺, 風神秀朗, 智識過人, 앞 三國史記, 6쪽.

보다 자세한 내용이 삼국유사에 실렸는데

三國遺事 第四 脫解王전에, 재위 23년에 돌아가니…그 두골의 둘레가 3척 2촌, 신장의 길이가 9척 7촌이나 되며, 이(齒)가 엉키어 하나가 된듯하고 골절이 모두 연해졌으니 참으로 천하에 짝이 없는 역사의 골격이다.

在位二十三年, 建初四年己酉崩… 其髑髏周三尺二寸, 身骨長九尺七寸, 齒凝如一, 骨節皆連瑣, 所謂天下無敵力士之骨, 위 三國遺事, 38쪽.

三國遺事 駕洛國記에, 완하국 함달왕의 부인이 홀연히 아이를 배어 날이 차서 알을 낳았는데 사람으로 화하였으므로 이름을 탈해라고 하였는데 이때 바다로부터 가락에 오니 신장이 3척이요, 머리 둘레가 1척이었다고 하는데, 신장이 3척(자)이라는 것은 난쟁이 중의 난쟁이라고 할 수 있다. 그리고 위의 삼국유사에서는 머리 둘레가 3척 2촌이라 하고 신장의 길이가 9척 7촌이라 한 것과는 큰 차이가 있다.

忽有琓夏國含達王之夫人姙娠, 彌月生卵, 卵化爲人, 名曰脫解從海而來, 身長三尺, 頭圓一尺, 위 三國遺事, 82쪽.

三國遺事 駕洛國記에, 여섯 알(卵)이 화하여 동자가 되었는데 용모가 매우 깨끗하므로 상에 앉히고 여럿이 절하고 극진히 위하였다. 나날이 자라 10여일이 지나서 신장이 9척이나 되었으니 이는 은의 천을과 같고…

而六卵化爲童子, 容貌甚偉, 仍坐於床, 衆庶拜賀, 盡恭敬止, 日月而大, 踰十餘晨昏, 身長九尺, 則殷之天乙 … 앞 三國遺事, 81쪽.

三國史記 新羅本紀 阿達羅尼師今전에, 8대 아달라니사금(154-184)은 일성왕의 장자인데 키가 7척이요 코가 크고 골상이 기이하였다.
逸聖長子也, 身長七尺, 豊準, 有奇相, 앞 三國史記, 14쪽.

28대 진덕여왕(勝曼,647-654)은 자질이 번화하고 곱고, 키가 7척이나 되며, 손을 늘어트리면 무릎 아래까지 닿았다.
勝曼資質豊麗, 長七尺, 垂手過膝, 위 三國史記, 50쪽.

여자 키가 7척이면 2m가 훨씬 넘고 손을 늘어트리면 무릎 아래까지 닿는다 하였으니 이상한 체구라고 할 수 있다.

三國史記 百濟本紀 仇首王전에, 제6대 구수왕(214-234)은 초고왕의 장자요, 신장이 7척이요, 위의가 특이하였다.
仇首王, 肖古王之長子, 身長七尺, 威儀秀異, 위 三國史記, 216쪽.

高句麗本紀 9대 고국천왕(179-197)의 신장이 9척이요, 자표가 웅위하고 힘을 능히 큰 솥을 들어 올리며 일에 임하여 청단하는것은 관서와 위맹이 알맞았다.
王身長九尺, 姿表雄偉, 力能扛鼎, 荏事聽斷, 寬猛得中, 위 三國史記, 151쪽.

23대 안원왕(531-545)은 신장이 7척 5촌이고 도량이 컸다.
安原王 身長, 七尺五寸, 有大量, 위 三國史記, 176쪽.

三國史記 新羅本紀 眞聖王전에, 제51대 진성왕 9년(895) 10월에, 처음에 헌강왕이 전렵을 관람하다가 길가에 아름다운 여자가 있음을 보고 사랑하여 행재소에서 야합하였는데 곧 태기가 있어 아들을 낳았다. 장성함에 따라 체모가 영특하고 이름을 요라 하였다. 진성왕이 듣고 그 아이를 궐내로 불러들여 손으로 그의 등을 어루만지며 말하기를 "나의 형제자매의 골상은 남과 다른점이 있다. 이 아이도 등 위에 두 뼈가 솟았으니 참

으로 헌강왕의 아들이다" 라 하고 유사에게 명하여 예를 갖추어 태자로 숭봉하였다.

初憲康王觀獵, 行道傍見一女子, 資質佳麗, 王心愛之, 命後車載, 到帷宮野合, 卽有娠而生子, 及長體貌魁傑, 名曰嶢, 眞聖聞之, 喚入內, 以手撫其背曰, 孤之兄弟姉妹, 骨法異於人, 此兒背上, 兩骨隆起, 眞憲康王之子也 仍命有司, 備禮封崇, 앞 三國史記, 120쪽.

三國遺事 金庾信전에, 유신공은 진평왕 17년(595) 을묘에 출생하였는데 7요(日月, 水火木金土의 五星을 합한 것)의 정기를 타고 났으므로 등에 7성의 무늬가 있고, 또 신기한 일이 많았다.
庾信公以眞平王十七年乙卯生, 禀精七曜, 故背有七星文, 又多神異, 앞 三國遺事, 46쪽.

三國史記 百濟本紀 武寧王전에, 제25대 무녕왕(501~523)의 신장이 8척이요, 미목이 그림과 같고 인자 관후하여 민심이 순종하였다.
武寧王 身長八尺, 眉目如畵, 仁慈寬厚, 民心歸附, 위 三國史記, 234쪽.

고구려본기 제6대 태조대왕(53~146)은 출생 하면서 눈을 뜨고 볼 줄 알았고, 어려서 출중 하였다.
王生而開目能視, 幼而岐嶷, 위 三國史記, 143쪽.

後漢書 句驪전에, 구려왕 궁은 태어 나면서부터 곧 눈을 뜨고 사람을 쳐다 보니 나라 사람들이 미워 하였다.
句驪王宮生而開目能視, 國人懷之, 앞 中國正史朝鮮傳, 516쪽.

같은 내용이 魏書에도 기록 되었는데
위서 고구려 전에, 궁은 태어나면서부터 눈을 뜨고 보았으므로 나라사람들이 미워 하였다. 성장하면서 흉악하고, 사나워 그로 인하여 나라가 쇠진하고 파멸되게 되었다. 궁의 증손 위궁(11대 동천왕 227-248) 역시 태어나면서 눈을 뜨고 보니, 사람들은 그가 증조부 궁을 닮았다하여 이름을 위궁이라 하였다. 고구려에서는 서로 닮은 것을 위라고 한다.
至裔孫宮, 生而開目能視, 國人惡之, 乃長凶虐, 國以殘破, 宮曾孫位宮亦生而視, 人以其似曾祖宮, 故名爲位宮, 高句麗呼相似爲 位, 위 中國正史朝鮮傳, 542쪽.

삼국사기 고구려본기 제10대 山上王(197-227)은 고국천왕의 아우이다. 위서에 이르기를 "주몽의 후손 궁이 나면서 눈을 뜨고 볼 수 있었다. 이것이 태조다. 지금 왕은 태조의 증손으로 나면서 사람을 볼 줄 알아 증손 궁과 같았다.

山上王, 故國川王之弟也, 魏書云, 朱蒙裔孫宮, 生而開目能視, 是爲太祖, 今王是太祖曾孫, 亦生而視人, 似曾祖宮, 앞 三國史記, 152쪽.

三國遺事 智哲老王전에, 왕의 음장(陰長)이 1척 5촌이나 되어 배우자를 얻기 어려워 사자를 3도에 보내어 구하였다. 사자가 모량부 동노수 아래에 이르니, 개 두 마리가 큰 북 만한 똥덩어리 두 끝을 물고 다투는지라 촌인에게 물으니, 한 소녀가 말하기를 이곳 상공의 딸이 여기서 빨래를 하다가 수풀 속에 숨어서 눈것이라 하였다. 그 집을 찾아가 보니 그 여자의 신장이 7척 5촌이었다. 사실을 고하니 왕이 수레를 보내어 그 여자를 궁중에 맞아 들여 황후를 삼으니 여러 신하가 모두 하례하였다.

第二十二, 智哲老王, 王蔭長一尺五寸, 難於嘉耦, 發使三道求之, 使至牟梁部冬老樹下, 見二狗嚙一尿塊如鼓大, 爭嚙其兩端, 訪於里人, 有一小女告云, 此部相公之女子洗浣于此, 隱林而所遺也, 尋其家檢之, 身長七尺五寸, 具事奏聞, 王遣車邀入宮中, 封爲皇后, 群臣皆賀, 앞 三國遺事, 43쪽.

三國遺事 讚耆婆郎歌전에, 35대 경덕왕(742-765)의 옥경(생식기)의 길이가 8촌이었는데 아들이 없으므로 비(妃)를 폐하여 사량부인을 봉하였다.

王玉莖長八寸, 無子, 廢之, 封沙梁夫人, 위 三國遺事, 62쪽.

삼국사기 고구려본기 2대 琉璃王 24년(BC.18) 9월에 왕이 기산원야에서 전렵을 하다가 한 이상한 사람을 얻었는데 그의 두 겨드랑이에는 깃(羽)이 달려 있었다. 조정에 등용하여 우씨라는 성을 주고 왕녀를 취하게 하였다.

二十四年 秋九月, 王田于箕山之野, 得異人, 兩腋有羽, 登之朝, 賜姓羽氏, 俾尙王女, 위 三國史記, 133쪽.

3대 大武神王 4년(21) 왕이 노정에 오를 때 한사람이 나타났는데 키가 9척쯤 되고 얼굴은 희고 눈에는 광채가 있었다. 왕에게 배알하여 가로되 "신은 북명인 괴유라고 하는데 들으니 대왕께서 북의 부여를 치신다 하오니, 청컨대 종군하여 부여왕의 머리를 취하여 오겠습니다" 하여 왕이 기뻐하여 허락하였다.

上道有一人, 身長九尺許, 面白而目有光, 拜王曰, 臣是北溟人怪由, 竊聞大王北伐扶餘, 臣請從行, 取扶餘王頭, 王悅許之, 앞 三國史記, 138쪽.

三國遺事 景文大王전에, 48대 경문왕(861-875)이 왕위에 오르자 왕의 귀가 갑자기 길어져 나귀의 귀와 같았다. 왕후와 궁인들은 모두 모르고 오로지 복두쟁이 한사람 만이 알고 있었으나 평생 남에게 말하지 않더니 그가 죽을 때 도림사의 대나무 숲 아무도 없는 곳에 들어가 대나무를 향해 우리 임금의 귀는 당나귀 귀와 같다고 외쳤다. 그 후 바람이 불면 죽성으로 우리 임금의 귀는 나귀의 귀와 같다고 하여 왕이 대나무를 베어 버리고 대신 산에 수유를 심었더니 바람이 불면 다만 우리 임금의 귀는 길다라고 하였다.

乃登位, 王耳忽長如驢耳, 王后及宮人皆未知, 唯幞頭匠一人知之, 然生平不向人說, 其人將死, 入道林寺竹林中, 無人處向竹唱云, 吾君耳如驢耳, 其後風吹, 則竹聲云, 吾君耳如驢耳, 王惡之, 乃伐竹而植山茱萸, 豊吹則但聲云, 吾君耳長, 앞 三國遺事, 66쪽.

삼국사기 신라본기 41대 헌덕왕 17년(825) 3월 무진주 마미지현(장흥)의 여자가 아이를 낳았는데, 머리가 둘, 몸이 둘, 팔이 넷이며 낳을 때 하늘에서 큰 우뢰가 있었다.

十七年, 三月, 武珍州馬彌知縣女人, 産兒, 二頭, 二身, 四臂, 産時天大雷, 위 三國史記, 107쪽.

삼국사기 고구려본기 28대 보장왕 7년(648) 7월에 왕도(평양)의 여자가 아들을 낳았는데 한 몸에 두 머리였다.

秋七月, 王都女産子, 一身兩頭, 위 三國史記, 200쪽.

三國遺事 文虎王法敏전에, 사비 남쪽 바다에 여자의 시체가 있었는데 신장이 73척, 다리길이가 6척, 음장이 3척이었다. 혹은 신장이 18척이라고도 한다.

王初卽位, 龍朔辛酉, 泗沘南海中有死女尸, 身長七十三尺, 足長六尺, 陰長三尺, 或云身長十八尺, 위 三國遺事, 55쪽.

三國遺事 天賜玉帶전에, 제 26대 백정왕(579-632)의 시호는 진평대왕이다. 성은 김씨이고 신장이 11척이었다. 내제석관(천주사, 왕이 창건)에 행행 할 때 돌 사다리를 밟으니

돌 셋이 한꺼번에 부러져서 왕이 좌우에게 이르기를 이 돌을 옮기지 말고 뒤에 오는 사람에게 보이라 하니 성중의 5가지 움직일 수 없는 돌 중의 하나이다.
第 二十六代, 白淨王, 諡眞平大王, 金氏, 身長十一尺, 駕幸內帝釋宮, 踏石梯, 三石並折, 王謂左右曰, 不動此石, 以示後來, 卽城中五不動石之一也, 앞 三國遺事, 44쪽.

三國史記 新羅本紀 26대 진평왕(579-632)은 나면서 얼굴이 기이하고 몸이 장대하고 의지가 침중하고 식견이 명철하였다.
王生有奇相, 身體長大, 智識沈毅明達, 앞 三國史記, 41쪽.

다산(多産)

사람의 경우 1회 하나가 보통인데, 둘 이상을 동시에 임신 또는 출산하는 것으로 쌍동이 세쌍동이가 있다. 그런데 삼국시대에 다섯 쌍동이의 출산 기록이 있는데, 다만 출생만 기록되었고, 그 후 육아나 성장한 기록은 보이지 않는다.

삼국사기 신라본기 9대 벌휴니사금 10년(193) 3월에 한지부 (북천북)의 여자가 한번에 4남 1녀를 낳았다고하니, 한번에 다섯 아이를 낳아 최고 기록이 될것이다.
十年, 三月, 漢祇部女一産四男一女, 위 三國史記, 16쪽.

30대 문무왕 10년(670) 6월 한지부의 여자가 한번에 3남 1녀를 낳아, 왕이 조 200석을 내리었다.
漢祇部女人一産三男一女 賜粟二百石, 위 三國史記, 66쪽.

38대 원성왕 7년(791) 웅천주의 향성 대사의 부인이 한번에 3남을 낳았다.
七年, 熊川州向省大舍妻, 一産三男, 위 三國史記, 101쪽.

같은 왕 14년 육월, 굴자군(창원) 석남오 대사의 부인이 한번에 3남 1녀를 낳았다.
十四年, 屈自郡石南烏大舍妻, 一産三男一女, 위 三國史記, 102쪽.

41대 헌덕왕 6년(814) 10월에 검모 대사의 처가 한번에 3남을 낳았다.

冬十月, 黔牟 大舍妻, 一産三男, 앞 三國史記, 105쪽.

같은 왕 17년 우두주 대양관군의 황지 나마의 처가 한번에 2남 2녀를 낳았다.
牛頭州 大楊管郡, 黃知 奈麻妻 一産二男二女, 위 三國史記, 107쪽.

49대 헌강왕 8년(882) 12월 고미현(전난 영암) 의 여자가 한번에 3남을 낳았다.
冬十二月, 枯彌縣女一産三男, 위 三國史記, 118쪽.

三國遺事 紀異 文虎王 法敏전에, 인덕 삼년 병인(인덕은 당 고종의 연호, 666) 3월 10일에 민가에 길이라는 여자 종이 있었는데 한번에 3남을 낳고, 총장 3년(당 고종 3년, 668) 경오 정월 7일에는 한기부에 일산 급간(성산 아간)의 여종이 1녀 3남을 낳아 나라에서 상으로 곡식 200석을 주었다.
麟德三年丙寅三月十日, 有人家婢名吉伊, 一乳生三子, 總章三年庚五正月七日, 漢岐郡一山級干(一作成山阿干婢), 一乳生四子, 一女三子, 國給穀二百石以賞之, 앞 三國遺事, 507쪽.

동물들의 다생(多生) · 괴이(怪異) · 이신(異身)

삼국사기 신라본기 35대 경덕왕(743) 2년 3월에 주력공 댁의 소가 한번에 송아지 3마리를 낳았다.
二年, 春三月, 主力公宅牛, 一産三犢, 위 三國史記, 91쪽.

17대 奈勿尼師今 21년(376) 7월에 부사군(미상)에서 뿔이 하나인 사슴을 바치더니 그 해에 크게 풍년이 들었다.
夫沙郡進一角鹿, 大有年, 위 三國史記, 26쪽.

29대 태종무열왕 2년(655) 10월에 우수주(춘천)에서 흰사슴을 바치고, 굴불군(안동 임하면)에서는 흰 돼지를 바쳤는데 한 머리에 두 몸과 발 여덟이 달리었다.
冬十月, 牛首州獻白鹿, 屈弗郡進白猪, 一首二身八足, 위 三國史記, 53쪽.

36대 혜공왕 2년(766) 2월 양리공의 집 암소가 다리가 다섯 달린 송아지를 낳았는데 다리 하나는 위로 뻗치었다.
　春二月, 良里公家, 牝牛生犢五脚, 一脚向上, 앞 三國史記, 95쪽.

　삼국사기 백제본기 시조 온조왕 25년(7) 2월 왕궁의 우물이 갑자기 넘쳤다. 한성 인가의 말(馬)이 소(牛)를 낳았는데 머리는 하나고, 몸은 둘이었다. 일관이 말하기를 "우물이 갑자기 넘친것은 대왕이 발흥할 징조요, 소가 1수(首)2신(身)인 것은 대왕이 이웃나라를 병합할 징조" 라고 하니, 왕이 듣고 기뻐하여 드디어 진한을 병합할 생각을 품게 되었다.
　春二月, 王宮井水暴溢, 漢城人家馬生牛, 日者曰, 井水暴溢者, 大王勃興之兆也, 牛一首二身者, 大王并鄰國之應也, 王聞之喜, 遂有幷呑辰馬之心, 위 三國史記, 210쪽.

반대로 소가 말을 낳은 기록이 있는데

　고구려본기 18대 고국양왕 3년(386) 10월에 복숭아와 오얏나무가 꽃을 피우고, 소(牛)가 말(馬)을 낳았는데 발이 여덟이요, 꼬리가 둘이었다.
　冬十月 桃李華, 牛生馬, 八足二尾, 위 三國史記, 167쪽.

　신라본기 21대 조지마립간 10년(488) 6월에 동양(위치미상)에서 눈이 여섯 개가 달린 거북을 바치었는데 그 배에 글자가 씌어 있었다.
　夏六月, 東陽獻六眼龜, 腹下有文字, 위 三國史記, 32쪽.

　41대 헌덕왕 14년(822) 청주태수 청사 남쪽 연못 가운데에 이상한 새가 있었는데, 크기는 5척, 빛은 검고 머리는 5세 아이 머리만 하고, 주둥이 길이는 1척 5촌, 눈은 사람 같고, 위주머니는 5승(닷되)들이 그릇 만 한데 3일 만에 죽었다. 이는 김헌창(진주 都督)의 패망의 조짐이었다.
　菁州太守廳事(舍)南池中, 有異鳥, 身長五尺, 色黑, 頭如五歲許兒, 喙長一尺五寸, 目如人, 嗉如受五升許器, 三日而死, 憲昌敗亡兆也, 위 三國史記, 107쪽.

　고구려본기 3대 대무신왕 3년(20) 10월에 부여왕 대소가 고구려에 사신을 보내어 붉은 까마귀를 선사하였는데 머리는 하나요, 몸은 둘이었다. 처음에 부여인이 이 까마귀를 얻어 부여왕에게 바치었던 바, 어떤 자가 왕에게 말하기를 "까마귀는 원래 검은 것인데 지금 이것은 변하여 붉은 색이고, 또 머리 하나에 몸은 둘이니 이것은 두 나라를 아우를 징조라 왕께서 혹 고구려를 합병하실지 모르겠습니다" 하니 대소가 기뻐하여 이것을 고구려에 보내는 동시에 어떤자의 말을 전하였다. 왕이(대무신왕) 군신과 의론하고 대답하기를 "검은 것은 북방의 색인데 지금 이것이 변하여 남방의 색이 되고, 또 붉은 까마귀는 상서로운 물건이거늘 그대가 얻어서 가지지 않고 나에게 보내니 양국(부여와 고구려)의 존망을 모르겠다"고 하였다. 대소는 이 말을 듣고 놀라며 후회하였다.

大武神王, 三年, 冬十月, 扶餘王帶素, 遣使送赤烏, 一頭二身, 初扶餘人得此烏, 獻之王, 或曰, 烏者黑也, 今變而爲赤, 又一頭二身, 并二國之徵也, 王其兼高句麗乎, 帶素喜送之, 兼示或者之言, 王與群臣議, 答曰, 黑者北方之色, 今變而爲南方之色, 又赤烏瑞物也, 君得而不有之, 以送於我, 兩國存亡, 未可知也, 帶素聞之, 驚悔, 앞 三國史記, 137쪽.

신라본기 41대 헌덕왕 2년(810) 정월에 하서주에서 붉은 까마귀를 진상하고, … 7월에 서원경에서(청주)에서 흰 꿩을 진상했다.

二年, 春正月, 河西州進赤烏, … 秋七月, 西原京進白雉, 위 三國史記, 104-105쪽.

이외에도 신기(神奇)한 사건을 소개하면

三國遺事 眞聖女大王 居陁知전에, 아찬 양패는 왕의 막내 아들인데 당나라에 봉사하려 할 때 후백제의 해적이 진도에서 가로막는다 함을 듣고 궁사 50인을 뽑아서 따르게 하였다. 배가 고도에 이르렀을 때 풍낭이 크게 일어나 10여일 동안 묵게 되었다. 양공이 근심되어 사람을 시켜 점을 치니 "섬에 신기한 못이 있으니 제사를 지내면 좋겠다"고하였다. 바로 연못 위에 제전을 차려 놓으니 연못물이 한길 이상이나 용솟음쳤다. 그날 밤에 한 노인이 나타나 공에게 이르기를 활 잘 쏘는 사람 하나를 이섬에 머물러 두게하면 순풍을 얻으리라 하였다. 공이 꿈을 깨어 좌우에게 물어 누구를 머물러 두게하면 좋을까 하니 여러 사람이 이야기 하기를 목간 50편에 우리들 이름을 써서 물에 넣어 제비를 뽑자고 하였다. 공이 그대로 하니 군사 거타지라는 자의 이름이 물에 잠기었으므로 그 사람을 머물러 두게하니 순풍이 갑자기 일어나 배는 지체없이 달아났다. 거타는 수심에 쌓여 섬 위에 서 있었더니 홀연히 한 노인이 못에서 나와 나는 서해약(바다신)인데 해가 뜰 때는 매번 한 중이 하늘에서 내려와 타라니(주문)를 외우면서 세번 이

못을 돈다. 그러면 나의 부부와 자손이 모두 물위에 뜨게 된다. 중은 내 자손의 간장을 다 빼어먹고 오직 내 부부와 딸 하나만 남겨 놓았다. 내일 아침에도 또 반드시 올것이니 청컨대 그대는 활로 쏘아 달라고 하였다. 거타는 활쏘는것은 나의 장기이니 하라는 대로 하겠다고 하였다. 노인이 고마움을 표하고 물속으로 들어가고 거타는 숨어서 기다렸다. 다음날 해가 동쪽에서 뜨자 과연 중이 와서 전과 같이 주문을 외우며 늙은 용의 간을 취하려 하였다. 그때 거타는 활을 쏘아 마치니 중이 곧 늙은 여우로 변하여 땅에 떨어져 죽었다. 이에 노인이 나와 감사하며 공의 은덕으로 나의 성명을 보존하였으니 나의 딸로 아내를 삼아 달라고 하였다. 거타는 주시는것은 원하는 바이라 하였다. 노인은 그 딸을 한가지(一枝) 꽃으로 변작하여 품속에 넣어 주고 또 두 용을 명하여 거타를 받들고 사신의 배를 쫓아가 그 배를 호위하여 당나라에 도착 하였다. 당나라 사람이 신라 배에 두 용이 있고, 그것을 받들고 있는것을 보고 임금에게 알리니 임금은 신라의 사자가 반드시 비상한 사람일 것이라 하고 잔치를 베풀어 여러 신하의 윗자리에 앉히고 후하게 금백을 주었다. 고국에 돌아오자 거타는 꽃가지를 내어 여자로 변하게 하여 동거하였다.

此王代阿飡良貝, 王之季子也, 封使於唐, 聞百濟海賊梗於津島, 選弓士五十人隧之, 舡次鵠島, 風濤大作, 信宿俠旬, 公患之, 使人卜之, 曰島有神池, 祭之可矣, 於時具奠於池上, 池水湧高丈餘, 夜夢有老人, 謂公曰, 善射一人, 留此島中, 可得便風, 公覺而以事諮於左右曰, 留誰可矣, 重人曰, 宜以木簡五十片書我輩名, 沈水而鬮之, 公從之, 軍士有居陁知者, 名沈水中, 乃留其人, 便風忽起, 舡進無滯, 居陁愁立島嶼, 忽有老人, 從池而出, 謂曰, 我是西海若, 每一沙彌, 日出之時, 從天而降, 誦陁羅尼, 三繞此池, 我之夫婦子孫皆浮水上, 沙彌取吾子孫肝腸, 食之盡矣, 唯存吾夫婦與一女爾, 來朝又必來, 請君射之, 居陁曰, 弓矢之事吾所長也, 聞命矣, 老人謝之而沒, 居陁隱伏而待, 明日扶桑旣暾, 沙彌果來, 誦呪如前, 欲取老龍肝, 時居陁射之, 中沙彌, 卽變老狐, 墮地而斃, 於時老人出而謝曰, 受公之賜, 全我性命, 請以女子妻之, 居陁曰, 見賜不遺, 固所願也, 老人以其女, 變作一枝花, 納之懷中, 仍命二龍, 捧居陁趂及使舡, 仍護其舡, 入於唐境, 唐人見新羅舡有二龍負之, 見事上聞, 帝曰, 新羅之使, 必非常人, 賜宴坐於群臣之上, 厚以金帛遺之, 旣還國, 居陁出花枝變女同居焉, 앞 三國遺事, 68쪽.

백제본기 시조 온조왕 13년(6) 2월에 왕도의 늙은 할미가 남자로 변하였다.
春二月 王都老嫗化爲男, 앞 三國史記, 209쪽.

二. 기이탄생(奇異誕生)과 이상신체(異常身體)　119

三國遺事 後百濟 甄萱전에, 훤이 유아시에 아버지가 들에서 밭을 갈고 있을 때 그의 어머니가 아버지에게 밥을 갔다 주려고 아이를 수풀 아래에 두었더니 범이 와서 젖을 먹이었다. 동네사람들이 듣고 이상히 여기었다. 훤이 장성하면서 체모가 웅기하고 지기가 특립하여 범상치 않더니…

初萱生孺褓時, 父耕于耶, 母餉之, 以兒置于林下, 虎來乳之, 鄕黨聞者異焉, 及長體貌雄奇, 志氣倜儻不凡… 앞 三國遺事, 75쪽.

三國遺事 後百濟 甄萱전에, 옛날에 한 부자가 광주 북촌에 살면서 딸 하나를 키웠는데 모양이 단정하였다. 그의 아버지에게 이르기를 매번 자색 의복을 입은 남자가 침실에 와서 교혼한다 하였다. 그의 아버지가 "네가 긴 실을 바늘에 꿰어 그 남자의 옷에 찔러 두라" 하니 그 딸이 그렇게 하였다. 날이 밝아 실을 찾아 보니 바늘이 북쪽 담 아래의 큰 지렁이 허리에 찔려 있었다. 그 후 임신이 되어 한 사내 아이를 낳으니 나이 15세에 자칭 견훤이라 하였다.

昔一富人居光州北村, 有一女子, 姿容端正, 謂父曰 每有一紫衣男到寢交婚, 父謂曰, 汝以長絲貫針刺其衣, 從之, 至明尋絲於北墻下, 針刺於大蚯蚓之腰, 因姙生一男, 年十五自稱甄萱, 위 三國遺事, 75쪽.

三國遺事 景文王전에, 48대 경문왕의 침전(왕의 일상 거처)에는 저녁마다 무수한 뱀이 모여들어서 궁인이 놀라고 무서워하여 쫓아 내려하니 왕이 이르기를 내가 만일 뱀이 없으면 편안히 자지 못하니 금하지 말라고 하였다. 늘 잘 때에는 뱀이 혀를 내밀고 왕의 가슴을 덮어 주었다.

王之寢殿, 每日暮無數衆蛇俱集, 宮人驚怖, 將驅遣之, 王曰, 寡人若無蛇不得安寢, 宜無禁, 每寢吐舌滿胸鋪之, 위 三國遺事, 66쪽.

삼국사기 신라본기 30대 문무왕 21년(681) 7월 1일에 왕이 돌아가니 시호를 문무라 하였다. 군신이 유언에 의하여 동해구 대석상(동해 대왕암)에 장사하였다. 속전에 왕이 용으로 화하였다 하여 그 돌을 대왕석이라 한다.

秋七月, 一日, 王薨, 諡曰文武, 群臣以遺言東海口大石上, 俗傳王化爲龍, 仍指其石爲大王石, 위 三國史記, 77쪽.

같은 내용이 삼국유사에도 실려 있는데

　三國遺事 紀異 文虎王 法敏전에, 대왕이 재위 21년 영융 2년(당 고종 연호, 680) 신사(辛巳)에 돌아가셨는데 유언에 큰 바위 위에 장사 지내었다(화장후 그곳에서 산골 하였다 하여 대왕암이라 함). 왕이 평시에 항상 지의법사에게 이르기를 내가 죽은 후에 나라를 지키는 큰 용이 되어 불법을 숭상하고 나라를 수호하려고 한다하므로 법사가 이르기를 용은 짐승이니 무엇을 보답 하리오하니 왕이 말하기를 내가 세간의 영화를 싫어한지 오래라 거칠게라도 갚을 수 있는 짐승이 된다면 나의 뜻에 합당하다고 하였다.
　大王御國二十一年, 以永隆二年辛巳崩, 遺詔葬於東海中大巖上, 王平時常謂智義法師曰, 朕身後願爲護國大龍, 崇奉佛法, 守護邦家, 法師曰, 龍爲畜報何, 王曰, 我厭世間榮華久矣, 若麤報爲畜, 則雅合朕懷矣, 앞 삼국유사, 56쪽.

Ⅳ. 편두(扁頭)

　고대인들의 인위적인 변신(變身)에는 여러가지 이유나 목적이 있어 얼굴이나 가슴에 상처를 내어 상처자국(傷痕 瘢痕 瘡痕)이 있고, 멀쩡한 이(齒)를 빼는 발치(拔齒), 귀에 큰 구멍을 뚫는 착이(窄耳), 정상적인 머리를 납작하게 만드는 편두(扁頭), 여자의 성한 발을 작게만드는 전족(纏足), 어린남자의 생식기 표피를 자르는 의식으로서의 할예(割禮), 등의 여러가지 인위적인 신체변공의 습관 의식(儀式)이 있었다.
　그 중에서 편두는 인위적(人爲的)으로 머리를 납작하게 만드는 것인데 인공두개변형(人工頭蓋變形)이라고도 한다. 이 인공두개변형은 근세까지 세계 각지에서 전하여 졌는데 그 방법과 목적이 지역에 따라 차이가 있고, 또 변형조작의 효과도 다르다. 뒷머리 납작형(後頭扁平形)・앞머리납작형(前頭扁平形)・앞뒷머리납작형(前後頭扁平形)・원추형(圓錐形) 등으로 대별된다. 앞의 세 형식은 일반적으로 유아기(乳兒期)에 편평한 목판이나 납작한 돌로 뒷머리 또는 앞머리를 압박하여 편평하게 만드는 방법이고, 원추형은 띠(帶)나 천(布)으로 두개(頭蓋)를 단단히 감아 (긴박 緊縛) 뒷머리 상부(後上方)를 올라오게 하는 방법이다.
　이러한 두개변형 습속은 유럽 아프리카 아시아의 여러나라에서 행하여졌는데 북아프리카 인도네시아 멜라네시아 지역에서는 20세기 초까지 행하여 졌다고한다.

한반도에서 편두두개(偏頭頭蓋)가 발견 된 것은 김해 예안리 고분에서이다. 예안리 고분군은 수혈식석실분(竪穴式石室墳)이 70여기로 대부분을 차지하고 옹관묘(甕棺墓) 12기, 토광묘(土壙墓) 6기가 조사되었다. 이 예안리 고분에서 50여구의 인골(人骨)이 출토되었다. 이중 30여구의 인골은 거의 완전한 상태로 발견 되었는데, 이러한 상태로 유존된것은 무덤들이 대부분 패각(貝殼)층의 아래에 축조되었거나, 소수는 패각층 가운데에 축조되어서 패각(貝殼)의 칼슘 성분이 인골의 부식(腐蝕)을 지연 정지시킨 것이다.

한반도에서도 일찍이 편두의 습속이 있었음을 1970년대 경주에서 개최된 한일(韓日) 공동고대사 심퍼지움에서 일본 도꾜(東京)대학의 오바야시(大林太良) 교수가 "진한편두고(辰韓扁頭考)"라는 제목의 발표 요지는 중국정사의 위지(魏志)의 편두기사를 신빙성 있게 다루면서 진한족이 북방으로부터 남하하였으므로 진한의 편두 습속은 북방 아시아의 편두 습속과 깊은 관계가 있다고 보아, 관심 있는 학자들의 주목을 끌었다. 그 뒤 1975년 부산대학교 박물관의 김해(金海)군 대동(大東)면 예안(禮安)리 발굴조사로 숙년(熟年) 여인의 편두인골 다수가 발견되어 한반도에서의 편두습속은 역사기록과 일치됨이 입증되었다고 할 수 있다.

예안리 편두두개는 부산대 의대 김진정(金鎭晶)교수와 당시 일본 성마리안나 의과대학의 오가다(小片丘彦) 교수와의 공동연구로 밝혀졌다.

예안리 고분군중 99호분도 85분과 같은 토광목곽묘(土壙木槨墓)로서 동서 방향으로 폭 1,5m, 길이 3,6m 정도인데 인골의 머리는 동쪽을 향하고 체위는 하늘을 쳐다보듯 반듯하게 누운 모습(동두위앙천신전장, 東頭位仰天伸展葬)이며, 붉은색 연질호(軟質壺) 등 7점의 토기와 쇠도끼(鐵斧)·쇠낫(鐵鎌) 등이 부장 되었는데 99호분도 같은 양식, 같은 장법에 의한 4세기 전반으로부터 중기 경에 영조(營造)된 고분으로, 이곳에서 출토된 인골도 전신의 골격이 유존되어 두개(頭蓋) 체지골(體肢骨)의 크기, 미간후두(眉間後頭) 유양돌기(乳樣突起) 이(齒)의 교모(咬耗) 치조골흡수(齒槽骨吸收) 정도 등 종합적으로 볼 때 85호분의 인골과 같아 모두 숙년(熟年)의 여성으로 보이는 편두라고 논하였다.

85호분 두개골의 최대장(最大長)이 예안리고분 여성 평균치 보다 짧고 최대폭(最大幅)이 더 넓은 것은 85호분 두개골의 앞머리를 압박하여 변형한 까닭이고, 바지온브레그마 높이가 낮아진 것은 앞머리의 압박으로 인하여 브레그마가 낮은 곳에 있게된 까닭이며, 장폭지수(長幅指數)가 평균치의 79,6의 중두형(中頭形)에 대하여 92,02라는 초단두형(超短頭形)을 보이는 것은 앞머리의 압박으로 최대장이 짧아지고 최대폭이 넓어진 까닭이고, 최고지수(最高指數)에서 평균치의 74.1에 대하여 70.55의 저두(低頭)에 가까운 중두(中頭)가 된 것도 앞머리를 압박하여 뒷머리부분이 밀려서 높게된 것으로 편두가 틀림 없다고 주장하였다. 편두의 민속적인 예를 보면 보르네오(Borneo)의 마라나우(malanau)족은 타달(Tadal)이라고 부르는 평판과 천(포, 布)이나 끈(대, 帶)으로 된 기구를 사용하여 전두부(前頭部)를 변형하는데 그 방법은 생후 1개월 이내에 시작하고, 유아가 잠잘 때 15분 내외의 짧은 시간에 압력을 가하는 방법으로 수일간 계속하여 10~20회 정도 실시하면 편두가 된다고 한다. 하와이의 원주민들은 코코낫(Coconuts) 껍질을 전두부와 후두부에 대해서 변형 시키는데 아이가 출생하면 곧 시작하여 1주일이나 3개월쯤이면 충분하다고 하는데 생각보다는 짧은 기간에 일정한 효과를 거둘 수 있다고 하나, 다만 평생 변하지 않게 하기 위해서는 장기간의 변형조작이 필요하므로 예안리의 85호분 99호분의 두개는 지속적인 압박으로 이루어졌다고 설명하고 있다.

편두의 기록을 중국고대사서(中國古代史書)에서 찾아 보면

後漢書 東夷傳 韓전에, 아이를 낳으면 머리를 납작하게 하려고 모두 돌로 눌러 놓는다.
兒生欲令其頭扁, 皆押之以石, 앞 中國正史朝鮮傳, 519쪽

三國志 魏書 東夷傳 弁辰조에, 아이가 출생하면 돌로 그 머리를 눌러 납작하게 하므로 지금도 진한 사람들은 모두 머리가 납작하다.
兒生, 便以石壓其頭, 欲其褊, 今辰韓人皆褊頭, 위 中國正史朝鮮傳, 529쪽.

晉書 四夷傳 東夷 辰韓조에도, 아이가 처음 출생하면 곧 돌로 그 머리를 눌러서 납작하게 한다.
初生子, 便以石押其頭使扁, 위 中國正史朝鮮傳, 531쪽.

通典 東夷 辰韓조에도 같은 내용이 실려있다.

兒生便以石壓其頭, 欲其褊, 故辰韓人皆褊頭, 民族文化財, 1982, 支那史料抄, 215쪽.

그런데 위에서 살펴 본 바와 같이 돌의 크기 무게 그리고 압박하는 방법과 편두를 하

는 이유에 관해서는 전혀 기록이 없고, 다만 아이를 낳으면 곧 돌로 머리를 납작하게 하기 위하여 누른다고만 기록되어 있을 뿐이다.

V. 문신(文身)

자고로 인간들은 자의(自意)나 타의에 의해 신체를 장식하였다. 몸을 장식하는데는 여러가지 의미와 목적이 있을 것이다. 이렇게 신체를 장식하는데는 금·은·동 따위의 금속류(金屬類)나 짐승들의 이(齒, 牙)·뿔(角)·뼈(骨)와 조개껍질(貝殼類), 옥돌(玉石) 같은 것을 갈고 다듬어서 특정 부위(部位)에 부착(附着)하는 경우도 있고, 자기 몸에 직접 물감(顔料)을 사용하여 글·그림·무늬(文樣)·기호(記號) 등을 표시하기도하고, 몸의 일부에 칼로 상처를 내던가(자상 刺傷), 불로 지져 화상(火傷)을 입혀 흉터가 생기게 하는 상흔(傷痕)도 있다.

생물학적(生物學的)인 존재에 불과 했던 인간이 사회적인 존재로서 씨족(氏族) 부족의 한 구성원으로서의 표시로, 조직의 계급으로, 자기의 위엄(威嚴)을 나타내기 위해, 금수(禽獸)로부터 자기보호를 위해, 성인식(成人式), 혼인식 때, 주술적(呪術的) 종교적 의식 때, 범죄자(犯罪者), 노예(奴隷)에게, 그리고 미학적(美學的) 장식의 의미로도 시술(施術) 하였다. 이밖에도 근래에는 특정조직(폭력단체)의 표시로, 선원(船員), 군인, 장인(匠人 기술자)집단, 연인(戀人)끼리 사랑의 징표로, 범죄집단의 조직·신조(信條)·위계(位階)와 남에게 혐오(嫌惡)·위압감(威壓感)을 주기 위해서 침구(鍼灸)를 이용하여 시술하기도 한다.

동양에서는 입묵(入墨)·자문(刺文)·자청(刺靑)·자묵(刺墨)이라고도하며, 독일에서는 Tatowierung, 프랑스에서는 Tatouage라고 한다. 이러한 말은 폴리네시아(Polynesia)의 Tatau에서 유래(由來)되었다고 하며, 영어로는 Tattoo라고 하는데 세계 각국에서 행하였다.

문신은 피부나 피하조직(皮下組織)에 물감을 바르거나 바늘·침·뼈 같은 예리하고, 뾰족한 도구를 사용하여 여러가지 색소의 물감을 묻혀 찔러서 몸에 새기는 글·그림·무늬·기호 등을 말한다. 이러한 풍습은 기원전 2,000년 경 이집트 미이라의 팔·가슴에 신(神)의 이름이나, 신을 상징하는 문신이 알려지고, 세티 1세(BC. 1317-1301)의 무덤에서 나온 인형에서도 문신의 흔적을 찾아 볼 수 있다.

우리나라에서는 중국 고대사서(古代史書)인 후한서(後漢書)·양서(梁書)·남사(南史)의 동이(東夷)전에 마한(馬韓) 사람들이 문신을 하였다는 기록이 있고, 고려 조선시대에는 도둑의 이마에 도(盜)자를 새기고(刺字), 연산군(燕山君) 시절에는 도망한 공사노비(公私奴婢)를 붙잡아 도노(逃奴)·도비(逃婢) 등의 글자를 얼굴에 새겼다고 전한다. 그리고 강원도 산간 지방에서는 전염병의 예방책으로 이마에 동그라미를, 평안북도에서는 임산부가 난산할 때 발바닥에 천(天)자를 입묵(入墨)하였다고 한다.

문신의 기록을 중국 고대사서(古代史書)에서 찾아 보면

後漢書 韓전에, 한의 남쪽 경계는 왜에 가까우므로 문신을 한 사람도 있다.
其南界近倭, 亦有文身者, 앞 中國正史朝鮮傳, 518쪽.

三國志 韓전에, 그지방 남자들은 간혹 문신을 하는 사람도 있다.
其男子時時有文身, 위 中國正史朝鮮傳, 528쪽.

같은 책 弁辰전에는, 왜와 가까운 지역이므로 남녀가 모두 문신을 하기도 하였다.
男女近倭, 亦文身, 위 中國正史朝鮮傳, 529쪽.

梁書 百濟전에, 그 나라 가까이에 왜가 있어 문신을 한 사람도 꽤 있다.
其國近倭, 頗有文身者, 위 中國正史朝鮮傳, 540쪽.

南史 百濟전에, 그 나라는 왜와 가까이 있어 문신을 한 사람도 꽤 있다.
其國近倭, 頗有文身者, 위 中國正史朝鮮傳, 560쪽.

위의 기록에서 본 바와 같이 한반도 북방 주민인 부여(夫餘) 전이나 고구려 전에는 문신이나 편두의 기록이 한 구절도 보이지 않고, 한(韓)에서는 분신을 때때로, 변진(弁辰)에서는 남녀가 문신을, 백제에서는 가끔, 왜와 가까워서 문신을 하는 자가 있고, 진한(辰韓)에서는 남녀가 문신을 한다고 만 되어 있어, 어떤 부위에, 무슨 목적으로, 언제 쯤(몇살 때), 어느 계절(節氣)에 한다는 기록은 전혀 보이지 않고, 한(韓)·변진(弁辰)·진한

(辰韓)·백제(百濟)전에서만 문신 기록이 전한다.

Ⅵ. 맺음말

　삼국시대의 기이한 탄생과 이상한 신체, 인위적인 신체변공과 문신 등을 알아 보았다. 먼저 난생신화(설화)는 여러부족의 시조나 최고 통치자들은 알에서 출생하였다는 천신 하강설화에서 나왔다. 알은 새(조류)가 낳고, 새는 하늘(천계)을 자유로이 날아 다니므로 이세상과 천계를 연결한다는 신성한 상념(想念) 때문이다.

　고구려 시조 동명왕 주몽은 천제(天帝)의 아들 해모수(解慕漱)와 정을 통한 유화(柳花)부인이 낳은 알에서 출생하고, 신라 시조 박혁거세는 백마가 울고 간 자리의 알에서 탄생하고, 가야의 시조는 하늘에서 내려온 6개의 황금알에서 태어난 6명의 동자가 10여 일 후에 어른이 되어 왕이 되었다 한다. 한편 신웅(神雄)에게 쑥과 마늘을 받아 먹은 곰이 여자로 변하여 단군을 낳았다 하고, 계룡(鷄龍)의 오른쪽 갈비에서 동녀(童女)가 출생하여 혁거세 부인이 되고, 과부가 연못의 용과 교통하여 장(璋, 30대 무왕)을 낳고, 백제 왕도의 한 늙은 할미가 남자로 변하였다고 한다.

　뿐만 아니라 죽은 사람의 영혼도 그 원적(原籍)인 저승으로 보내는 장례(葬禮)에서 새의 깃을 뽑아 하늘로 날린다던가, 알을 부장(副葬)하던가, 새의 그림, 새의 조소조각(彫塑彫刻), 새모양토기를 부장하기도 하였고, 실제로 시신을 새에게 먹도록 하는 예도 알아 보았다.

　삼국시대에도 선천적인 기형아(畸形兒)가 있어서 한 몸에 머리가 둘인 아이, 팔이 길어서 무릎 밑까지 내려오는 여왕, 키가 9척이 넘는 사람, 출생하면서 눈을 뜨고 사물을 보는 아이, 음장(陰長)이 1척 5촌인 왕, 등 위에 두 뼈가 솟은 아이(헌강왕의 서자), 겨드랑이에 깃(羽)이 달린 사람 등이 알려지고 있다. 한편 후천적으로 아이가 출생하면 머리를 납작하게 만드는 편두, 문신 등의 신체변공도 있었고, 신라의 한 여자는 한번에 4남 1여를 출산하는 다산도 있었다.

　그리고 동물 중에도 위와 같은 사건이 발생하였는데, 신라 굴불군에서는 한 머리에 두 몸과 여덟의 발이 달린 하얀 돼지가 있었고, 백제에서는 말이 소를 낳았는데 머리는 하나고 몸은 둘이었다. 반대로 고구려에서는 소가 말을 낳았는데 발이 여덟이요, 꼬리가 둘이었다. 다산으로는 신라의 한 소는 한번에 송아지 3마리를 낳기도 하였다.

동북 아시아의 여러 종족들 간의 신화에서 볼 수 있는 바와 같이 삼국시대에도 부족의 시조나 최고 통치자들은 알에서 출생하였다는 난생설과 천신하강설, 또는 기이한 출생으로 속세인 들과는 비교될 수 없는 감히 접근 할 수 없는 신인화(神人化)하였음을 알 수 있었고, 비정상적인 기이한 동물들이 출산됨으로 해서 정국의 미래를 예측하는 점을 치기도하고, 의례적 장식적 주술적인 목적으로 신체를 변이(變異)하여 위험이나 재앙으로부터 스스로를 예방 보호하고 안위와 위엄을 나타내기도 하였다.

三. 三國時代의 사회(社會)의 비참상(悲慘狀)

Ⅰ. 머리말

Ⅱ. 절식(節食)

Ⅲ. 기근(饑饉)

Ⅳ. 매자(賣子)·인신매매(人身賣買)·상식(相食)·아사(餓死)
    매자(賣子, 자녀를 팔다)   인신매매(人身賣買)   상식(相食, 서로 잡아먹다)
    자기 살을 베어 아버지를 봉양하다   시체(屍體)를 먹다   아사(餓死, 굶어죽음)

Ⅴ. 도적(盜賊)과 형벌(刑罰)
    도둑에 대한 형벌(刑罰)

Ⅵ. 질역(疾疫, 유행병)

Ⅶ. 대전(大戰)·전사(戰死)·포로(捕虜)·노역(勞役)
    대전(大戰)   전사(戰死)   포로(捕虜)   인질(人質, 볼모)   간첩(間諜)   군도(軍導)   결사대(決死隊)
    삼국의 인구와 장병 수(三國의 人口와 將兵數)   노역(勞役)   15세 이상 징발(徵發)   역사(役事) 중지

Ⅷ. 맺음말

Ⅰ. 머리말

 모든 생물들은 그들의 4대 생성(生成) 기원(起源)이라고 할 수 있는 토양 물 태양 바람이 갖추어져야 제대로 성장 번식하게 되고, 만약 이것들 중 하나라도 공급이 원활하지 못할 때에는 자연적으로 쇠퇴·소멸되고 말것이다. 마찬가지로 인간들도 위의 자연조건에서 얻어진 수확 물량에 의해 食·住·衣 생활을 영위할 수 있고, 여의치 못하면 궁핍(窮乏)과 곤궁(困窮)으로 괴로운 생활을 하거나 교역 매매의 수단, 아니면 도적 강탈 등의 행위가 계속 될것이고, 나아가 전쟁이라는 수단으로 약소 집단이나 국가를 침범하여 부족한 물자를 보충할 것이다. 그러므로 자연·지리·풍수·일기 등의 환경조건의 차이에 따라 또는 이를 얼마나 소화 극복 하느냐에 따라 생활의 여유와 빈곤의 차이가 발생한다.

 우리나라는 반도라는 자연지리 조건으로 대륙성 기후에다 해양성 기후의 영향도 받고 있으나 국토의 북쪽은 많은 부분이 고산준령(高山峻嶺)으로 되어있어 삼국시대에 농경생활을 하기에는 좋은 환경이라고는 할 수 없지만, 동물의 수렵과 식물의 채취 등을 수확 할 수 있는 이로운 점도 있고, 반대로 남쪽은 넓고 비옥한 평야지대를 이루고 있어 주식인 농작물의 경작에는 좋은 조건을 갖추고 있다. 따라서 삼국시대에는 남쪽의 신라 백제 가야 제국에서는 풍성한 살림에 음주가무(飮酒歌舞)를 즐긴다는 기록이 많은데 비해 북쪽의 고구려는 입지적 환경이 좋지 않아 열심히 일해도 자급자족 하기가 어려워 절식(節食)을 하였다고 한다.

Ⅱ. 절식(節食)

 인간이나 동물이나 생존을 위해서는 적당한 체력을 유지하고, 건강하기 위해서는 기본적인 영양 공급과 적절한 운동이 필요하다. 그런데 자연적인 재해(災害)나 인위적인 사정에 의해 자기의 뜻과 상관없이 정해진 양(量)을 섭취하지 못한다면 주어진 활동을 하기가 대단히 어려울 것이고, 또한 배를 주린다는 것은 매우 참기 어려운 고통 중의 하나일 것이다. 특히 고구려는 큰 산과 깊은 계곡이 많아 토지가 척박(瘠薄)하고 원택(原澤, 넓은 들과 못)이 없어 백성들이 힘껏 일해도 식량의 자급자족이 어려웠다고 한다. 이러한 사정을 고대 사서(古代 史書)에서 알아보면

後漢書 高句驪전에, 고구려는 큰산과 깊은 골짜기가 많으며 사람들은 산과 골짜기에 의지하여 산다. 농사 지을 땅이 적어서 힘껏 일해도 자급 하기에 부족하여 그 습속은 음식을 아껴 먹는다. 궁실 수리를 좋아한다.
　高句驪, 多大山深谷, 人隨而爲居, 少田業, 力作不足以自資, 故其俗節於飮食, 而好修宮室, 國史編纂委員會, 1986, 국역 中國正史朝鮮傳, 515쪽.

三國志 高句麗전에, 큰 산과 깊은 골짜기가 많고 넓은 들은 없다. 산골짜기에 의지하여 살면서 간수를 식수로 한다. 좋은 논과 밭이 없으므로 부지런히 농사를 지어도 식량이 충분하지 못하다. 그들의 습속에 음식은 아껴 먹으나 궁실은 잘 치장한다.
　多大山深谷, 無原澤, 隨山谷而爲居, 食澗水, 無良田, 雖力佃作, 不足以實口腹, 其俗節食, 好治宮室, 위 中國正史朝鮮傳, 522쪽.

梁書 高句麗전에, 큰 산과 깊은 골짜기가 많고 넓은 들이 없어서 백성들은 산골짜기에 의지하여 살고 시냇물로 식수를 한다. 비록 땅에 붙박혀 살고 있지만 좋은 토지는 없어 그들의 습속은 음식을 아껴 먹는다.
　多大山深谷, 無原澤, 百姓依支以居, 食澗水, 雖土著, 無良田, 故其俗節食, 위 中國正史朝鮮傳, 538쪽.

魏書 高句麗전에, 백성은 모두 토착민으로 산골짜기를 따라 거주한다. 토질은 척박(瘠薄)하여 양잠(養蠶)과 농업으로는 자급(自給)하기에 부족함으로 사람들은 음식을 절약한다.
　民皆土著, 隨山谷而居, 土田瘠薄 蠶農不足以自供, 故其人節飮食, 위 中國正史朝鮮傳, 543쪽.

北史 高句麗전에, 사람들은 모두 토착민으로 산골짜기를 따라 거주하고, 토지가 척박하여 양잠과 농사로서 충분히 자급하지 못하므로 음식을 절약하여 먹는다.
　人皆土著, 隨山谷而居, 土田瘠薄, 蠶農不足以自供, 故其人節飮食, 위 中國正史朝鮮傳, 564쪽.

南史 高句麗전에, 국토는 큰 산과 깊은 골짜기가 많고 넓은 들판과 못이 없어서 백성

들은 산골짜기에 의지하여 살면서 시냇물을 식수로 한다. 비록 땅에 붙박혀 살고 있지만 좋은 토지는 없어 그들의 습속은 음식을 아껴 먹고, 궁실은 잘지어 치장한다. 성질은 포악 성급하여 노략질 하기를 좋아한다.

　地多大山深谷, 無原澤, 百姓依支以居, 食澗水, 雖土著, 無良田, 故其俗節食, 好修宮室, 人性凶急, 喜寇鈔, 앞 中國正史朝鮮傳, 558쪽.

　周書 高(句)麗전에, 땅은 척박하여 일상 생활은 절제하며 검소하게 지내지만 꾸미는 것은 숭상한다.
　土田瘠薄, 居處節儉, 然尙容止, 위 中國正史朝鮮傳, 548쪽.

Ⅲ. 기근(饑饉)

　기황(饑荒)이라고도 하는데 한발(旱魃)·냉해(冷害)·풍수해(風水害)·충해(蟲害) 등은 자연적으로 발생되는 기근의 원인이다. 한편 집단 생활을 영위(營爲)하는 인간들의 사회 정치 경제 체제(體制) 문제 또는 내란(內亂)·전쟁(戰爭) 등과도 깊은 관련이 있는 재난(災難)도 있어서 재해(災害)는 천재(天災)인 동시에 인재(人災)이기도 하다.
　재해로 인한 흉년으로 주곡(主穀) 잡곡 등 농업 생산량의 감소에 의한 절대 식량 부족은 필연적으로 도적이 각처에서 수시로 봉기하게 되고, 다른 지역(나라)으로 인구 유출(流出)이 심하며, 노약자(老弱者)들로부터 영양실조(營養失調)로 인한 병자 병사자(病者 病死者) 아사자(餓死者, 굶어죽음)가 발생하게 되는 것이다.
　삼국시대는 협소한 농토에서 사람과 소를 이용한 단순하고 원시적인 노동력에만 의존하였던 농업경제 사회였으므로 근세까지도 기근이 사회의 큰 문제가 되었으며, 여러 지방에서 곤궁(困窮)한 생활을 하는 사람이 대단히 많았다.
　이러한 기근 현상은 현재까지도 세계 여러 곳에서 발생하고 있는데, 아프리카 中近東 지역에서의 기근에 의한 비참한 생활은 세계적인 문제로 대두되고 있다. 따라서 기근은 전쟁과 함께 인간이나 동물에게 매우 심각한 생존문제가 되고 있는 실정이다.

　삼국시대의 기근에 대한 기록을 찾아 보면
　三國史記 高句麗本紀 제4대 閔中王 2년(45) 5월에 나라 동쪽에 큰 물이 나서 민간(民

間)에 기근이 있으므로 창고를 열어 곡식을 나누어 주었다.

二年 夏五月, 國東大水, 民饑, 發倉賑給, 李丙燾 校勘, 1993, 三國史記, 乙酉文化社, 14쪽.

5대 慕本王 2년(49) 3월에 폭풍이 불어 나무를 뽑았고, 4월에 서리가 내리고 우박이 왔으며 8월에 관리를 보내어 국내의 굶주린자를 구제하였다.

二年, 三月, 暴風拔樹, 夏四月, 隕霜雨雹, 秋八月, 發使賑恤, 國內饑民, 위 三國史記, 142쪽.

6대 大祖大王 56년(108) 봄에 큰 가뭄이 있고, 여름에는 적지(赤地)가 되고 백성이 주리므로 왕이 관리를 보내어 진휼하였다.

五十六年, 春, 大旱, 至夏赤地, 民饑 王發使賑恤, 위 三國史記, 144쪽.

9대 故國川王 16년(194) 7월에 서리가 내려 곡식을 해치어 백성이 주리므로 창름(창고)을 열어 진급하고, 유사에게 명하여 매년 3월부터 7월까지 관곡을 내어 백성의 호구의 다소에 따라 진대하되 차등을 두고 10월에 관에 환납하는 상예(常例)를 삼으니 중외가 크게 기뻐하였다.

秋七月, 墜霜殺穀, 民饑, 開倉賑給…救恤之, 命有司, 每年自春三月至秋七月, 出官穀, 以百姓家口多少, 賑貸有差, 至冬十月, 還納以爲恒式, 內外大悅, 위 三國史記, 152쪽.

13대 西川王 4년(273) 7월에 백성이 주리므로 창고를 열어 구제하였다.

四年, 秋七月, 民饑, 發倉賑之, 위 三國史記, 160쪽.

14대 烽上王 7년(298) 9월에 서리와 우박이 와서 곡식을 해치어 민간에 기근이 생기었다. 10월에 왕이 궁실을 증축하여 사치와 화려를 다하니 백성은 기근이 있는데다 더한층 곤란을 당하였다. 군신이 자주 왕에게 간하였으나 듣지 아니하였다.

七年, 秋七月, 霜雹殺穀, 民饑, 冬十月, 王增營宮室, 頗極奢麗, 民饑且困, 群臣驟諫, 不從, 위 三國史記, 161쪽.

18대 故國壤王 6년(389) 봄에 기근으로 사람이 서로 잡아먹을 지경이므로 왕이 창름

(倉廩)을 열어 구제 하였다. 하고
　　六年, 春, 飢, 人相食, 王發倉賑給, 앞 三國史記, 167쪽.

21대 文咨王 8년(499)에 백제에 기근이 들어 2,000명이 투항해 왔다(고구려로).
　　八年, 百濟民饑, 二千人來投, 위 三國史記, 174쪽.

22대 安臧王 5년(523) 봄에 가물었고, 10월에 기근이 있어 구제하였다.
　　五年, 春, 旱, 冬十月, 饑, 發倉賑救, 위 三國史記, 176쪽.

23대 安原王 6년(536) 봄 여름에 가뭄이 대단하므로 왕이 사람을 보내어 굶주린 백성을 무휼(撫恤) 하였다. 7년 3월에 백성들이 굶주려 왕은 (나라 안을) 두루 돌며 위무하고 구제하였다.
　　六年, 春夏, 大旱, 發使撫恤饑民, 七年, 春三月, 民饑, 王巡撫賑救, 위 三國史記, 177쪽.

25대 平原王 23년(581) 7월에 서리와 우박이 와서 곡식을 해치고, 10월에 기근이 일어나서 왕이 순행하여 무휼 하였다.
　　二十三年, 秋七月, 霜雹殺穀, 冬十月, 民饑, 王巡行撫恤, 위 三國史記, 179쪽.

28대 寶臧王 9년(650) 7월에 우박이 곡식을 해치어 백성이 굶주리었다.
　　九年, 秋七月, 霜雹害穀, 民饑, 위 三國史記, 201쪽.

三國史記 新羅本紀 제2대 南解次次雄 15년(18) 서울에 가뭄이 있고, 7월에 누리(蝗)가 있어서 민간에 기근이 생겨 창고를 열어 구제 하였다.
　　十五年, 京城旱, 秋七月, 蝗, 民饑 發倉廩救之, 위 三國史記, 4쪽

4대 脫解尼師今 19년(75)에 큰 가뭄이 있어 인민이 크게 굶주리므로 창고를 열어 구제해 주었다.
　　十九年, 大旱, 民饑, 發倉賑給, 위 三國史記, 8쪽.

5대 婆娑尼師今 19년(98) 4월에 경도(서울)에 가뭄이 있었다… 29년(108) 5월에 큰물

三. 사회(社會)의 비참상(悲慘狀)　135

이 나서 민간에 기근이 들어 왕이 사람을 10도에 보내어 창고를 열어 구제해 주었다.

十九年, 夏四月, 京都旱…二十九年, 夏五月, 大水, 民饑 發使十道, 開倉賑給, 앞 三國史記, 9-10쪽.

7대 逸聖尼師今 12년(145) 봄 여름에 가뭄이 있어 남쪽 지방이 가장 심하여 인민이 굶주리므로 곡식을 이송하여 구제하고… 17년(150) 4월부터 비가 오지 않더니 7월에서야 비가 왔다.

春夏, 旱, 南地最甚, 民饑, 利其粟賑給,…十七年, 自夏四月, 不雨, 至秋七月, 乃雨, 위 三國史記, 12-13쪽.

8대 阿達羅尼師今 18년(171) 봄에 곡식이 귀하여 민간에 기근이 있었다.

十八年, 春, 穀貴, 民饑, 위 三國史記, 15쪽.

10대 奈解尼師今 31년 봄에 비가 오지 않더니 7월에야 왔다. 백성이 굶주리므로 창름을 열어 곡식을 베풀어 주었다.

三十一年, 春, 不雨, 至秋七月, 乃雨, 民饑, 發倉廩賑給, 위 三國史記, 20쪽.

16대 訖解尼師今 4년(313) 7월에 한발(旱魃)과 누리(蝗)가 있어 민간에 기근이 일어나 관리를 보내어 구휼하였다.

四年, 秋七月, 旱蝗, 民饑, 發使救恤之, 위, 三國史記, 23쪽.

17대 奈勿尼師今 17년(372) 봄·여름에 몹시 가물고 흉년이 들어 기근이 일어나 사람들이 많이 유망하므로 사람을 보내어 창름(창고)을 열어 구제하고, 26년(381) 봄 여름에 가뭄으로 일년 농사가 나빠 기근이 있었다. 42년(397) 7월에도 북면 아슬라(강릉)에서 가뭄과 누리가 있어 년사가 나쁘고 기근이 일어나 왕이 죄수를 곡사(사면)하고 1년간 세금을 면제하여 주었다.

十七年, 春夏, 大旱, 年荒, 民饑, 多流亡, 發使, 開倉廩賑之, 二十六年, 春夏, 年荒, 民饑, 四十二年, 秋七月, 北邊阿瑟羅旱蝗, 年荒 民饑, 曲赦囚徒, 復一年租調, 위 三國史記, 26-27쪽.

19대 訥祗麻立干 4년(420) 춘하에 크게 가물었다. 7월에는 서리가 내려 곡식을 해치고 기근이 일어나 자손을 파는(賣)자까지 있었다. 왕은 죄수를 관성하여 죄를 풀어주었다.

四年, 春夏, 大旱, 秋七月, 隕霜殺穀, 民饑, 有賣子孫者, 慮囚原罪, 앞 三國史記, 28쪽.

21대 照知(炤知)麻立干 2년(480) 5월 서울에 가뭄이 있고, 10월에 기근이 있어 창름(창고)을 열어 나누어 주었다.

二年, 夏五月, 京都旱, 冬十月, 民饑, 出倉穀賑給之, 위 三國史記, 31쪽.

22대 智證麻立干 7년(506) 봄 여름에 가물어서 기근이 들어 창고를 열어 진급했다.

七年, 春夏, 旱, 民饑 發倉賑救, 위 三國史記, 35쪽.

27대 善德王 원년(632) 5월부터 날이 가물더니 6월에야 비가 왔다. 10월에 사람을 보내어 국내의 홀아비 과부 고아 홀로 지내는 사람, 자존(自存)할 수 없는 사람을 무문하여 구제하였다.

元年, 夏五月, 旱, 至六月, 乃雨, 冬十月, 遣使, 撫問國內鰥寡孤獨不能自存自, 賑恤之, 위 三國史記, 46쪽.

30대 文武王 9년(669) 5월에 천정(현덕원)·비열홀(안변)·각연(준양) 등 3군에 기근이 있어 왕은 창름을 열어 구휼하였다.

九年, 夏五月, 泉井, 比列忽, 各連 등, 三郡民饑, 發倉賑恤, 위 三國史記, 64쪽.

33대 聖德王 4년(705) 5월에 가뭄이 있고, 10월에 나라 동쪽에 기근이 있어 인민이 많이 이동하므로 사람을 보내어 진휼케 하였다. 5년(706)에도 국내에 기근이 있어 창름을 열어 구제하였고, 6년(707) 정월에 굶어 죽는 사람이 많아 조(粟)를 매일 1인 3되(升) 씩을 7월까지 주었다.

四年, 夏五月, 旱, 冬十月, 國東州郡饑, 人多流亡, 五年, 春正月, 國內饑, 發倉廩賑之, 六年, 春正月, 民多饑死, 給粟人一日三升, 至七月, 위 三國史記, 84쪽.

38대 元聖王 5년(789) 정월 한산주에 기근이 있어 조(粟)를 내어 주고, 11년 3월에 가물고, 12년 봄에 서울에 기근과 질역이 있어 왕이 창름을 열어 구제하였다.

五年, 漢山州, 民饑, 出粟以賙之, 十一年, 夏四月, 旱, 十二年, 春, 京都饑疫, 王發倉賑恤之, 앞 三國史記, 101-102쪽.

42대 興德王 7년(832) 춘하에 가뭄으로 적지(赤地)가 되어 왕이 정전을 피하고 상선(일상드시는 음식)을 감하고, 중외의 죄수를 풀어 주었다. 8월에 기근과 흉년으로 도적이 곳곳에서 일어났다.

七年, 春夏, 旱, 赤地, 王避正殿減常膳, 赦內外獄囚, 八月, 饑荒, 盜賊遍起, 冬十月, 王命使安撫之, 위 三國史記, 108쪽.

41대 憲德王 7년(815) 여름에 눈이 오고, 8월에 나라 서쪽 주군에 큰 기근이 있어 도적이 봉기하므로 군사를 내어 토평 하였다. 8년(816) 흉년과 기근으로 당나라의 절동(절강 동족)에 건너가 먹을것을 구하는 자가 170명이었다. 9년 5월에 비가 오지 않아 두루 산천에 기도 하였더니 7월에 가서야 비가 왔다. 10월에 굶어 죽는 사람이 많으므로 왕이 주군에 명하여 창곡을 내어 구제 하였고, 12년(820) 봄 여름에 가물더니 겨울에 기근이 있었다.

七年, 夏四月, 下雪, 西邊州郡大饑, 盜賊蜂起, 出軍討平之, 八年, 春正月, 年荒民飢, 抵浙東救食者, 一百七十人, 九年, 夏五月, 不雨, 遍祈山川, 至秋七月乃雨, 人多饑死, 敎州郡發倉穀存恤, 十二年, 春夏, 旱, 冬, 饑, 위 三國史記, 105쪽.

46대 文聖王 2년(840) 4월부터 6월까지 비가 오지 않아 겨울에 기근이 있었다.

二年, 自夏四月至六月, 冬, 饑, 위 三國史記, 112쪽.

47대 憲安王 3년(859) 봄에 곡식이 귀하여 기근이 있어 왕이 관리를 보내어 구제하였다.

三年, 春, 穀貴, 王遣使賑救, 위 三國史記, 114쪽.

48대 景文王 13년(873)에 기근 질병 도둑이 성하였다.

十三年, 春, 民饑且疫, 王發使賑救, 위 三國史記, 117쪽.

三國史記 百濟本紀 시조 溫祚王 4년(BC.15) 봄과 여름에 가물어 기근이 생기고 질병

이 유행 하였고, 33년(15) 춘하에 크게 가물어 백성이 굶주려 상식(相食,서로 잡아먹음)하고 도적이 크게 일어나니 왕이 인민을 안무하였고, 37년(19) 우박이 왔는데 크기가 계란만 하고 까마귀와 참새가 이에 맞아 죽었다. 4월에 가물었다가 6월에 가서야 비가 왔다. 한수 동북 부락에 기근이 들어 고구려로 도망가는 자가 1,000여호가 되니 패수(浿水, 예성강)와 대수(帶水, 임진강) 사이가 비어 사는 사람이 없었다.

四年, 春夏, 旱, 饑疫. 三十三年, 春夏, 大旱, 民饑相食, 盜賊大起, 王撫安之, 三十七年, 春三月, 雹, 大如鷄子, 烏雀遇者死, 夏四月, 旱, 至六月, 乃雨, 漢水東北部落 饑荒, 亡入高句麗者一千餘戶, 浿帶之間空無居人, 앞 三國史記, 208-210쪽.

3대 己婁王 32년(108) 춘하에 가물어 기근이 드니 백성이 상식(相食, 서로 잡아먹음)하였다.

三十二年, 春夏, 旱, 年饑民相食, 위 三國史記, 212쪽.

5대 肖古王 46년(211) 8월에 나라 남쪽에서 누리가 곡식을 해치니 인민이 주리었다.

四十六年, 秋八月, 國南蝗害穀, 民饑, 위 三國史記, 215쪽.

8대 古爾王 15년(248) 봄과 여름에 가물었다. 겨울에 인민이 굶주리므로 창름을 열어 진휼하고 또 1년간 租(地稅)와 調(戶稅)를 면제해 주었다.

十五年, 春夏, 旱, 冬, 民饑, 發倉賑恤, 又復一年租調, 위 三國史記, 218쪽.

11대 比流王 28년(331) 춘하에 크게 가물어서 초목이 마르고 강물이 말랐는데 7월에 가서야 비가 왔다. 이해에 기근이 들어 사람들이 상식(서로 잡아먹을 지경)하였다.

二十八年, 春夏, 大旱, 草木枯江水竭, 至秋七月乃雨, 年饑, 人相食, 위 三國史記, 220쪽.

14대 近仇首王 8년(382) 봄에 비가 오지 않더니 6월까지 계속 되었다. 백성이 굶주려 자식까지 파는 자가 생기니 왕이 관곡을 내어 무휼하였다.

八年, 春, 不雨至六月, 民饑, 至有鬻子者, 王出官穀贖之, 위 三國史記, 222쪽.

18대 腆支王 13년(417) 4월에 가물어서 백성이 굶주리었다.

十三年, 夏四月, 旱, 民饑, 위 三國史記, 225쪽.

20대 毗有王 21년(447) 7월에 가물어 곡식이 되지 않아 인민이 굶주려서 신라로 흘러 들어가는 자가 많았고, 28년(454) 8월에 누리가 있어 곡물을 해치고 기근이 들었다.
　二十一年, 秋七月, 旱, 穀不熟, 民饑, 流入新羅者多, 앞 三國史記, 226쪽.

24대 東城王 13년(491) 6월에 웅천(금강)물이 넘어서 왕도(공주)의 200여가를 표몰케 하고, 7월에 백성이 굶주리어 신라로 도망가는 자가 600여가나 되었다. 21년(499) 여름에 크게 가물어 백성이 굶주려서 상식하고, 도적이 많이 일어났다. 신하들이 창름을 열어 백성들에게 베풀어 주기를 청하였으나, 왕은 듣지 않았다. 한산인(漢山人)이 고구려로 도망가는 자가 2,000인이 되었다. 10월에는 질역(유행병)이 크게 돌았다.
　十三年 夏六月, 熊川水漲, 漂沒王都二百餘家, 秋七月, 民饑, 亡入新羅者六百餘家, 二十一年, 夏, 大旱, 民饑相食, 盜賊多起, 臣僚請發倉賑救, 王不聽, 漢山人亡入高句麗者二千, 冬十月, 大疫, 위 三國史記, 233쪽.
　(고구려 21대 文咨王 8년(499)에는 백제에서 기근이 들어 2,000여명이 투항(고구려로)하여 왔다. 八年, 百濟民饑 二千人來投, 위 三國史記, 174쪽.)

25대 武寧王 2년(502) 봄 민간에 기근이 들고 질역이 유행 하였고, 6년(506) 봄에 큰 유행병이 있었고, 3월부터 5월까지 비가 오지 않아 산과 못이 마르고 민간에 기근이 들어 창름을 열어 백성을 구제하고, 21년(521) 5월에 홍수가 나고 8월에 누리가 곡물을 해치고 민간에 기근이 들어 신라로 도망가는 자가 900호나 되었다.
　二年, 春, 民饑且疫, 六年, 春, 大疫, 三月至五月, 不雨, 川澤竭, 民饑, 發倉賑救, 二十一年, 夏五月, 大水, 秋八月, 蝗害穀, 亡入新羅者九百戶, 위 三國史記, 235쪽.

30대 武王 7년(606) 3월 왕도(부여)에 흙비가 와서 낮인데도 어두웠다. 4월에 크게 가물어 기근이 있었다.
　七年, 春三月, 王都雨土, 晝暗, 夏四月, 大旱, 年饑, 위 三國史記, 240쪽.

31대 義慈王 13년(653) 봄에 크게 가물어서 백성이 굶주리었다.
　十三年, 春, 大旱, 民饑, 위 三國史記, 246쪽.

Ⅳ. 매자(賣子)·인신매매(人身賣買)·상식(相食)·아사(餓死)

매자(賣子, 자녀를 팔다)

원시 신앙에서 주술적(呪術的) 금기(禁忌)의 하나로, 자식이 귀하고 자식을 낳아도 번번히 죽는 집이나, 허약한 자녀를 둔 집에서 아이의 수명장수(壽命長壽)를 위하여 건강한 집에 자녀를 팔면 그 아이는 요절(夭折)하지 않고 장수한다고 믿고 또 부처 바위, 큰 나무의 영(靈)의 수호(守護)를 받게 하거나 가매(假賣) 형식을 취하여, 아이의 이름을 부처나 나무와 관계있는 이름으로 고치고, 그들을 공경하여 평생 가족관계를 맺으며 문안과 세배도 하였다고 한다.

그런데 삼국시대에는 흉년이 들어 가난하고 굶주려서 자식을 팔았다는 기사를 여러 곳에서 찾아 볼 수 있다. 고구려·신라·백제의 3국이 모두 자연재해(自然災害)인 가뭄으로 인한 기근으로 자기의 분신인 소중한 자녀까지 팔아서 생명을 유지하였다고 하니 참으로 처참한 일이 아닐 수 없다.

三國史記 新羅本紀 19대 訥祇麻立干 4년(420) 봄과 여름에 크게 가뭄이 들었고, 7월에는 서리가 내려 곡식을 해치고 기근이 일어나 자손을 파(賣)는 자까지 있었다. 16년 봄에 양식이 귀하여 사람들이 송피(松皮, 소나무 껍질)를 먹었다.
　四年, 春夏, 大旱, 秋七月, 隕霜殺穀, 民飢, 有賣子孫者, 十六年, 春, 人食松樹皮, 앞 三國史記, 28-29쪽.

26대 眞平王 50년(628) 가을과 겨울 사이에 기근이 있어 자녀를 파는 자가 있었다.
　秋冬, 民饑, 賣子女, 위 三國史記, 44쪽.

三國史記 百濟本紀 14대 近仇首王 8년(382) 봄에 비가 오지 아니하여 6월까지 계속되었다. 백성이 굶주리어 자식을 파는(매)자까지 생기게 되어, 왕이 관청에 보관하여 두었던 곡식을 내어 주었다.
　八年, 春, 不雨至六月, 民饑, 至有鬻子者, 王出官穀贖之, 위 三國史記, 222쪽.

41대 憲德王 13년(821) 봄에 백성들이 기근으로 인하여 자손을 팔아 자활하는 자가 있었다.

十三年, 春, 民饑, 賣子孫自活, 앞 三國史記, 106쪽.

인신매매(人身賣買)

사람을 물건과 같이 팔고 사서, 팔린 사람은 산 사람의 소유가 되어 인간의 기본권 마저 박탈되어 가정 농장 광산 어로 등에서 비인간적인 대우를 받고 생활하게된다. 이러한 행위는 고대 그리스 로마시대에 집에서 부리는 노비가 사유화 되어 증여(贈與) 매매(賣買)·상속(相續)이 가능하였다. 노비(奴婢)의 공급은 전쟁포로 등 피정복민(被征服民), 빚을 갚지 못한 사람, 약탈 유괴된 부녀자들로 이루어졌고, 중세부터는 아프리카 대륙의 흑인들을 유럽을 비롯한 각국의 백인들이 그들의 값싼 노동력을 농·공·어업·광업 등의 각종 산업에 이용하여 자본주의적 부(富)를 축적 하기도 하였다. 근대에 이르기까지 노예의 매매 등 여러가지 형태로 세계의 여러나라에서 행해 졌으나, 최근에는 비인도적인 행위로 보아 엄격히 금지 되고 있다.

우리나라에서도 최근까지 농업경제의 반상(班常) 사회에서 노비(奴婢)의 존재가 있었고, 광복 후에는 산업사회로 발전하는 과정에서, 시골에서 고등교육을 받지 못한 살림살이가 어려운 부녀자들이 도회지로 이동, 무단 가출소녀 유인, 취업을 미끼로 접대업소·주점·사창가 등에 파는 폭력단, 또는 국외의 유흥가에 취업을 미끼로 송출(送出)하는 조직까지도 있었다. 이러한 인신매매는 삼국시대에도 있었으니 알아 보면,

新唐書 新羅전에, 청해(淸海)는 해로의 요충(要衝)이므로 왕이 장보고(張保皐)에게 군사 10,000명을 주어 지키게하니 대화(大和) 이후로는 해상에서 신라인을 사고 파는 자가 없었다.

淸海, 海路之要也, 王與保皐萬人守之, 自大和後, 海上無鬻新羅人者, 앞 中國正史朝鮮傳, 606쪽.

신당서와 같은 내용이 三國史記 列傳 장보고전에 기록 되었는데,

장보고가 귀국하여 흥덕왕(826-836)을 뵈옵고 아뢰기를 "중국의 어디를 가 보아도 우리나라 사람들을 노비로 삼고 있습니다. 청해에 진영을 설치하고 해적들이 사람들을 취하여 서쪽으로 가지 못하게 하기 바라나이다" 라고 하였다. 청해는 신라 해로의 요지

로 지금의 완도이다. 대왕은 장보고에게 군사 10,000을 주어 청해에 진영(陣營)을 설치케 하니 그 후로는 해상에서 국인(國人)을 파는자가 없었다.

後保皐還國, 謂大王曰, 遍中國以吾人爲奴婢, 願得鎭淸海, 使賊不得掠人西去, 淸海新羅海路之要, 今謂之莞島, 大王與保皐萬人, 此後海上無鬻鄕人者, 앞 三國史記, 416쪽.

晉書 夫餘國전에, 그 후에도 모용 외는 매번 부여 사람들을 잡아다가 중국에 팔아 먹었다. 황제는 그것을 가엾게 여겨 다시 조서를 내려 국가의 비용으로 속전(贖錢)을 주어 그들을 부여로 되돌려 보냈으며, 사주(司州)와 기주(冀州)에 명하여 부여 사람의 매매를 금지 시켰다.

爾後每爲廆掠其種人, 賣於中國, 帝愍之, 又發詔以官物贖還, 下司 冀二州, 禁市夫餘之口, 앞 中國正史朝鮮傳, 530쪽.

상식(相食, 서로 잡아먹다)

식인(食人)을 카니발니즘(Cannibalism) 이라고도 하는데 사람이 사람을 먹는 것을 말한다. 기근(饑饉)이나 조난(遭難) 등의 극한 상항, 특별한 힘을 얻기 위해, 요술이나 사술(邪術)의 힘을 얻기 위해, 병을 고치기 위해 복수를 위해, 종교적 의식으로 인육(人肉)을 공희(供犧)한 후 먹었다고 전한다. 그런데 삼국시대에서도 굶주려서 사람을 먹었다는 처절한 기록이 있다.

三國史記 高句麗本紀 14대 烽上王 7년(298) 9월에 서리와 우박이 내려 곡식을 해치니 민간에 기근이 들었다. 10월에 왕이 궁실을 증축하여 사치와 화려를 다 하였다. 백성들은 기근이 있는데다가 더 한층 곤란을 당하였다. 여러 신하들이 자주 왕에게 간하였으나 듣지 아니 하였다.… 9년(300) 정월에는 지진이 있었고, 2월부터 7월까지 비가 오지 아니하여 년사(年事)에 흉년이 들어 사람들이 서로 잡아 먹을 지경이었다.

七年, 秋九月, 霜雹殺穀, 民饑, 冬十月, 王增營宮室, 頗極侈麗, 民饑且困, 群臣驟諫, 不從…九年, 春正月, 地震, 自二月至秋七月, 不雨, 年饑民相食, 위 三國史記, 161쪽.

17대 小獸林王 8년(378)에 가뭄이 있어 백성들이 상식(相食)할 지경이라 하였다.

八年, 旱, 民饑相食, 위 三國史記, 166쪽.

三. 사회(社會)의 비참상(悲慘狀) 143

18대 故國壤王 5년(388) 4월에 크게 가물고, 8월에는 누리(蝗害)가 있었고, 6년(389) 봄에 기근이 있어 사람들이 상식할 지경이므로 왕이 창름(倉廩, 창고)을 열어 구제 하였다.

五年, 夏四月, 大旱, 秋八月, 蝗, 六年, 春, 饑, 人相食, 王發倉賑給, 앞 三國史記, 167쪽.

三國史記 百濟本紀 시조 溫祚王 4년(BC.15) 봄 여름에 가물어서 굶주림과 역질(疫疾, 전염병)이 유행하였고, 33년(15) 봄과 여름에 크게 가물어서 백성이 굶주려 상식(相食)하고, 도적(盜賊)이 크게 일어나서 왕이 백성을 무휼(撫恤)하였다.

四年, 春夏, 旱, 饑疫, 三十三年, 春夏, 大旱, 民饑相食, 盜賊大起, 王撫安之, 위 三國史記, 208-210쪽.

3대 己婁王 32년(109) 봄과 여름에 가물어 기근이 들어 백성이 상식(相食) 하였다.

三十二年, 春夏, 旱, 年饑民相食, 위 三國史記, 213쪽.

11대 比流王 28년(331) 봄과 여름에 크게 가물어서 초목과 강물이 말랐는데 7월에 가서야 비가 왔다. 이해에 기근이 들어 사람들이 상식 하였다.

二十八年, 春夏, 大旱, 草木枯江水竭, 至秋七月乃雨, 年饑, 人相食, 위 三國史記, 220쪽.

24대 東城王 13년(491) 6월에, 웅천(금강)의 물이 넘쳐서 왕도(공주)의 200 여집을 표몰(漂沒)케 하였고, 7월에는 백성이 굶주리어 신라로 도망가는 자가 600여 집이 되었다. 21년(499) 여름에는 크게 가물어 백성이 주려서 상식(相食)하고 도적이 많이 일어났다. 신하들이 창름(倉廩, 창고)을 열어 백성들에게 베풀어 주기를 청하였으나, 왕은 듣지 아니하였다. 이때 한산(漢山, 광주) 사람들 2,000 명이나 고구려로 도망하여 들어갔고, 10월에는 역질(疫疾,유행병)이 크게 일어났다.

十三年, 夏六月, 熊川水漲, 漂沒王都二百餘家. 秋七月, 民饑, 亡入新羅者六百餘家, 二十一年 夏, 大旱, 民饑相食, 盜賊多起, 臣僚請發倉賑救, 王不聽, 漢山人亡入高句麗者二千, 冬十月, 大疫, 위 三國史記, 233쪽.

三國史記 新羅本紀 30대 文武王 11년(671)에 왕이 군사를 거느리고 가서 적의 포위를 뚫고 4면의 적성(敵城)을 모두 공파(攻破)하여 먼저 그 위급을 구하고, 다시 양식을 운송

하여 드디어 10,000명의 한(漢)나라 병사를 호구의 위난으로부터 면하게 하고, 유진(留陣)한 굶주린 군사가 자식을 바꾸어 상식(相食)하는 폐를 없애게 하였다.

某領兵往復解圍, 四面賊城, 並皆打破, 先救其危, 復運糧食, 遂使一萬漢兵, 免虎吻之危難, 留陣餓軍, 無易子而相食, 앞 三國史記, 70쪽.

자기 살을 베어 아버지를 봉양하다

삼국사기 신라본기 35대 景德王 6년(747) 가을에 가물었고 겨울에 눈이 오지 않아 민간에 기근이 있고, 질역(疾疫,유행병)이 크게 유행 하였다. 왕은 사람을 사방에 보내어 안무(按撫)케 하였다. 13년(754) 8월에도 가뭄과 누리가 있었고, 14년(755) 봄에 곡식이 귀하여 민간에 기근이 있어서 웅천주(공주)의 향덕이라는 사람은 가난하여 부모를 봉양할 수 없어 자기다리의 살을 베어 그의 아버지를 먹였다. 왕이 이를 듣고 그에게 매우 후하게 하사(下賜)하는 동시에 문여(門閭)를 정표(旌表, 충신 열녀 효자들을 표창하기 위하여 그의 집 앞에 세운 붉은 문)하였다.

六年, 秋, 旱, 冬, 無雪, 民饑且疫, 出使十道, 安撫, 十三年, 八月, 旱蝗, 十四年, 春, 穀貴, 民饑, 熊川州向德, 貧無以爲養, 割股肉飼其父, 王聞, 賜賚頗厚, 仍使旌表門閭, 위 三國史記, 92-93쪽.

시체(屍體)를 먹다

三國史記 列傳 奚論(해론)전에, 해론은 모량부(牟梁部, 경주) 사람으로 26대 진평왕 33년(611) 10월에 백제가 크게 군사를 일으켜 가잠성을 내공(來攻)하여 100여 일이 지났다. 왕은 장수를 명하여 上州(尙州) 下州(창녕) 신주(한산주 廣州)의 군사를 거느리고 구원케 하여 백제인과 싸우다가 이기지 못하고 돌아왔다. 성주(城主) 찬덕(讚德 해론의 아버지)이 분하고 한탄하며 군사들에게 이르기를 "삼주의 군수(軍帥)가 적의 강함을 보고 내키지 못하여 성이 위태로운데 구원하지 아니하니 이것은 의(義)가 없는 것이다. 의가 없이 사는 것은 의가 있어 죽는것만 같지 못하다" 하고 이에 격앙(激昂)·분려(奮勵)하여 한편으로는 싸우고 한편으로는 지키었다. 양식과 물이 떨어졌는데도 오히려 사체(死體)를 뜯어 먹고 소변을 받아 마시며 힘써 싸워 게을리 하지 아니 하였다.

牟梁人也, 其父讚德有勇知英節, 名高一時, 建福二十七年庚午, 眞平大王選爲椵岑岑城

縣令, 明年辛未冬十月, 百濟大發兵來, 攻椵岑城一百餘日, 眞平王命將, 以上州, 下州, 新州之兵救之, 遂往與百濟人戰, 不克引還, 讚德憤恨之, 謂士卒曰, 三州軍帥 見敵强不進, 城危不救, 是無義也, 與其無義而生, 不若有義而死, 乃激昻奮勵, 且戰且守, 以至糧盡水竭, 而猶食屍飮尿, 力戰不怠, 앞 三國史記, 433쪽.

아사(餓死, 굶어죽음)

음식물이나 영양의 보급이 부족 하거나 끊기면 기아(饑餓) 상태에 빠지고 그 상태가 계속되면 죽음에 이르는것을 아사(餓死)라고 한다. 그러나 음식물이나 영양이 완전히 끊어져도 물만 마시면 20일이나 40일까지는 살 수 있다고 한다.

현대사회는 생산량이 증가하고 각국 간의 교역양이 늘어 났는데도, 실정(失政)·전란·분쟁 및 여러 가지 자연재해에 의한 기근은 세계의 각처에서 일어나 사람들이 영양실조에 의한 병사 아사자가 크게 늘고 있어 국제적인 문제로 대두되고 있는 실정이다.

인간을 포함한 동물들은 배를 주리면 움직일 수 없고, 기동(起動)을 못하면 굶어 죽거나 다른 동물의 먹이가 되게 마련이다. 과학의 발달로 간이(簡易)·대체(代替) 음식이 많이 발달하여 대량생산(大量生産)되고, 빠른 시간에 수송 유통이 가능하여 원근(遠近) 간에 국제 무역이 활발한 현대 사회에서도 아직 동서의 여러 나라에서 수 많은 사람들이 기근으로 인한 병자(病者)와 굶어 죽는 사람들이 많다고 하니, 이념(理念)과 인종(人種)이나 지역을 떠난 식량 해결 정책이 무엇보다 급선무(急先務)가 되어야 할 것이다. 삼국시대에도 기근(饑饉)으로 굶어 죽었다는 기록들이 전해지고 있는데,

三國史記 新羅本紀 30대 文武王 11년(671) 12월에 웅진(공주)에 군량이 다 떨어져 노약자(老弱者)들은 웅진으로 군량을 수송케 하고 강건(强健)한 정병(精兵)들에게는 평양으로 수송케 하였다. 그런데 웅진으로 군량을 수송하는데 노상에서 눈을 만나 사람과 말이 모두 얼어 죽어 100명중 1명도 돌아오지 못하는 형편이었다. 문무왕 2년(662) 정월에 김유신 등에게 평양으로 군량을 수송케 하였는데, 당시에 비가 달을 연이어 오고 눈과 비로 몹시 추워서 사람과 말이 얼어 죽고 군량도 잘 보낼 수 없게 되었다. 그런데 평양의 대군(당나라 군사)들이 본국으로 귀환하려 하였다. 이때에 신라의 병마(兵馬)들도 양식이 다하여 돌아오려 하였는데 군사들은 굶주림과 추위에 손발이 얼어 길가에서 죽어 넘어지는 자가 그 수를 헤아릴 수 없었다. 웅진성(공주)에서는 번번히 양식을 구하려

왔으므로 전후 보낸 곡식이 수만 여석(餘石)이었다. 남으로는 웅진(공주)으로 수송하고, 북으로는 평양으로 공급하니 조그마한 신라가 남북 두곳으로 식량을 나누어 보내게 되니 사람들의 힘은 극도로 피폐하게 되고, 소와 말들은 모두 죽어 버리고, 정사(政事)는 때를 잃고, 해마다 곡식은 잘되지 못하여 창고에 저장한 곡식은 모두 수송하여 버렸으므로 신라의 백성들은 초근목피(草根木皮)로도 부족하였지만 웅진의 당나라 병정들은 양식의 여유가 있었다.

至十二月, 熊津糧盡, 先運熊津, 恐違旨. 若送平壤, 卽恐熊津絶粮, 所以, 差遣老弱, 運送熊津, 强健精兵, 依向平壤, 熊津送粮路上逢雪, 人馬死盡, 百不一歸…同送平壤軍粮, 當時, 陰雨連月, 風雪極寒, 人馬凍死, 所將兵粮 不能勝致, 平壤大軍, 又欲歸還, 新羅兵馬粮盡, 亦廻, 兵士飢寒, 手足凍瘃, 路上死者, 不可勝數…熊津府城, 頻索種子, 前後所送, 數萬餘斛, 南運熊津, 北供平壤, 㝡小新羅, 分供兩所, 人力疲極, 牛馬死盡, 田作失時, 年穀不熟, 所貯倉粮, 漕運並盡, 新羅百姓, 草根猶自不足, 熊津漢兵, 粮食有餘, 앞 三國史記, 70-71쪽.

33대 聖德王 4년(705) 5월에 가뭄이 있었고, 10월에 나라 동쪽에 기근이 있어 인민들이 많이 유이(流移, 이동) 하므로 사람을 보내어 진휼(賑恤)케 하였다. 5년에도 국내에 기근이 있어 창름(倉廩, 창고)을 열어 구제 하였다. 6년 정월에 굶어죽는 사람이 많으므로 조(粟)를 매일 1인 3升(되)씩 7월까지 주었다.

四年, 夏五月, 旱, 冬十月, 國東州郡饑, 人多流亡, 發使賑恤, 六年, 春正月, 民多饑死 給粟人一日三升 至七月, 위 三國史記, 84쪽.

41대 憲德王 7년(815) 여름에 눈이 왔고, 8월에 서쪽 변경 주군(州郡)에 큰 기근이 있어서 도적이 봉기(蜂起)하므로 군사를 내어 토평(討平)하였다. 8년 흉년과 기근으로 당(唐)의 절동(浙東, 浙江 동쪽)에 건너가 먹을것을 구하는 자가 170인 이었다. 9년 5월에 비가 오지 아니하여 두루 산천에 기도하였더니 7월에 비가 왔다. 10월에 굶어 죽는 사람이 많아 왕이 주군(州郡)에 명하여 창고의 곡식을 내어 구제하였다.

七年, 夏五月, 下雪, 秋八月, 己亥朔, 日有食之, 西邊州郡大饑, 盜賊蜂起, 出軍討平之, 八年, 年荒民飢, 抵浙東求食者, 一百七十人, 九年, 夏五月, 不雨, 遍祈山川, 至秋七月乃雨, 冬十月, 人多饑死, 敎州郡發倉穀存恤, 위 三國史記, 105쪽.

新唐書 高(句)麗전에는, 고구려가 우리군사(隋·唐)의 침입에 지쳐서 호구(戶口)가 줄고, 수확(收穫)이 없는데도 연개소문(淵蓋蘇文)은 성책(城柵)만 증설(增設)하니 아랫사람(下民)들은 굶주려 구렁텅이에 쓰러져 죽으니, 그 피폐(疲弊)함은 이루 말할 수 없다.

高麗困吾師之人, 戶亡耗, 田歲不收, 蓋蘇文築城增陴, 下飢臥死溝壑, 不勝敝矣, 앞 中國正史朝鮮傳, 600쪽.

V. 도적(盜賊)과 형벌(刑罰)

도적·절도·도인·밤손님·양상군자(梁上君子, 後漢末 太丘縣의 有德 淸廉한 학자 陳寔이 자기집에 들어 대들보 위에 올라앉은 도둑을 보고 이른 말) 등으로 불리기도 하는데 이는 다른 사람의 재물을 몰래 또는 강제로 빼앗는 행위를 말한다. 고대로부터 동서양을 막론하고 자연적인 재해(災害)·곤궁(困窮)·실정(失政)·침략(侵掠)·전란(戰亂)이 심하면 개인이나 집단 또는 나라가 도둑질을 하게된다. 삼국시대에도 도둑, 절도범들에 대한 기록은 신라 시조 혁거세 30년(BC.28)에 시작 되었는데, 신라 후기에 이르러서는 록림군자(綠林君子, 三國遺事 避隱第八 永才遇賊전에 綠林君子, 策杖歸山意轉深, 綺紈珠玉豈治心, 綠林君子休相贈, 地獄無根只寸金, 李丙燾 譯註, 1992, 三國遺事, 明文堂, 170쪽)로 기록되기도 하였다. 나라가 지극히 혼란 스러웠던 51대 진성여왕 10년(896)에는 적고적(赤袴賊)이라는 도둑떼가 나타나 약탈을 자행하여 사회는 매우 어지러웠다는 기록도 실려있다. 그후 조선시대에는 홍길동·임꺽정·장길산 등 각지에서 나라를 크게 뒤흔들어 놓았던 신출귀몰(神出鬼沒)하는 소위 3대 의적(義賊) 집단으로 불리는 유명한 사건도 있었다.

三國史記 新羅本紀 시조 赫居世 30년(BC. 28) 4월 낙랑(樂浪)인이 군사를 이끌고 와서 침범 하다가 이지방 사람들이 밤에 문을 닫지 않고 노적(露積 노적가리)이 들에 가득 함을 보고 말하기를 이곳 사람들은 서로 도둑질을 하지 아니하니 가히 도(道)가 있는 나라 이다. 우리가 가만히 군사를 이끌고 와서 음습(陰襲)하는것은 도적과 다름이 없으니, 어찌 부끄럽지 아니하냐하고 곧 군사를 이끌고 돌아갔다.

三十年, 夏四月, 己亥晦 樂浪人將兵來侵, 見邊人野夜戶不扃, 露積被野, 相謂曰, 此方民不相盜, 可謂有道之國, 吾儕潛師而襲之, 無異於盜, 得不愧乎, 乃引還, 앞 三國史記, 2쪽.

6대 祇摩尼師今 11년 4월에 대풍이 동에서 불어와 나무를 꺾고 기와를 날리더니 … 7월에 비황(飛蝗)이 곡식(穀食)을 해치어 흉년이 들고 도적이 많았다.

十一年, 夏四月, 大風東來, 折木飛瓦, 至夕而之, 都人訛言, 倭兵大來, 爭遁山谷, 王命伊湌翌宗等諭止之, 秋七月, 飛蝗害穀, 年饑, 多盜, 앞 三國史記, 11쪽.

12대 沾解尼師今 7년(253) 5월부터 7월까지 비가 오지 않아 조묘(祖廟)와 명산에 기제(祈祭)하였더니 비가 곧 왔다. 그러나 흉년이 들어 도적이 많았고, 13년(259) 7월에도 가물고 누리가 있어 흉년이 들고 도적이 많았다.

七年, 自五月至七月, 不雨, 禱祀祖廟及名山, 乃雨, 年饑, 多盜賊, 위 三國史記, 20쪽.

19대 訥祇麻立干 28년(444) 4월에 왜병(倭兵)이 금성(金城,王城)을 에워싸고, 10일이 지나 양식이 다하여 돌아 가므로 왕이 군사를 내어 이를 추격 하려함에 좌우 군신(群臣)이 가로되, 병가(兵家)의 설에 궁한 도적을 쫓지 말라 하였으니, 왕은 그만 두시라고 하였다. 그러나 왕은 듣지 않고 수천여기(數千餘騎)를 이끌고 독산(獨山, 延日郡 神光面) 동편까지 따라가 합전 하다가 적에게 패하여 기사(騎士)가 죽은 자가 반이 넘었다. 왕은 참담하고 황당하여 말(馬)을 버리고 산으로 오르니 적이 몇 겹으로 에워 쌌다. 홀연 날이 어둡고 안개가 끼어 지척을 가릴 수 없게 되었는데 적이 이르기를 신의 음조(陰助)가 있다하고 군사를 거두어 물러갔다.

二十八年, 夏四月, 倭兵圍金城十日, 糧盡乃歸, 王欲出兵追之, 左右曰, 兵家之說曰, 窮寇勿追, 王其舍之, 不聽, 率數千餘騎, 追及於獨山之東, 合戰爲賊所敗, 將士死者過半, 王蒼黃棄馬山上, 賊圍之數重, 忽昏霧, 不辨咫尺, 賊謂有陰助, 收兵退歸, 위 三國史記, 29쪽.

41대 憲德王 7년(815) 5월에 눈이 왔다. 8월에 서변 주군(州郡)에 큰 기근이 들어 도적이 봉기(蜂起)하여 군사를 내어 토평(討平)하였다.

七年, 夏五月, 下雪, 秋八月己亥朔, 日有食之, 西邊州郡大飢, 盜賊蜂起, 出軍討平之, 위 三國史記, 105쪽.

42대 興德王 7년(832) 봄과 여름에 가물어… 7월에 비가 왔으나, 8월에 기근 흉년으로 도적이 곳곳에서 일어나 왕이 관리를 보내어 안무(安撫)케 하였다.

七年, 春夏, 旱, 赤地,… 秋七月, 乃雨, 飢荒, 盜賊遍起, 冬十月, 王命使安撫之, 위 三

三. 사회(社會)의 비참상(悲慘狀) 149

國史記, 108쪽.

51대 眞聖王 10년(896), 국도(國都) 서남방에서 도적이 일어났는데 그들은 붉은 바지를 입었으므로 그때 사람들이 적고적(赤袴賊)이라 불렸다. 그들은 주현을 무찌르고 서을의 서부 모량리에 이르기까지 민가를 겁탈·약탈(劫掠)하고, 또 11년 6월에 왕이 좌우 여러 신하에게 이르기를 "근년 이래로 백성이 곤궁하고 도적이 봉기하니, 이는 나의 부덕한 까닭이다. 현인을 피하여 왕위를 넘길 것을 나의 뜻으로 결정하였다"하고 위를 太子 요(嶢)에게 선양(禪讓)하였다.

十年, 賊起國西南, 赤其袴以自異, 人謂之赤袴賊, 屠害州縣, 至京西部牟梁里, 劫掠人家而去, 十一年, 夏六月, 王謂左右曰, 近年以來, 百姓困窮, 盜賊蜂起, 此孤之不德也, 避賢讓位, 吾意決矣, 禪位於太子嶢, 앞 三國史記, 120쪽.

三國史記 百濟本紀 시조 溫祚王 4년(BC.15) 봄·여름에 가물어서 굶주림과 역질(전염병)이 유행하였고, 33년(15) 봄과 여름에 크게 가물어서 백성이 굶주려 상식(相食)하고 도적이 크게 일어나 왕이 인민을 안무(安撫)하였다.

四年, 春夏, 旱 饑疫, 三十三年 春夏, 大旱, 民饑相食, 盜賊大起, 王撫安之, 위 三國史記, 210쪽.

5대 肖古王 43년 가을에, 누리(飛蝗 蝗蟲 메뚜기와 비슷)와 가뭄이 있어 곡식이 순조롭게 자라지 못하였다. 도적이 많이 일어나므로 왕이 백성을 안무(安撫)하였다.

秋, 蝗, 旱, 穀不順成, 盜賊多起, 王撫安之, 위 三國史記, 215쪽.

24대 東城王 21년 여름에 크게 가물어서 백성이 굶주려 상식(相食)하고, 도적이 많이 일어났다. 신료(臣僚)들이 창고를 열어 구제하기를 청했으나 왕은 듣지 않았다.

夏, 大旱, 民饑相食, 盜賊多起, 臣僚請發倉賑救, 王不聽, 漢山人亡入高句麗者二千, 冬十月, 大疫, 위 三國史記, 233쪽.

도둑에 대한 형벌(刑罰)

三國史記 百濟本紀 8대 古爾王 29년(262) 정월에 령을 내려 관인(官人)이 재물(財物)을

받은 자와 도둑질 한자는 장물(贓物)의 3배를 징수하고 종신(終身) 금고(禁錮)케 하였다.
二十九年, 春正月, 下令, 凡官人受財及盜者, 三倍徵贓, 禁錮終身, 앞 三國史記, 219쪽.

後漢書 夫餘國전에, 도둑질을 하면 도둑질한 물건의 12배로 변상해야 한다.
其俗用刑嚴急, 被誅者皆沒其家人爲奴婢, 盜一責十二, 男女淫, 皆殺之, 尤治惡妬婦旣殺, 앞 中國正史朝鮮傳, 524쪽.

晋書 夫餘國전에, 그 나라 법은 사람을 죽인자는 사형에 처하고, 그 집안을 몰수하고, 도둑질을 한자는 물건의 12배를 갚도록 하고, 남녀가 음란하거나 질투하는 부인은 모두 사형에 처한다.
其法, 殺人者死, 沒入其家, 盜者一責十二, 男女淫, 婦人妬, 皆殺之, 위 中國正史朝鮮傳, 530쪽.

三國志 夫餘전에, 형벌은 엄하고 각박하여 살인자는 사형에 처하고, 그 집안 사람들은 적몰하여 노비로 삼고, 도둑질을 하면 도둑질한 물건의 12배를 변상케 했다. 남녀간에 음란한 짓을 하거나 질투하는 부인은 모두 죽였다.
用刑嚴急, 殺人者死, 沒其家人爲奴婢, 竊盜一責十二, 男女淫, 婦人妬, 皆殺之, 위 中國正史朝鮮傳, 521쪽.

後漢書 高句驪전에, 감옥이 없고 범죄자가 있으면 여러 가(諸加)들이 모여서 평의(評議)하여 곧 사형에 처하고 그 처자는 몰수하여 노비로 삼는다.
無牢獄, 有罪, 諸加評議便殺之, 沒入妻子爲奴婢, 위 中國正史朝鮮傳, 515쪽.

周書 高(句)麗전에, 그나라 형벌은 모반한 자와 반역한 자는 먼저 불로 지진 다음 목을 베고, 그 집은 적몰하였다. 도둑질 한 사람은 도둑질 한 물건의 10배를 징수한다. 만일 가난하여 징수할 것이 없거나 공적 사적 빚을 진 사람에게는 모두 그의 아들이나 딸을 노비로 주어 보상 할 수 있도록 했다.
盜者, 十餘倍徵贓, 若不能備, 及負公社債者, 皆聽許其子女爲奴婢以償之, 위 中國正史朝鮮傳, 548쪽.

隋書 高(句)麗전에, 반역한 자는 기둥에 묶어 놓고 불로 지진 다음 목을 베고, 집은 적몰한다. 도둑질을 하면 그 물건의 10배를 배상 하여야 하는데 형벌이 준엄하므로 법을 범하는 자가 드물다.

反逆者, 縛之於柱, 熱而斬之, 籍沒其家, 盜則 償十倍, 用刑旣峻, 罕有犯者, 앞 中國正史朝鮮傳, 551쪽.

南史 高句麗전에, 그 나라에는 감옥이 없고 죄지은 자가 있으면 여러 가(諸加)들이 모여 평의하여 사형에 처하고 처자는 몰수하여 노비로 삼는다.

其國無牢獄, 有罪者則會諸加評議, 重者便殺之, 沒入其妻子, 其俗好淫, 男女多相奔誘, 위 中國正史朝鮮傳, 558쪽.

梁書 高句驪전에, 그 나라는 감옥이 없고 죄지은 자가 있으면 제가들이 모여 평의하여 사형에 처하고 처자는 몰수하여 노비로 삼는다. 나라사람들의 습속은 음란하여 남녀가 서로 야합하는 경우가 많다.

其國無牢獄, 有罪者, 則會諸加評議殺之, 沒入妻子, 其俗好淫, 男女多相奔誘, 위 中國正史朝鮮傳, 539쪽.

北史 高句麗전에, 절도범은 10배로 상환하되 만약 가난하여 상환 할 수 없는 자나, 공사간에 빚을 진 자는 모두 그들의 아들·딸들을 노비로 주어 보상하도록 규정하였다.

盜則, 償十倍, 若貧不能償者樂及公私債負, 皆聽評其子女爲奴婢以償之, 위 中國正史朝鮮傳, 564쪽.

舊唐書 高(句)麗전에, 법률은 반란을 음모한 자가 있으면 많은 사람을 불러 모아 횃불을 들고 서로 다투어 지지게 하여 온몸이 짓무른 뒤에 목을 베고 가산을 적몰(籍沒)한다. 城을 지키다 항복한자, 전쟁에서 패배한자, 사람을 죽이거나 겁탈한자는 목을 벤다. 물건을 도둑질 한 자는 그 물건의 12배를 물어주게 하고 우마(牛馬)를 죽인자는 노비로 삼는다. 대체로 법은 준엄하게 적용하므로 범하는 자가 적으며, 심지어는 길가에 떨어진 물건을 줍지도 않는다.

其法, 有謀反叛者, 則集重持火炬競燒灼之, 燋爛備體, 然後斬首, 家悉籍沒, 守城降敵, 臨陣敗北, 殺人行劫者斬, 盜物者, 十二倍酬贓, 殺牛馬者, 沒身爲奴婢, 大體用法嚴峻, 少

有犯者, 乃持路不拾遺, 앞 中國正史朝鮮傳, 572쪽.

新唐書 高(句)麗전에, 도둑질 한자는 그 물건의 10배를 갚아야 한다.
盜者十倍取償, 위 中國正史朝鮮傳, 594쪽

後漢書 濊전에, 8조의 교를 제정하니 그나라 사람들이 마침내 서로 도둑질을 하지 않아 밤에도 문을 닫지 않고… 사람을 죽인자는 죽음으로 그 죄를 갚게 하며, 도둑질 하는 사람이 적다.
八條之敎, 其人終不相盜, 無門戶之閉… 殺人者償死, 少寇盜, 위 中國正史朝鮮傳, 518쪽.

三國志 濊전에, 일찍이 기자가 조선에 가서 8조의 교를 만들어 그들을 가르치니 문을 닫아 걸지 않아도 백성들은 도둑질을 하지 않는다… 부락을 함부로 침범하면 벌로 생구와 소 말을 부과하는데 이를 책화라고 한다. 살인자는 죽음으로 그 죄를 갚게 하며, 도둑질 하는자가 적다.
皆箕子旣適朝鮮, 作八條之敎以敎之, 無門戶之閉而民不爲盜… 其邑落相侵犯, 輒賞罰責生口牛馬, 名之爲責禍, 殺人者償死, 少寇盜, 위 中國正史朝鮮傳, 526쪽.

舊唐書 百濟전에, 官人으로서 뇌물(賂物)을 받거나 도둑질을 한 자는 그 물건의 3배를 추징(追徵)하고 이어서 종신(終身)토록 금고(禁錮)에 처한다.
官人受財及盜者, 三倍追贓, 仍終身禁錮, 위 中國正史朝鮮傳, 578쪽.

新唐書 百濟전에, 관리가 뇌물을 받거나 도둑질을 하면 그 물건의 3배를 갚고 종신토록 금고한다.
吏受賕及盜, 三倍償, 錮終身, 위 中國正史朝鮮傳, 602쪽.

周書 百濟전에, 노둑질 한자는 유배(流配)시키고 도둑질한 물건의 배를 불리게 하였다.
盜者, 流, 其贓兩倍徵之, 위 中國正史朝鮮傳, 549쪽.

北史 百濟전에, 도둑질 한자는 귀양 보내는 동시에 그 장물(臟物)의 2배를 징수(徵收)

한다.

盜者, 流, 其贓兩倍徵之, 앞 中國正史朝鮮傳, 567쪽.

Ⅵ. 질역(疾疫, 유행병)

인간은 태어나서 죽음을 맞이 할 때까지 각종의 크고 작은 질병(疾病)에 시달리게 된다. 병은 육체적 정신적으로 고통과 불쾌감, 그리고 비정상적인 행동을 함으로써 주변 사람들에게도 고통과 위험을 주게 된다. 나아가 자신이나 사회에 큰 문제가 되고 있는데, 이러한 질병은 자신의 실수나 타인에 의해서, 그리고 자연재해에 의해 얻어지기도 한다. 여기서는 삼국시대의 정신적 질환(疾患)은 생략하고, 각종 재난과 기근에 의한 질역 만을 살펴보겠다. 역질(疫疾)은 대역(大疫)·시역(時疫)·장역(瘴疫)·온역(瘟疫)·악역(惡疫)·독역(毒疫)·여역(癘疫) 등으로 불리기도 하는데 여(癘)는 좋지않은 병이라는 뜻이고, 역(疫)은 넓게 전염되는 병이다. 이러한 역질은 집단적으로 발생하여 넓은 지역으로 전파되는 전염병으로서 유행병이라고도 한다. 인류의 역사가 시작된 이래 인간의 생사를 좌우한 최대의 원인으로 전쟁이나 천재지변에 의한 사인(死因)보다 역병(疫病)에 의한 죽음이 훨씬 많다고 한다. 뿐만 아니라 고대 그리스나 로마를 멸망하게 한 것도 역병이고, 발진티브스·콜레라·이질(痢疾) 등은 근세 전쟁의 승패를 결정지었다고 전할 만큼 무서운 병이라고 한다.

역병의 가장 오래된 기사는 구약성서(舊約聖書)에서 보이고, 역사적 기록으로는 BC.430년 그리스의 아테네에서 유행하였던 역병이고, 삼국시대의 기록으로는 백제 시조 온조왕 때 굶주림(饑饉)과 질역(疾疫)이 유행하였고, 신라에서는 남해차차웅때 질역이 유행하여 많은 사람이 죽었다고 기록되었다.

이러한 역질은 문화 교류와 밀접한 관계를 가지고 있는데, 열대지방의 풍토병인 학질 말라리아는 모기에 의해 전염되어, 오리엔트와의 교류로 고대 그리스에 전해졌고, 이탈리아 로마로 전파되어 그리스 로마 문명을 쇠퇴(衰退)하게 만든 원인이 되어, 민족의 이동과 문명의 교류에 따라 역질도 함께 따라 다닌다고 할 수 있다. 우리나라에서의 말라리아에 관한 기록은 고려사(高麗史)에서 예종(睿宗) 17년(1122) 학질(瘧疾)이 발생하여 많은 사람이 죽었다는 기사가 있다. 삼국사기에서 역질에 관한 기록을 조사하여 보면 단지 역질(疫疾) 또는 질역(疾疫)이라고만 기록되어 그 증세나 치료에 관해서는 기술하지 않고, 기근(饑饉)과 함께 기록된 것을 보면 가뭄으로 인한 흉작에 굶주림으로 병약(病弱)해지고, 주거 환경의 열악(劣惡)에 따른 불결(不潔)에 의해 유행병이, 그리고 수시로 발발하는 전쟁으로 인해 만연 된듯하다. 그리고 이러한 질역 역시 삼국사기가 신라 위주로 서술하였으므로 고구려나 백제에서는 기록이 많지 않고, 신라에서는 자주 발생한것처럼 기록되었다. 먼저 고구려의 질역에 대한 기록을 찾아 보면

三國史記 高句麗本紀 12대 中川王 9년(256) 12월에 눈이 오지 않고 역병(疫病)이 크게 유행하였다.
十二月, 無雪, 大疫, 앞 三國史記, 159쪽.

17대 小獸林王 7년(377) 10월에 눈이 오지 않고 역질이 돌아 다녔다.
冬十月, 無雪雷, 民疫, 위 三國史記, 166쪽.

23대 安原王 5년(536) 여름 나라 남쪽에 큰물이 나서 민옥(民屋)이 표몰(漂沒)하고 죽은자가 200여인이었다. 겨울에 지진이 있었고 12월에 우뢰가 있었고, 역질이 크게 돌았다.
夏五月, 國南大水, 漂沒民屋, 死者二百餘人, 冬十月, 地震, 十二月, 大疫, 위 三國史記, 177쪽.

26대 嬰陽王 9년(598) 6월에 수료(水潦 장마)를 만나 군량 수송이 계속되지 못하여 군중(軍中)의 식료(食料)가 끊어지고 또 질역에 걸리었다.
夏六月, 値水潦, 饋轉不繼, 軍中乏食, 復遇疾疫, 위 三國史記, 181쪽.

三國史記 百濟本紀 시조 溫祚王 4년(BC.15) 봄과 여름에 가물어 기근(饑饉)이 생기고 역병(疫病)이 유행하였다.
春夏, 旱, 饑疫, 위 三國史記, 208쪽.

6대 仇首王 16년(229) 11월 질역(疾疫)이 크게 번졌다.
十一月, 大疫, 위 三國史記, 217쪽.

14대 近仇首王 6년(380) 질역이 크게 번졌다.
六年, 大疫, 앞 三國史記, 222쪽.

24대 東城王 21년(499) 여름에 크게 가물어 백성이 주려서 상식(相食)하고, 도적이 많이 일어나서 신하들이 창름(倉廩)을 열어 백성들에게 베풀어 주기를 청하였으나, 왕은 듣지 않았다. 漢山인이 고구려로 도망가는 자가 2,000명이나 되고, 10월에는 질역이 크게 유행하였다.
夏, 大旱, 民饑相食, 盜賊多起, 臣僚請發倉賑救, 王不聽, 漢山人亡入高句麗者二千, 冬十月, 大疫, 위 三國史記, 233쪽.

25대 武寧王 2년(501) 봄에 민간에 기근이 들고 또 역질이 유행 하였고,… 6년(506) 봄에도 질역이 크게 유행하였다.
三年, 春, 民饑且疫,…六年, 春, 大疫, 위 三國史記, 235쪽.

三國史記 新羅本紀 2대 南解次次雄 19년(22) 역질(疫疾)이 크게 유행하여 사람이 많이 죽었다.
大疫, 人多死, 위 三國史記, 4쪽.

6대 祇摩尼師今 9년(120) 3월에 서울에 큰 질역이 돌았다.
京都大疫, 위 三國史記, 11쪽.

7대 逸聖尼師今 16년(149) 11월 서울에 질병이 크게 유행하였다.
冬十一月, 京都大疫, 위 三國史記, 13쪽.

8대 阿達羅尼師今 19년(172) 2월 서울에 유행병이 크게 번졌다.
京都大疫, 위 三國史記, 15쪽.

10대 奈解尼師今 8년(203) 겨울에 도리(桃李, 복숭아와 오얏나무)에 꽃이 피고, 사람들이 많이 유행병에 걸렸다.
冬十月, 桃李華, 人大疫, 위 三國史記, 17쪽.

17대 奈勿尼師今 34년(389) 정월에 서울에 큰 역질이 유행하였다.
春正月, 京都大疫, 앞 三國史記, 26쪽.

20대 慈悲麻立干 14년(471) 3월 경도(서울)에 지진이 있었는데 넓이가 20발이나 뻗히고 탁한 물이 솟아 올랐다. 10월에 큰 역질이 돌았다.
三月, 京都地裂, 廣袤二十丈, 濁水湧, 冬十月, 大疫, 위 三國史記, 31쪽.

21대 照知麻立干(炤知) 5년(483) 4월에 큰물이 나고, 7월에도 큰물이 나고,…11월 서울에 전염병이 크게 유행하였다.
夏四月, 大水, 秋七月, 大水, …十一月, 京都大疫, 위 三國史記, 32쪽.

30대 文武王 11년(671) 평양 방면의 군량을 운반하게 되었는데 그때 음우(陰雨)가 달을 연하여(여러 달) 오고 눈바람(風雪)은 극히 추워 사람과 말이 얼어 죽고, 병사는 춥고 배가 고파 손발에 동상(凍傷)이 걸리고, 길에서 죽는자가 수도 없었다.
同送平壤軍粮, 當時, 陰雨連月, 風雪極寒, 人馬凍死, 위 三國史記, 70쪽.

33대 聖德王 13년(714) 여름에 가뭄이 있고, 질역에 걸리는 자가 많았다.
夏, 旱, 人多疾疫, 위 三國史記, 85쪽.

35대 景德王 6년(747) 3월 민간에 기근이 있고, 질역이 돌아 왕이 10도(사방)에 사람을 보내어 안무(按撫)케 하였다.
秋, 旱, 冬, 無雪, 民饑且疫, 出使十道, 安撫, 위 三國史記, 92쪽.

38대 元聖王 12년(796) 봄 서울에 기근과 질역이 있어 왕이 창름(倉廩)을 열어 구제하였다.
春, 京都飢疫, 王發倉廩賑恤之, 위 三國史記, 102쪽.

42대 興德王 8년(833) 10월 도리(桃李)가 꽃을 다시 피우고, 유행병에 걸려 죽는자가 많았다.
冬十月, 桃李再華, 民多疫死, 위 三國史記, 109쪽.

三. 사회(社會)의 비참상(悲慘狀)

46대 文聖王 3년(841) 봄 서울에 역질이 돌았다.
春, 京都疾疫, 앞 三國史記, 112쪽.

48대 景文王 7년(867) 5월 서울에 유행병이 돌고, 10년(870) 7월에 큰물이 나고, 겨울에 눈이 오지 않고, 나라 사람들이 많이 역질에 걸리었고, 13년(873) 봄에 기근이 있었고 역질이 유행하여 왕은 사자(使者)를 보내어 구제 하였다.
夏五月, 京都疫, 十年, 秋七月, 大水, 冬無雪, 國人多疫, 위 三國史記, 117쪽.

Ⅶ. 대전(大戰)・전사(戰死)・포로(捕虜)・노역(勞役)

대전(大戰)

정치집단(政治集團), 종족(種族), 종교(宗敎)집단이나 주권(主權)국가 간에 군사력을 행사하여 대소(大小) 규모의 국지(局地) 또는 전면(全面)적으로 장기간(長期間)에 걸쳐 투쟁하는 상태를 말한다. 근대적인 국가 성립 이전의 전쟁은 권력자(權力者) 간(間)의 투쟁이었고, 근대적인 국가로 발전하면서 국가의 정치목적 달성의 결정적 수단이 되었다. 최근에는 핵, 미사일 등의 무기 발달로 국가의 존속, 자연환경의 파괴, 나아가 인류의 종말까지 예측되고 있는데, 전쟁으로 인한 희생자와 난민의 슬픔, 질병에 의한 고통, 막대한 재산의 손실로 입은 경제적 빈궁(貧窮), 생태(生態)계와 문화재는 파괴를 당했다. 그리고 전쟁은 증오(憎惡)・저주(咀呪)・공포(恐怖)・보복(報復)이 계속되고, 고아와 혼혈아가 생기고, 이질문화(異質文化)의 유입 수용 발전의 계기도 된다.

동서고금을 통하여 대소 국가 상호간에 영토를 확장하기 위한, 또는 이념(理念)대립, 종교분쟁 외교갈등, 경제적 압박 등으로 침략 또는 그 침입에 대한 방위 목적의 국가적 대규모의 군사력 동원으로 전면전(全面戰)이나 국지전(局地戰)이 있다. 우리나라는 고구려・신라・백제의 삼국이 정립(鼎立)하기 이전부터 현대에 이르기까지 끊임없이 크고 작은 외세(外勢)와의 공방(攻防)의 전투에 직접 간접적으로 괴로움을 당하고 있다.

고조선시대 중국 한 무제는 동방을 경략하려 할 때, 동방에는 위만조선(衛滿朝鮮)이 건재하고 있으므로 무제는 BC. 109년 수륙 5만의 군사로 위만조선을 침공하여 응전(應戰)하였으나, 1년간의 장기전에 견디지 못하고 점령 당하고, BC. 108년에는 낙랑(樂

浪) · 임둔(臨屯) · 진번(眞番) · 현토(玄菟)의 한사군(漢四郡)을 설치하게 되었다. 그 후 BC. 82년 진번과 낙랑이 합하고, 임둔은 현토에 병합되고 BC. 75년에는 재지세력(在地勢力)의 저항으로 현토군은 훈허(渾河) 상류의 흥경(興慶)으로 옮겨가고, 현토에 합쳐진 임둔은 설치한 후 30여년 만에, 따라서 낙랑군을 제외하고는 모두 소멸되었는데 마지막으로 남은 낙랑군도 206년 공손강(公孫康)에 의해 대방군(帶方郡)을 설치하였으나, 313-15년 고구려 미천왕의 공격으로 멸망하여 고구려에 편입되었다.

　삼국시대에는 중국 수(隋)나라 양제(煬帝)가 612년 고구려를 침공하였는데 을지문덕 장군이 지금의 청천강인 살수대첩(薩水大捷, 고구려 영양왕 23년, 병력 113만3800명, 군량 운반차는 정규군의 2배)에서 전멸 · 격퇴시켰으나, 분격을 참지 못한 양제는 군신(群臣)의 반대를 무릅쓰고 추락한 왕권의 회복을 위하여 613, 614, 617년 3차의 침공을 감행하였으나 그때 마다 고구려의 승전(勝戰)으로, 결국 수 나라의 멸망 원인이 되었다. 뒤를 이은 당(唐)나라도 고구려를 침공하려 하자 고구려는 백제와 동맹하여 당나라의 위협을 견제(牽制)하고 신라를 압박하니 신라는 친당(親唐) 정책으로 양국의 동맹을 강조하였다. 644년 당 태종(唐 太宗)은 수륙 양면으로 10여만의 대군을 동원하여 고구려를 침공하였으나 역시 고구려의 승전으로 끝났다. 그 후 신라는 삼국통일을 위하여 30대 문무왕이 나당연합군(羅唐聯合軍)으로 660년 백제를 정복하고, 668년에는 고구려도 멸망시켰다. 그런데 당나라는 한반도에 도독부(都督府)를 설치하여 한반도를 점령하려는 야욕이 드러나자 670년부터 676년까지의 7년간의 당군(唐軍)과의 전쟁을 승리로 끝내고, 그들을 몰아 내었다(삼국시대 삼국의 내외 전쟁은 모두 약 500회 정도).

　그런데 당군이 한반도에 주둔하고 있을 때의 상황을 알아보면 구차스럽기 한(限)이 없었다.

　삼국사기 신라본기 문무왕 11년의 기록을 보면

　전후 보낸 곡식이 수 만여 짐(餘斛, 一斛은 十斗)으로 남쪽으로 웅진(熊津, 공주)에 수송하고 북으로 평양에 공출하여 조그만 신라가 힘겹게 남북 두 곳의 당군에게 식량을 보급하니, 인력이 극도로 피곤하고 소와 말이 모두 죽어 없어져(死盡) 농사일(田作, 農作)이 때를 잃고 추수할 곡식(年穀)이 잘 되지 못하고, 저축한 창곡(倉穀)은 두 곳의 수송으로 다 썼으니, 신라 백성들은 초근목피(草根木皮)도 부족하였지만 웅진의 한(漢)나라 병사들은 양식의 여유가 있었다. 또 진에 머물러 있는 한병(漢兵)은 집을 떠난지 오래되어 의복이 해어져 몸에 온전한 옷이 없어, 신라는 백성에게 권과(勸課)하여 제철옷(時衣)

을 보내 주었다. 도호 유인원(都護 劉仁願)이 멀리서 외로운 성(孤城)을 지키는데, 사면에는 모두 적이라 수시로 백제인의 침략과 포위를 받고, 또 항상 신라의 구해(救解)를 입었다. 따라서 10,000명의 한병(漢兵)이 4년 동안 신라에 의해서 식의(食衣)하였으니 유인원 이하 병사들의 피골(皮骨)은 비록 한나라에서 출생 하였으나, 혈육(血肉)은 모두 신라가 기른 셈(所養)이다. 당나라의 은혜도 한이 없지만, 신라의 효충(效忠)도 또한 긍민(矜悶, 애달프다) 할만 하다.

熊津府城, 頻索種子, 前後所送, 數萬餘斛, 南運熊津, 北拱平壤, 㝡小新羅, 分拱兩所, 人力疲極, 牛馬死盡, 田作失時, 年穀不熟, 所貯倉糧, 漕運並盡, 新羅百姓, 草根猶自不,足 熊津漢兵, 糧食有餘, 又留鎭漢兵, 離家日久, 衣裳破壞, 身無全褐, 新羅倦課百姓, 送給時服, 都護劉仁願, 遠鎭孤城, 四面皆賊, 恒被百濟浸圍, 常蒙新羅解救, 一萬漢兵, 四年衣食新羅, 仁願已下, 兵士已上, 皮骨雖生漢地, 血肉俱是新羅, 國家恩澤, 雖復無涯, 新羅效忠, 亦足矜悶, 앞 三國史記, 71쪽

고 전하니, 당시 신라 백성들 생활이 죽지 못해 살아가는 비참한 실상이었음을 알 수 있다.

그러나 고구려 사람들은 전투를 생활화한 사람들이다. 그들은 생활여건이 좋지 않아 항상 비옥한 땅을 확보하려고 노력하였다. 그리고 그들의 성질은 기력이 있고, 노략질 하기를 좋아하고 전투를 익혀, 전투를 하면 승산(勝算)이 있고, 전투로서 영토가 넓어지고 백성이 많아지고 물자를 얻을 수 있으므로, 바꾸어 말하면 고구려인들은 전투가 곧 생산수단(生産手段)이라고 생각한 사람들이다. 이러한 기록은 중국 정사(中國 正史) 여러 곳에서 살펴볼 수 있는데

後漢書 高句驪전에, 그나라 사람은 성미가 흉급하고 기력이 있고, 늘 전투를 익히며 노략질 하기를 좋아하여 옥저 동예가 모두 복속 하였다.
其人性洶急, 有氣力, 習戰鬪, 好寇鈔, 沃沮 東濊皆屬焉, 앞 中國正史朝鮮傳, 515쪽.

三國志 高句麗전에, 그나라 사람들의 성질이 흉악하고 급하여 노략질 하기를 좋아한다.
國人有氣力, 習戰鬪, 沃沮 東濊皆屬焉, 위 中國正史朝鮮傳, 522쪽

梁書 高句驪전에, 사람들은 기력을 숭상하여 활·화살·칼·창을 잘 쓰고, 갑옷이 있고, 전투에 익숙하여 옥저 동예를 모두 복속 시켰다.
　國人尙氣力, 便弓失刀矛, 有鎧甲, 習戰鬪, 沃沮 東濊皆屬焉, 앞 中國正史朝鮮傳, 539쪽.

南史 高句麗전에, 사람들의 성질은 포악·성급하여 노략질 하기를 좋아한다.
　國人尙氣力, 便弓失刀矛, 有鎧甲, 習戰鬪, 沃沮 東濊皆屬焉, 위 中國正史朝鮮傳, 558쪽.

정립(鼎立)된 삼국의 정치적 안정, 국세확장으로 인한 침습 방어 등으로 삼국간의 전쟁도 회수 동원된 병력의 수가 점차 증가 되었을 것이다.

三國史記 列傳 崔致遠전에는, 고구려 백제가 전성하였을 때에는 강병(强兵)이 100만 이어서 남으로는 오월(吳越)을 침공하고, 북으로는 북중국의 유연제노(幽·燕·齊·魯)의 지역을 흔들어서 중국의 큰 두통이 되었으며, 수(隋) 황제의 실세(失勢)는 저 요동 정벌로 말미암은 것입니다라 했다.
　高句麗百濟全盛之時, 强兵百萬, 南侵吳越, 北撓幽燕齊魯, 爲中國巨蠹, 隋皇失馭, 由於征遠, 위 三國史記, 430쪽.

이러한 문제는
宋書 百濟전에, 백제는 원래 고구려와 함께 요동의 동쪽 1,000리에 있었다. 그 후 고구려가 요동(遼東)을 점거하자 백제는 요서(遼西)를 공략해 점령하여 백제의 영토는 진평군 진평현이라 했다.
　百濟國本與高驪俱在遼東之東千餘里, 其後高驪略有遼東, 百濟略有遼西, 百濟所治, 謂之晉平郡晉平縣, 위 中國正史朝鮮傳, 534쪽.

현재도 일부 학자간에 백제가 중국의 요서지방을 지배하였다고 하지만, 이것은 아직 정론화(定論化)되지 않아 고려할 문제이다.
실제로 三國의 전투에서 수십 만명이 전사한것을 아래 기록에서 알 수 있다. 고구려와 수나라의 전투에는 100여만명의 군사가 동원되었으나, 삼국간의 대소 전투에는 최소한 100여명으로부터 수십만의 병력이 동원 되었겠지만 본고에서는 보병(步兵)과 기

三. 사회(社會)의 비참상(悲慘狀)　161

병(騎兵) · 선병(船兵, 海軍) 10,000명 이상의 병력(현대 軍制에서 師團병력 규모)을 동원한 전쟁 만을 몇 예 추려서 살펴 보면

　　三國史記 高句麗本紀 11대 東川王은 20년(246) 8월 위(魏)가 유주자사(幽州刺史) 관구검(毌丘儉)을 시켜 10,000명을 거느리고 현토(玄菟, 현 무순)를 나와 내침(來侵)하므로 왕은 보병 기병 20,000명을 거느리고 비류수(沸流水, 渾江 상류) 위에서 맞아 싸워 이를 깨트리니 적의 머리 3,000여 급(級)을 베고, 또 군사를 이끌고 양맥의 골짜기에서 이들과 다시 싸워 격파하고 3,000 여명을 목 베었다(참획, 斬獲). 왕이 여러 장수에게 이르기를 "위나라 대군(大軍)이 우리의 소군 만 같지 못하다. 관구검은 위의 명장이나 오늘날 그의 목숨은 우리의 손안에 있다" 하고 철기(鐵騎) 5,000을 거느리고 공격하니 검이 방진(方陣)을 치고 결사적으로 싸우므로 아군이 크게 패하여 죽은자가 18,000명에 이르고 왕은 겨우 1,000여기로서 압록원에 다달았다.
　　秋八月, 魏遺幽州刺史毌丘儉, 將萬人, 出玄菟來侵, 王將步騎二萬人, 逆戰於沸流水上敗之, 斬首三千餘級, 又引兵, 再戰於梁貊之谷, 又敗之, 斬獲三千餘人, 王謂諸將曰, 魏之大兵, 反不如我之小兵, 毌丘儉者, 魏之名將, 今日命在我掌握之中乎, 乃領鐵騎五千, 進而擊之, 儉爲方陣決死而戰, 我軍大潰, 死者一万八千餘人. 王以一千餘騎, 奔鴨淥原, 앞 三國史記, 157쪽.

　　16대 故國原王 12년(342) 11월 연왕(燕王) 황(皝)이 친히 정병(精兵) 40,000을 거느리고 남도(南道)로 나아가 모용한 · 모용패(慕容翰 · 慕容覇)를 전봉(前鋒)을 삼고 따로 장사(長史, 職名) 왕우(王寓) 등으로 군사 15,000을 거느리고 북도로 나아가 고구려를 침습하였다. 고구려 왕은 아우 무(武)에게 정병 50,000을 통솔하여 북도를 막게 하고, 왕 자신은 약졸(弱卒)을 거느리고 남도를 방어하였다. 모용한 등이 먼저 남도로 와서 싸움을 하고 황이 대중으로 이어오니 고구려 병이 대파(大破)하였다.…39년(369) 9월 왕이 군사 20,000을 거느리고 남으로 백제를 정벌(征伐)하여 치양(황해도 백천)에서 싸웠으나 패하였고, 41년(371) 10월 백제왕(近肖古王)이 군사 30,000을 이끌고 와서 평양성을 치므로 왕은 군사를 내어 막다가 유실(流失)에 맞아 이달 23일에 죽었다.
　　十一月, 皝自將勁兵四萬, 出南道, 以慕容翰, 慕容覇爲前鋒, 別遣長史王寓等, 將兵萬五千, 出北道以來侵, 王遣弟武, 帥精兵五萬, 拒北道, 自帥羸兵以備南道, 慕容翰等先至戰, 皝以大衆繼之 我兵大敗…三十九年, 秋九月, 王以兵二萬, 南伐百濟, 戰於雉壤, 敗績,

四十一年, 冬十月, 百濟王率兵三萬, 來攻平壤城, 王出師拒之, 爲流失所中, 是月二十三日薨, 앞 三國史記, 165-166쪽.

17대 小獸林王 7년(377) 10월 눈이 오지 않고 때 아닌 우뢰가 있고, 질역(疾疫)이 돌고, 백제가 군사 30,000으로 평양성을 침범 하였다. 11월에 백제를 쳤다.
冬十月, 無雪雷, 民疫, 百濟將兵三萬, 來侵平壤城, 十一月, 南伐百濟, 위 三國史記, 166쪽.

18대 故國壤王 2년(385) 6월 왕이 군사 40,000을 내어 요동군(遼東郡)을 습격하였다.
夏六月, 王出兵四萬襲遼東, 위 三國史記, 167쪽.

19대 廣開土王 9년(399) 2월 연왕 모용성이 고구려 왕의 빙례(聘禮)가 거만하다는 이유로 친히 군사 30,000을 거느리고 내침하였다.
二月, 燕王盛以我王禮慢, 者將兵三萬襲之, 위 三國史記, 168쪽.

20대 長壽王 56년(468) 2월에 왕이 말갈병 10,000명을 거느리고 신라의 실직주성(삼척)을 쳐서 빼앗았다. 63년(475) 9월 왕이 군사 30,000명을 동원하여 백제를 침습(侵襲)하여 백제 왕의 소도(所都)인 한성(광주군 춘궁리 및 산성)을 함락하고 백제왕 부여경(扶餘慶, 蓋鹵王)을 죽이고 남녀 8,000인을 사로잡아 갔다.
春二月, 王以靺鞨兵一萬, 攻取新羅悉直州城, 六十三年, 九月, 王帥兵三萬侵百濟, 陷王所都漢城, 殺其王扶餘慶, 虜男女八千而歸, 위 三國史記, 171쪽.

26대 嬰陽王 9년(598) 왕이 말갈인(勿吉, 女眞) 10,000여명을 거느리고 수나라 요서지방을 침략하니 영주총관 위충이 이를 격퇴 시켰다. 수나라 문제가 듣고 크게 노하여 한왕양(문제 4자)과 왕세적을 원수로 삼아 수륙군 300,000을 거느리고 와서 치게 하였다… 23년…평양에 집합한 총 수는 1,133,800인이고 그 군량 운수자(軍糧 運輸者)의 수는 이들의 배가 되었다…사졸(士卒)들의 생환자가 불과 수 천인이었다.
九年, 王率靺鞨之衆萬餘, 侵遼西, 營州摠管韋沖, 擊退之, 隋文帝聞而大怒, 命漢王諒, 王世績並爲元帥, 將水陸三十萬來伐… 二十三年 …總集平壤 凡一百十三萬三千八百人, 號二百萬, 其饋輸送倍之,…士卒還者, 不過數千人, 위 三國史記, 181-85쪽.

三. 사회(社會)의 비참상(悲慘狀)

28대 寶臧王 3년(644) 11월 "당주(唐主)가 이르기를 금일은 수에 비할 바가 아니니 공은 나의 의견에 쫓기만 하라" 하고 병사 40,000을 거느리고… 보병·기병 60,000을 거느리고… (보장왕 대에는 수만명 동원의 전투가 한 두번이 아니었다).

帝曰, 今日非隋之比, 公但聽之, 帥江淮嶺硤兵四萬,…帥步騎六萬,…앞 三國史記, 192쪽.

三國史記 百濟本紀 5대 肖古王 2년(167) 8월에 신라왕이 일길찬 흥선을 시켜 군사 20,000을 거느리고 백제의 동쪽의 여러 성을 내침케 하고 신라왕도 친히 정기 8,000을 거느리고 뒤이어서 한수까지 엄습하였다.

八月, 羅王遣一吉湌興宣, 領兵二萬, 來侵國東諸城, 羅王又親帥精騎八千繼之, 掩至漢水, 위 三國史記, 214쪽.

13대 近肖古王 24년(369) 9월 고구려 왕 사유(斯由, 故國原王)가 보병·기병 20,000을 거느리고 와서 치양(雉壤 황해도 백천)에 주둔하고 군사를 나누어 민가를 침탈(侵奪) 하였다. 26년 (371) 겨울에 왕이 태자와 같이 정병(精兵) 30,000을 거느리고 고구려에 침입하여 평양성을 공격 하였다.

秋九月, 高句麗王斯由帥步騎二萬, 來屯雉壤, 分兵侵奪民戶, 二十六年, 冬, 王與太子帥精兵三萬, 侵高句麗攻平壤城, 麗王斯由力戰拒之, 中流失死, 위 三國史記, 221쪽.

14대 近仇首王 3년(377) 10월에 왕이 장병 30,000을 거느리고 고구려의 평양성을 침공하였다.

冬十月, 王將兵三萬, 侵高句麗平壤城, 十一月, 高句麗來侵, 위 三國史記, 222쪽.

16대 辰斯王 8년(392) 7월 고구려왕 담덕(談德, 광개토왕)이 병사 40,000을 거느리고 와서 북변을 쳐 석현(石峴, 개풍군 청석동?) 등 10여 성을 함락시켰다.

秋七月, 高句麗王談德帥兵四萬, 來攻北鄙, 陷石峴等十餘城, 위 三國史記, 224쪽.

17대 阿莘王 2년(393) 8월 왕이 무(武)에게 이르되 "관미성(關彌城)은 우리 북변의 요새지인데 지금은 고구려의 소유가 되었으니 이는 과인(寡人)의 통석(痛惜, 애석)하는 바이다. 경은 마땅히 설욕하라" 하니, 병사 10,000을 거느리고 고구려의 남경을 칠것을 계획하고 무(武)가 솔선 사졸의 앞장에서 실석(失石)을 무릅쓰고 석현 등 5성을 회복하려는데 고구려인이 성을 굳게 지키어 무(武)는 양도(糧道)가 이어지지 못하므로 군사를 이끌고 돌아왔다.

秋八月, 王謂武曰, 關彌城者我北鄙之襟要也, 今爲高句麗所有, 此寡人之所痛惜, 而卿之所宜用心而雪恥也, 遂謨將兵一萬伐高句麗南鄙, 武身先士卒以冒失石, 意復石峴等五城, 先圍關彌城, 麗人嬰城固守, 武以糧道不繼, 引而歸, 앞 三國史記, 224쪽.

21대 蓋鹵王 21년(475) 9월에 고구려 왕 거연(巨璉, 長壽王)이 군사 30,000을 거느리고 와서 왕도(王都, 南漢山城 春宮理)를 포위하였다. 왕은 성문을 닫고 능히 싸우지 못하였다. 고구려인이 군사를 4길로 나누어 협공하고 또 바람을 이용하여 불을 질러 성문을 태우니 사람들이 두려워하여 나아가 항복하려는 자도 있었다. 왕은 궁박하여 어찌 할 바를 몰라 수십기를 거느리고 문을 나와 서쪽으로 달아나는데 고구려인이 쫓아가 살해하였다.

秋九月, 麗王巨璉帥兵三萬來圍王都漢城, 王閉城門, 麗人分爲四道挾攻, 又乘風縱火, 梵燒城門, 人心危懼, 或有欲出降者, 王窘不知所圖, 領數十騎出門西走, 麗人追而害之, 위 三國史記, 229쪽.

26대 聖王 1년(523) 8월에 고구려 왕이 패수까지 침입하여 왕이 좌장 지충에게 명하여 보기 10,000을 거느리고 출전하여 이를 물리쳤다.… 7년(529) 고구려 왕이 친히 군사를 거느리고 침입하여 북변의 혈성을 함락하였다. 좌평 연모에게 명하여 보기 30,000을 거느리고 오곡원에서 항전하였으나, 이기지 못하고 전사자가 2,000인이나 되었다.… 28년(550) 정월에 왕이 장군 달사에게 군사 10,000을 주어 고구려의 도살성(천안)을 공취(攻取)하였다.

秋八月, 高句麗兵至浿水, 王命左將志忠, 帥步騎一萬, 出戰退之,…七年, 冬十月, 高句麗王興安躬帥兵馬來侵, 拔北鄙穴城, 命佐平燕謀, 領步騎三萬, 拒戰於五谷之原, 不克, 死者二千人,…二十八年, 春正月, 王遣將軍達巳, 領兵一萬, 攻取高句麗道薩城, 위 三國史記, 236쪽.

30대 武王 3년(600) 8월 신라가 우리(백제) 국경을 침범하므로 왕이 노하여 좌평 해수에게 보기 40,000을 거느리고 그 4성을 진격케 하였다.

三. 사회(社會)의 비참상(悲慘狀) 165

八月, 新羅…侵逼我疆域, 王怒令佐平解讎, 帥步騎四萬, 進攻其四城, 앞 三國史記, 240쪽.

31대 義慈王 2년(642) 8월 장군 윤충에게 군사 10,000을 주어 신라의 대야성(陜川)을 쳤다. … 20년(660) 당 고종이 조서(詔書)를 내리어 군사 130,000을 통솔하고 백제에 쳐들어 왔다…소정방이 군사를 거느리고 성산(산동 반도)에서 바다를 건너 나라 서쪽의 덕물도(덕적도)에 이르니 신라왕은 장군 김유신을 보내어 정병(精兵) 50,000을 거느리고 백제 방면으로 가게 하였다.

二年, 八月, 遣將軍允忠領兵一萬, 攻新羅大耶城,…二十年, 高宗詔, 統兵十三萬, 以來征,…蘇定方引軍自城山濟海, 至國西德勿島, 新羅王遣將軍金庾信, 領精兵五萬以赴之, 위 三國史記, 247쪽.

三國史記 新羅本紀 29대 武烈王 7년(660) 3월에 당고종이 소정방・김인문・유백영 등 수륙군 130,000명을 거느리고 백제를 치게하는 동시에…

三月, 唐高宗, 蘇定方 金仁問 劉伯英等 水陸十三萬軍以伐百濟… 위 三國史記, 54쪽.

라 하여 백제 의자왕 20년 기사와 같은 내용이 실려있다.

30대 文武王 3년(663) 당주(唐主)는 우위형장군 손인수에게 군사 400,000명을 주어 덕물도(덕적도)에 이르러 거기서 웅진부성(熊津府城)으로 향하게 하였다. 문무왕은 김유신 등 여러 장군과 함께 당군과 연합하여 주류성(서천군 한산면 건지산성) 등 여러 성을 쳐서 모두 항복 받았다. 10년(670) 3월 사찬 설오유가 고구려 태(太 大兄高) 연무와 같이 각각 정병 10,000을 거느리고 압록강을 건너 옥골에 이르렀는데 말갈병이 먼저 와서 기다리고 있었다.

詔遣右威衛將軍孫仁帥, 率兵四十萬, 至德勿島, 就熊津府城, …周留城等諸城皆下之, 扶餘豊脫身走, 王子忠勝 忠志等率其衆降. 十年, 春三月, 沙湌薛烏儒, 與高句麗太大兄高延武, 各率精兵一萬, 度鴨淥江, 至屋骨000靺鞨兵, 先至皆敦壞, 위 三國史記, 60-65쪽.

54대 景明王 4년(920) 10월에 후백제주 견훤이 보기 10,000명을 거느리고 와서 대야성을 공격 함락하고 군사를 진례성에 보내어 왕은 아찬 김율을 고려에 보내 태조에게 원조를 구하였다.

　冬十月, 後百濟主甄萱, 率步騎一萬, 攻陷大耶城, 進軍於進禮, 王遣阿湌金律, 救援於太祖, 앞 三國史記, 123쪽.

전사(戰死)

　크고 작은 전투에서는 몇십명에서 몇십만명의 사상자(死傷者)가 발생하였겠지만 본고에서는 1,000명 이상의 전사자의 기록 만을 몇 예 살펴 보겠다. 그런데 문제는 삼국이 적대국과의 헤아릴 수 없는 전투에서 전사자의 처리 즉 그들의 시신을 어디에, 어떻게 처리하였는지에 관한 기록은 찾을 수 없어, 이러한 문제는 앞으로 고고학 연구자들이 해결하여야 할 것이다.

　三國史記 高句麗本紀 11대 동천왕 20년(246) 위나라 유주자사 관구검에게 10,000명의 군사로 현토에 침입하여 왕은 보기 20,000을 거느리고 비류수(혼강 상류)에서 항전하여 적의 머리 3,000여급을 베고, 양맥의 골짜기에서 다시 싸워 또 3,000명을 참획하였다…왕은 위나라 대군(大軍)이 우리의 소군만 못하다고 자신하고 철기(鐵騎) 5,000을 거느리고 공격하니 적이 결사적으로 싸워 고구려군이 크게 패하여 죽은 자가 18,000인이고, 왕은 겨우 1,000여 기(騎)로서 압록원에 다달았다.

　二十年, 秋八月, 魏遣幽州刺史毌丘儉, 將萬人, 出玄菟來侵, 王將步騎二萬人, 逆戰於沸流水上敗之, 斬首三千餘級, 又引兵, 再戰於梁貊之谷, 又敗之, 斬獲三千餘人,… 王謂諸將曰, 魏之大兵反不如我之小兵, 毌丘儉者, 魏之名將, 今日命在我掌握之中乎, 乃領鐵騎五千, 進而擊之, 儉爲方陣, 決死而戰, 我軍大潰, 死者一萬八千餘級, 王以一千餘騎 奔鴨淥原, 앞 中國正史朝鮮傳, 157쪽.

　12대 中川王 12년(259) 12월 위나라 장수 위지해가 군사를 거느리고 쳐들어 와 왕은 정기 5,000을 거느리고 양맥의 곡에서 맞아 싸워 격파하고 적수 8,000여급을 베었다(級은 원래 등급의 뜻인데 秦制에 敵首를 斬하는 자에게는 位級을 加하여 一級씩 올려줌으로써 敵首一首를 一級이라 함).

　冬十二月, 魏將尉遲楷將兵來伐, 王簡精騎五千, 戰於梁貊之谷敗之, 斬首八千餘級, 위 三國史記, 159쪽.

22대 安臧王 11년(529) 10월에 왕이 오곡성(황해도 서흥)에서 백제와 싸워 이기고 적의 머리 2,000여급을 베었다(당시 백제는 북진치 못한 때이므로 이 기사는 불확실).

冬十月, 王與百濟戰於五谷, 克之, 殺獲二千餘級, 앞 中國正史朝鮮傳, 176쪽.

24대 陽原王 7년(551) 9월 돌궐병이 와서 신성을 에워 쌌다가 이기지 못하고 백암성으로 이동 공격하므로 왕이 장군에게 군사 10,000을 주어 항전하여 이겨 적군 1,000여명을 살획하였다.

秋九月, 突厥來圍新城, 不克, 移攻白巖城, 王遣將軍高紇領兵一萬, 拒克之, 殺獲一千餘級, 위 中國正史朝鮮傳, 178쪽.

26대 嬰陽王 9년(598) 왕이 말갈병 10,000여명으로 요서를 공격하였는데 영주총관 위충이 이를 격퇴 시켰다. 수나라 문제가 노하여 한왕 량(문제 4子)과 왕세적을 원수로 삼아 수륙군 300,000을 거느리고 침공해왔다.…수군 총관 주라후는 동래(산동성 萊州府)에서 바다에 올라 고구려 국도인 평양성을 향하다가 폭풍을 만나 많은 병선이 표몰(漂沒)하고 9월 수나라의 전군이 중도에서 철수하니 죽은자가 10에 8~9나 되었다.…24년(613) 수주(隋主)의 친영군이 다 건너 간것을 알고 그제야 후군(後軍)부대에 육박하니 그 후군만 해도 수 만명 이었는데 아군이 따라가 초격(鈔擊)하여 수 천인을 살약(殺掠)하였다.

九年, 王率靺鞨之衆萬餘, 侵遼西, 營州摠管韋冲, 擊退之, 隋文帝聞而大怒, 命漢王諒, 王世勣兵爲元帥, 將水陸三十萬來伐,…周羅睺自東萊, 乏海趣平壤城, 亦遭風船多漂沒,…二十三年, 知御營畢度, 乃敢逼後軍, 時後軍猶數萬人, 我軍隨而鈔擊, 殺略數千人, 위 中國正史朝鮮傳, 181-187쪽.

28대 寶臧王 4년(645) 4월 이세적이 통정에서 요수를 건너 현토성(무순 영안대)에 이르니 고구려 성읍이 크게 놀라 모두 문을 닫고 스스로 지키었다. 부대총관 강하왕 도종이 군사 수천을 거느리고 신성(무순 북관산성)에 이르니 절충도위 조삼량이 십여기를 이끌고 성문을 핍박하니 성중이 놀라 감히 나오는 자가 없었다. 영주도독 장검이 호(胡)병을 거느리고 선봉이 되어 요수를 건너 건안성(개평 동북 석성산)으로 가서 고구려 병을 격파하고 수천명을 죽였다. 도종이 흩어진 군사를 수습하여 높은 곳에 올라가 아군의 진이 어지러운것을 보고 요기(驍騎) 수천으로 공격하니 이세적이 군사를 이끌고 와서 도와 아군(고구려군)이 대패하여 죽은 자가 1,000여명 이었다. 6년(646) 7월 우진달과 이

해안이 우리경내에 들어와 100여 차례나 싸워 석성을 쳐서 함락시키고 적리성 아래에 도달하여 우리병사 10,000여명이 출병하였으나, 이해안이 이를 쳐서 이겨 아군의 죽은 자가 3,000명이었다. 14년(655) 5월에 정명진 등이 요하를 건너 오므로 우리나라 병사들이 그 군사가 적음을 알고 얕잡아 보고 성문을 열고 귀단수(혼하)를 건너 맞아 싸웠는데 명진등이 분격하여 크게 이기고 1,000여인을 살획하고 그 외곽(외성)의 촌락을 불지르고 돌아갔다. 20년(661) 9월 개소문이 그 아들 남생을 보내어 정병 수만으로 압록강을 지키어 제군이 건너지 못하더니 계필하력에 이르렀는데 마침 얼음이 크게 얼어붙자 하력이 군사를 이끌고 얼음을 타고 강을 건너 고조(鼓噪)하여 아군이 도망하였다. 하력이 수십리를 추격하여 30,000인을 죽이니 남은 무리는 모두 항복하고 남생이 겨우 몸만을 면하였는데 마침 당주의 철군명령이 있어 돌아갔다. 26년(667) 고간이 금산(살미호?)에서 아군과 싸워 패하였는데 아군이 이긴 여세를 몰아 다시 북으로 쫓았는데 설인귀가 군사를 이끌고 옆에서 쳐서 아군 50,000명을 죽이고 남소(남산성자) 목지(흥경서 목기) 창암(노성)의 3성을 빼앗고 천남생군과 합하였다. 27년(668) 천남건이 다시 군사 50,000명을 보내어 부여성을 구하였는데 이적등과 설하수에서 만나 싸워서 패하니 죽은 자가 30,000여명이었다.

四年, 夏四月, 世勣自通定, 濟遼水之玄菟, 我城邑大駭, 皆閉門自守, 副大摠管江夏王道宗, 將兵數千至新城, 折衝都尉 曹三良, 引十餘騎, 直壓城門, 城中驚擾, 無敢出者, 營州都督張儉, 將胡兵爲前鋒, 進度遼水, 趨建安城, 破我兵殺數千人, 道宗收散卒, 登高而望見, 我軍陣亂, 與驍騎數千衝之, 李世勣引兵助之, 我軍大敗, 死者千餘人, 六年. 秋七月, 牛進達 李海岸, 入我境, 凡百餘戰, 攻石城拔之, 進至積利城下, 我兵萬餘人出戰, 李海岸擊克之, 我軍死者三千人. 十四年, 夏五月, 名振等渡遼水, 吾人見其小兵, 開門度貴湍水逆戰, 名振等奮擊大克之, 殺獲千餘人, 焚其外廓及村落而歸. 二十年, 九月, 蓋蘇文遣其子男生, 以精兵數萬守鴨淥, 諸軍不得渡, 契苾何力至, 值氷大合, 何力引衆乘氷度水, 鼓噪而進, 我軍潰奔, 何力追數十里, 殺三萬人, 餘衆悉降, 男生僅以身免, 會有詔班師, 乃還. 二十六年, 高侃進至金山, 與我軍戰敗, 我軍乘勝逐北, 薛仁貴引兵橫擊之, 殺我軍五萬餘人, 拔南蘇 木氐 蒼巖三城, 與泉男生軍合, 二十七年. 泉男建復遣兵五萬人, 救扶餘城, 與李勣等, 遇於薛賀水, 合戰敗, 死者三萬餘人, 앞 三國史記, 194-204쪽.

三國史記 百濟本紀 17대 阿莘王 4년(395) 8월 왕이 좌장 진무 등에게 명하여 고구려를 치게 하였는데 고구려 왕(담덕, 광개토왕)이 친히 군사 7,000을 거느리고 패수(예성강)

변에 진을 치고 항거하니 아군이 크게 패하여 죽은 자가 8,000인 이었다.

　　秋八月, 王命左將眞武等伐高句麗, 麗王談德親帥兵七千, 陣於浿水之上拒戰, 我軍大敗, 死者八千人, 앞 三國史記, 224쪽.

26대 聖王 7년(529) 10월 고구려왕 흥안(안장왕)이 친히 군사를 거느리고 침입하여 북변의 혈성(위치미상)을 함락하였다. 좌평 연모에게 명하여 보병·기병 30,000을 거느리고 오곡원에서 거전하였으나, 이기지 못하고 전사자가 2,000여명이나 되었다.

　　冬十月, 高句麗王興安躬帥兵馬來侵, 拔北鄙穴城, 命佐平燕謨, 領步騎三萬, 拒戰於五谷之原, 不克, 死者二千餘人, 위 三國史記, 236쪽.

27대 威德王 8년 7월 군사를 보내어 신라의 변경을 침략하였는데, 신라병의 출격을 받아 패하니 죽은 자가 1,000여명이었다.

　　八年, 秋七月, 遣兵侵掠新羅邊境, 羅兵出擊敗之, 死者一千餘人, 위 三國史記, 238쪽.

31대 義慈王 20년(660) 소정방이 보병·기병을 거느리고 도성으로 직행하여 1사(군대 행군에서 1宿을 1舍라 하고, 혹은 30리를 1사라 함, 여기서는 후자) 쯤 되는 곳에서 머물렀다. 아군은 병력을 다하여 막았으나 또 패하여 죽은 자가 10,000여명이었다…인궤가 신라병과 합하여 치니 아군이 퇴각하여 책(柵)으로 돌아와 강으로써 막았는데 다리가 좁아서 떨어져 빠지고 싸워서 죽은 자가 10,000여명 이었다.

　　定方將步騎直趨眞都城, 一舍止, 我軍悉衆拒之, 又敗, 死者萬餘人…仁軌與新羅兵合擊之, 我軍退走, 入柵阻水, 橋狹墜溺及戰死者萬餘人, 위 三國史記, 248-249쪽.

三國史記 新羅本紀 4대 脫解尼師今 21년(77) 8월에 아찬 길문이 가야병과 황산진구에서 싸워 1,000급을 얻었다(級은 원래 등급의 뜻인데 秦制에 敵首를 斬하는 자에게 位級을 加하여 1首에 1급씩을 올려줌으로써 敵首 1首를 1級이라 함).

　　二十一年 秋八月, 阿湌吉門與加耶兵, 戰於黃山津口, 獲一千餘級, 위 三國史記, 8쪽.

10대 奈解尼師今 29년(224) 7월 이벌찬 연진이 백제와 봉산하에서 싸워 깨트리고 1,000여급을 살획하였다.

　　二十九年, 秋七月, 伊伐湌連珍與百濟, 戰烽山下破之, 殺獲一千餘級, 위 三國史記, 18쪽.

11대 助賁尼師今 3년(232) 4월 왜인이 갑자기 닥치어 금성을 에워 싸므로 왕이 친히 나아가 싸워 적이 도망하므로 경기병을 보내어 추격하여 1,000여급을 살획하였다.

三年 夏四月, 倭人猝至圍金城, 王親出戰, 賊潰走, 遣輕騎追擊之, 殺獲一千餘級, 앞 三國史記, 18쪽.

19대 訥祗尼師今 28년(444) 4월에 왜병이 금성을 에워 싼후 10일에 양식이 다하여 돌아가므로 왕이 군사를 내어 추격하려니 좌우가 이르기를 병가의 설에 궁한 도적을 쫓지 말라 하였으니 왕은 그만두시라 하였다. 그러나 왕은 듣지 않고 수 천기를 이끌고 독산(연일군 신광면) 동쪽까지 따라가 합전하다가 적에게 패하여 장졸의 죽은 자가 반을 넘었다.

夏四月, 倭兵圍金城十日, 糧盡乃歸, 王欲出兵追之, 左右曰, 兵家之說曰, 窮寇勿追, 王其舍之, 不聽, 率數千餘騎, 追及於獨山之東, 合戰爲賊所敗, 將士死者過半, 위 三國史記, 29쪽.

21대 照知麻立干 3년(481) 3월 고구려가 말갈과 더불어 북변에 침입하여 고명(청송군 호명산?) 등 7성을 취하고 미질부(흥해)로 진군하므로 아군은 백제 가야의 구원군과 더불어 길을 나누어 막았다. 적이 패하여 물러가므로 추격하여 니하 서쪽에서 격파하여 1,000여급의 목을 베었다.

三年, 三月, 高句麗與靺鞨人北邊, 取狐鳴等七城, 又進軍於彌秩夫, 我軍與百濟加耶援兵, 分道禦之, 賊敗退, 追擊破之泥河西, 斬首千餘級, 위 三國史記, 31쪽.

24대 眞興王 15년(554) 7월 백제왕 명농(성왕)이 가량(가야)과 더불어 관산성(옥천)을 내공하므로 군주 각간 간덕과 이찬 탐지등이 마주 나가 싸우다가 이롭지 못하므로 신주 군주 김무력이 주병을 이끌고 와서 교전하는데 비장인 삼년산성(보은)의 고간도도가 갑자기 쳐서 백제왕을 죽이었다. 이때 제군이 승승하여 크게 이겼는데 백제 좌평 4인과 사졸 29,600인을 베어 죽이니 말 한필도 살아 돌아간 것이 없다.

十五年, 秋七月, 百濟王明禮與加良, 來攻管山城, 軍主角干干德, 伊湌耽知等, 逆戰失利, 新州軍主金武力, 以州兵赴之, 及交戰, 裨將三年山郡高干都刀, 急擊殺百濟王, 於是, 諸軍乘勝大克之, 斬佐平四人, 士卒二萬九千六百人, 匹馬無反者, 위 三國史記, 38쪽.

三. 사회(社會)의 비참상(悲慘狀)

25대 眞智王 2년(577) 10월 백제가 신라의 서변 주군을 침범하므로 왕이 이찬 세종에게 군사를 출동시켜 일선(선산) 북쪽에서 격파하니 참획이 3,700급이나 되었다.

二年, 冬十月, 百濟侵西邊州郡, 命伊湌世宗出師, 擊破之於一善北, 斬獲三千七百級, 앞 三國史記, 41쪽.

26대 眞平王 51년(629) 8월에 왕이 대장군 용춘 서현과 부장군 김유신을 보내어 고구려의 낭비성(청주)을 침공할 때 고구려인이 성에서 나와 진을 벌이니 군세가 매우 성하였다. 아군이 이를 바라보고 두려워하여 싸울 마음을 먹지 못하므로 유신이 말에 올라 앉아 칼을 빼어들고 적진으로 곧장 달리어 세번 들어갔다가 세번 도로 나왔다. 들어갈 때 마다 적장을 베고 혹은 적기를 빼앗아 오므로 제군이 승승하여 북을 치고 고함을 지르며 진격하여 5,000여급을 참살하니 그 성이 드디어 항복하였다.

五十一年, 秋八月, 王遣大將軍龍春 舒玄, 副將軍庾信, 侵高句麗娘臂城, 麗人出城列陣, 軍勢甚盛, 我軍望之懼, 殊無鬪心, 庾信曰, 吾聞振領而裘正, 提綱而綱張, 吾其爲綱領乎, 乃跨馬拔劍, 向敵陣直前, 三入三出, 每入, 或斬將或搴旗, 諸軍乘勝, 鼓噪進擊, 斬殺五千餘級, 其城乃降, 위 三國史記, 44-45쪽.

27대 善德王 14년(645) 정월에 김유신이 백제를 치고 돌아와 아직 왕을 뵙지 못한 때에 백제의 대군이 또 변경을 내공하여 왕은 그에게 명하여 막게 하였다. 그는 집에도 들르지 못하고 곧 다시 이를 쳐서 적의 머리 2,000급을 베었다.

十四年, 春正月, 庾信自伐百濟還, 未見王, 百濟大軍復來寇邊, 王命拒之, 遂不至家, 往伐破之, 斬首二千級, 위 三國史記, 49쪽.

28대 眞德王 원년(647) 10월 백제병이 무산·감물·동잠의 3성을 에워 싸므로 왕은 유신에게 보기 10,000을 거느리고 가서 막게 하였다. 애써 싸워 기운이 다 하는데 유신의 부하 배녕자와 그의 아들 거진이 서로 전후하여 적진에 들어가 급히 격투하다 죽어 여러 군사들이 이를 보고 모두 분격하여 적의 머리 3,000여급을 베었다. 3년 8월 백제 장군 은상이 무리를 거느리고 석장 등 7성을 공함하였다. 왕은 대장군 유신과 장군 진춘 죽지 천존 등에게 백제군을 막게 하였다. 전투 10일이 지나도 적이 물러서지 않으므로 군사를 내어 도살성(천안?) 밑에 진을 치고 유신이 군중에게 이르기를 "오늘은 반드시 백제인이 와서 간첩을 할 터이니 너희들은 거짓으로 알지 못하는 척하고 감히 힐문

하지 말라" 하고, 사람을 시켜 군중에 돌아다니며 이르기를 "견고한 적성이 움직이지 않으니 명일에는 구원군을 기다려 결전하겠다"고 하니 간첩이 듣고 돌아가 은상에게 보고하여 은상 등은 적병이 필연 증가하는데 의구치 않았다. 이에 유신 등은 제군을 진격하여 대파하고 장사 100인을 죽이고 사로잡기도하고 군졸 8,980급을 베고 전마 10,000필을 획득하고, 병기는 이루 헤아릴 수 없었다.

　　冬十月, 百濟兵圍茂山, 甘勿 桐岑 三城, 王遣庾信, 率步騎一萬以拒之, 苦戰氣竭, 庾信麾下丕寧子及其子拒眞入敵陣, 急格死之, 衆皆奮擊, 斬首三千餘級. 三年, 秋八月, 百濟將軍殷相, 率衆來, 攻陷石吐等七城, 王命大將軍庾信, 將軍陳春 竹旨 天存等, 出拒之, 轉鬪經旬, 不解, 進屯於道薩城下, 庾信謂衆曰, 今日必有百濟人來諜, 汝等佯不知, 勿敢誰下, 乃使徇于軍中曰, 堅壁不動, 明日大援軍, 然後決戰, 諜者聞之, 歸報殷相, 相等謂有加兵, 不能不疑懼, 於是, 庾信等進擊, 大敗之, 殺虜將士一百人, 斬軍卒八千九百八十級, 獲戰馬一萬匹, 至若兵仗, 不可勝數, 앞 三國史記, 51쪽.

　　29대 武烈王 7년(660) 11월 5일에 왕이 계탄(부여강)을 건너 왕흥사 잠성(부여 울성산성)을 공격 7일에 극복하여 700명의 목을 베고, 8년(661) 4월 상주낭적을 각산(고부동남)에서 만나 진격하여 이기고 백제군의 진중으로 들어가 2,000급을 참획하였다.

　　七年, 十一月, 五日, 王行渡雞灘, 攻王興寺岑城, 七日乃克, 斬首七百人, 八年 夏四月, 十九日, 班師, 大幢誓幢先行, 下州軍殿後, 至賓骨壤, 遇百濟軍, 相鬪敗退, 死者雖少, 先亡兵械輜衆甚多, 上州郎幢, 遇賊於角山, 而進擊克之, 遂人百濟屯堡, 斬獲二千級, 위 三國史記, 56쪽.

　　30대 文武王 원년(661) 9월 25일에 군사를 내어 옹산성을 공위하고 27일에 먼저 그 대책을 불사르고 수천인을 참살하고 항복 받았다. …상주총관 품일은 일모산군(청원군 문의면) 태수 대당과 사시산군(위치 미상) 태수 철천 등과 함께 군사를 이끌고 우술성(대덕군 회덕면)을 쳐서 적수 1,000급을 베니 백제의 달솔(이품) 조복과 은솔(삼품) 파가는 무리를 지어 항복하였다. 2년 2월 정방은 군량을 받자마자 원정의 역을 파(罷)하고 돌아가게 되었다. 유신등은 당병의 철귀소식을 듣고 회군하여 과천(임진강)을 건너는데 고구려병이 뒤를 쫓는지라 유신은 군사를 돌이켜 마주 싸워 적수 10,000여급을 베고 소형(관명) 아달혜 등을 사로잡고 병기를 획득함이 10,000을 넘었다. 3년(663) 2월에 흠둔과 천존이 군사를 거느리고 백제의 거열성을 쳐서 적수 700여급을 참수하고, 또 덕안성(은진)을 쳐서 적수 1,070급을 베었다. 10년(670) 백제를 칠때 품일 등은 63성을 공취하여 그 인민을 내지(신라)로 옮기고 천존 죽지 등은 7성을 취하여 적수 2,000을 베고 군관 문영은 12성을 취하고 적병(狄兵 당군에 속한 번병)을 쳐서 7,000급을 베고 전마와 병기를 얻음이 매우 많았다. 11년 6월에 장군 죽지 등에게 군사를 거느리고 가서 백제 가림성(충남 임천)의 벼(田穀)를 짓밟게 하여 드디어 당병과 석성(임천동 석성리)에서 싸워 적수 5,300급을 베고, 백제 장군 2인과 당의 과의(果毅, 낭장중 일직) 6인을 사로 잡았다. 12년(672) 8월 아병(신라병)은 고구려병(고구려의 반군)과 더불어 역전하여 적수 수천급을 베었다. 13년 당병이 말갈병과 거란병과 더불어 우리(신라)와 모두 9차례를 싸웠는데 아병이 승리하여 적수 2,000급을 베고 당병 중에는 호로(파주 임진강) 왕봉(행주 한강)의 두 강에 빠져 죽은 자가 헤일 수 없었다. 15년(675) 9월 당나라 장군 설인귀는 신라의 숙위학생(숙위 겸 유학생) 풍훈의 부 김진주가 본국(신라)에서 복주된것을 이유로 풍훈을 향도(안내자)로 삼아 천성을 내공하므로 우리 장군 문훈 등이 영전승첩하여 적수 1,400급을 베고 병선 40척을 빼앗고, 인귀가 포위를 풀고 퇴주하므로 전마 1,000필을 얻게 되었다. 당병이 거란 말갈병과 더불어 칠중성을 포위하였으나 이기지 못하고 아군(신라) 소수 유동이 전사하였다. 말갈이 또 적목성(회양 난곡면 현리)을 에워싸 멸할때 현령 탈기가 인민을 이끌고 항전하다가 힘이 다하여 다 같이 죽었고, 당병이 또 석현성(위치미상)을 공격하여 현령 선백·실모 등이 힘껏 싸우다가 죽었다. 또 아병은 당병과 대소 18전에 모두 이겨 적수 6,047급을 베고 전마 20,000필을 얻었다. 16년 11월 사찬(팔품관) 시득이 선병을 이끌고 소부리주(부여) 기벌주(장항)에서 당장 설인귀와 싸워 패하더니 또 나아가 대소전 22회를 거듭하여 드디어 이기고 적의 머리 4,000여급을 베었다.

　　元年, 九月, 二十五日, 進軍圍甕山城, 至二十七日, 先燒大柵, 斬殺數千人, 遂降之,…上州摠管品日與一牟山郡太守大幢 沙尸山郡太守哲川等, 率兵攻雨述城, 斬首一千級, 百濟達率助服, 恩率波伽, 與衆謀降. 二年 定方得軍糧便罷還, 庾信等, 聞唐兵歸亦還, 渡瓢川, 高句麗兵追之, 廻軍對戰, 斬首一萬餘級, 虜小兒阿達兮等. 得兵械萬數. 三年, 二月, 欽純 天存領兵, 攻取百濟居列城, 斬首七百餘級, 又攻居勿城, 沙平城降之, 又攻德安城, 斬首一千七十級. 十年, 擧兵吐百濟, 品日 文忠 衆臣 義官 天官等, 攻取城六十三, 從其人於內地, 天存 竹旨等, 取城七, 斬首二千, 軍官 文穎, 取城十二, 擊狄兵, 斬首七千級, 獲戰馬兵械甚多. 十一年, 六月 遣將軍竹旨等領兵 踐百濟加林城禾, 遂與唐兵戰於石城, 斬首五千三百級, 獲百濟將軍二人, 唐果毅六人. 十二年, 八月, 攻韓始城 馬邑城 克之, 進兵,

距白水城五百許步, 作營, 我兵與高句麗兵逆戰, 斬首數千級. 十三年, 八月, 唐兵與靺鞨契丹兵來侵北邊, 凡九戰, 我兵克之, 斬首二千餘級, 唐兵溺瓠瀘, 王逢二河, 死者不可勝計. 十五年, 秋九月, 薛仁貴以宿衛學生風訓之父金眞珠伏誅於本國, 引豊訓爲嚮導, 來攻泉城, 我將軍文訓等, 逆戰勝之, 斬首一千四百級, 取兵船四十隻, 仁貴解圍退走, 得戰馬一千匹, 唐兵與契丹靺鞨兵來圍七衆城, 不克, 小守儒冬死之, 靺鞨又圍赤木城, 滅之, 縣令脫起率百姓, 拒之, 力竭俱死, 唐兵又圍石峴城, 拔之, 縣令仙伯 悉毛等, 力戰死之, 又我兵與唐兵大小十八戰, 皆勝之, 斬首六千四十七級, 得戰馬二百匹, 十六年, 冬十一月, 沙湌施得領船兵, 與薛仁貴, 戰於所夫里州伎伐浦, 敗績, 又進, 大小二十二戰, 克之, 斬首四千餘級, 앞 三國史記, 59, 60, 66, 74, 75, 76쪽.

포로(捕虜)

전쟁시에 교전국(交戰國)과의 군인에게 사로 잡힌 군인을 말하지만 넓게는 게릴라병 민간인 등 비전투요원들도 포함된다. 이들은 적군에게 항복하거나 체포되어 적국에서 자유를 박탈 당한 채 비인간적인 생활을 하는 사람들로서, 그들은 자기 뜻에 관계없이 타의에 의해 전장(戰場)에 투입되었다가 체포되어 범죄자 취급을 받고 노역(奴役)을 하며 비참하게 생존하는 사람들이다. 현대는 국제법에 의해 그들이 보호받고 있지만, 古代로부터 中世에 이르기까지 포로들은 죄없이 학살되거나 노예가 되고, 또는 몸값을 치르고 매매·석방되기도 하였다.

삼국은 국가 체제를 갖추고 정립(鼎立)하면서 필연적으로 크고 작은 전투가 계속되었다. 전투시 마다 전공을 세우기도 하지만, 패(敗)하면 왕실 장군 이하 사졸들은 적국에서 노예로 생활한 예가 허다하고, 싸움터에 참여하지도 않은 일반 백성들까지도 노획(虜獲)되고 강제로 이송되어 공사 노비가 된 예가 매우 많았다. 여기서는 그 수가 1,000명 이상일 때만을 조사하였다.

三國史記 高句麗本紀 15대 美川王 14년(313) 10월에 낙랑군(평안남도)을 침습(侵襲)하여 남녀 2,000명을 사로 잡았고, 20년(319) 10월에 고구려 장군 여노가 하성에 거하는데 외(廆)가 장군 장통을 보내어 이를 습격하여 사로 잡고, 그의 무리 1,000 여가를 부로(俘虜)로 하여 조성(모용외의 거성)으로 돌아왔다.

十四年, 冬十月, 侵樂浪郡, 虜獲男女二千口. 二十年, 冬十二月, 我將如孥據于河城, 廆

遣將軍張統, 掩擊擒之, 孚其衆千餘家, 歸于棗城, 앞 三國史記, 163쪽.

16대 故國原王 12년(342) 지금 그 국주는 도망하고 백성은 흩어져 산곡간에 숨어 있으나 연(燕)의 대군이 철수하여 돌아가면 반드시 또 모여 여중을 수습할 것이므로 오히려 걱정거리가 될 터이니, 청컨대 그 아버지의 시체를 파서 싣고 그의 생모(周氏)를 사로 잡아 갔다가 고구려왕의 속신자귀(束身自歸)함을 기다려 도로 내주고 은혜와 신의로 무마하는것이 상책 일듯하다 하여, 황이 그 말에 따라 미천왕능을 발굴하여 그 시체를 싣고 또 그 부고(府庫)에 있는 여러대의 보물을 약탈하고 남녀 50,000여명을 사로잡고 궁실을 불살라 환도성을 헐어버리고 돌아갔다.

今其主亡民散, 潛伏山谷, 大軍旣去, 必復鳩聚, 收其餘燼, 猶足爲患, 請載其父尸, 因其生母而歸, 俟其束身自歸, 然後返之, 無以恩信, 策之上也, 皝從之, 發美川王墓, 載其尸, 收其府庫累世之寶, 虜男女五萬餘口, 燒其宮室, 毁丸都城而還, 위 三國史記, 165쪽.

18대 故國壤王 2년(385) 6월 왕이 군사 40,000을 내어 요동군을 습격하였다. 이에 앞서 후연왕 수가 대방왕 모용좌로 하여금 용성(錦州省 朝陽)을 진수(鎭守)케 하였던바, 좌(佐)는 아군의 요동 침습(侵襲)을 듣고 사마(직명) 학경을 시켜 군사를 거느리고 요동을 구원케 하니, 아군은 그를 격파하여 요동과 현토를 함락하고 남녀 10,000명을 사로잡아 돌아갔다. 7년(390) 9월에 백제가 달솔(관직) 진가모를 보내어 도압성을 공파하고 200인을 사로 잡아갔다.

夏六月, 王出兵四萬襲遼東, 先是, 燕王垂命帶方王佐, 鎭龍城, 佐聞我軍襲遼東, 遣司馬郝景, 將兵救之, 我軍擊敗之, 遂陷遼東, 玄菟, 虜男女一萬口而還. 七年, 秋九月, 百濟遣達率眞嘉謨, 攻破都押城, 虜二百人以歸, 위 三國史記, 167쪽.

19대 廣開土王 2년(392) 9월에 북쪽 거란을 쳐서 남녀 500인을 사로잡고, 또 본국의 함몰 민구(거란에게 빼앗겼던 인구) 10,000명을(前燕王 慕容皝이 고구려 국도 환도성을 무찌르고 남녀 50,000인을 노략 하였음) 초유(招諭)하여 이끌고 돌아왔다.

九月, 北伐契丹, 虜男女五百口, 又招諭本國陷沒民口一萬而歸, 위 三國史記, 167쪽.

21대 文咨王 21년(512) 9월, 백제의 가불 원산의 2성을 쳐서 남녀 1,000 여명을 사로 잡았다.

秋九月, 侵百濟陷加弗, 圓山二城, 虜獲男女一千餘口, 앞 三國史記, 175쪽.

26대 嬰陽王 18년(607) 5월에 왕이 군대를 내어 백제의 송산성을 쳤으나 이기지 못하여 다시 우명산성을 침습하여 남녀 3,000인을 사로 잡아왔다. 19년(636) 2월에 장수에게 명하여 신라의 북경을 침습하여 8,000인을 포로로 하였다.

夏五月, 遣師攻百濟松山城, 不下, 移襲石頭城, 虜男女三千而還. 十九年 春二月, 名將襲新羅北境, 虜獲八千人, 위 三國史記, 182쪽,

27대 榮留王 5년(622) 당 고조(李淵)는 수나라 말년의 전사(戰士)가 우리편에 많이 잡혀 있음을 알고, 왕(榮留)에게 조서를 보내어 가로되… 지금 두나라가 화친하여 의에 어긋난바가 없게 되었다. 이곳에 있는 고구려인들은 이미 수괄(搜括)케 하여 미구에 곳 보낼 터이니 그곳에 있는 이나라(수나라) 사람들을 왕은 방환케하여 힘써 무육의 역법을 강구하고 한가지 인서(仁恕)의 도를 넓히자하니 왕이 (국내의) 중국인 부로(俘虜)들을 모두 수색하여 보내니 그 수가 10,000여명에 달하여, 당 고조는 매우 기뻐하였다.

唐高祖, 感隋末戰士多陷於此, 賜王詔書曰, …今二國通和, 義無阻異, 在此所有高句麗人等, 已令追括, 尋卽遣送, 彼處所有此國人者, 王可放還, 務盡綏育之方, 共弘仁恕之道, 於是, 悉搜括華人, 以送之, 數至萬餘, 高祖大喜, 위 三國史記, 187-188쪽.

28대 寶臧王 4년(645) 4월에 당나라 이세적과 강하왕 도종이 개모성(무순서방)을 쳐서 함락하고 병졸 10,000명과 양곡 100,000석을 노획하고,…남풍이 급히 불 때 당주가 예졸을 보내어 장대 끝에 올라가서 성의 서남루를 불사르니 불이 성중을 연소케 하였다. 그리고 장군 사졸을 지휘하여 성에 오르니 아군(고구려군)은 역전하였으나 이기지 못하고 죽은 자가 10,000여명이고, 붙잡힌 승병(勝兵, 뛰어난 군사)이 10,000여명, 남녀가 40,000口, 양곡이 500,000석이었다. 27년(668) 4월, 고종이 38,300호를 강남・회남・산남・경서의 여러 주의 공광(空曠, 빈터)에 옮기었다(舊唐書 高宗本紀 2년 5월조에는 이때 강제도민만 호수를 28,200이라 하여 약 10,000호나 적고, 반면에 차 1,800乘, 牛 3,300두, 말 2,900匹, 駝 60두로 기록). 신라가 군사를 보내 우리(고구려)를 구하였는데 고간이 이를 쳐서 이기고 2,000인을 노획(잡음)하고,…연산도총관대장군 이근행이 아군을(고구려군) 고로하에서 파하고 수천인을 사로 잡으니 남은 무리들이 모두 신라로 달아났다.

10월 당주가 누살(耨薩, 관직)이하 관장 3,500인을 가려서 내지(중국)로 옮기고 나머지

三. 사회(社會)의 비참상(悲慘狀) 177

는 모두 평양으로 돌아가게 하고…같은 해 10월에 唐主가 …현토 횡산 개모 등 10여 성을 함락하고, 요주 개주 암주 3주의 호구(戶口)를 중국으로 옮기어 간 자가 70,000인 이다.

李世勣 江夏王道宗, 攻蓋牟城拔之, 獲一萬人, 糧十萬石, …南風急, 帝遣銳卒, 登衝竿 之末, 爇其西南樓, 火延燒城中, 因揮將士等城, 我軍力戰不克, 死者萬餘人, 見捉勝兵萬餘 人, 男女四萬口, 糧五十萬石, … 二十七年, 夏四月, 高宗移三萬八千三百戶於江淮之南及 山南, 京西諸州空曠之地,…新羅遣兵救我, 高侃擊克之, 虜獲二千人, …燕山道摠管大將軍 李謹行破我人於瓠瀘河, 浮獲數千人, 餘衆皆奔新羅, 冬十月, …凡拔玄菟 橫山 蓋牟 等 後 黃十城, 徒遼蓋巖三州戶口, 入中國者七萬人,…앞 三國史記, 192-205쪽.

三國史記 百濟本紀에는 5대 肖古王(167) 2년 7월 몰래 군사를 보내어 신라 서경의 2성을 습파(襲破)하여 남녀 1,000인을 사로잡아 돌아왔다.
二年, 秋七月, 潛師襲破新羅西鄙二城, 虜獲男女一千而還, 위 三國史記, 214쪽.

13대 近肖古王 24년(369) 9월 고구려왕 斯由(고국원왕)가 기병 20,000을 거느리고 와서 雉壤(황해도 백천)에 주둔하고 군사를 나누어 민가를 침탈하였다. 왕이 태자(근구수)에게 군사를 주어 치게하니 태자는 바로 치양에 이르러 고구려군을 급히 격파하고 5,000여급을 사로잡았는데 그 노획은 將士에게 나누어 주었다.
二十四年, 秋九月, 高句麗王斯由帥步騎二萬, 來屯雉壤, 分兵侵奪民戶, 王遣太子以兵 徑至雉壤, 急擊破之, 獲五千餘級, 其虜獲分賜將士, 위 三國史記, 221쪽.

24대 東城王 4년(482)에 말갈이 한산성(?)을 격파하고 300여호를 노획하여 돌아갔다.
秋九月, 靺鞨襲破漢山城, 虜三百餘戶以歸, 위 三國史記, 232쪽.

25대 武寧王 6년 7월에 말갈이 쳐들어와 고목성을 격파하고 600여인을 죽이고 혹은 잡아갔다.
六年, 秋七月, 靺鞨來侵破高木城, 殺虜六百餘人, 위 三國史記, 223-232쪽.

30대 武王 8년(607) 5월에 고구려가 송산성을 치는데 함락되지 않아 다시 석두성을 치고 남녀 3,000을 사로 잡아갔다. 28년(627) 7월에 왕이 장군 사걸에게 신라 서변의 두

성을 함락케하고 남녀 300여구를 사로잡아 갔다.

八年, 夏五月, 高句麗來攻松山城, 不下, 移襲石頭城, 虜男女三千而歸. 二十八年, 秋七月, 王命將軍沙乞拔新羅西鄙二城, 虜男女三百餘口,… 앞 三國史記, 240-241쪽.

31대 義慈王 2년(642) 8월에 장군 윤충에게 군사 10,000을 주어 신라의 대야성(협천)을 쳐서 성주 품석이 처자와 함께 나와 항복하니 윤충이 모두 죽이고, 그 머리를 잘라 왕도(부여)에 전하였다. 그리고 남녀 1,000여인을 사로잡아 나라 서쪽의 주현에 나누어 살게 하고, 군사를 머물게하여 그 성을 지키게 하였다… 소정방이 병사 들에게 성첩(城堞)에 뛰어올라 당의 기치(旗幟)를 세우게 하니 태(泰)가 궁박(窮迫)하여 문을 열고 생명의 안전을 청하였다. 이때 왕과 태자 효(孝)가 여러 성과 함께 모두 항복 하였다. 정방은 왕과 태자 효, 왕자 태, 융, 연 그리고 대신 장사 88명과 백성 12,807명을 당경(唐京 長安)으로 옮겼다.

二年, 七月, 遣將軍允忠領兵一萬, 攻新羅大耶城, 城主品釋 與妻子出降, 允忠盡殺之, 斬其首傳之王都, 生獲男女一千餘人, 分居國西州縣, …蘇定方令士超堞立唐旗幟, 泰窘迫開門請命, 於是, 王及太子孝與諸城皆降, 定方以王及太子孝 王子泰 隆 演及大臣將士八十八人, 百姓一萬二千八百七人送京師, 위 三國史記, 244-248쪽.

三國史記 新羅本紀 8대 阿達羅尼師今 14년(167) 7월 백제가 나라 서쪽의 2성을 격파하여 민구(인민) 1,000을 사로잡아 갔다. 8월에 일길찬 흥선에게 군사 20,000을 거느리고 백제를 치게하고 왕은 8,000기를 거느리고 오니 백제가 크게 두려워하여 잡아갔던 남녀를 도로 돌려보내며 화(和)를 청하였다.

秋七月, 百濟襲破國西二城, 虜獲民口一千而去, 八月, 命一吉湌興宣, 領兵二萬伐之, 王又率騎八千, 自漢水臨之, 百濟大懼, 還其所掠男女, 乞和, 위 三國史記, 15쪽,

14대 儒禮尼師今 4년(287) 4월 왜인이 일례군에 침입하여 불을 놓고 백성 1,000을 사로잡아 갔다.

夏四月, 倭人襲一禮郡, 縱火燒之, 虜人一千而去, 위 三國史記, 21쪽.

20대 慈悲麻立干 5년(462) 5월에 왜인이 활개성을 습파, 백성 1,000인을 사로 잡아 갔다.

夏五月, 倭人襲破活開城, 虜人一千而去, 앞 三國史記, 30쪽.

26대 眞平王 30년(608) 2월 고구려가 북변을 침략하여 8,000인을 사로 잡아갔다. 49년(627)에 7월에도 백제 장군 사걸이 서변의 두 성을 빼앗고 남녀 300인을 사로 잡아갔다.

二月, 高句麗侵北境, 虜獲八千人, .四十九年, 秋七月, 百濟將軍沙乞拔西鄙二城, 虜男女三百餘口, 위 三國史記, 43-44쪽.

29대 武烈王 7년(667) 9월 3일 낭장 유인원이 10,000명의 군사로 사비성(부여)을 진수하고 왕자 인태와 사찬 일원, 급찬 길나는 7,000의 병력으로 그를 보좌하고 정방은 백제왕과 왕족 신료 등 93인과 백성 12,000인을 거느리고 사비에서 배를 타고 唐으로 돌아가매…

七年, 九月 三日, 郎將劉仁願以兵一萬人, 留鎭泗沘城, 王子仁泰與沙湌日圓, 級湌吉那, 以兵七千, 副之, 定方以百濟王及王族, 臣僚九十三人, 百姓一萬二千人, 自泗沘, 乘船廻唐,… 위 三國史記, 55쪽.

30대 文武王 8년(668) 9월 당나라 대군과 합하여 평양성을 포위하니 고구려 보장왕이 먼저 천남산 등을 보내어 영공에게 와서 항복을 청하였다. 영공은 고구려왕 보장, 왕자 복남, 덕남과 대신 등 200,000여구를 거느리고 당나라로 돌아가는데… 8년 11월 5일, 왕이 고구려의 부로 7,000명을 이끌고 입경(入京)하여 6일에 문무 백관을 데리고 선조묘에 배알(拜謁)하고 고하여 가로되 "삼가 선지(先志)를 이어 대당과 함께 의군을 일으키어 백제 고구려의 죄를 물어 원흉(두목)이 복죄 되고 국운이 태평하게 되었으므로 이에 감히 고하노니 신이여 들으소서" 하였다.

與大軍合圍平壤, 高句麗王, 先遣泉男産等, 詣英公請降, 於是, 英公以王寶臧, 王子福男 德男 大臣等二十餘萬口, 廻唐, …八年十一月 五日, 王以所虜高句麗人七千入京, 六日, 率文武臣僚, 朝謁先祖廟, 告曰, 祗承先志, 與大唐同擧義兵, 問罪於百濟高句麗, 元兇伏罪, 國步泰靜, 敢玆控告, 神之聽之, 위 三國史記, 63-64쪽.

인질(人質, 볼모)

三國史記 新羅本紀 奈解尼師今전에
10대 나해니사금 17년(212) 3월에 가야가 왕자를 보내어 볼모로 삼았다.
加耶送王子爲質, 앞 三國史記, 17쪽.

三國遺事 卷 第一 紀異 第一 奈勿王과 金堤上전에
　　제17대 나물왕(奈勿王 那密) 36년(391)에 왜왕이 사신을 보내어 내조해 가로되, 우리 임금이 대왕의 신성함을 듣고 신 등으로 하여금 백제의 죄를 대왕께 고하였으니 대왕은 왕자 한 분을 보내어 우리 임금에게 성의를 표하소서라고 하였다. 이에 왕이 제3자 美海(未吐喜)를 왜에 보내니 나이 10세라 언사와 동지가 아직 구비치 못하므로 내신 박사람으로 부사를 삼아 같이 보냈다. 왜왕이 억류해 두고 30년 동안 돌려 보내지 아니하였다. 눌지왕 3년에는 고구려 장수왕이 사신을 보내어 내조해 가로되, 우리 임금이 大王의 아우 寶海(史記에는 卜海)가 지혜와 재예가 특출함을 듣고 서로 친하기를 원해서 특히 소신을 보내어 간청한다 하였다. 왕이 듣고 매우 다행히 여겨, 이로 인하여 화친을 맺고 그 아우 보해를 명하여 고구려에 가게하는 동시에 내신 김무알을 보좌를 삼아 같이 가게 하였다. 장수왕이 또 억류해 두고 보내지 아니하였다. 10년에 왕이 여러 신하와 국중의 호협들을 불러서 친히 어연을 베풀고 술이 세 번 행하매 모든 음악이 시작되었다. 왕이 눈물을 흘리며 여러 신하에게 말하기를 "전에 아버님께서 성심으로 백성을 염려하시므로 사랑하는 아들을 왜에 보냈다가 보지 못하시고 돌아가셨고, 내가 즉위한 이래로 이웃나라의 군사가 매우 강성하여, 전쟁이 그칠 사이가 없는데 고구려 만이 서로 친하자는 말이 있으므로 내가 그 말을 듣고 친제를 보냈더니 고구려가 또한 억류해 두고 보내지 아니한다. 내가 비록 부귀를 누리나 일찍이 하루도 잊고 울지 않는날이 없다. 만일 두 아우를 만나 함께 선왕의 사당에 사과함을 얻는다면 국인에게 은혜를 갚을 것이니 누가 능히 그 꾀를 이룩할 수 있는가" 하였다. 이때에 백관이 모두 아뢰기를 이일이 진실로 용이한 일이 아닌 만큼 반드시 지혜와 용맹이 있는 사람이라야만 될 것이니 신들의 생각에는 삽나군 태수 제상이 좋겠습니다. 이에 왕이 불러들여 물으니 제상이 재배하고 대답하기를 "신이 들으니 임금이 근심이 있으면 신하가 욕되고, 임금이 욕되면 신하가 죽는다 하였으니 만일 난과 이(易)를 헤아려서 행한다면 그것은 不忠이요, 또 생사를 생각하여 움직인다면 그것은 무용이라 할것이니, 신이 비록 부초하오나 어명을 받들어 행하겠습니다." 하니 왕이 듣고 매우 가상히 여겨 술잔을 나누어 마시고 손을 잡아 작별해보냈다. 제상이 王 앞에서 命을 받고 바로 北海의 길로 향하여 변복하고 고구려에 들어갔다. 보해가 있는곳에 가서 함께 도망갈 날짜를 약속하고 먼저 5월 15일에 高城 水口에 와서 기다렸다. 기일이 가까워 지자 보해가 병을 칭탁하고 수일 동안 조회에 나가지 않다가 밤중에 도망해 나와 고성 해변에 이르렀다. 고구려 왕이 이것을 알고 수 십인을 시켜 뒤쫓아 고성에 이르렀으나 보해가 고구려에 있을 때에 항상 상종하던 사람에게 은혜를 베풀었으므로 그 군사들이 불쌍히 여겨 모두 화살촉을 빼고 쏘았다. 그래서 드디어 살아 돌아왔다. 왕이 보해를 만난 후에는 미해(未斯欣)의 생각이 더욱 간절하여 한편 즐겁고도 한편 슬퍼서 눈물을 흘리며 좌우에게 말하기를 마치 한 몸에 한쪽 팔뚝과, 한 얼굴에 한쪽 눈만 있는 것 같아, 비록 하나는 얻었으나 또 하나가 없으니 어찌 슬프지 아니하랴 하였다. 이에 제상이 이 말을 듣고 역시 재배 하직하고 말을 타고 집에도 들르지 않고 바로 율포변에 이르렀다. 그의 아내가 듣고 말을 달려 율포에 다달았으나 남편은 이미 배에 오른지라 아내가 간절히 부르지만 제상은 다만 손을 흔들며 멈추지 않고 바로 왜국으로 갔다.

 제상은 거짓말로 계림왕(신라왕)이 나의 父兄을 아무 죄도 없이 죽인 까닭에 도망하여 이곳에 왔다고 하였다. 왜왕이 그 말을 듣고 집을 주어 편안히 살게 하였다. 제상은 항상 미해를 모시고 해변에 가서 놀다가 물고기와 새를 잡아 왜왕에게 바치니 왕이 매우 기뻐하고 의심치 아니하였다. 마침 새벽 안개가 꽉 차자 제상이 미해에게 말하되 도망할 때라 하니 미해는 그러면 같이 가자고 하였다. 제상이 가로되 臣도 같이 가면 倭 人이 알고 쫓아 올까하오니 신은 여기 머믈러 그 쫓는 것을 막으리이다하였다. 미해가 이르기를 지금 너와 나의 사이가 父兄과 같은데 어찌 너를 버리고 나혼자 가리오. 제상이 말하되 臣은 公의 목숨을 구해서 대왕의 마음을 위로하면 족하거늘 어찌 살기를 바라리오하고 술을 따라 미해에게 드렸다. 이때에 계림인 강구려가 왜국에 와 있었으므로 그와 함께 미해를 따라가게 하였다. 제상이 미해의 방에 들어가 이튿날 아침까지 있었다. 좌우의 왜인들이 들어와 보고자 하매, 제상이 나와 사절하되 미해가 어제 사냥에 달려 다니다가 병이 들어 일어나지 못한다하였다. 한낮이 지나서 왜인들이 괴상히 여겨 또다시 물으니 대답 하기를 미해가 간지 이미 오래라고 하였다. 좌우가 급히 왜왕에게 고하니 왜왕이 기병을 시켜 뒤를 쫓았으나 미치지 못하였다. 고로 제상을 가두고 물어 가로되 네 어찌 몰래 왕자를 보냈느냐하니, 나는 계림의 신하요. 왜국의 신하가 아니므로 오직 我君의 뜻을 이루려고 함이니 그대에게 다시 무엇을 말하랴 했다. 왜왕이 노하여 네 이미 나의 신하가 되었는데 계림의 신하라고 하니, 그러면 반드시 五刑(중국 고대의 5가지 형벌)을 갖출 것이요, 만일 왜국의 신하라 한다면 반드시 중록을 주겠다하였다. 제상이 대답하되 차라리 계림의 개나 돼지가 될 지언정 왜국의 신하가 되고 싶지는 않으며, 차라리 계림의 형장을 받을 지언정 왜국의 작록을 받고 싶지는 않다고 하였다. 왕이 노하여 제상의 다리 가죽을 벗기고 갈대를 베어 그 위를 걷게하고(지금 갈대에 혈흔이 있는 것을 속에 제상의 피라 한다) 다시 묻기를 네가 어느 나라의 신하냐하니 계림의 신하라고 하였다. 또 熱鐵 위에 세우고 너는 어느 나라의 신하냐고 물으니 역시 계림의 신하라고 하였다. 왜왕은 그를 굽히지 못할 줄 알고 木島라는 곳에서 불에 태워죽였다. 미해가 바다를 건너 올새 먼저 강구려를 시켜 국중에 고하였다. 왕이 놀랍고 기뻐서 百官을 명하여 굴헐역(屈歇驛)에서 맞이하게 하고 왕도 친제 보해와 더불어 남교에 가서 맞이 하였다. 대궐로 들어와 잔치를 베풀고 국내에 대사령을 내리고 제상의 아내를 책봉하여 國大夫人을 삼고 그의 딸로서 美海公의 부인을 삼았다.

第十七 那密王卽位三十六年庚寅, 倭王遣使來朝曰, 寡君聞大王之神聖, 使臣等以告百濟之罪於大王也, 願大王遣一王子, 票誠心於寡君也, 於時王使第三子美海以聘於倭, 美海年十歲, 言辭動止猶未備具. 故以內臣朴娑覽, 爲副使而遣之, 倭王留而不送三十年, 以下略, 앞 三國遺事, 40쪽.

三國史記 新羅本紀 文武王전에

30대 문무왕 8년(668) 11월 5일에 왕이 고구려의 부로 7,000인을 이끌고 입경하여 이튿날인 6일에 문무 제신을 데리고 선조묘에 배알(拜謁)하고, 고하여 가로되 "삼가 先志를 이어 大唐과 함께 의군(義軍)을 일으키어 백제 고구려의 죄를 물어 원흉(元兇, 頭目)이 이미 복죄(伏罪)하고 국운이 태평하게 되었으므로 이에 감히 고하니 신이여 들으소서" 하였다.

11년 고구려가 모반하여 漢(唐)의 관리를 모두 죽일때 신라는 곧 군사를 발하려 하여 먼저 웅진에 보고하기를 "고구려가 이미 반하였으니 불가불 쳐야 하겠고, 피차(신라·백제)가 다 황제의 신민인즉 사리가 같이 흉적을 쳐야할 것이며, 발병사는 함께 상의할 필요가 있으니 청컨대 관인을 이곳으로 보내어 서로 회의케 하자"고 하였다. 백제의 司馬禰軍(사마니군)이 이곳에 와서, 드디어 함께 상의해 가로되 발병한 후 피차가 서로 의심을 가질 염려가 있으니 兩處(신라 웅진)의 관리로 하여금 서로 交質을(볼모를 교환) 하자하였다. 그리하여 곧 金儒敦(신라인)과 府城(웅진)의 百濟主簿 首彌 長貴 등을

府로 보내어 交質에 관한 것을 의론케 하였다. 백제가 비록 交質을 허락하였으나 성중(웅진)에서는 오히려 병마를 집합하여 그 城下에 이르면 밤에 나와 치기를 주저하지 않았다.

八年, 十一月, 王以所虜高句麗人七千入京… 앞 三國史記, 64쪽.

十一年, 高麗旣叛, 不可不伐, …平論交質之事, 百濟雖許交質… 위 三國史記, 72쪽.

40대 애장왕 3년(802) 12월 균정에게 대아찬의 位를 주고 假王子를 삼아 日本에 볼모로 보내려하매 균정이 사양하였다.

冬十二月, 授均貞大阿湌爲假王子, 欲以質倭國, 均貞辭之, 위 三國史記, 103쪽.

46대 문성왕 2년(840)에 당 문종이 鴻臚寺(외교를 맡은 기관)에 命하여 신라의 질자가 만기가되어 마땅히 귀국할 학생 모두 105인을 방환케 하였다.

唐文宗勅鴻臚寺, 放還質子及年滿合歸國學生共一百五人, 위 三國史記, 112쪽.

55대 경애왕 2년(925) 11월에 후백제주 甄萱(견훤)이 그의 조카 진호를 고려에 볼모로 보내매 왕이 듣고 사람을 보내어 태조에게 말하되, "견훤은 이랬다 저랬다 하여 거짓이 많으니 화친 하여서는 아니된다." 고 하니 태조도 그렇게 여기었다.

二年, 十一月, 後百濟主甄萱, 以質眞虎, 質於高麗, 王聞之, 使謂太祖曰, 甄萱反覆多詐, 不可和親, 太祖然之, 위 三國史記, 124쪽.

三國史記 高句麗本紀 2대 유리왕 14년(BC. 6) 정월에 부여왕 대소가 사신을 고구려에 보내어 내빙하고 볼모를 교환하기를 청하매, 왕은 부여의 강대함을 꺼려 태자 도절을 인질로 삼으려 하였다. 도절이 두려워하여 가지 않으려 하니 부여왕 대소는 노하였다. 11월에 대소가 드디어 군사 50,000은 거느리고 와서 침습하다가 마침 대설이 내리어 얼어 죽는자가 많이 생기매 물러갔다.

十四年, 春正月, 扶餘王帶素, 遣使來聘, 請交質子. 王憚扶餘强大, 欲以太子都切爲質, 都切恐不行, 帶素恚之, 冬十一月, 帶素, 以兵五萬來侵, 大雪, 人多凍死乃去, 위 三國史記, 133쪽.

三國史記 列傳 第十 甄萱전 3년(同光, 後唐 莊宗년호) 10월에 甄萱(견훤)이 기병 3,000

을 거느리고 曹物城(安東과 尙州사이)에 이르니 태조(고려)도 정병을 거느리고 대전하였다. 이때 견훤의 군사가 너무도 날래어 승부를 결정치 못하였다. 태조는 잠시 권도로 화친하여 그 군사들을 피로케 하고자 서신을 보내어 화친을 청하고, 당제 왕신을 볼모로 삼으니, 견훤도 외생 진호로써 교질하였다. 4년(동광) 진호가 갑자기 죽으니 견훤이 듣고 고려에서 고의로 죽인 줄로 의심하여 곧 왕신을 옥중에 가두고, 또 사람을 시켜 전년에 보낸 준마를 돌려 보내기를 청하니 태조가 웃으면서 돌려주었다.

三年, 冬十月, 萱率三千騎至曹物城, 太祖亦以精兵來, 與之确, 時萱兵銳甚, 未決勝否, 太祖欲權和以老其師, 移書乞和, 以堂弟王信爲質, 萱亦以甥眞虎交質, 四年眞虎暴卒, 萱聞之疑故殺, 卽囚王信獄中, 又使人請還, 前年所送驄馬, 太祖笑還之, 앞 三國史記, 455쪽.

삼국유사 후백제 견훤조에도 같은 내용이 실려있는데

정명 4년(918) 철원경에서 민심이 홀변하여 고려 태조를 추대하여 즉위케 하니 견훤이 듣고 사자를 보내어 하례하고 공작선과 지리산의 竹箭 등을 바치었다. 견훤이 고려 태조와 겉으로는 화친하는체 하고 속으로는 시기하여 고려 태조에게 총마(驄馬)를 바치더니, 3년 겨울 10월에는 기병 3,000을 이끌고 조물성에 닥치므로 고려 태조도 또한 정병을 거느리고 와서 대전하였다. 견훤의 군사가 날래어 승부를 결정치 못하겠으므로 고려 태조가 거짓 화친하여 그 군사를 피로케 하려하여 서신을 보내어 화친을 청하고 從弟 왕신으로써 볼모를 삼으니 견훤도 또한 사위 진호를 보내어 교환하였다.

貞明四年戊寅, 鐵原京衆心忽變, 推戴我太祖卽位, 萱聞之遣使稱賀, 遂獻孔雀扇, 地理山竹箭等, 萱與我太祖, 陽和陰剋, 獻驄馬於太祖, 三年冬十月, 萱率三千騎, 至曹物城, 太祖亦以精兵來, 與之角, 萱兵銳, 未決勝負, 太祖亦權和, 以老其師, 移書乞和, 以堂弟王信爲質, 萱亦以外甥眞虎交質, 위 三國遺事, 76쪽.

三國史記 百濟本紀 17대 아신왕 6년(397) 5월에 왕이 왜국과 우호를 맺고 태자 전지(腆支)를 볼모로 삼았다(백제가 왜와 긴밀한 관계를 맺고자 한것은 고구려 광개토왕의 남침 세력에 대항하기 위한 정책일 것이고, 볼모로 보낸 전지는 백제기에는 직지라고 하였는데 일본서기 응신 천황 15년조에 보이는 아직기와 동일인이라고 보기도 한다).

六年, 夏五月, 王與倭國結好, 以太子腆支爲質, 위 三國史記, 224쪽.

간첩(間諜)

三國史記 高句麗本紀 27대 영류왕 24년(641)에 당 태종이 우리(고구려)太子의 입조에 대하여 職方郎中(唐의 官職) 陳大德을 보내어 답례케 할새, 대덕이 우리 경내에 들어와 역로의 성읍마다 그 官守者(성읍 장관)에게 예물을 후히 주며 말하되 "내가 산수를 좋아하니 이곳의 경치 좋은곳을 보고 싶다" 고 하였다. 수자가 기쁘게 인도하여 골고루 돌아 다니었다. 이때문에 그는 지리의 자세한 것을 알았다. 간간히 중국인으로 수 말에 종군하여 고구려에 잡혀 있는자를 만나면 그들은 친척의 존몰을 물으며 눈물을 흘리었다. 그러므로 간곳마다 사녀들이 길 좌우에 늘어서서 보았다. 왕이 병위(군대의 호위)를 성히 하여 당사를 인견하였다. 대덕은 봉사에 의하여 아국(고구려)의 허실을 엿 보았것만 우리(고구려)는 그것을 알지 못하였다. 대덕이 돌아가서 그것을 보고하니 태종이 기뻐하였다.

帝以我太子入朝, 遣職方郎中陳大德答勞, 大德入京, 所至城邑, 以綾綺厚餉官守者曰, 吾雅好山水, 此有勝處, 吾欲觀之, 守者喜導之, 遊歷無所不至, 由是悉得其織曲, 見華人隋末從軍沒留者, 爲道親戚存亡, 人人垂涕, 故所至, 士女夾道觀之, 王盛陳兵衛, 引見使者, 大德因奉使, 覘國虛實, 吾人不知, 大德還奏 帝悅, 위 三國史記, 188-189쪽.

28대 보장왕 27년(668) 천남건이 군사 50,000 인을 보내어 부여성을 구하였는데 이적 등과 설하수에서 만나 회전하여 패하니 죽은자가 30,000 여인이었다. 이적은 또 대행성을 쳤고, 9월에는 평양을 함락하였다.… 타도로 온 제군이 모두 이적과 만나서 압록책(의주)에 이르렀는데 고구려군이 항전하였으나 이적 등이 이를 파하고, 200여 리를 쫓아 와서 욕이성(청천강북)을 함락하니 여러 성에서 도망가고 항복 하는자가 줄을 이었다. 계필하력이 먼저 군사를 이끌고 평양성 아래에 이르고 이적의 군이 뒤따랐는데 평양을 포위한지 월여에 보장왕이 천남산으로 하여금 수령 98인을 거느리고 백기를 들고 이적에게 항복 하였는데 이적은 예로서 이들을 대하였다. 천남건은 오히려 성문을 닫고 굳게 지키며 자주 군사를 보내어 나가 싸웠으나 모두 패하였다.… 남건은 군사를 승 신성에게 맡기었는데 신성의 소장 오사 요묘 등은 몰래 사람을 이적에게 보내어 내응 할것을 청하였다. 그 뒤 5일에 신성이 성문을 여니 이적의 군사는 성에 올라 고조(鼓噪)하며 성에 불을 지르니 남건이 스스로 자살하려 하였으나 죽지 않았다.

泉男建復遣兵五萬人, 救扶餘城, 與李勣等, 遇於薛賀水, 合戰敗, 死者三萬餘人, 勣進

攻大行城,… 李勣拔平壤, 勣旣克大行城, 諸軍出他道者, 皆與勣會, 進至鴨淥柵, 我軍拒戰, 勣等敗之… 至平壤城下, 勣軍繼之, 圍平壤月餘, 王臧遣泉男産, 帥首領九十八人, 持白幡詣勣降, 勣以禮接之, 泉男建猶閉門拒守, 頻遣兵出戰皆敗, 男建以軍事, 委浮圖信誠, 信誠與小將烏沙, … 密遣人詣勣, 請爲內應, 後五日, 信誠開門, 勣縱兵登城, 鼓譟焚城, 男建自刺不死, 앞 三國史記, 204쪽.

　　三國史記 百濟本紀 21대 개로왕 21년(475) 고구려 장수왕이 몰래 백제를 도모하려고 간첩으로 갈 수 있는자를 구하였다. 이때 승 도림이 응모하여 말하기를 "우승이 아직 도를 알지 못하였으므로 國恩에 보답 하고자 합니다. 원컨대 대왕은 신을 어리석다 마시고 쓰시면 꼭 왕명을 욕되게 하지 않겠습니다"고 하였다. 왕이 기뻐하며 비밀리에 보내어 백제를 속이게 하였다. 도림은 거짓으로 죄를 짓고 도망하여 온 것으로 하고 백제에 들어갔다. 백제왕 근개루(개로왕)가 바둑을 좋아하였는데 도림이 궐문에 나아가 고하기를 "신은 어려서 바둑을 배워 자못 묘경에 들어 갔사온데, 왕께 고하기를 바라나이다" 고 하니 왕이 불러들여 바둑을 두었더니 과연 국수였다. 드디어 상객으로 받들어 매우 친근히 하고, 늦게 만난 것을 한하였다. 도림이 하루는 왕을 모시고 앉았다가 조용히 말하기를 "신은 이국인이지만 상(왕)께서 신을 소외시 않으시고 은총이 매우 두터운데 오직 한가지 기술로서 보답할 뿐, 일찍이 털끝 만한 도움을 드린일이 없습니다. 지금 한 말씀 드리려고 하는데 上의 뜻이 어떠신지 알지 못하겠습니다" 하자 왕이 이르기를 "말하라, 만일 나라에 이가 된다면 이는 그대에게 바라는 바이다" 고 하였다. 도림이 말하기를 "대왕의 나라는 사방이 모두 산악과 하해이니 이는 하늘이 베푼 힘요요, 인위적인 형세가 아닙니다. 고로 주위의 나라들이 감히 엿볼 생각을 품지 못하고 오직 받들어 섬기기를 원합니다. 그러므로 왕께서는 마땅히 숭고한 위세와 부유한 실적으로써 남의 이목을 놀라게 할것이온데 성곽과 궁실은 수리되지 아니하고 先王의 해골은 로지(빈 들판)에 가장되어 있고, 백성의 가옥은 자주 河流에 무너지니 신은 대왕을 위하여 좋게 여기지 않습니다." 고 하니 왕이 말하기를 "옳다 내가 그리하리라" 하고 이에 국인을 징발하여 흙을 쪄(烝) 성을 쌓고 안에는 궁실 루각 대사(돈대와 그위의 건물) 등을 지었는데 모두가 장려하였다. 또 욱리하(한강)에서 큰 돌을 캐어다가 곽을 만들어 부왕의 뼈를 개장하고 한강 연변에 따라 둑을 쌓되 사성(풍납리 토성) 동쪽에서 시작하여 숭산북(黔丹산 뒤의 倉隅里)에 까지 이르렀다. 이로 인하여 창름(倉廩)이 비고 인민이 곤궁하니 나라의 위태로움이 알(卵)을 쌓아 놓음보다 더 하였다. 도림이 도망해 돌아와서 이

三. 사회(社會)의 비참상(悲慘狀)　187

사실을 고하매, 장수왕이 기뻐하여 백제를 치려고 곧 군사를 장수에게 내어 주었다. 근개루왕(개로왕)이 이를 듣고 아들 문주에게 이르기를 "내가 어리석고 밝지 못하여 간인의 말을 신용하고 이지경에 이르렀다. 백성은 쇠잔하고 군대는 약하니 비록 위태한 일이 있다 하더라도 누가 나를 위하여 힘써 싸우기를 즐겨 하겠는가. 나는 마땅히 사직을 위하여 죽겠지만 너도 여기서 함께 죽는것은 무익한 일이다. 너는 난을 피하여 나라의 계통을 잇도록 하라"고 하였다. 문주는 이에 木劦滿致 祖彌桀取와 함께 남으로 갔다. 이때 고구려의 대로(관직)인 제우 재증걸루 고이만년 등이 병사를 거느리고 와서 북성(서울 彰義門 밖)을 쳐서 7일 만에 함락하고 다시 남성(남한산성 춘궁리)을 치니 성중이 흉흉하였다. 왕이 도망해 나갔는데 고구려의 장수 걸루 등이 왕을 보고 말에서 내려 절을 하고 조금 있다가 왕의 얼굴을 향하여 세 번 침을 뱉고 그 죄를 세어 책망하면서 아단성(서울 광장리 峨嵯산성) 밑으로 박송하여 살해하였다.… 걸루와 만년은 백제인이었는데 죄를 짓고 고구려로 도망한 것이었다.

高句麗長壽王陰謀百濟, 求可以間諜於彼者, 時浮屠道琳應募曰, 愚僧旣不能知道, 思有以報國恩, 願大王不以臣不肖, 指使之, 期不辱命, 王悅密使諜百濟, …桀婁 萬年本國人也, 獲罪逃竄高句麗, 앞 三國史記, 229-230쪽.

三國史記 新羅本紀 28대 진덕왕 3년(649) 8월에 백제의 장군 은상이 무리를 거느리고 와서 석토 등 7성을 공함하였다. 왕이 대장군 유신과 장군 진춘 죽지 천존 등을 명하여 나아가 백제군을 막게 하였다. 전투가 10여 일이 지나도 적이 물러가지 아니하므로 군사를 내어 도살성(천안)밑에 진을 치고 유신이 군중에게 이르되 "오늘은 반드시 백제인이 와서 간첩을 할터이니 너희들은 거짓 알지 못하는 것처럼하여 감히 힐문하지 말라" 하고 사람을 시켜 군중에 돌아다니며 이르기를 "견고한 적성이 움직이지 않으니 명일에는 구원군을 기다려 결전하겠다"고 하였다. 간첩이 듣고 돌아가 은상에게 보고한즉 은상 등이 서로 말하기를 적병이 필연 증가 하리라하고 의구하였다. 이에 유신 등은 진격하여 대파하고 장사 100인을 죽이기도하고 사로잡기도 하였으며 군졸 8,980급을 베고 전마 10,000필을 획득하고 병기와 같은것은 이루 헤아릴 수 없었다.

百濟將軍殷相, 率衆來, 攻陷石吐等七城, 王命大將軍庾信 將軍陳春 竹旨 天存等出拒之, …明日待援軍, 然後決戰, 諜者聞之, 歸報恩相, 相等謂有加兵, 不能不疑懼, 於是, 庾信等進擊, 大敗之, 殺虜將士一百人, 斬軍卒八千九百八十級, 獲戰馬一萬匹, 至若兵仗, 不可勝數, 위 三國史記, 51쪽.

三國史記 列傳 第二. 金庾信 中전에 2년 8월에 백제 장군 은상이 와서 석토성 등 7성을 공격하니, 왕이 유신 죽지 진춘 天存등의 장군에게 명하여 나아가 방어케 하였다. 3군을 5도로 나누어 공격하매, 피차간 이기고 지고 하여 10여일이 되도록 그치지 아니하였다. 시체가 들판에 가득하고 피가 흘러 절구공이가 뜨기 까지 하였다. 이에 신라군은 道薩城(天安) 아래에 주둔 하면서 말을 쉬이고 군사들을 잘 먹이고 재거를 도모하였다. 이때 물새가 동쪽으로 날아와서 유신의 군막을 지나가 니 장사들이 보고 不吉 하다고 하였다. 유신이 "그것은 괴이하게 여길것이 못 된다" 하면서 여러 사람들에게 이르기를 "오늘 반드시 백제인이 정탐하러 올 것이니 너희들은 거짓 모르는척 하고 누구냐고 묻지 말라" 하였다 그리고 또 군중에 널리 알리기를 "성벽을 굳게 지키며 움직이지 말것이며 명일 구원병이 온 다음에 결전한다" 고 하였다. 첩자가 듣고 돌아가 은상에게 보고하니 은상 등은 신라의 병력 증가가 있다고한 것에 의구치 아니할 수 없었다. 여기서 유신 등은 일시에 분격하여 크게 이기고 장군 달솔(2품) 정중과 사졸 100인을 사로잡고, 佐平 은상 달솔 자견 등 10 인과 군사 8,988 인의 목을 자르고 말 10,000 필과 투구 갑옷 1800 벌을 얻고 다른 병기의 노획도 이정도였다. 그리고 돌아갈 때에는 길에서 백제의 좌평 정복이 군사 1,000 인을 거느리고 와서 항복 하므로 모두 놓아주어 갈대로 가게하였다. 경주에 이르니 大王이 문에 나와 맞이하여 위로하고 厚待하였다.

영휘(당 고종 연호) 6년(655) 9월에 유신이 백제에 들어가 刀比川城(영동군 양산면 비봉산성)을 쳐서 이겼다. 이때 백제는 군신이 사치하고 음일하여 국사를 돌보지 아니하매, 백성이 원망하고 신령이 노하여 재변괴이(災變怪異)가 여러번 나타났다. 유신이 왕께 고하기를 "백제왕이 무도하여 그 죄가 걸·주(桀·紂) 보다 더하니 참으로 하늘의 뜻에 따라 백성을 조문하고 죄를 칠때 입니다" 고 하였다. 이에 앞서 조미갑 급찬(9품)이 부산현(진해 부근)령으로 있었던 바, 백제에 사로 잡혀가서 좌평 임자의 집 종이 되었는데 일을 부지런히 하고 정성껏하여 태만하지 않았다. 임자가 가긍히 여겨 의심치 않고 마음대로 출입케 하였다. 그래서 그가 도망하여 돌아와 백제의 사정을 유신에게 고하였다. 유신은 조미갑이 충정하여 쓸만함을 알고 말하기를, "내가 들으니 임자가 백제의 일을 전달한다 하니, 함께 의론하고 싶은 생각이 있으나 계제(階梯)가 없었다. 그대가 나를 위하여 다시 돌아가 말하라" 하니, 대답하기를 "公이 나를 부초하다 않으시고 시키시니 죽더라도 뉘우침이 없겠습니다" 고 하였다. 그리고 다시 백제로 들어가서 임자에게 고하기를 "제 스스로 생각에 이미 국민이 되었으니, 국속을 알아야 하겠다하여 나가 놀기 여러 순일 동안 돌아오지 아니 하였더니, 개와 말이 주인을 생각하는 마음을 참을 수 없어 다시 돌아왔습니다" 하니 임자가 믿고 책망하지 않았다. 조미갑이 틈을 타서 보고 하기를 "전번에는 죄를 받을 까 두려워하여 감히 바른대로 말하지 못했습니다. 사실인 즉 신라에 갔다가 돌아왔는데 유신이 나에게 일러 다시 가서 그대에게 고하라 하되 나라의 흥망을 미리 알 수 없는 일이니 만일 그대의 나라가 망하면 그대가 우리나라에 의지하고, 우리나라가 망하면 내가 그대의 나라에 의지하도록 하자고 하였습니다."고 하였다. 임자가 듣고 묵묵히 말이 없었다. 조미갑이 황공(惶恐)하여 물러와 죄 주기를 기다리고 있었다. 두어달 만에 임자가 불러서 묻기를 "네가 전번에 말한바 유신의 말이 어떤것인가" 하니 조미갑이 놀라고 두려워하여 전에 말한대로 대답하니, 임자가 "네가 전한 말을 내가 잘 알았다. 가서 알리라"고 하였다. 그래서 조미갑이 와서 말하고 백제의 다른 중외의 일도 정령 상실하게 말하니 여기서 더욱 백제를 병탄할 모의를 급히 하였다.

　百濟將軍殷相來攻石吐等七城, 王命庾信, 及竹旨 陳春天存等將軍出擊之, 分三軍爲五道擊之,…庾信曰, 此不足怪也, 謂衆曰, 今日必有百濟人來諜, 汝等佯不知, 勿敢誰何, 又使徇于軍中曰, 堅壁不動, 待明日援軍至, 然後決戰, 諜者聞之, 歸報殷相, 殷相等謂有加兵, 不能不疑懼, 於是, 庾信等一時奮擊, 大克之, 生獲將軍達率正仲, 士卒一百人斬, 佐平殷相達率自堅等十人, 及卒八千九百八十人, 獲馬一萬匹… 앞 三國史記, 399쪽.

　三國史記 列傳 第二 金庾信 中전에 유신이 일찍이 중추야에 자제들을 이끌고 대문 밖에 섰더니 문득 서쪽에서 오는 사람이 있었다. 유신은 그가 고구려의 첩자인줄을 알고 불러 앞으로 오게하여 말하기를 "너의 나라에 무슨일이 있는가" 하니 그 사람은 허리를 굽히고 감히 대답하지 못하였다. 유신이 "무서워 할것이 없다. 사실대로 말하라"고 하였는데 또 말하지 않았다. 유신이 이르기를 "우리 국왕은 위로 하늘의 뜻을 어기지 않고 아래로 인심을 잃지 않으매 백성들이 기뻐하여 모두 자기생업을 즐기고 있다. 지금 네가 보았으니 가서 너의 나라 사람들에게 말하라" 하고 위로하여 보냈다. 고구려 사람들이 듣고 "신라는 작은 나라이지만 유신이 재상이 되었으니 업수이 여길 수 없다"고 하였다.

　庾信嘗以中秋夜, 領子弟立大門外, 忽有人從西來, 庾信知高句麗諜者, 呼使之前曰, 而國有底事乎, 其人俯而不敢對, 庾信曰, 無畏也, 但以實告, 又不言, 庾信告之曰, 吾國王上不違天意, 下不失人心, 百姓欣然, 皆樂其業, 今爾見之, 往告而國人, 遂慰送之, 麗人聞之曰, 新羅雖小國, 庾信爲相不可輕也. 위 三國史記, 401쪽.

군도(軍導)

三國史記 百濟本紀 27대 위덕왕 45년(598) 9월에 왕이 수가 요동에 역을 일으킨다는 것을 듣고 사신을 보내어 글월을 전하며 군도가 되기를 청하였다. 제가 조서를 보내어 이르기를 "왕년에 고구려가 조공을 바치지 않고 인신의 예를 닦지 아니 하므로 장수에게 명하여 치게 하였다. 고원(영양왕)의 군신이 두려워하여 귀죄하므로 내가 이미 용서 하였으니 정벌치 않겠다" 하고 우리 사자를 후히 대접하여 돌려 보냈다. 고구려가 이 사실을 모두 알고 군사로써 국경을 침범하였다.

王聞隋興遼東之役, 遣使奉表請爲軍道, 帝下詔曰, 往歲高句麗不供職貢, 無人臣禮, 故命將討之, 高元君臣, 恐懼畏服歸罪, 朕已赦之, 不可致伐, 厚我使者而還之, 高句麗頗知其事, 以兵侵掠國境, 앞 三國史記, 239쪽.

결사대(決死隊)

三國史記 新羅本紀 27대 선덕왕 11년(642) 8월에 백제의 장군 윤충이 군사를 거느리고 와서 대야성(합천)을 공발(攻拔)하니, 도독 이찬 품석과 사지 죽죽 용석 등이 전사하였다. 겨울에 왕이 장차 백제를 쳐서 대야의 역을 보복하려 하여 이찬 김춘추를 고구려에 보내어 군사를 청하였다. 처음 대야에서 패할 때에 도독 품석의 처도 죽었는데 그는 춘추의 딸이었다. 춘추가 그 죽음을 듣고 기둥에 의지해 서서 종일 토록 눈을 깜짝이지 않고, 사람이나 물건이 그 앞을 지나도 알지 못하더니, 얼마 후에 말하기를 "슬프다. 대장부가 되어 어찌 백제를 멸하지 못하랴" 하고 곧 왕에게 나아가 말하되 "신이 고구려에 봉사하여 그 군사를 청하여 백제에 대한 원수를 갚고 싶습니다."고 한즉, 왕이 허락하였다. 고구려왕 高臧(寶臧王)이 본래 춘추의 이름을 들은지라 군사의 호위를 엄중히 한 후에 그를 보았다. 춘추가 나아가 말하되 "이제 백제가 무도하여 장사봉시(長蛇封豕)가 되어 우리의 지경을 침범 하므로 과군이 대국의 병마를 얻어 그 치욕을 씻으려 하여 하신으로 하여금 하집사에게 귀의함이라"고 하였다. 고구려왕이 이르되 "죽령은 본시 우리의 지역이니 네가 만일 죽령 서북의 땅을 돌려 보내면 원병을 보내겠다"고 하였다. 춘추가 대답하되 "신은 군명을 받들어 군사를 청함이어늘 대왕께서는 남의 환란을 구하여 이웃과 친선하려 함에는 뜻이 없으시고 단지 사인을 위협하여 국토의 반환만 요구 하시니 신은 죽을 지언정 다른 것은 알지 못합니다"고 하매, 왕이 그 말의 불공함을

노하여 춘추를 별관에 가두었다. 춘추가 가만히 사람을 시키어 본국 왕에게 사실을 고하매, 왕이 대장군 김유신을 명하여 결사대 10,000명을 거느리고 가게 하였다. 유신의 행군이 한강을 지나 고구려의 남경에 들어간즉 고구려왕이 듣고 춘추를 놓아 돌려 보냈다.

百濟將軍允忠, 領兵, 攻拔大耶城, 都督伊伊湌品釋, 舍知竹竹, 龍石等死之, 冬, 王將伐百濟, 以報大耶之役, 乃遣伊湌金春秋於高句麗, 以請師, 初大耶之敗也, 都督品釋之妻死焉, 是春秋之女也, 春秋聞之, 倚柱而立, 終日不瞬, 人物過前而不知省, 旣而言曰, 嗟乎大丈夫, 豈不能吞百濟乎, 便詣王曰, 臣願奉使高句麗, 請兵, 以報怨於百濟, 王許之, 高句麗王高臧, 素聞春秋之名, 嚴兵衛而後見之, 春秋進言曰, 今百濟無道, 爲長蛇封豕, 以侵軼我封疆, 寡君願得大國兵馬, 以洗其恥, 乃使下臣致命於下執事, 麗王謂曰, 竹嶺本是我地分, 汝若還竹嶺西北之地, 兵可出焉, 春秋對曰, 臣奉君命, 乞師, 大王無意救患以善隣, 但威劫行人, 以要歸地, 臣有死而已, 不知其他, 臧怒其言之不遜, 囚之別館, 春秋潛使人告本國王, 放春秋以還, 앞 三國史記, 47-48쪽.

삼국의 인구와 장병수(三國의 人口와 將兵數)

백제 인구는

南史 百濟전에, 백제는 앞서 동이에 삼한국이 있었는데 하나는 마한이요, 둘은 진한이요, 또 하나는 변한이다. 변한과 진한은 각각 12국이 있었고, 마한은 54국이었다. 큰 나라는 1만 여가, 작은 나라는 수천가로서 모두 10여 만호가 되니, 백제는 곧 그중의 하나였다. 뒤에 점차 강대하여져서 여러 작은 나라들을 합하였다.

百濟者, 其先東夷有三韓國, 一曰馬韓, 二曰辰韓, 三曰弁韓, 弁韓辰韓各十二國, 馬韓有五十四國, 大國萬餘家, 小國數千家, 總十餘萬戶, 百濟卽其一也, 後漸强大, 兼諸小國, 앞 中國正史朝鮮傳, 559쪽.

같은 내용이 梁書 百濟전에도 실렸는데

百濟者, 其先東夷有三韓國, 一曰馬韓, 二曰辰韓, 三曰弁韓, 弁韓辰韓各十二國, 馬韓有五十四國, 大國萬餘家, 小國數千家, 總十萬餘戶, 百濟卽其一也, 後漸强大, 兼諸小國, 위 中國正史朝鮮傳, 540쪽.

三國史記 百濟本紀 義慈王 20년 백제국에는 본래 5부(上府(東部), 前部(南部), 中部, 下部(西部), 後部(北部)), 37군 200성 76만호(호당 약 8명이면, 6,080,000명)가 있었는데 이때 그 지역을 나누어 웅진 마한 동명 금연 덕안의 5도독부를 설치하고 주현을 통할하게 하였다.

國本有五部, 三十七郡, 二百城, 七十六萬戶, 至是, 折置熊津, 馬韓, 東明, 金漣, 德安 五都督府, 各統州縣, 앞 三國史記, 248쪽.

舊唐書 百濟전에, 그 나라는 본래 5부로 나뉘어져 모두 37군, 200성에 호구는 76만이었다. 이 때에 와서 그 땅에 웅진 마한 동명 등 5도독부를 두어 각각 주현을 통괄케 하였다. 백제 출신 추장으로 도독, 자사 및 현령을 삼았다.

其國舊本爲五部, 統郡三十七, 城二百, 戶七十六萬戶, 至是乃以其地分置熊津 馬韓 東明等五都督部, 各統州縣, 立其酋渠爲都督, 刺史及縣令, 앞 中國正史朝鮮傳, 579쪽.

周書 百濟전에, 도성에는 10,000호가 거주하며 5부로 나뉘었는데 상부·전부·중부·하부·후부로서 거느린 군사는 500명이다. 5방에는 각기 방령 1인을 두어 달솔로 임명하고, 군에는 장수 3인이 있는데 덕솔로 임명한다. 방에서 거느린 군사는 1,200명 이하 700명 이상이었다.

都下有萬家, 分爲五部, 曰 上部 前部 中部 下部 後部, 統兵五百人, 五方各有方領一人, 以達率爲之, 郡將三人, 以德率爲之, 方統兵一千二百人以下, 七百人以上, 城之內外民庶及餘小城, 위 中國正史朝鮮傳, 549쪽.

北史 百濟 전에도, 도성에는 10,000호가 거주하고 5부로 나뉘었는데 상부 전부 중부 하부·후부가 있다. 부에는 5항(巷)이 있어 사(士)와 서인(庶人)이 거주하고 부마다 병사 500명씩 통솔한다.

都下有萬家, 分爲五部, 曰上部 前部 中部 下部 後部, 部有五巷, 士庶居焉, 部統兵五百人, 五方各有方領一人, 以達率爲之, 方佐貳之, 方有十部, 郡有將三人, 以德率爲之, 統兵一千二百人以下, 七百人以上, 城之內外人庶及餘小城, 咸分隸焉, 위 中國正史朝鮮傳, 566쪽.

고구려 인구는

三. 사회(社會)의 비참상(悲慘狀)

三國志 高句麗전에, 고구려는 요동의 동쪽 천리 밖에 있다. 남쪽은 조선 예맥과, 동은 옥저와 북은 부여와 국경을 접하고 있다. 환도 아래에 도읍 하였는데 면적은 사방 2천리이고, 호수는 3만이다.
高句麗在遼東之千里, 南與朝鮮, 濊貊, 東與沃沮, 北與夫餘接, 都於丸都之下, 方可二千里, 戶三萬, 앞 中國正史朝鮮傳, 522쪽.

三國遺事에서는
고구려전에 고구려가 전성할 때는 210,580호가 되었다.
高麗全盛之日, 二十一萬五百八戶, 李丙燾 譯註, 1992, 三國遺事, 明文堂, 33쪽.

변한 백제전에, 백제 전성시대에는 152,300호가 있었다.
百濟全盛之時, 十五萬二千三百戶, 위 三國遺事, 34쪽.

辰韓전에 신라 전성 시대에는 서울에 178,930호였다.
新羅全盛之時, 京中十七萬八千九百三十六戶, 위 三國遺事, 34쪽.

노역(勞役)

노역은 요역(徭役)·역역(力役) 이라고도 하는데 인간의 노동력이 국가권력에 의해 무상(無償)으로 수탈(收奪)되는 강제노동이다. 삼국이나 통일신라시대의 역(役)에 대한 구체적인 내용은 알 수는 없으나 각종 세(稅)중에 가장 큰 부담이 었을것이다. 삼국의 경우 일반백성 중에 15세가 되면 각종 국가적인 토목공사 즉 궁궐신축 개보수, 저수지 신작(新作) 개보수, 축성(築城) 도로확장 공사, 전쟁물자 수송, 사찰건축 기타 노역에 강압적으로 동원되었다. 통일된 신라사회에서는 요역 수취에서 가장 큰 부담은 녹읍(祿邑)이다. 녹읍은 원래 관료들에게 복무에 대한 보수로 지급되다가 신문왕 9년(689)에 폐지되어 관료전(官僚田)이 지급되었는데 얼마 후에 다시 녹읍제로 환원되었다. 녹읍제는 녹읍내에 거주하는 주민들에 대한 인신적 노동력의 수탈이었다.

後漢書 高句驪전에
궁실(宮室)을 잘 지어 치장한다.

而好修宮室, 앞 中國正史朝鮮傳, 515쪽.

이와 같은 기록은
三國志 高句麗 전에,
好治宮室, 위 中國正史朝鮮傳, 522쪽.

梁書 高句驪 전에,
好治宮室, 위 中國正史朝鮮傳, 538쪽.

魏書 高句麗 전에,
其王好治宮室, 위 中國正史朝鮮傳, 543쪽.

南史 高句麗 전에,
好修宮室, 위 中國正史朝鮮傳, 558쪽.

北史 高句麗전에도 실려있어서, 왕이 집무(執務)와 거처하는 궁실을 건축·수리하고 치장 하는데 얼마나 많은 백성들이 동원되었는지를 알 수 있을 것이다.
한편 이 시기에 중국의 진(秦)나라에서도 잦은 노역을 강요하여 한(韓)으로 도망해 오는 자가 많았다고 하니 몇 기록을 알아보면

後漢書 韓전에, 진(秦)나라의 망명한 사람들로서 고역(苦役)을 피하여 한(韓)에 오자, 마한이 그들의 동쪽 지역을 분할하여 주었다.
辰韓, 耆老自言秦之亡人, 避苦役, 適韓國, 馬韓割東界地與之, 위 中國正史朝鮮傳, 518쪽.

三國志 辰韓전에도 같은 내용이 있는데
辰韓在馬韓之東, 其耆老傳世, 自言古之亡人避秦役來適韓國, 馬韓割其東界地與之, 위 中國正史朝鮮傳, 528쪽.

晉書 辰韓전에도 같은 내용이 있고
辰韓在馬韓之東, 自言秦之亡人避役入韓, 韓割東界以居之, 앞 中國正史朝鮮傳, 531쪽.

三. 사회(社會)의 비참상(悲慘狀)　195

梁書 新羅전에도 같은 내용이 있다.

新羅者, 其先本辰韓種也, 辰韓亦曰秦韓, 相居萬里, 傳言秦世亡人避役來適馬韓, 馬韓亦割其東界居之, 以秦人, 故名之曰秦韓, 위 中國正史朝鮮傳, 541쪽.

北史 新羅전에도, 진나라 때 유망인(流亡人)들이 역(役)을 피하여 오므로 마한에서는 그 동쪽 지역을 분할하여 그들을 살게 하였다.

新羅者, 其先本辰韓種也, 地在高麗東南, 居漢時樂浪地, 辰韓亦曰秦韓, 相傳言秦世亡人避役來適, 馬韓割其東界居之, 以秦人, 故名之曰秦韓, 위 中國正史朝鮮傳, 568쪽.

장정들의 역사에 동원된 기록 몇 예를 찾아보면

三國史記 新羅本紀 21대 照知麻立干 8년(486)에 일선(一善) 계(界)의 정부(丁夫·壯丁) 3,000인을 징발하여 삼년(보은) 굴산(屈山)의 2성을 고쳐 쌓았다한다.

八年 徵一善界丁夫三千, 改築三年 屈山二城, 위 三國史記, 32쪽.

15세 이상 징발(徵發)

三國史記 高句麗本紀 14대 봉상왕 9년(300) 8월에 왕이 국내의 남녀 15세 이상을 징발하여 궁실을 수리하니 백성은 식료(食料)의 절핍(絶乏)과 역사(役事)의 괴로움으로 도망하였다.

八月, 王發國內男女年十五已上, 修理宮室, 民乏於食, 因於役, 因之以流亡, 위 三國史記, 161쪽.

삼국사기 신라본기 20대 자비왕 11년(468) 9월에 아슬라(강능)인 15세 이상을 징발하여 니하(강능 五十川)에 성을 쌓았다.

秋九月, 徵阿瑟羅人年十五已上, 築城於泥河(泥川), 위 三國史記, 30쪽.

삼국사기 백제본기 시조 온조왕 41년(23) 2월에 한수(漢水)의 동북 여러 부락에 사는 나이 15세 이상인 자를 징발하여 위례성을 수축(修築)하였다.

四十一年, 二月, 發漢水東北諸部落人年十五歲以上, 修營慰禮城, 앞 三國史記, 211쪽.

16대 辰斯王 2년(386) 봄에 국내의 15세 이상인 자를 징발하여 관방(關防, 변방의 방비)을 설치 하였는데 청목령(靑木嶺, 개성부근)에서 시작하여 북은 팔곤성(위치 미상), 서쪽은 바다에 이르렀다.

二年, 春, 發國內人年十五歲已上, 設關防, 自靑木嶺, 北距八坤城, 西至於海, 위 三國史記, 223쪽.

18대 腆支王 13년(417) 7월에 동북 2부의 사람으로 15세 이상을 징발하여 사구성(위치미상)을 쌓았는데 병관좌평 해구(兵官佐平 解丘)로 하여금 役事를 감독케 하였다.

徵東北二部 人年十五已上, 築沙口城, 使兵官佐平解丘監役, 위 三國史記, 225-226쪽.

24대 東城王 12년(490) 7월에 북부인 15세 이상을 징발하여 사현(위치미상)과 이산(위치미상) 2성을 쌓았다.

秋, 七月, 徵北部人年十五歲已上, 築沙峴, 耳山二城, 위 三國史記, 233쪽.

25대 武寧王 23년(523) 2월에 왕이 한성(漢城)에 가서 좌평 인우, 달솔 사오 등에게 명하여 한수 이북의 주군의 15세 이상의 백성을 징발하여 쌍현성을 쌓았다고 하였다.

春二月, 王幸漢城, 命佐平因友, 達率沙烏等, 徵漢北州郡民年十五歲已上, 築雙峴城, 위 三國史記, 235쪽.

역사(役事) 중지

한재(旱災)·기근(饑饉)·전쟁(戰爭) 등으로 역사(役事)를 정지시킨 일도 있었는데

三國史記 高句麗本紀 25대 평원왕 13년(571) 8월에 궁실을 중수하는데 황재(蝗災)·한재(旱災)가 있어 역사를 중지하였다하고,

八月, 重修宮室, 蝗旱, 罷役, 위 三國史記, 179쪽.

삼국사기 신라본기 13대 味鄒尼師今 15년(276) 2월에 신료(臣僚)들이 궁실 개작을 청하니 왕은 백성들의 중노동으로 여겨 쫓지 않았다.

春二月, 臣僚請改作宮室, 上重勞人不從, 앞 三國史記, 21쪽.

16대 訖解尼師今 5년(314) 2월에 궁궐을 중수 하다가 비가 오지 아니함으로 역사를 정지하였다.

春二月, 重修宮闕, 不雨乃止, 위 三國史記, 23쪽.

三國史記 百濟本紀 30대 무왕 31년(630) 2월에 사비(부여)의 궁성을 중수하고, 왕이 웅진성으로 거동하였다. 여름에 가물어서 사비의 역사를 그쳤다고 하였다.

春二月, 重修泗沘之宮, 王幸熊津城, 夏, 旱, 停泗沘之役, 위 三國史記, 242쪽.

VIII. 맺음말

삼국시대 사람들이 비참한 생활을 하게된 원인은 한 두가지가 아니겠으나 크게 나누어 본다면 자연환경과 재해로 인한 기근, 각종의 질역, 인위적인 전쟁 노역(勞役)이라고 할 수 있을 것이다.

특히 고구려는 산곡(山谷)에 거주하므로 원택(原澤, 넓은 들과 못)이 적고, 토지가 척박(瘠薄)하여 자급자족 하기가 어려워 백성들이 음식을 아껴 먹는다하였고, 삼국이 같이 가뭄·장마(洪水)·누리(害蟲) 등 자연재해에 의한 흉년, 역질(疾病), 그리고 궁궐 건축(개축), 축성(築城), 저수지의 신·개축등 대대적인 토목 건설 공사로 인한 장정들의 징발, 인접 국가와의 영토확장을 위한 침략·방어 등의 대소 전쟁으로 사회경제는 매우 곤란하여 도적이 곳곳에서 수시로 일어나고, 자녀까지 팔아서 연명 한다던가, 서로 잡아먹을 정도로 처참한 생활을 하기도 하였다. 또 전장에서 죽은 사람의 시체를 뜯어 먹었다던가, 자기 살을 베어 아버지를 먹였다는 기록도 보았다. 삼국사기에는 자연재해로 사망한자보다 전투에서 죽은자가 훨씬 많은것을 알 수 있는데, 문무왕 2년 김유신·김인문 등 장군에게 명하여 수레 2,000여량에 쌀 4,000석과 벼 22,000여석을 싣고 당군이 주둔한 평양으로 가는데 눈·바람이 불고 몹시 추워 사람과 말의 동사(凍死)가 많았다. 그럼에도 고구려 병사의 목을 10,000여급을 베었다고 하지만 신라 장병들도 상대적으로 많은 사상자가 있었을 것이다. 또 문무왕 11년 12월에 당군이 주둔한 웅진(공주)에는 노약자들에게 군량을 수송케 하였는데 노상에서 눈을 만나 군량을 운송하던 인마(人馬)가 모두 얼어죽어 100에 1명도 돌아오지 못하였고, 멀리 당군이 주둔한 평양에는 건장한 장병들에게 군량을 수송케 하였는데, 비가 계속 내리고 눈비로 심하게 추워서 인마가 얼어죽어 군량을 보낼수 없게 되자 평양의 당나라 군사들은 돌아가려하고, 신라의 병마도 양식이 다하여 돌아오려 하였는데 군사들은 굶주림과 추위에 손발이 얼고 길거리에서 죽어가는 자가 수도 없었다. 신라사람들은 극도로 피폐(疲弊)하고, 우마는 모두 죽고, 정사는 어지럽고 농사는 때를 잃어 곡식이 되지 않고, 창고는 바닥이 나서 백성들은 초근목피도 부족한데 웅진의 당나라 군사 들은 신라인이 수송한 군량으로 양식의 여유가 있었다고 하니 참으로 기가 막힐 일이다. 또 당군들은 집을 떠나온지 오래 되어 의복이 헤어져 신라는 때에 맞는 옷을 보내주었다. 10,000여명의 당군들이 4년간 신라에서 의식을 제공 받았으니 그들의 피골(皮骨)은 비록 한(漢)나라에서 출생 하였으나 혈육은 모두 신라의 소양(所養)이라 하였으니, 신라백성들의 고통이 이만저만이 아니었음을 알 수 있다.

한편 고구려 영양왕 23년조를 보면 고구려의 법령이 가혹하고 부세(賦稅)가 번중하여 강신호족(强臣豪族)이 다 국권을 잡고 붕당편애(朋黨偏愛)로 풍속이 어지럽고, 뇌물이 시장(市場)과 같고, 억울한 자는 말을 못하고 여러해의 재난 흉작으로 백성들은 모두 굶주림에 허덕이며, 전쟁은 쉴 틈이 없고(건국이래 대소전투 140여회), 공역(公役)은 기한이 없고, 민력(民力)은 운반에 탕갈(蕩竭)되고 몸은 구렁텅이에 굴러 백성들이 고통 중에 있다하였다.

그리고 문무왕 8년 9월 나당연합군이 평양을 포위하니 고구려 보장왕은 천남생(泉男生 莫離支, 蓋蘇文의 3子) 등을 보내어 영공 이적(英公 李勣, 遼東道行軍大摠管)에게 항복하니, 이적은 보장왕과 왕자 및 대신 등 220,000여명이라는 놀라운 수를 포로로 하여 수천리 밖 당나라로 끌고 갔다. 정사(政事)는 몹시 어려웠고 백성들의 고통은 말할 수 없이 곤궁(困窮)하였을 것이다.

자연환경·혈통·언어·풍속이 같은 삼국사람들이 나라 이름과 정치제도만 달랐을 뿐, 거의 같은 생활을 영위하였으나 국왕을 중심으로 한 통치자들의 영토 확장을 위한 침략과 대외전쟁 대소 역사(役事) 동원, 자연재해의 기근(饑饉), 역질(疫疾) 등으로 인한 굶주림은 많은 백성들에게 큰 고통을 주고 나아가 정사(政事)도 매우 어려웠음을 알아보았다.

四. 三國時代의 음란(淫亂)·혼례(婚禮)·공녀(貢女)

Ⅰ. 머리말

Ⅱ. 질투(嫉妬)·음란(淫亂)과 형벌(刑罰)
    질투(嫉妬, 투기)·음란(淫亂)   질투(嫉妬, 妬忌)와 형벌(刑罰)   王의 황음(荒淫)
    왕비(王妃)의 황음(荒淫)   여왕(女王)의 황음(荒淫)   왕실(王室)의 난행(亂行)
    고위신료(高位臣僚)의 황음(荒淫)

Ⅲ. 혼례(婚禮)·국제혼(國際婚)
    국제혼(國際婚)

Ⅳ 공녀(貢女)
    공녀(貢女)를 되돌려 보냄   공녀(貢女)를 금지함

Ⅴ. 맺음말

Ⅰ. 머리말

 성(性)은 같은 종(種)내지 유사(類似)한 생물이 자웅(雌雄)으로 구별되는 것으로, 이 암수의 생물이 직접 또는 간접으로 교배(交配)라는 수단에 의하여 종자(種子)나 종족(種族)을 얻게 되는 것이다. 인간은 혼인(婚姻·婚禮)이라고 하는 사회제도에 따라 남녀가 결합하여 남편과 아내가 된다. 그러므로 혼인은 당사자의 인생에 관련되는 일신상의 문제인 동시에 사회적인 여러가지 의미를 내포하고 있다. 따라서 혼인을 하면 남편과 아내라는 지위를 사회적으로 인정하는 동시에 규범(規範)에 따라 권리와 의무를 부여 받는다. 그런데 혼인은 부부로서의 성관계를 인정받는 대신 혼외(婚外) 성관계를 엄격히 제한하고 있다.
 대부분의 생물들이 종자 번식만을 위하여 교접(交接)행위를 하는데 비해, 인간들은 종족 보존 외에 남녀가 신체적 접촉을 통하여 정신적·육체적 쾌감을 얻게 되므로, 남녀간에 비정상적인 성교가 귀천(貴賤)을 가리지 않고 지속적으로 일어나고 있어, 사회적인 큰 문제가 되고 있다.
 동서고금을 통하여 인간이 생활하는 곳에서는 기혼(旣婚)·미혼(未婚), 신분의 고하를 가리지 않고 항상 사통(私通)·사간(私姦)·야합(野合)·간음(姦淫)·간통(姦通)·음란(淫亂)·황음(荒淫)·화간(和姦)·강간(强姦) 등의 이름으로 불려지는 불륜(不倫)의 작태(作態)가 사방에서 일어나고 있으므로 정조관념(貞操觀念)을 윤리적으로 강요하기도 하였다. 그럼에도 불구하고 불륜의 관계는 끊이지 않고 계속되어 가정의 파탄(破綻), 사회기강(社會紀綱)의 혼란이 매우 심각하다. 삼국시대의 혼인과 음란에 대하여 살펴봄으로서 왕실을 비롯한 귀족 장군들과 일반 백성들의 성에 대한 사고와 그 사회의 도덕성의 한 단면을 알 수 있을 것이다. 남녀간 자발적이거나 강제적인 성접촉에 대한 술어(述語)도 여러가지로 사용되고 있어 그 중 많이 사용되는 몇 용어 만을 알아보면, 혼인(婚姻)은 남녀가 사회의 절차에 따라 결합하여 부부가 되는것으로 사회적으로 인정된 남녀간의 지속적인 성적 결합이다. 남녀가 모두 일신상의 문제인 동시에 사회문제가 되기도 한다. 혼인이 사회적으로 남녀가 남편과 아내라는 지위를 인정 받음으로서 그 권리와 의무를 다해야하고 혼외의 성관계는 엄격하게 제한하여, 적자(嫡子)와 서자(庶子)를 구별하여 큰 차별을 두기도 하였다. 조선시대 왕실에서는 가례(嘉禮)절차를 밟은 왕·왕비의 자녀에 대해서는 世子·公主, 후비빈(后妃嬪)의 소생은 군(君)·옹주(翁主)의 자격을 주기도 하였다.

후궁(後宮)은 왕의 작은 부인이다. 근세까지의 중국에서는 일부다처제가 공인되고, 신분이 높을수록 많은 처첩(妻妾)을 두었다. 주공(周公)의 저술이라는 周禮에 따르면 天子는 1명의 后와 3夫人, 9빈(嬪), 27세부(世婦), 81여어(女御, 女官) 등 총 121명의 처첩을 둘 수 있다고 하였는데 서진(西晉)의 무제(武帝)는 10,000명 가까운 궁녀를 두기도 하였다.

우리나라에서는 660년 나당(羅唐)연합군에 의해 백제가 멸망할 때 의자왕의 3,000궁녀는 낙화암에서 백마강으로 몸을 던져 순절하였다고 전한다. 그리고 고려 태조가 건국 과정에서 지방호족(地方豪族)들을 통합하고 공신 귀화귀족(歸化貴族)들의 회유책(懷柔策)으로 그들의 딸들을 후비(后妃)로 맞기도 하였다. 1왕후외 6비(妃)까지를 왕후라 칭하고, 왕후(王后) 6인, 후궁(後宮) 23인을 합하면 모두 29명의 비빈(妃嬪)을 거느리었고, 조선시대 世宗도 妃 靑松 沈씨 외, 迎日 鄭씨, 宜寧 南씨, 平山 申씨, 全州 崔씨, 南陽 洪씨, 海州 鄭씨, 令嬪 姜씨, 愼嬪 金씨, 惠嬪 楊씨, 叔媛 李씨, 尙寢 宋씨 등 모두 12명을 취하여 대군(大君) 8, 공주(公主) 2, 군(君) 10, 옹주(翁主) 2, 총 18남 4녀의 22명의 소생을 두었다.

후실(後室)은 후취(後娶)라고도 하는데 혼인을 한 후 부인을 사별(死別)하였거나 이혼(離婚) 또는 정식 혼인을 한 여자가 있음에도 자기가 좋아하는 다른 여자와 동거하는 것이고, 첩(妾)은 정식 아내 이외에 혼인을 하지 않고 데리고 사는 여자인데 우리나라에서는 조선시대 상류계층에 소실(小室)로서의 축첩(蓄妾)이 공인되었고, 근세에 이르기까지 대를 이을 남아(男兒)를 생산하지 못한 가정에서 가족과 합의하여 소실을 거느린 경우도 있었다.

천첩(賤妾)은 기생(妓生) 또는 종이 남의 첩이 된 것을 말한다.

이상은 자기나 다른 사람이 인정하여 동거하는 경우이고, 자기만이 남의 눈을 피하여 비정기적으로 성교를 하는 수가 있는데, 간통(姦通)은 배우자가 있는 사람이, 배우자가 있거나 없거나를 관계치 않고 다른 사람과 은밀하게 진행하는 성관계를 말한다. 엄격한 성의 억제를 특징으로 하는 사회, 예를 들면 이슬람 사회에서는 혼인 외에 모든 성행위를 이에 포함시켜 금지 제재를 가하는데 간부(姦婦)는 돌로 쳐서 죽이고, 간부(姦夫)의 살해도 합법이라고 한다. 옛날 함무라비 법전도 이를 사형으로 다스렸다고 한다. 간통을 엄격히 금지하고 타부시하는 것이 일반적이겠으나 간통을 엄격히 대처하는 사회도 있고, 관용적인 사회도 있다.

매음(賣淫·賣春·淪落)은 금품을 대가로 하여 여러사람과 상습적으로 하는 성행위인데 동서양을 막론하고 널리 행해지고 있다. 고대 인도에서는 무희(舞姬)가 참배자들에게 몸을 맡긴일도 있었고, 이집트 페르시아 등지에서도 같은 형태의 풍습이 있었고(매매노예 포로로 납치된 여자), 고대 로마에서도 공창(公娼) 사창 등이 있었다. 조선시대에 지방에서는 관기(官妓)를 두어 지방 사또나 관원들의 수청(守廳)을 들게 하였고, 주막(酒幕)집이나 남사당(男寺黨) 등 예능인들도 매음을 하였다.

유녀(遊女)는 우리나라 고대사회에서 매음을 하던 여자인데 일반의 기녀(妓女)들과는 달리 양인(良人)의 자녀로 태어나 양인에게 출가(出嫁)하였다가 다른 남자와 사간(私姦)을 한 여자들이다. 피정복(被征服) 마을에서 잡혀 온 여자들이 유녀가 되는 경우도 있다. 중국정사인 주서(周書)와 수서(隋書)에 의하면 고구려에서의 유녀의 존재를 기록하고 있다. 고려 光宗 때 노비안검법(奴婢按檢法)이 제정되어 기녀가 관아(官衙)에 소속되면서 관기(官妓)와 유녀는 구분되고 기녀와 비녀(婢女)가 관청이나 사가(私家)에 명분상 어떤 직무를 띠고 소속이 정해진 반면 유녀는 무소속으로 개인적인 매춘행위를 해서 윤락여성과 같게 되었다.

끝으로 강간(强姦)은 폭행 협박 등에 의해 부녀를 강제로 하는 성행위인데, 부녀는 기혼·미혼·매춘부 등을 불문하고, 또 물리적인 협박이나 심리적 강요, 약물·마취제·최면술 등에 의한 강간도 이에 해당된다. 삼국시대에도 권세에 의한 강제적인 간음·사통 사건 등이 자주 있었다.

Ⅱ. 질투(嫉妬)·음란(淫亂)과 형벌(刑罰)

질투는 자기보다 나은 사람을 시기(猜忌)하고 미워하는 감정인데 심하면 증오(憎惡)와 적개심(敵愾心)을 품게 된다. 어린형제, 친구간에, 애인사이에, 부부간에 크고 작은 질투는 늘 있게 마련이지만 여기서는 동성(同性)간에, 남녀간의 질투 투기와 그에 대한 형벌을 살펴 보겠다.

형벌은 사회가 범죄인에게 그 책임을 물어 법적으로 제재하는 행위인데, 인간은 자고로 공동생활을 하는 습속이 있어 집단생활을 하게된다. 집단생활을 하려면 상식과 약속이 있고, 도덕과 규범(規範)이 발전한 법이 필연적으로 제정 시행됨으로 법에 의한 형벌의 시원은 인간이 집단생활을 하기 시작 할 때부터이고, 사회의 변천 발전에 따라 그 내용도 조금씩 변하게 되었다.

삼국시대에는 고대 부족국가 사회의 형벌제도에 관한 기록이 고대 중국 사서(史書)에 실려 있는데 고조선시대의 8條 금법(禁法)이 60조로 늘어 났다는 기록이 있으며, 그 내용은 살인·상해·절도등의 범죄와 사형(死刑)·배상형(賠償刑)·노비(奴婢)제 등 형벌에 관한 것이다. 그중에서도 부여의 형벌은 매우 준엄하여 살인·절도·간음·투기 등의 범죄에 대해서는 사형·노비·배상(賠償)형·시체유기형(屍體遺棄刑) 등 매우 무거운 형벌을 내리었다.

삼국시대는 율령(律令)이 반포되고 형법이 정비되어 삼국사기나 중국사서 등에 의하면 절도(竊盜)죄·모반(謀叛)죄·임전패배(臨戰敗北)죄·황음(荒淫)죄 등에 관하여 기록되었고 그중에서도 신라의 경우에는 장형(杖刑)·유형(流刑)·사형(死刑) 등이 있었다.

이렇게 민간에서 간음(姦淫)·황음(荒淫)·사간(私姦, 私通) 등은 최고형량인 사형에 처하였음에도 불구하고 단절되지 않고 계속 되었다.

질투(嫉妬, 투기)·음란(淫亂)

南史 高句麗전에, 그나라의 습속은 매우 음란하여 남녀가 서로 야합(野合)하는 경우가 많다.
其俗好淫, 男女多相奔誘, 國史編纂委員會, 1986, 國譯 中國正史朝鮮傳, 558쪽.

魏書 高句麗전에, 풍속이 음란하고 노래와 춤을 즐겨 밤이면 남녀가 떼지어 어울려 노는데 귀천의 구별이 없으며…
其俗淫, 好歌舞, 夜則男女群聚而戲, 無貴賤之節,… 위 中國正史朝鮮傳, 543쪽.

梁書 高句驪전에, 그 나라의 습속은 음란하여 남녀가 서로 야합하는 경우가 많다.
其俗好淫, 男女多相奔誘, 위 中國正史朝鮮傳, 539쪽.

後漢書 高句麗전에, 풍습은 음탕하고 깨끗한 것을 좋아하고 밤에는 남녀가 떼지어 노래를 부른다.
其俗淫, 皆潔淨自憙, 暮夜輒男女群聚爲倡樂, 위 中國正史朝鮮傳, 515쪽

三國志 高句麗전에, 그 풍속은 음란하여…

其俗淫… 앞 中國正史朝鮮傳, 522쪽

周書 高(句)麗전에, 풍속이 음란한 것을 부끄럽게 여기지 않는다. 유녀가 있는데 그 여자에게는 일정한 남편이 없다.
風俗好淫, 不似爲愧, 有遊女者, 夫無常人, 위 中國正史朝鮮傳, 548쪽.

北史 高句麗전에, 풍속은 음란하여 부끄럽게 여기지 않고 남편이 일정하지 않은 유녀가 많다. 밤이면 남녀가 떼를 지어 노는데 귀천의 구별이 없다.
風俗尙淫, 不似爲愧, 俗多遊女, 夫無常人, 夜則男女群聚而戲, 無貴賤之節, 위 中國正史朝鮮傳, 565쪽.

隋書 高(句)麗전에, 부인은 음란하고 유녀가 많다.
婦人淫奔, 俗多遊女, 위 中國正史朝鮮傳, 552쪽.

後漢書 韓전에, 장유의 차례와 남녀 분별 따위의 예가 없다…
無長幼男女之別…위 中國正史朝鮮傳, 518쪽.

질투(嫉妬 妬忌)와 형벌(刑罰)

後漢書 夫餘國전에, 부여(BC. 2C경부터 5C 말까지 북만주 지역에 존속하였던 나라, 북부여라고도한다. 시조 동명이 북으로부터 이주해와 건국하였다하고 동으로 읍루와 서는 오환 선비 남은 고구려와 접하고 남서로는 요동의 중국세력과 연결되었는데, 그 후 전연의 공격으로 쇠망해 고구려에 복속되어 부여왕실은 고구려의 지배하에서 명맥을 유지하다가, 5C말 물길의 침략으로 고구려 내지로 옮겨 21대 문자왕 3년에 고구려에 합병 되었음)에서는 투기하는 여자를 더욱 미워하여 죽인 후 다시 산 위에 시체를 버려둔다.
男女淫皆殺之, 尤治惡妒婦, 旣殺, 復尸於山上, 위 中國正史朝鮮傳, 514쪽.

晋書 夫餘國전에, 남녀가 음란하거나 질투하는 부인은 모두 사형에 처하였다.
男女淫, 婦人妬, 皆殺之, 위 中國正史朝鮮傳, 530쪽.

三國志 夫餘전에, 남녀간에 음란한 짓을 하거나 질투하는 부인은 모두 죽였다. 투기하는 것을 더욱 미워하여 죽이고 나서 시체를 나라의 남산 위에 버려서 썩게한다. 친정집에서 그 부인의 시체를 가져가려면 소와 말을 바쳐야 한다.
男女淫, 婦人妬, 皆殺之, 尤憎妬, 已殺, 尸之國南山上, 至腐爛, 女家欲得, 輸牛馬乃與之, 앞 中國正史朝鮮傳, 521쪽.

舊唐書 高(句)麗전에, 살인자와 겁탈한 자는 목을 벤다.
殺人行劫者斬, 위 中國正史朝鮮傳, 572쪽.

新唐書 高(句)麗 전에도, 사람을 죽인자 및 겁탈한 자는 목을 벤다.
殺人乃剽劫者斬, 위 中國正史朝鮮傳, 594쪽.

周書 百濟전에, 부인으로서 간통죄를 범하면 남편집에 계집종으로 삼았다.
婦人犯姦者, 沒入夫家爲婢, 위 中國正史朝鮮傳, 549쪽.

北史 百濟전에, 부인이 간통하면 남편집에 계집종으로 삼았다.
婦犯姦, 沒入夫家爲婢, 위 中國正史朝鮮傳, 567쪽.

그런데 위와 같은 엄벌이 전연 저촉을 받지 않는 부류가 있었으니, 왕실과 최고위의 귀족들이다. 최고 통치자인 왕으로서 만승지존(萬乘之尊)의 체면과 염치를 잃은 사간(私姦)과 왕후 및 왕실 고위신료들의 황음(荒淫, 私通)사건은 많은 기록을 남기고 있으니, 몇가지 유형으로 나누어 알아보면

王의 황음(荒淫)

삼국사기 고구려본기 시조 東明王 원년(BC.37)에 아란불(阿蘭弗, 扶餘 國相)이 왕을 권하여 그곳으로 도읍을 옮기고 국호를 동부여(함경남도 지방에 있던 東濊)라 하였다. 그 구도(舊都)에는 어디서 왔는지 알 수 없는 사람이 자칭 천제(天帝)의 아들 해모수(解慕漱)라 하고 와서 도읍하였다. 해부루(解夫婁)가 돌아간 후 금와(金蛙)가 그 위(位)를 이었는데 이때 금와는 태백산(백두산)남쪽 우발수(優渤水)에서 한 여자를 만나 내력(來歷)을 물

으니 대답 하기를 "나는 하백(河伯)의 딸로 이름은 유화(柳花)라 하고 여러 아우들과 함께 나와 놀고 있을 때 한 남자가 나타나 스스로 천제의 아들 해모수라 하고 나를 웅심산하(熊心山下) 압록(鴨淥)변의 집속으로 유인(誘引)하여 사욕(私慾)을 채운 후 곧 가서 돌아오지 않으니 우리 부모는 내가 중매도 없이 남에게 몸을 허락하였다고 꾸짖어 드디어 이 우발수에 귀양살이를 하게 하였다"라 하였다.

阿蘭弗遂勸王移都於彼, 國號東扶餘, 其舊都有人, 不知所從來, 自稱天帝子解慕漱, 來都焉, 及解夫婁薨, 金蛙嗣位, 於是時, 得女子於太白山南優渤水, 聞之曰, 我是河伯之女, 名柳花, 與諸弟出遊, 時有一男子, 自言天帝子解慕漱, 誘我於熊心山下, 鴨淥邊室中私之, 卽往不返, 父母責我無媒而從人, 遂謫居優渤水, 李丙燾 校勘, 1993, 三國史記, 乙酉文化史, 129쪽.

10대 山上王 7년(203) 3월에, 왕이 자식이 없어 산천에 기도 하였더니 같은 달 15일 밤 꿈에 천신(天神)이 나타나 말 하기를 "내가 너의 소후(小后)로 하여금 아들을 낳게 할 터이니 근심하지 말라" 하였다. 왕이 꿈을 깨어 여러 신하에게 말하기를 "꿈에 천신이 나에게 이렇게 간곡히 말하였는데 소후가 없으니 어찌하면 좋으냐" 하니 을파소(乙巴素)가 대답하기를 "천명을 헤아릴 수 없으니 왕은 기다리시오" 라 하였다. 12년 11월에 교시(郊豕, 祭天용 돼지)가 놓여 달아났다. 맡은 관리가 그 뒤를 쫓아 주통촌(酒桶村)에 이르니 돼지가 이리저리 달아나 잡지 못하고 있는데 나이 20세 쯤 되는 여자 하나가 곱고 어여쁜 얼굴로 웃으며 앞찔러 잡으니 쫓아가던 자가 비로서 얻게 되었다. 왕이 듣고 이상히 여겨 그 여자를 보려고 미행(尾行, 暗行)하여 밤에 그의 집에 가서 시인(侍人, 왕의 近侍人)을 시켜 달래 보았다. 그 집에서는 왕이 오신것을 알고 감히 거역하지 못하였다. 왕이 방으로 들어가 그 여자를 불러보고 상관하려니 여자가 고하기를 "대왕의 명을 감히 어길 수는 없습니다만은 만일 상관하여 아이가 있게 되면 저버리지 마시기를 바랍니다" 하므로 왕이 허락하였다. 밤 12시에 왕이 일어나 궁으로 돌아왔다. 13년 3월 왕후가 왕이 주통촌에 가서 여자를 상관한것을 알고 투기(妬忌)하여 몰래 군사를 보내어 죽이려고 하므로 그 여자가 듣고 남복을 입고 도망하니 쫓아가 해치려 하였다. 여자가 이르기를 "너희가 지금 나를 죽이려 함은 왕의 명령이냐 왕후의 명령이냐, 지금 나의 배속에는 아이가 들어 있으니 이는 바로 왕의 유체(遺體)이다. 내 몸을 죽이는것은 가하지만 왕자까지 죽이려 하느냐" 하니 군사가 감히 그를 해치지 못하고 돌아와 여자의 말을 고하니 왕후가 노하여 꼭 그를 죽이려 하다가 목적을 이루지 못하였다. 왕이 듣고 그 여자의 집에 가서 묻되 "네가 지금 아이를 배었다하니 누구의 아이냐" 하므로 대답하기를 "첩이 평생 형제와도 동석치 않거늘 하물며 이성의 남자를 가까이 하였겠습니까" 지금 배안에 있는 아기는 실로 대왕의 유체 올시다" 하였다. 왕이 그 여자에게 위로와 증여(贈與)를 매우 후히 하고 돌아와 왕후에게 고하니 왕후도 마침내 감히 해치지 못하였다. 9월에 주통촌의 여자가 남아를 낳으니 왕이 기뻐하여 이는 하늘이 나에게 사자(嗣子, 대를 이을 아들)를 주심이라 하였다. 처음에 교시의 사실로 인하여 그 어미를 상관하게 되었으므로 그 아이의 이름을 교체(郊彘)라 하고 그 어미를 소후(小后)로 하였다. 처음에 소후의 모가 소후를 배어 아직 해산하기 전에 무꾸리의 점이 "반드시 왕후를 낳겠다" 하니 그 어미가 기뻐하여 딸을 낳을 때 이름을 후녀(后女)라고 하였다.

七年春二月, 王以無子, 禱於山川, 是月十五夜, 夢天謂曰, 吾令汝小后生男勿憂, 王覺於群臣曰, 夢天語我諄諄如此, 而無小后奈何, 巴素對曰, 天命不可測, 王其待之, 十二年十一日 郊豕逸, 掌者追之, 至酒桶村, 擲躅不能捉, 有一女子年二十許, 色美而艶, 笑而前執之, 然後追者得之, 王聞而異之, 欲見其女, 微行夜至女家, 使行人說之, 其家知王來, 不敢拒, 王入室召其女, 欲御之, 女告曰, 大王之命, 不敢避, 若幸而有子, 願不見遺, 王諾之, 至丙夜王起還宮, 十三年春三月, 王后知王幸酒桶村女妒之, 陰遣兵士殺之, 其女聞之, 衣男服逃走, 追及欲害之, 其女聞曰, 爾等今來殺我, 王命乎, 王后命乎, 今妾服有子, 實王之遺體也, 殺妾身可也, 亦殺王子乎, 兵士不敢害, 來以女所言告之, 王后怒必欲殺之而未果, 王聞之, 乃復幸女家, 聞曰, 汝今有娠, 是唯之子, 對曰, 妾平生不與兄弟同席, 況敢近異性男子乎, 今在腹之子, 實大王之遺體也, 王慰籍贈與甚厚, 乃還告王后, 竟不敢害, 秋九月, 酒桶村女生男, 王喜曰, 此天賚豫嗣胤也, 始自郊豕之事, 得以幸其母, 乃名其子曰, 郊彘, 立其母爲小后, 初小后母孕未産, 巫卜之曰, 必生王后, 母喜, 及生名曰后女, 앞 三國史記, 154쪽.

三國志 高句麗전에, 궁(宮)이 죽고 그의 아들 백고(伯固)가 왕이 되었다. …백고가 죽고 두 아들이 있었는데 큰아들은 발기(拔奇), 작은 아들은 이이모(伊夷模, 10대 산상왕의 諱)이다. 발기는 어질지 못하여 나라사람이 함께 이이모를 옹립(擁立)하여 왕으로 추대하였다. 발기는 형으로서 왕이 되지 못한것을 원망하여 연노부(涓奴部)의 대가(大加, 職名)와 함께 각각 하호(下戶) 30,000여 호를 거느리고 공손강(公孫康)에게 투항(投降)하였다가 돌아와서 비류수(沸流水) 유역에 옮겨 살았다. 지난날 항복했던 호족(豪族)도 이이모를 배반하므로 이이모는 새로운 나라를 세웠는데 오늘날 고구려가 있는곳이 이곳이

다. 발기는 드디어 요동으로 건너가고 그 아들은 고구려에 계속 머물렀는데 지금 고추가(古雛加, 관직) 박위거(駮位居)이다. …이이모는 아들이 없어 관노부(灌奴部)의 여자와 사통(私通)하여 아들을 낳으니 이름이 위궁(位宮)이다. 이이모가 죽자 즉위하여 왕이 되었는데 고구려왕 궁이 바로 그 사람이다. 위궁의 증조부 이름이 궁이었는데 태어나면서부터 눈은 뜨고 사물을 보았으므로 그나라 사람들이 궁을 미워하였다. 지금 왕 위궁도 태어나자마자 역시 눈을 뜨고 사람을 보았다. 고구려에서는 서로 닮은것을 위(位)라 하는데 그의 증조부와 닮았기 때문에 위궁이라 이름 지었다.

宮死, 子伯固立, …伯固死有二子, 長子拔奇, 小子伊夷模, 拔奇不肖, 國人便共立伊夷模爲王, 拔奇怨爲兄而不得立, 與涓奴加各將下戶三萬餘口詣康降, 還住沸流水, 降胡亦叛伊夷模, 伊夷模更作新國, 今日所在是也, 拔奇遂往遼東, 有子留句麗國, 今固雛加駮位居是也, …伊夷模無子, 淫灌奴部, 生子名位宮, 伊夷模死, 立而爲王, 今句麗王鈔, 其曾祖名宮, 生能開眼視, 其國人惡之, 亦能開目視人, 句麗呼相似爲位, 似其祖, 故名之爲位宮, 앞 中國正史朝鮮傳, 523쪽.

三國史記 新羅本紀 21대 소지마립간(炤知 毗處, 479-500)은 20대 자비왕(慈悲王, 458-479)의 장자로, 모는 김씨 서불감 미사흔 딸이고, 비는 선혜부인(내숙 이벌찬의 딸)이다. 22년 9월에 왕이 날이군(영주)에 행행하였을 때 군(郡)안에 파로라는 자의 딸이 있었는데 이름은 벽화라 하고 나이는 16세로 참으로 국색이었다. 그 애비가 비단과 자수로 옷을 입혀 수레에 실어 색견으로 덮어 왕에게 바치었다. 왕은 이를 궤식(饋食, 대접하는 음식)으로 알고 열어 보았더니 얌전한 어린여자가 있었다. 괴이히 여겨 받지 않았는데 환궁한 뒤에 왕은 연모하여 재삼 미행으로 그의 집에 가서 그 여자를 상관하고 돌아오는 길에 고타군(안동)을 거치는데 어느 늙은 할미집에서 머물게 되었다. 그에게 묻되 지금 사람들이 국왕을 어떤 임금으로 아느냐 하니 늙은 할미는 대답하기를 사람들은 말하되 왕을 성인이라고 하나 나는 그를 의심한다. 왜그런고 하니 듣건대 왕이 딸을 상관하여 여러번 미복으로 왔다 하니 이는 무릇 용이 고기의 탈을 쓰고 고기잡이에게 매어지내는 격이다. 지금 왕이 만승의 위를 가지고도 자중치 아니하니 이러고서도 성인이라고 하면 누가 성인이 아니랴 한즉 왕이 듣고 크게 부끄러이 여겨 곧 그여자를 가만히 맞아다가 별실에 가두고 한 아이를 낳기까지 하였다.

秋九月, 王幸捺已郡, 郡人波路有女子, 名曰, 碧花年十六歲, 眞國色也, 其父衣之以錦繡置轝, 冪以色絹獻王, 王以饋食開見之, 歛然幼女, 怪而不納, 及還宮, 思念不已, 再三微

行, 往其家幸之, 路經古陀郡, 宿於老嫗之家, 因問曰, 今之人以國王, 爲何如主乎, 嫗對曰, 衆人爲聖人, 妾獨疑之, 何者, 竊聞王幸捺已之女, 屢微服而來, 夫龍爲魚服, 爲漁者所制, 今王以萬乘之位, 不自愼重, 此而爲聖, 孰非聖乎, 王聞之大慙, 則潛迎其女, 置於別室, 至生一子, 앞 三國史記, 33쪽.

三國遺事 卷一 桃花女 鼻荊郎전에, 25대 사륜왕(舍輪王)의 시호(諡號)는 진지대왕(眞智大王, 576-579)이고 성은 김씨요, 비는 기오공의 딸 지도부인이다. 나라를 다스린지 4년에 정치가 어지럽고 또 음란(淫亂)한 것이 많아 나라사람들이 그를 폐(廢)하였다. 앞서 사량부(沙梁部)의 서녀(庶女)가 얼굴이 매우 고우므로 그때 사람들이 도화낭(桃花娘)이라고 불렀다. 왕이 듣고 궁중에 불러들여 상관하려하니 여자가 말하기를 "여자의 지킬 바는 두 남자를 섬기지 않는것이니 남편이 있고 다른 데를 가는것은 비록 만승(萬乘)의 위엄(威嚴)으로도 빼앗지 못 하나이다" 하니 왕이 가로되 "너를 죽이면 어찌 하려느냐" 하니 여자가 이르기를 "차라리 죽을 지언정 다른 일은 원치 않습니다" 하였다. 다시 왕이 희롱(戲弄)하여 말하기를 "너의 남편이 없으면 되겠느냐" 대답 하기를 "그러면 될 수 있나이다" 하므로 왕이 놓아 보냈다. 이해에 왕이 폐위(廢位)되고 돌아갔는데, 2년 후 그의 남편도 죽었다. 그 뒤 10일에 갑자기 밤중에 왕이 생시와 같이 여자의 방에 나타나 이르기를 "네가 이전에 허락이 있었는데 지금 네 남편이 없으니 좋겠느냐" 하니 여자가 가벼히 허락하지 않고 부모에게 고하니 가로되 "임금님의 말씀을 어찌 어기랴" 하고 딸을 방에 들게 하였다. 7일간 머무는데 항상 5색 구름이 집을 덮고 향기가 방에 가득 하더니 7일 후에 갑자기 왕의 자취가 없어졌다. 여자는 이내 태기(胎氣)가 있다가 달이 차서 해산을 하려는데 천지가 진동 하더니 한 사내아이를 낳아 이름을 비형(鼻荊)이라 하였다. 26대 진평왕(579-632)이 그 이상함을 듣고 궁중에 데려다 길렀다.

舍輪王, 諡眞智大王, 姓金氏 妃起烏公之女, 御國四年, 政亂荒淫, 國人廢之, 前此, 沙梁部之庶女, 姿容艶美, 時呼桃花娘, 王聞而召致宮中, 欲幸之, 女曰, 汝持所守, 不事二夫, 有夫而適他, 雖萬乘之威, 終不奪也, 王曰, 殺之何, 女曰, 寧斬于市, 有願靡他 王戲曰, 無夫則可乎, 曰可, 王放而遣之, 是年王見廢而崩 後二年冀夫亦死, 浹旬忽夜中, 王如平昔, 來於女房曰, 汝昔有諾, 今無汝夫, 可乎, 女不輕諾, 告於父母, 父母曰, 君王之敎, 何以避之, 而其女入於房, 留御七日, 常有五色雲覆屋, 香氣滿室, 七日後忽然無蹤, 女因而有娠, 月滿將産, 天地振動, 産得一男, 名曰鼻荊, 眞平大王, 聞其殊異, 收養宮中, 李丙燾 譯註, 1992, 三國遺事, 明文堂, 43-44쪽.

三國史記 新羅本紀 51대 진성여왕(887-897) 9년 10월에 49대 헌강왕(875-886)의 서자(庶子) 요(嶢)를 세워 태자로 삼았다. 처음에 헌강왕이 사냥(田獵)을 관망하다가 길가에 자태가 아름다운 한 여자가 있음을 보고 마음으로 사모하여 뒷차에 명하여 태워가지고 행재소(行在所, 임금이 임시로 머무는 곳)에 와서 야합(野合)하였는데 곧 태기(胎氣)가 있어 아들을 낳으니 그 아이가 장성함에 따라 체모가 영특하였는데 이름을 요라 하였다. 진성왕이 듣고 그 아이를 궐내(闕內)로 불러들여 손으로 그의 등을 어루만지며 말하기를 "나의 형제자매의 골상(骨相)은 남과 다른점이 있다. 이 아이도 등 위에 두 뼈가 솟았으니 참으로 헌강왕의 아들이다" 하고 곧 유사(有司)에게 명하여 예를 갖추어 태자로 숭봉(崇奉)하였다.

冬十月, 立憲康王庶子嶢爲太子 初憲康王觀獵, 行道傍見一女子, 姿質佳麗, 王心愛之, 命後車載, 到帷宮野合, 則有娠而生子, 及長體貌魁桀, 命曰嶢, 眞聖聞之, 喚入內, 以手撫其背曰, 孤之兄弟姉妹骨法異於人, 此兒背上兩骨隆起, 眞憲康王之子也, 仍命有司備禮封崇, 앞 三國史記, 120쪽.

三國史記 新羅本紀 52대 孝恭王(897-912) 전에 휘(諱)는 요(嶢)요, 憲康王의 서자(庶子)이고, 母는 김씨이다. 3년 3월에 왕이 이찬(伊飡) 예겸(乂謙)의 딸을 들이어 비(妃)를 삼았다. 15년 왕은 천첩(賤妾)에 침혹(沈惑)하여 정사를 돌보지 않아 대신 은영이 간(諫)하였으나 듣지 않음으로 은영이 그 첩을 잡아 죽이었다.

三年春三月, 納伊飡乂謙之女爲妃,… 十五年, 王嬖於賤妾, 不恤政事, 大臣殷影諫, 不從, 殷影其妾殺之, 위 三國史記, 121쪽.

56대 敬順王(927-935) 9년, 신라는 王師(唐軍)의 위령(威靈)을 빌어 백제와 고구려를 평정하고 그 땅을 취하여 군현을 삼으니 가히 성대하다 할 수 있다. 그러나 신라가 부도(浮屠)의 법을 받들어 그 폐해를 알지 못하고 항간에는 탑묘(塔廟)가 벌여서고 평민들은 사찰(寺刹)로 도망하여 승려가 되니 병농(兵農)은 점점 줄어들고 국가는 날로 쇠(衰)하여 가니 어찌 난망치 아니 할 수 있으랴, 이때에 55대 景哀王(924-927)은 더구나 황음일락(荒淫逸樂)을 일삼아 宮人과 좌우 근신과 함께 포석정에 출유하여 주연을 베풀고 즐겁게 놀다가 견훤(甄萱)의 내습을 알지 못하였으니…

九年, 又憑王使之威靈, 平百濟高句麗, 取其地郡縣之, 可謂盛矣, 而奉浮屠之法, 不知其弊, 至使閭里比其塔廟, 齊民逃於褐, 兵農侵小, 而國家日衰, 則幾何其不亂且亡也哉於,

四. 음란(淫亂)·혼례(婚禮)·공녀(貢女) 213

是時也, 景哀加之以荒樂, 與宮人左右, 出遊鮑石亭, 置酒燕衎, 不知甄萱之至…앞 三國史記, 128쪽.

　　三國遺事 春秋公전에, 백제의 마지막 왕 의자는 虎(武)왕의 원자로 웅맹하고 담기가 있으며 어버이에게 효도하고 형제에게 우애하므로 사람들이 해동의 증자라고 일컬었는데 즉위한 후로는 주색에 빠져 정사가 거칠고 나라가 위태로웠다.
　　時百濟末王義慈乃虎王之元子也, 雄猛有膽氣, 事親以孝, 友于兄弟, 時號海東曾子, 以貞觀十五年辛丑卽位, 眈嬌酒色, 政荒國危, 앞 三國遺事, 48쪽.

　　三國史記 百濟本紀 31대 義慈王(641-660)은 16년 3월에 궁인과 더불어 음황탐낙(淫荒眈樂)하여 술마시기를 그치지 아니하였다. 좌평(佐平) 성충이 극간(極諫)하니 왕이 노하여 옥중에 가두었다. 이로 인하여 간(諫)하는 자가 없었다.
　　十六年, 春三月, 王與宮人淫荒眈樂, 飮酒不止, 佐平成忠極諫, 王怒因之獄中, 由是無敢言者, 위 三國史記, 246쪽.

　　三國史記 列傳 都彌전에, 도미는 백제 사람인데 비록 벽촌(僻村)의 소민이지만 자못 의리를 알며 그의 아내는 아름답고도 절행(節行)이 있어 당시 사람들의 칭찬을 받았다. 4대 개루왕(蓋婁王 개로왕 128-166)이 듣고 도미를 불러 말하기를 "무릇 부인의 덕(德)은 정결(貞潔)이 제일이지만 만일 어둡고 사람이 없는 곳에서 말로 꾀이면 마음이 움직이지 않을 사람이 드물 것이다" 하니 대답 하기를 "사람의 정은 헤아릴 수 없습니다. 그러나 신(臣)의 아내 같은 사람은 죽더라도 마음을 고치지 않을 것입니다" 하니 왕이 이를 시험하려고, 일이 있다하여 도미를 머물러 두게하고 가까운 신하 한 하람에게 왕의 의복과 말(馬) 종자(從子)를 빌려주어 밤에 그 집에 가게하였는데 먼저 사람을 시켜 왕이 오신다고 알리었다. 왕이 와서 그 부인에게 이르기를 "내가 오래전부터 너의 아름다움을 듣고 도미와 장기 내기를 하여 이겼다. 내일은 너를 들여다 궁인(宮人)을 삼을것이니 지금부터 너의 몸은 나의 소유다" 라 하면서 난행하려 하였다. 부인이 말하기를 "국왕에게는 망령된 말이 없습니다. 내가 감히 순종하지 않겠습니까. 청컨대 대왕께서는 먼저 방으로 들어가소서, 제가 옷을 고쳐 입고 들어가겠습니다"하고 물러와 한 노비의 여자를 단장(丹粧)시켜 들어가 수청(守廳)을 들게하였다. 후에 왕이 속은것을 알고 크게 노하여 도미를 죄로 얽어 두 눈동자를 빼고 사람을 시켜 끌어내어 작은 배에 실어 물위에

띄워 보냈다. 그리고 그의 부인을 끌어 들이어 강제로 상관하려고 하였는데 부인이 "지금 남편을 잃어버렸으니 단독일신으로 살아갈 수 없게 되었습니다. 더구나 대왕을 모시게 되었으니 어찌 감히 어김이 있겠습니까. 그러나 지금은 월경으로 온몸이 더러우니 다른 날 깨끗이 목욕하고 오겠습니다. 하니 왕이 믿고 허락하였다. 부인은 그만 도망하여 강어귀에 이르렀으나 건너갈 수가 없어서 하늘을 부르며 통곡하던 중 홀연히 한척의 배가 물길을 따라 오는 것을 보았다. 그 배를 타고 천성도(泉城島, 위치미상)에 이르자 그 남편을 만났는데 아직 죽지 않았다. 풀뿌리를 캐어 먹으며 드디어 함께 배를 타고 고구려 림산(𥯯山, 위치미상) 아래에 이르니 고구려 사람들이 불쌍히 여겨 의식을 주어 구차스럽게 살면서 객지에서 일생을 마치었다.

都彌, 百濟人也, 雖編戶小民, 以頗知義理, 其妻美麗, 亦有節行, 爲時人所稱, 蓋婁王聞之, 召都彌與語曰, 凡婦人之德, 雖以淨潔爲先, 若在幽昏無人之處, 誘之以巧言, 則能不動心者鮮矣乎, 對曰, 人之情不可測也, 而若臣之妻者, 雖死無貳者也, 王欲試之, 留都彌以事, 使一近臣, 假王衣服馬從, 夜抵其家, 使人先報王來, 謂其婦曰, 我久聞爾好, 與都彌博得之, 來日入爾爲宮人, 自此後爾身吾所有也, 遂將亂之, 婦曰, 國王無妄語, 吾敢不順, 請大王先入室, 吾更衣乃進, 退而雜飾一婢子薦之, 王後知見欺, 大怒, 誣都彌以罪, 劃其兩眸子, 使人牽出之, 置小船泛之河上, 遂引其婦, 强欲淫之, 婦曰, 今良人已失, 單獨一身, 不能自得, 況爲王御, 豈敢相違, 今以月經, 渾身汙穢, 請俟他日薰浴而後來, 王信而許之, 婦便逃至江口, 不能渡, 呼天慟哭, 忽見孤舟隨波而至, 乘至泉城島, 遇其夫未死, 掘草根以喫, 遂與同舟, 至高句麗𥯯山之下, 麗人哀之, 丐以衣食, 遂苟活, 終於覊旅, 앞 三國史記, 446-7쪽.

三國遺事 駕洛國記 6대 坐知王(金叱 김질)은 의희(義熙) 3년에 즉위하여 용녀(傭女)를 취하고 그 여자의 무리(일당)들에게 벼슬을 시키니 국내가 요란하였다. 계림국(鷄林國)이 꾀를 내어 이나라를 치려고 할 때 가락국의 박원도(朴元道)라는 신하가 왕에게 간(諫)하되 "변변치 못한 풀이라도 또한 우충(羽蟲)을 포섭하는데 하물며 사람에 있어서랴, 하늘이 없어지고 땅이 꺼지면 사람이 어느곳에서 보존 하리오" 하였다. 또 왕의 복사(卜士)가 점을 쳐 해괘(解卦)를 얻었는데 점사(占辭)에 "해이무붕지사부(解而拇朋至斯孚)"라 하였으니 임금은 역괘(易卦)를 보라 하였다. 왕이 사례하고 옳다하고 용녀를 물리쳐서 하산도에 귀양보내고 정치를 고쳐 잘하여 오래도록 백성을 편하게 하였다.

坐知王, 一云金叱, 義熙三年卽位, 娶傭女, 以女黨爲官, 國內擾亂, 鷄林國以謀欲伐, 有

一臣名朴元道, 諫曰, 遺草閱閱亦合羽, 況乃人乎, 天亡地陷, 人保何基, 又卜士筮得解卦, 解而悔, 朋至斯孚, 君鑑亦卦乎, 王謝曰可, 檳傭女, 貶於荷山島, 改行其政, 長御安民也, 앞 三國遺事, 88쪽.

그러나 사별한 부인을 끔찍하게 사랑하여 재혼을 거부한 왕도 있었으니

三國史記 新羅本紀 興德王(826-836) 원년 12월에 왕비 장화부인(39대 소성왕의 딸)이 돌아가서 추봉하여 정목왕후라 하고, 왕은 사모에 쌓여 망비(亡妃)를 잊지 못하고 창연불락 하였다. 군신이 글을 올려 비의 재빙을 청하였으나, 왕은 이르기를 "외짝새도 짝을 잃은 슬픔이 있는데 하물며 좋은 배필을 잃고 어찌 차마 무정하게 곧 재취를 하겠느냐" 하고 듣지 않았으며, 또한 시녀까지도 가까이 하지 못하게 하여 좌우사령에게는 오직 고자만 있게 하였다.

冬十二月, 妃章和夫人卒(章和姓金氏 昭聖王之女), 追封爲定穆王后, 王思不能忘, 悵然不樂, 羣臣表請再納妃, 王曰, 雙鳥有喪匹之悲, 況失良匹, 何忍無情遽再娶乎, 遂不從, 亦不親近女侍, 左右使令, 唯宦竪而已, 앞 三國史記, 107-108쪽.

왕비(王妃)의 황음(荒淫)

삼국사기 고구려본기 10대 山上王(197-227)은

휘(諱)가 연우(延優, 位宮)이고 9대 故國川王(179-197)의 아우이다. (고국천왕이 자식이 없으므로 연우가 嗣位). 고국천왕이 돌아갈 때 왕후 우(于)씨는 상사(喪事)를 비밀에 부쳐 발상(發喪)하지 않고 밤에 왕의 동생 발기(發岐)의 집에 가서 "왕이 후사(後嗣)가 없으니 그대가 계승하라" 하니 발기는 왕의 상사를 모르고 대답 하기를 "하늘의 역수(曆數,天運)는 바로 돌아가는데가 있은 즉 가벼히 의론할 수 없으며, 하물며 부인이 밤에 나와 다니니 어찌 예라 할 수 있겠소" 하니 왕후가 부끄럽게 여겨 곧 그의 아우 집으로 가니 연우는 일어나 의관(衣冠)을 갖추고 문에서 맞이하여 자리에 들어와 주연(酒宴)을 베풀었다. 왕후가 이르기를 "대왕이 돌아가시고 아들이 없으니 발기가 어른이 되어 의당 뒤를 이어야 할 터인데 나더러 도리어 다른 마음이 있다하고 폭만무례(暴慢無禮)함으로 지금 숙(叔, 아제)을 보러 온 것이다" 하니 연우는 예를 더하여 친히 칼을 잡고 고기를 베다가 잘못하여 그의 손가락을 다치었다. 왕후가 허리띠를 풀어 그의 다친 손가락을 싸매어 주었다. 왕후가 환궁하려 할 때 연우에게 "밤이 깊어 무슨 불의(不意)의 일이 있

을까 염려되니 그대는 나를 궁까지 바래다 달라" 하였다. 연우가 그리하였더니 왕후는 그의 손을 잡고 궁으로 들어갔다. 이튿날 날이 샐때 거짓으로 선왕의 유명(遺命)이라 꾸며 군신으로 하여금 연우를 세워 왕으로 삼게하였다. 이를 발기가 듣고 크게 노하여 군사로 왕궁을 에워싸고 부르짖어 가로되 "형이 죽으면 아우에게 돌아가는 것이 예인데 너는 순차(順次)를 뛰어 왕위를 찬탈하니 큰 죄역이다. 속히 나오지 않으면 妻子까지의 목을 베겠다" 하니, 연우는 3일간 궁문을 닫으니 나라사람들도 발기를 따르는 자가 없었다. …왕은 본시 우(于)씨로 인하여 대위(大位)를 얻게 되었으므로 다시 장가를 들지 않고 우씨를 왕후로 삼았다.

初故國川王之薨也, 王后于氏, 秘不發喪, 夜往王弟發岐宅, 曰王無後, 子宜嗣之, 發岐不知王薨, 對曰, 天之曆數, 有所歸, 不可輕議, 況婦人而夜行, 豈禮云乎, 后慙, 便往延優之宅, 延優起衣冠, 迎門入座宴飮, 王后曰, 大王薨, 無子, 發岐作長當嗣, 而謂妾有異心, 暴慢無禮, 是以見叔, 於是延優加禮, 親自操刀割肉, 誤傷其指, 后解裙帶, 裹其傷指, 將歸, 謂延優曰, 深夜恐有不虞, 子其送我至宮, 延優從之, 王后執手入宮, 至翌日質明, 矯先王命, 令群臣, 立延優爲王, 發岐聞之大怒, 以兵圍王宮, 呼曰, 兄死弟及禮也, 汝越次篡奪大罪也, 宜速出, 不然則誅及妻子, 延優廢門三日, 國人又無從發岐者, 發岐知難, 以妻子奔遼東, 見太守公孫度. 告曰, 某高句麗王男武之母弟也, 男武死, 無子, 某之弟延優與, 與嫂于氏謀, 卽位, 以廢天倫之義, 是用憤恚, 來投上國, 伏願假兵三萬, 令擊之, 得以平亂, 公孫度從之, 延優遣弟罽須, 漢兵大敗, …王本因, 于氏得位, 不復更娶, 立于氏爲后, 앞 三國史記, 152-4쪽.

三國遺事 射琴匣전에, 21대 비처왕(毗處王 479-500, 照知 炤智麻立干) 10년 왕이 天泉亭에 거동하였을 때 까마귀와 쥐가 와서 울더니 쥐가 사람의 말을 하기를 이 까마귀의 가는곳을 찾아 보라 하였다. 왕이 기사(騎士)에게 좇아가 보라 하였더니 남으로 피촌(남산 동록)에 이르러 두 돼지가 싸우는것을 보다가 홀연히 까마귀의 간곳을 잊어버리고 길가에서 헤매고 있었다. 한 노인이 못 가운데서 나와 글을 올리니 겉봉에 쓰이기를 "이를 떼어 보면 두 사람이 죽을 것이요, 떼어 보지 않으면 한 사람이 죽을 것이다" 라고 하였다. 기사가 와서 왕에게 고하니 왕이 말하되 "두 사람이 죽는것 보다는 차라리 떼어 보지 않고 한 사람만 죽는것이 옳겠다" 하였다. 日官이 아뢰기를 "두 사람은 서민이요 한 사람은 왕이라" 하니 왕이 떼어 보니 그 글에 "금갑(琴匣)을 쏘라" 하였다. 왕이 곧 궁에 들어가 금갑을 쏘니 내전(內殿)에서 분수(焚修, 분향하는 僧徒 僧)하던 중이 국주

(國主)와 상간(相奸)하고 있었다. 두 사람은 마침내 복주(伏誅)되었다. 이로부터 국속(國俗)에 매년 정월 上亥・上子・上午日(그달의 첫 亥日, 예 乙亥・丁亥 등)에는 백사를 삼가 감히 동작을 아니하고 15일을 오기일(烏忌日)이라 하여 찰밥으로 제사 지내니 지금도 행하고 있다.

　　毗處王(一作炤智王), 卽位十年戊辰, 幸於天泉亭, 時有烏與鼠來鳴, 鼠作人語云, 此烏去處尋之, 王命騎士追之, 南至避村, 兩猪相鬪, 留連見之, 忽失烏所在, 徘徊路傍, 時有老翁自池中出奉書, 外面題云, 開見二人死, 不開一人死, 使來獻之, 王曰, 與其二人死, 莫若不開, 但一人死耳, 日官奏云, 二人者庶民也, 一人者王也, 王然之開見, 書中云, 射琴匣, 王入宮見琴匣射之, 乃內殿焚修僧與宮主潛通而所奸也, 二人伏誅, 自爾, 國俗每正月, 上亥 上子上午等日, 忌愼百事, 不敢動作, 以十五日爲烏忌之日, 앞 三國遺事, 42-3쪽,

여왕(女王)의 황음(荒淫)

　　삼국시대 여왕은 신라의 27대 선덕여왕(632-647), 28대 진덕여왕(647-654) 그리고 51대 진성여왕(887-897)으로 세 여왕 뿐이다. 26대 진평왕(579-632)이 후사(後嗣)가 없이 죽자 백성들이 그를 옹립하였다. 백제군에게 서변 40여성과 대야성을 빼앗기기도 하였으나 내정에는 선정(善政)을 베풀어 구휼(救恤)사업과 민생을 향상 시켰고, 당나라의 문화를 수입하고 황룡사 구층탑(皇龍寺 九層塔), 첨성대(瞻星臺) 등을 건립하기도 하였다.

　　다음의 진덕여왕도 진평왕의 동모제(同母弟) 갈문왕(葛文王) 국반(國飯)의 딸이다. 김춘추(金春秋)를 당나라에 보내어 원군(援軍)을 청하여 백제를 토벌(討伐)하고 김인문(金仁問)을 당(唐)에 입조시켜 당과의 친교에 힘쓰고, 김유신(金庾信)같은 명장(名將)을 두어 국토방위를 튼튼히 하였다.

　　그런데 진성여왕은 48대 경문왕(861-875)의 딸이자 50대 정강왕(886-887)의 누이동생으로 정강왕이 후사없이 죽자 그의 유조(遺詔)로 즉위하였다. 각간(角干) 위홍(魏弘)과 대구화상(大矩和尙)으로 하여금 향가(鄕歌)집인 삼대목(三代目)을 편찬하기도 하였으나, 여왕은 본시 품행이 좋지 않아 각간 위홍과 사통(私通)하고 궁중에 미모의 소년들을 끌어들여 음행(淫行)을 일삼고 뇌물을 받는 등 정치질서를 문란케 하였다. 조세(租稅)가 걷히지 않아 兵制가 퇴폐하여 북원에서 양길(梁吉)・궁예(弓裔)가 완산(전주)에서 견훤(甄萱) 등이 일어나는 군웅할거(群雄割據)시대가 되었다.

三國史記 新羅本紀 眞聖王(887-897)전에, 왕의 휘(諱)는 만(曼)이고 49대 헌강왕의 여동생이고 아버지는 48대 경문왕이고, 어머니는 47대 헌안왕의 장녀로 뒤에 문의왕후(文懿王后)로 봉해진 영화부인(寧花夫人) 김씨이다.… 2년 2월 왕이 전부터 각간 위홍(金魏弘, 43대 희강왕의 손자, 45대 신무왕(839)의 외손자, 48대 景文王의 여동생, 신라왕족 대신, 진성여왕의 삼촌)과 좋아 지내면서 항상 궐 안에 들어와 일을 보게 하고…왕은 이후로 비밀히 2-3인의 소년 미장부(美丈夫)들을 불러들여 음란하며 또 그들에게 요직을 주고 국정을 맡기기까지 하였다. 이로서 영행(임금의 총애를 받는자)이 방자해지고 화뢰(貨賂 뇌물)가 공공연히 행해지고 상벌이 공평치 못하고, 따라서 기강(紀綱)이 문란해지는데, 누가 익명(匿名)으로 市政을 비방하는 문자를 나열하여 대로상에 제시한 적이 있었다.

眞聖王立, 諱曼, 憲康王之女弟也,…二年二月, 王素與角干魏弘通, 至是常入內用事… 及魏弘卒, 此後, 潛引少年美丈夫兩三人, 淫亂, 仍授其人以要職, 委以國政, 由是, 佞倖肆志, 貨賂公行, 賞罰不公, 紀綱壞弛, 時有無名子, 欺謗時政, 構辭, 榜於朝路… 앞 三國史記, 119쪽.

왕실(王室)의 난행(亂行)

三國史記 新羅本紀 55대 경애왕(924-927) 4년 견훤(甄萱)은 고구려의 구원병이 아직 오지 않은 것을 알고 11월 갑자기 왕경(王京 경주)에 쳐들어 갔다. 마침 왕은 비빈(妃嬪) 종척(宗戚 일가 친척)과 더불어 포석정(鮑石亭)에서 잔치를 벌여 즐겁게 놀던 때라 적병(敵兵)의 닥침을 알지 못하였다. 갑자기 어찌 할 바를 몰라 왕은 비(妃)와 함께 후궁으로 달려 들어가고 종척 공경대부(公卿大夫) 사녀(士女)들은 사방으로 흩어져 도망갔다. 적병에게 사로 잡힌자는 귀천(貴賤) 할것 없이 모두 해한(駭汗 놀라고 두려워)하며, 포복(匍匐 엉금엉금 기는 것)하여 노복(奴僕)이 되기를 애걸 하였으나 해를 면치 못하였다. 견훤은 또 군사를 놓아 자유로히 공사의 재물을 거의 다 노략하게하고 자기는 대궐에 들어가 거처하며 좌우로 하여금 신라왕을 찾아내게 하였다. 왕은 비첩(婢妾) 수명과 함께 후궁에 숨어 있다가 군중(軍中)으로 잡혀 갔는데 견훤은 왕을 핍박(逼迫)하여 자진(自盡 자살)케 하고 왕비를 강음(强淫)하고 부하들은 그 비첩을 난통(亂通)케 하고 왕의 족제(族弟) 金傅를 세워 국사를 권지(權知)케 하니 이이가 곧 경순왕이다.

四年, 甄萱以救兵未至, 以冬十一月, 掩入王京, 王與妃嬪宗戚, 遊鮑石亭宴娛, 不覺賊兵至, 倉猝不知所爲, 王與妃奔入後宮, 宗戚及公卿大夫士女四散, 奔走逃竄, 其爲賊所虜

者, 無貴賤皆駭汗匍匐, 乞爲奴僕而不免, 萱又縱其兵, 剽掠公私財物略盡, 入處宮闕, 乃命左右索王, 王與婢妾數人在後宮, 拘致軍中, 逼令王自盡, 强淫王妃, 縱其下亂其婢妾, 乃立王之族弟, 權知國事, 是爲敬順王, 앞 三國史記, 125쪽.

같은 내용이 列傳에도 실렸는데

三國史記 列傳 第十 甄萱전에, 55대 경애왕은 비빈(妃嬪)과 함께 포석정에 주연(酒宴)을 베풀고 한참 즐기는 판이었다. 적이 쳐들어 오자 왕은 어찌 할 바를 모르다가 부인과 함께 이궁(離宮 별궁)으로 들어 갔는데 여러 시종(侍從) 신료(臣僚) 궁녀 영관(伶官 奏樂官)들은 모두 난병(亂兵)에게 함몰(陷沒)되었다. 견훤은 군사를 풀어 크게 약탈을 하고 왕을 잡아 오게 하여 앞에서 죽이고 곧 궁중으로 들어가 거처하면서 왕의 부인을 강제로 끌어다 난행(亂行)하며 왕의 족제(族弟) 金傅로서 왕위를 계승하게 한 후 王弟 효염(孝廉) 재상(宰相) 영경(英景)을 포로로 하고 또 국고(國庫)의 재화진보(財貨珍寶)와 병장(兵仗), 자녀와 백공(百工)중의 기교(技巧)자를 취하여 자신이 데리고 돌아갔다.

萱猝入新羅王都, 時王與夫人嬪御出遊鮑石亭, 置酒娛樂, 賊至, 狼狽不知所爲, 與夫人歸城南離宮, 諸侍從臣僚及宮女伶官, 皆陷沒於亂兵, 萱縱兵大掠, 使人促王, 至前戕之, 便入居宮中, 强引夫人亂之, 以王族弟金傅嗣立, 然後虜王弟孝廉. 宰相英景, 又取國帑珍寶, 兵仗 子女 百工技巧者, 自隨以歸, 위 三國史記, 456쪽.

같은 내용이 삼국유사 에도 실렸는데

三國遺事 後百濟 甄萱전에, 고려 태조 왕건이 장차 출병 하려하니 견훤이 고을부(울주)를 습취하고 시림(鷄林 西郊)으로 군사를 보내 신라 왕도에 쳐들어 갔다. 마침 신라왕이 부인과 같이 포석정에서 놀 때라 낭패가 막심하였다. 견훤은 그 부인을 강제로 잡아 욕 보이고 왕의 족제 김부로 왕위를 잇게 하고 왕의 아우 효염과 재상 영경을 부로(포로)로 하고 또 신라의 진보 병기와 자녀 및 백공의 출중한자를 골라 데리고 갔다.

太祖將出師, 萱襲取高鬱府(今蔚州), 進軍族始林(一云鷄林 西郊), 卒入新羅王都, 新羅王與夫人出遊鮑石亭時, 由是甚敗, 萱强引夫人亂之, 以王之族弟金傅嗣位, 然後虜王弟孝廉 宰相英景, 又取國珍寶, 兵仗 子女 百工之巧者, 自隨以歸, 앞 三國遺事, 76쪽.

三國史記 列傳 第十 弓裔전에, 궁예는 신라 사람으로 성은 김씨이고 아버지는 신라 제47대 헌안왕이고 어머니는 헌안왕의 빈으로 그의 성명은 전하지 않는다(혹은 48대 경

문왕의 아들로 5월 5일에 외가에서 출생 하였다고도 함). 신라 53대 신덕왕 4년(915)에 부인 강씨가 왕이 비법(非法)을 많이 행함으로 안색을 바르게 하고 간(諫)하니 왕이 미워하여 "네가 다른 사람과 간통을 하니 무슨 일이냐" 하니 강씨가 "어찌 그러한 일이 있으리오" 하였다. 왕이 "내가 신통력으로 보아 안다" 하고 무쇠방망이를 열화에 달구어 그의 음부를 쳐서 죽이고 두 아들까지 죽였다.

弓裔, 新羅人, 姓金氏, 考第四十七憲安王誼靖, 母憲安王嬪御, 失其姓名, 或云, 四十八景文王膺廉之子, 以五月五日生於外家, 夫人康氏 以王多行非法, 正色諫之, 王惡之曰, 汝與他人奸何也, 康氏曰, 安有此事, 王曰我以神通觀之, 以烈火熱鐵杵, 撞其陰殺之, 及其兩兒, 앞 三國史記, 451-453쪽.

고위신료(高位臣僚)의 황음(荒淫)

三國遺事 太宗 春秋公전에, 29대 태종대왕(654-661)의 이름은 춘추요, 성은 김씨이고 용수(용춘) 각간으로 추봉된 문흥대왕의 아들이고, 모는 26대 진평대왕(579-632)의 딸 천명부인이고, 비는 문명황후 문희이니 즉 유신공의 계매(季妹)이다. 처음에 문희의 형 보희가 꿈에 서악에 올라가 오줌을 누니 서울에 가득 찼다. 이튿날 아침에 아우와 꿈 이야기를 하니 문희가 듣고 가로되 내가 이꿈을 사겠노라 하니 형이 무엇으로 사겠느냐고 하여 비단치마를 팔면 되겠느냐 하니 형이 좋다하고 아우가 옷깃을 벌려 받으려 하니 형이 어제밤 꿈을 너에게 준다 하였다. 아우는 비단치마로 갚었다. 그후 열흘에 유신이 춘추공과 같이 정월 오기일(烏忌日)에 자기집 앞에서 공을 차다가(신라 사람들은 蹴鞠을 弄珠의 戱라고 함) 일부러 춘추공의 옷을 밟아서 옷끈을 떨어 트리고 청하기를 내 집에 들어가서 달자하니 공이 그리하였다. 유신이 아해(보희)에게 꿰매 드리라 하니 아해가 말하기를 어찌 사소한 일로서 가벼히 귀공자를 가까이 하리오 하고 사양하므로 유신은 아지(문희)에게 명하였다. 공이 유신의 뜻을 알고 드디어 상관하였다. 그 후로부터 공이 자주 왕래 하였는데, 유신이 누이의 임신을 알고 꾸짖어 네가 부모에게 고하지도 않고 아이를 배었으니 이 무슨 까닭이냐 하고 나라 안에 말을 퍼트려 누이를 태워 죽인다고 하였다. 하루는 선덕왕이 남산에 놀러 가는것을 기다려 나무를 마당 가운데에 쌓고 불을 질러 연기가 일어났다. 왕이 바라 보고 무슨 연기냐 물으니 좌우가 아뢰기를 아마 유신이 누이를 태우려고 함인것 같다고 하니 왕이 그 연고를 물은즉 대답 하기를 그의 누이가 남편 없이 임신한 까닭이라 하였다. 왕이 가로되 그것이 누구의 소위

냐 하니 마침 공이 앞에서 모시고 있다가 얼굴빛이 크게 변하였다. 왕이 이르기를 이것이 너의 소위이니 속히 가서 구하라 하였다. 공이 명을 받고 달려가서 죽이지 못하게 하는 뜻을 전하고 그 후 곧 혼례를 행하였다.

太宗大王, 名春秋, 姓金氏, 龍樹(一作龍春) 角干, 追封文興大王之子也, 妣, 眞平大王之女, 天明夫人, 妃文明皇后文姬, 卽庾信公之季妹也, 初文姬之妹寶姬, 夢登西岳捨溺, 瀰滿京城, 且與妹說夢, 文姬聞之謂曰, 我買此夢, 妹曰, 與何物乎, 曰鸎錦裙可乎, 妹曰諾, 妹開襟受之, 妹曰, 疇昔之夢, 傳付於汝, 妹以錦裙酬지, 後旬日, 庾信與春秋公, 正月烏忌日, 蹴鞠于庾信宅前,(羅人謂蹴鞠爲弄珠之戲), 故踏春秋公之裙, 裂其襟수紐, 曰請入吾家, 縫之, 公從之, 庾信命阿海奉針, 海曰, 豈以細事輕近貴公子乎, 因辭, 乃命阿之, 公知庾信之意, 遂行之, 自後數數來往, 庾信知其有娠, 乃噴之曰, 爾不告父母而有娠何也, 乃宣言於國中, 欲焚其妹, 一日俟善德王遊幸南山, 積薪於庭中, 焚火煙起, 王望之問何人, 左右奏曰, 殆庾信之焚妹也, 王聞其故, 曰爲其妹無夫有娠, 王曰, 是誰所爲, 時公眤侍在前, 顔色大變, 王曰, 是汝所爲也. 速往救之, 公受命馳馬, 傳宣沮之, 自後現行婚禮, 앞 三國遺事, 47-8쪽.

三國史記 列傳 金庾信전에, 김유신은 왕경(경주)사람이고 그의 12대조 수로는 근본이 어떤 사람인지 모른다… 처음 서현(유신의 부)이 길에서 갈문왕 입종의 아들인 숙흘종의 딸 만명을 보고 마음에 들어 눈짓으로 꾀어 중매도 없이 결합하였다. 서현이 만노군(충북 진천) 태수가 되어 만명과 함께 떠나려하니 숙흘종이 그제서야 딸이 서현과 야합 한 것을 알고 미워하여 다른집에 가두고 사람을 시켜 지키게 하였는데, 갑자기 벼락이 그 집 문간을 때려 지키는 사람이 놀라 어지럽게 되자 만명이 들창문으로 빠져 나와서 드디어 서현과 함께 만노군으로 갔다. 서현이 경진일 밤에 형혹(화성)과 진성(토성) 두 별이 자기에게로 내려오는 꿈을 꾸었다. 만명도 신축일 밤에 한 동자가 금색 갑옷을 입고 구름을 타고 당중으로 들어오는 꿈을 꾸었는데 얼마 후에 임신, 20개월 만에 유신을 낳았다. 이름을 지으려고 할 때 부인에게 말하기를 "내가 경진일 밤에 길몽을 꾸어 이 아이를 얻었으니 경진(庚辰)으로 이름을 짓겠다고 하였으나 예법에 일월(日月)로 이름을 짓지 않는다 하니 경(庚)은 유(庾)자와 서로 같고, 진(辰)은 신(信)과 음성이 서로 가깝다. 더구나 옛날 어진 사람에도 (중국 북주) 유신이라고 한 이가 있으니 어찌 그렇게 이름하지 아니하랴" 하고 드디어 이름을 유신이라 하였다.

金庾信, 王京人也, 十二世祖首露, 不知何許人也, …初舒玄路見葛文王立宗之子肅訖宗

之女萬明, 心悅而目挑之, 不待媒妁而合, 舒玄爲萬弩郡太守, 將與俱行, 肅訖宗始知女子 與舒玄野合, 疾之因於別第, 使人守之, 忽雷震屋門, 守者驚亂, 萬明從竇而出, 遂與舒玄赴 萬弩郡, 舒玄庚辰之夜夢, 熒或鎭二星降於己, 萬明亦而辛丑之夜夢, 見童子衣金甲乘雲入 堂中, 尋而有娠, 二十月而生庚信, … 及欲定名, 謂夫人曰, 吾以庚辰夜吉夢得此兒, 宜以爲 名, 然禮不以日月爲名, 今庚與庚字相似, 辰與信聲相近, 況古之賢人有名庚信, 蓋以名之, 遂名庚信焉, 앞 三國史記, 393-4쪽.

三國遺事 處容郞 望海寺전에, 49대 헌강왕(憲康王, 875-886)시대에 서울(경주)로부터 해내(海內)에 이르기까지 집과 담이 이어졌고, 초가는 하나도 없으며 풍악과 노래가 길에서 끊이지 않고, 풍우는 사계절이 순조로웠다. 이에 대왕이 개운포(울주)에 출유하였다가 돌아오는 길에, 낮에 물가에서 쉬었는데 홀연히 구름과 안개가 자욱하여 길을 잃을 지경이었다. 괴상히 여기어 좌우에게 물으니 일관이 아뢰기를 이것은 동해 용의 조화임으로 좋은 일을 행하여 풀것이라 하였다. 이에 해당관원에게 명하여 용을 위하여 근처에 절을 세우도록 하였다. 왕명이 내리니 구름이 개이고 안개가 흩어졌으므로 개운포라 이름 지었다. 동해 용이 기뻐하여 아들 일곱을 데리고 임금 앞에 나타나 덕을 찬양하고 춤을 추며 음악을 연주하였다. 그중 한 아들은 임금을 따라 서울에 와서 정사를 보좌 하였는데 이름을 처용이라 하였다. 왕이 미녀로서 아내를 삼게 하여 그를 머물게하고, 또 급간(級干)의 직을 주었다. 그의 아내가 매우 아름다웠으므로 역신(疫神)이 흠모(欽慕)하여 사람으로 변하여 밤에 그집에 가서 몰래 동침하였다. 처용이 밖에서 집에 돌아와 자리에 두 사람이 누워 있는것을 보고 노래를 부르고 춤을 추며 나갔다. 노래에 이르기를 "동경 밝은 밤에 밤새워 노니다가 돌아와 자리를 보니 다리가 넷이로다. 둘은 내것이고 둘은 뉘것인고 본시 내것이었다 마는 빼앗겼으니 어찌 하리오"라고 하였다. 그때에 신(神)이 현형(現形)하여 앞에 꿇어 앉아 가로되 "내가 공의 아내를 사모하여 지금 과오를 범하였는데 공이 노하지 아니하니 감격하여 아름답게 여기는 바이다. 금후로는 맹세코 공의 형용을 그린것만 보아도 그 문에 들어가지 않겠노라"라고 하였다. 이로 인하여 나라사람들은 처용의 형상을 문에 붙여서 사악한 귀신을 물리치고 즐거운 일을 맞아 들였다. 왕이 서울에 환어하여 영취산 동록의 승지를 택하여 절을 세우고 이름을 망해사 또는 신방사라하였으니 용을 위하여 세운 것이다.

第四十九, 憲康大王之代, 自京師至於海內, 比屋連墻, 無一草屋, 笙歌不絕道路, 風雨 調於四時, 於是大王遊開雲浦(今蔚州), 王將歸駕, 晝歇於汀邊, 忽雲霧冥瞪, 迷失道路, 怪

問左右, 日官奏云, 此東海龍所變也, 宜行勝事以解之, 於是勅有司, 爲龍刱佛寺近境, 施令已出, 雲開霧散, 因名開雲浦, 東海龍喜, 乃率七子現於駕前, 讚德獻舞奏樂, 其一子隨駕入京, 輔佐王政, 名曰處容, 王以美女妻之, 欲留其意, 又賜級干職, 其妻甚美, 疫神欽慕之, 變爲人, 夜至其家, 竊與之宿, 處容自外至其家, 見寢有二人, 乃唱歌作舞而退, 歌曰, 東京明期月良夜入伊遊行如可入良沙寢矣見昆脚烏伊四是良羅二肹隱吾下於叱古二肹隱誰支下焉古本矣吾下是如馬於隱奪叱良乙何如 爲理古, 時神現形, 跪於前曰, 吾羨公之妻, 今犯之矣, 公不見怒, 感而美之, 誓今已後, 見畵公之形容, 不入其門矣, 因此, 國人門帖處容之形, 以僻邪進慶, 王旣還, 乃卜靈鷲山東麓勝地, 置寺, 曰望海寺, 亦名新房寺, 乃爲龍而置也, 앞 三國遺事, 67쪽.

三國史記 列傳 竹竹전에, 죽죽은 대야주(합천)사람인데 부친 학열은 찬간(외직으로 나마에 준)으로 있었는데 신라 27대 선덕왕(632-647) 때에 사지(13등급)가 되어 대야성 도독 김품석의 당하(영중)에서 보좌하였다. 동왕 11년(642) 8월에 백제 장군 윤충이 군사를 거느리고 와서 그 성을 공격하였다. 이에 앞서 도독 품석이 막객인 사지 검일의 아내가 미색임을 보고 빼앗은 일이 있었다. 검일은 이것이 한이 되어 곧 적에게 내응하여 창고를 불지르니 이로 인하여 성중이 흉흉하고 두려워하여 능히 고수치 못할 것 같았다.

竹竹, 大耶州人也, 父郝熱爲撰干, 善德王時爲舍知, 佐大耶城都督金品釋幢下, 王十一年壬寅秋八月, 百濟將軍允忠領兵來攻其城, 先是, 都督品釋見幕客舍知黔日之妻有色, 奪之, 黔日恨之, 至是, 爲內應, 燒其倉庫, 故城中兇懼, 恐不能固守, 앞 三國史記, 439쪽.

Ⅲ. 혼례(婚禮)·국제혼(國際婚)

後漢書 夫餘國전에, 형이 죽으면 형수를 아내로 삼았다.
兄死妻嫂, 앞 中國正史朝鮮傳, 514쪽.

三國志 夫餘전에, 형이 죽으면 형수를 아내로 삼는것은 흉노의 풍습과 같다.
兄死妻嫂, 與匈奴同俗, 위 中國正史朝鮮傳, 521쪽.

南史 高句麗전에, 형이 죽으면 형수를 아내로 삼는다.
兄死妻嫂, 앞 中國正史朝鮮傳, 558쪽.

梁書 高句驪전에, 형이 죽으면 형수를 아내로 삼는다.
兄死妻嫂, 위 中國正史朝鮮傳, 539쪽.

三國志 濊전에, 동성끼리는 결혼하지 않는다.
同姓不婚… 위 中國正史朝鮮傳, 525쪽.

三國志 弁辰전에, 혼인하는 예법은 남녀의 분별이 있었다.
婚娶禮俗, 男女有別…위 中國正史朝鮮傳, 528쪽.

後漢書 濊전에, 부인들은 정절(貞節)을 지키며…동성간에 혼인을 하지 않는다.
婦人貞信… 同姓不婚, 위 中國正史朝鮮傳, 517-518쪽.

後漢書 高句驪전에, 풍속은 음탕하고…혼인은 신랑이 신부의 집에 가서 살다가 자식을 낳아 장성한 뒤에 남자의 집으로 돌아온다.
其俗淫… 其昏姻皆就婦家, 生子長大, 然後將還, 위 中國正史朝鮮傳, 505쪽.

北史 高句麗전에, 풍속은 음란하여 부끄럽게 여기지 않고, 남편이 일정하지 않은 유녀가 많다. 밤이면 남녀가 떼를 지어 모여 노는데, 귀천의 구별이 없다. 결혼을 할 때에는 남녀가 서로 사랑하면 바로 결혼시킨다. 남자 집에서는 돼지고기와 술을 보낼 뿐이지 재물을 보내주는 예는 없었다. 혹시 여자집에서 재물을 받는 사람이 있으면 사람들이 모두 수치스럽게 여겨 딸을 계집종으로 팔아 먹었다고 한다.
風俗尙淫, 不以爲愧, 俗多游女, 夫無常人, 夜則男女群聚而戲, 無貴賤之節, 有婚嫁, 取男女相悅卽爲之, 男家送猪酒而已, 無財聘之禮, 或有受財者, 人共恥之, 以爲賣婢, 위 中國正史朝鮮傳, 565쪽.

三國志 高句麗전에, 풍속은 혼인 할 때 구두로 미리 정하고 여자의 집에서 몸채 뒤편에 작은 별채를 짓는데 그집을 서옥(壻屋)이라고 한다. 해가 저물 무렵 신랑이 신부의

집 문밖에 도착하여 자기의 이름을 밝히고 궤배(跪拜)하면서 아무쪼록 신부와 더불어 잘 수 있도록 해 달라고 청한다. 이렇게 두·세번 거듭하면 신부의 부모는 그때서야 작은 집(서옥)에 가서 자도록 허락하고 신랑이 가져온 돈과 폐백은 서옥 곁에 쌓아둔다. 아들을 낳아서 장성하면 남편은 아내를 데리고 자기집으로 돌아간다. 그 풍속은 음난하여…

其俗作婚姻, 言語已定, 女家作小屋於大屋後, 名壻屋, 壻暮至女家戶外, 自名跪拜, 乞得就女宿, 如是者再三, 女父母乃聽使就小屋中宿, 傍頓錢帛, 至生子已長大, 乃將婦歸家, 其俗淫, … 앞 中國正史朝鮮傳, 522쪽.

周書 高句麗전에, 풍속이 음란한것을 부끄럽게 생각하지 않는다. 유녀가 있는데 그녀에게는 일정한 남편이 없다. 혼인에는 재물이나 폐백이 없으니 만일 재물을 받는 사람이 있으면 계집종으로 팔아 먹었다 하여 매우 부끄럽게 여긴다.

風俗好淫, 不以爲愧, 有遊女者, 夫無常人, 婚娶之禮, 略無財幣, 若受財者, 謂之賣婢, 俗甚恥之, 위 中國正史朝鮮傳, 548쪽.

新唐書 高(句)麗전에, 혼일할 때에는 폐백을 쓰지 않으며 받은 자가 있으면 수치로 여긴다.

婚娶不用幣, 有受者恥之, 위 中國正史朝鮮傳, 595쪽.

隋書 高(句)麗전에, 부인은 음란하고 유녀가 많다. 시집·장가 드는데도 남녀가 서로 좋으면 바로 혼례를 치른다. 남자의 집에서는 돼지고기와 술을 보낼 뿐 재물을 보내는 예는 없다. 가끔 재물을 받는자가 있으면 모든 사람들이 수치로 여긴다.

婦人淫奔, 俗多游女, 有婚嫁者, 取男女相悅, 然則爲之, 男家送猪酒而已, 無財聘之禮, 或有受財者, 人共恥之, 위 中國正史朝鮮傳, 552쪽.

周書 百濟전에, 부인으로서 간통죄를 범하면 남편집의 계집종으로 삼았다. 시집 장가드는 절차는 대략 중국의 풍속과 같다.

婦人犯姦者, 沒入夫家爲婢, 婚娶之禮, 畧同華俗, 위 中國正史朝鮮傳, 549쪽.

北史 百濟전에, 부인으로서 간통을 하면 남편의 집에 계집종으로 삼는다. 혼인의 예

는 중국의 풍속과 같다.
　　婦犯姦, 沒入夫家爲婢, 婚娶之禮, 略同華俗, 앞 中國正史朝鮮傳, 567쪽.

　　隋書 百濟전에, 처녀는 머리를 땋아 뒤로 드리웠다가 시집을 가면 두갈래로 나누어 위로 틀어 얹는다.
　　女辮髮垂後, 而出嫁則分爲兩道, 盤於頭上, 위 中國正史朝鮮傳, 554쪽.

　　隋書 新羅전에, 부인들은 변발하여 머리위로 감아 올려 갖가지 비단과 구슬로 장식한다. 혼인 의식 때에는 술과 음식 뿐인데 잘 차리고, 못 차리는 것은 빈부에 따라 다르다. 신혼 날 저녁에 신부는 먼저 시부모에게 절을 올린 다음 신랑에게 절한다.
　　婦人辮髮繞頭, 以雜綵及珠爲飾, 婚嫁之禮, 唯酒食而已, 輕重隨貧富, 新婚之夕, 女先拜舅姑, 次卽拜夫, 위 中國正史朝鮮傳, 555쪽.

　　北史 新羅전에, 혼인 의식에는 술과 음식 뿐인데 잘 차리고 못 차리는것은 빈부에 따라 다르다. 신혼 날 저녁에 신부는 먼저 시부모에게 절을 올린 다음 대형(夫의 長兄의 의미)과 남편에게 절한다.
　　婚嫁禮唯酒食而已, 輕重隨貧富, 新婦之夕, 女先拜舅姑, 次卽拜大兄 夫, 위 中國正史朝鮮傳, 569쪽.

국제혼(國際婚)

　　국적이 다른 남녀의 혼인을 국제혼이라고 하는데, 고구려 신라 백제의 삼국은 주변의 중국의 당(唐)나라, 부여(夫餘) · 왜(倭) · 아유타국(阿踰陁國) 같은 나라와 왕실을 중심으로 결혼이 이루어졌다. 혼인은 남녀 당사자나 부모의 뜻에 의하여 이루어 지는것이 정상적이라 할 수 있지만, 고대 국가 간에는 본인이나 부모의 뜻과는 전연 상관없이 나라의 정책적인 친교(親交) 수단의 한 방법으로 국제혼이 이루어졌다.
　　국제혼은 분명히 혈통과 언어 · 의복 · 음식 · 습속이 다른 외국인(같은 혈통이라 하더라도 국적이 다른 남녀)과의 혼례이다. 그래서 고구려 · 신라 · 백제는 혈통과 언어가 같아 삼국간의 혼인을 국제혼이라고 인정할 수 없을지 모르지만 분명히 왕을 정점으로 한 정치체제가 다르기 때문에 국제혼이라고 할 수 있을 것이다. 그러므로 여기서는 삼국간 또는 삼국이 주변의 다른 나라들과 혼인관계가 이루어진 예를 조사하여 보았다.

　삼국사기 신라본기 4대 脫解尼師今 원년(57) 탈해는 나이 62세에 즉위하였다. 성은 석씨요, 비는 아효부인이다. 탈해는 본시 다파나 국의 출생으로 그 나라는 왜국의 동북 일천리 되는 곳에 있었다. 처음 그 국왕이 여국왕의 딸을 데려다 아내를 삼았더니 아이를 가진지 7년 만에 큰 알을 낳아서 왕이 이르기를 사람으로서 알을 낳는것은 상서롭지 못한 일이니 버리라고 하였다. 그의 아내는 차마 그러지 못하고 비단에 알을 싸서 보물과 함께 궤짝 속에 넣어 바다에 띠워 갈대로 가게 하였다. 그것이 처음 금관국 해변에 가서 닿으니 금관국인이 이를 괴이히 여겨 취하지 아니하고, 다시 진한의 아진포구(지금 迎日?)에 이르니 이때는 시조 혁거세가 즉위한지 39년 되던 해이다. 그 때 해변의 노모가 이를 줄로 잡아 당기어 바닷가에 매고 그 궤를 열어 본즉 그 안에는 한아이가 들어 있었다. 그 노모가 이를 데려다 길렀더니 크면서 신장이 9척이나 되고 인물이 동탕하고 지식이 남보다 뛰어났다. 어떤이가 말하기를 이 아이는 성을 알지 못하니 처음 궤짝이 와서 닿을 때 까지 한 마리가 날아와 짖으며 따라 다녔으니 작(鵲)자의 한쪽을 약하여 석(昔)씨로 성을 삼고, 아이가 궤를 풀고 나왔으니 이름을 탈해라 지으리라고 하였다.

　脫解尼師今(一云吐解), 時年六十二, 姓昔, 妃阿孝夫人, 脫解, 本多婆那國所生也, 其國在倭國東北一千里, 初其國王娶女國王女爲妻, 有娠七年, 乃生大卵, 王曰, 人而生卵不祥也, 宜棄之, 其女不忍, 以帛裏卵並寶物, 置於櫝中, 浮於海, 任其所往, 初至金官國海邊, 金官人怪之不取, 又至辰韓阿珍浦口, 是時祖赫居世在位三十九年也, 時海邊老母, 以繩引繫海岸, 開櫝見之, 有一小兒在焉, 其母取養之, 及壯身長九尺, 風神秀朗, 智識過人, 或曰, 此兒不知姓氏, 初櫝來時, 有一鵲飛鳴而隨之, 宜省鵲字, 以昔爲氏, 又解韞櫝而出, 宜名脫解, 앞 三國史記, 6쪽.

　같은 내용이 三國遺事 脫解王전에 실렸는데
　나는 본래 용성국 사람으로 우리나라에 일찍이 28용왕이 있었는데 모두 사람의 태에서 나왔고, 5~6세 때부터 왕위를 이어 만민을 가르쳐 성명을 올바르게 하였다. 8품의 성골이 있으나, 선택하는 일 없이 모두 대위에 올랐다. 이 때 우리 부왕 함달파가 적녀국의 왕녀를 맞아 비를 삼았더니 오래도록 아들이 없으므로 기도하여 아들을 구하였는데 7년 뒤에 큰 알 하나를 낳았다. 이에 대왕이 군신에게 묻기를 사람으로서 알을 낳음은 고금에 없는 일이니 불길한 징조라 하고 궤를 만들어 나를 그 안에 넣고 칠보와 노비를 배안에 가득 실어 바다에 띠우면서 축원하기를 마음대로 인연있는 곳에 가서 나라를 세우고 집을 이루라 하였다. 그러자 붉은 용이 나타나 배를 호위하여 이곳에 왔노라고 하였다.

我本龍城國人(正明國 琓夏國 花廈國 龍城在倭東北一千里) 我國嘗有二十八龍王, 從人胎而生, 自五歲六歲, 繼登王位, 敎萬民修正性命, 而有八品姓骨, 然無揀擇, 豈登大位, 時我父王含達婆, 娉積女國王女爲妃, 久無子胤, 禱祈救息, 七年後産一大卵, 於是大王會問群臣, 人而生卵, 古今未有, 殆非吉祥, 乃造櫃置我, 并七寶奴婢載於舡中, 浮海而祝曰, 任到有緣之地, 立國成家, 便有赤龍, 護舡而至此矣, 言訖, 앞 三國遺事, 38쪽.

삼국사기 신라본기 16대 訖解니사금 3년(312) 3월에, 왜국왕이 사신을 보내어 아들의 혼인을 청하므로 아찬 급리의 딸을 보내 주었고, 35년 2월에 왜국이 또 사신을 보내어 혼인을 청하므로 신라는 앞서 여자의 출가를 이유로 사절하였다.

倭國王遺使, 爲子求婚, 以阿湌急利女送之, 앞 三國史記, 23쪽.

21대 炤知麻立干 15년(493) 3월에, 백제왕 모대(백제 동성왕)가 사신을 보내어 혼인을 청하므로 왕은 이벌찬 비지의 딸을 보냈다.

百濟王牟大, 遺使請婚, 王以伊伐湌比智女送之, 위 三國史記, 32쪽.

23대 법흥왕 9년(522) 3월에, 가야국왕이 사신을 보내어 혼인을 청하므로 왕이 이찬 비조부의 누이를 보냈다.

加耶國王遣使請婚, 王以伊湌比助夫之妹送之, 위 三國史記, 36쪽.

24대 眞興王 14년(553) 10월, 왕이 백제왕의 딸을 데려와 소비로 삼았다.

冬十月, 娶百濟王女爲小妃, 위 三國史記, 38쪽.

30대 文武王 20년(680) 3월에, 보덕왕 안승(고구려 왕, 일명 安舜, 淵淨土의 아들, 670년-문무왕 10년-고구려의 유민을 규합 부흥운동을 일으키던 검모잠(劍牟岑)에 의해 왕으로 추대되어 한성(載寧)을 근거로 당나라에 항쟁하며 고구려의 재건을 계획하고, 당나라의 세력을 배척하던 신라에 의해 고구려왕에 봉해지고 金馬渚(益山)에 머물렀다. 이때 당나라의 高侃

의 침입을 받고 검모잠을 죽인 후, 신라에 망명하여 674년 신라에 의해 보덕왕으로 봉해지고 680년 문무왕의 누이를 비로 맞았고, 김씨의 성을 받고 神文王 3년 蘇判의 벼슬을 받아 신라의 귀족이 되었다)에게 금·은그릇과 잡채(비단) 100단을 내리고 왕의 누이(外姪)를 그에게 하가(下嫁)하고 교서를 보내어 가로되 "인륜의 근본은 무엇 보다도 부부가 제일 앞서며 왕화(王者의 敎化)의 기초는 계사(後嗣)가 가장 중요한 것이다. 왕은(안승) 작소(女配偶)의 자리가 비어(空) 계명(鷄鳴)의 심(心)이 있을지라, 오래 내보(內輔)의 의(儀)를 빌거나 길이 기가(起家)의 업을 빠트려서는 아니될 것이다, 지금 양진(良辰, 좋은 때) 길일에 구례(舊禮)를 쫓아 나의 매녀(妹女, 생질)로서 그대의 항려(伉儷, 配偶)를 삼으려하니 왕은 심의를 서로 돈독히 하여 종사(宗社)를 받들고 자손을 성히 하여 길이 반석을 크게 하면이 어찌 성하고 아름다운 일이 아니랴" 하였다.

　　三月, 以金銀器及雜綵百段, 賜報德王安勝, 遂以王妹妻之, 下敎書日, 人倫之本, 夫婦攸先, 王化之基, 繼嗣爲主, 王, 鵲巢位曠, 鷄鳴在心, 不可久空內輔之儀, 永闕起家之業, 今良辰吉日, 率順舊章, 以寡人妹女爲伉儷, 王宜共敦心義, 式奉宗祧, 克茂子孫, 永豊盤石, 豈不盛歟, 豈不美歟, 앞 三國史記, 77쪽.

　　56대 敬順王 9년(935) 전에, 고려 태조는 왕의 항서를 받고 대상 왕철 등을 보내어 신라왕을 맞게 하였다. 신라왕은 백관을 이끌고 왕도(경주)를 떠나 태조에게 귀의하는데 향차(香車,좋은 수레)와 보마(寶馬)는 30여리에 뻗쳐 도로는 호위의 인중(人衆)으로 막히고 구경꾼은 담을 두른 듯 하였다. 태조는 교외에 출영하여 신라왕을 위로하고 그에게 궁 동쪽의 갑제(甲第,으뜸가는 집) 1구를 내리고 장녀 낙랑공주로서 그의 아내를 삼았다.
　　처음 신라가 귀부할 때에 태조는 매우 기뻐하여 이미 후례로 대우하고 사람을 시켜 신라왕에게 말하되 "지금 왕이 나라를 나에게 주니 그 주고 받음이 대단히 크다. 바라건대 우리 종실(宗室)과 혼인을 맺어 구생(舅甥, 장인과 사위)의 의(誼)를 길이 하고 싶다" 하니 신라왕이 답하되, "나의 백부 억염 잡간(제3품위 匝湌)은 지대야군(현 합천) 사(事)로 있었는데 그의 딸이 덕기와 얼굴이 쌍미하여 이 여자가 아니면 내정사를 정비하기 어렵다" 하니 태조는 그 여자를 취하여 아들을 낳으니 이이가 곧 현종(태조의 손 8대왕)의 고(考, 郁)로서 후에 안종이라고 추봉된 분이다. 경종, 헌화대왕(태조의 손, 5대왕)에 이르러서는 왕승공(羅王 金傅)의 딸을 맞아 왕비를 삼고 바로 정승공을 봉하여 상부령을 삼았다.

　　太祖受王書, 送大相王鐵等迎之, 王率百寮, 發自王都, 歸于太祖, 香車 寶馬 連亘三十

餘里, 道路塡咽, 觀者如堵, 太祖出郊迎勞, 賜宮東甲第一區, 以長女樂浪公主妻之, …初新羅之降也, 太祖甚喜, 旣待之以厚禮, 使告曰, 今王以國與寡人, 其爲賜大矣, 願結昏於宗室, 以永甥舅之好 答曰, 我伯父億廉匝干知大耶郡事, 其女子德容雙美, 非是無以備內政, 太祖遂取之生子, 是顯宗之考, 追封爲安宗, 至景宗獻和大王, 聘正承公女納爲王妃, 仍封正承公爲尙父令, 앞 三國史記, 127쪽.

같은 내용이 三國遺事에도 실렸는데

왕이 백료를 거느리고 우리 태조에게 귀의할 때…태조가 교외에 출영하여 위로하고 궁 동쪽의 一區(政丞院)를 주고 장녀 낙랑공주로 그의 아내를 삼았는데 왕이 자기 나라를 버리고 타국에 와서 살므로 란조(鸞鳥)에 비유하여 이름을 신란공주라고 고치고 시호를 효목이라 하였다. 그리고 왕을 봉하여 정승(正-政-承)을 삼으니, 그 위는 태자의 상위였다. …처음 왕이 땅을 바쳐 항복해 오자 태조는 매우 기뻐하여 예를 후하게 대우하고 사람을 시켜 신라왕에게 고하되 지금 왕이 나라를 들어 나에게 주니 그 주고 받음이 크다. 바라건대 종실과 혼인을 맺어 장인과 사위의 의를 기리자고 하였다. 신라왕이 대답하기를 나의 백부 억염(왕의 부, 효종각간 즉 추봉한 신흥대왕의 아우)의 딸이 있어 심덕과 얼굴이 다 아름다워 그가 아니면 내정사(內庭事)를 정비하기 어려우리라 하였다. 태조가 드디어 그를 취하니 이분이 신성왕후 김씨이다. 태조의 손 경종 유가 정승공(경순왕)의 딸을 취하여 비를 삼으니 이분이 헌승황후이다. 그리고 정승공을 봉하여 상부라 하였고 고려 경종 3년에 돌아가니 시호를 경순이라 하였다.

三國遺事 金傅大王전에 王率百僚, 歸我太祖, …太祖出郊迎勞, 賜宮東一區(今正承院), 以長女樂浪公主. 妻之, 以王謝自國居他國故, 以鸞喩之, 改號神鸞公主, 謚孝穆, 封爲正承, 位在太子之上, …初王納土來降, 太祖喜甚, 待之厚禮, 使告曰, 今王以國與寡人, 其爲賜大矣, 願結婚於宗室, 以永甥舅之乎, 王答曰, 我伯父億廉(王之考, 孝宗角干, 追封神興大王之弟也)有女子, 德容雙美, 非是無以備內政, 太祖娶之, 是爲神成王后金氏, 太祖之孫景宗伷, 聘政承公之女爲妃, 是爲憲承皇后, 仍封政承爲尙父, 太平興國三年戊寅崩, 謚曰敬順, 앞 三國遺事, 70-71쪽.

三國遺事 南扶餘 前百濟 北扶餘전에, 주몽은 북부여에서 피난하여 졸본부여에 왔는데 그곳의 왕은 아들이 없고 단지 딸 셋만 있었다. 왕은 주몽을 보고 비상한 사람임을 알고 둘째 딸로서 아내를 삼게 하였다. 얼마 후에 부여주왕이 돌아가고 주몽이 왕위를

四. 음란(淫亂)·혼례(婚禮)·공녀(貢女)   231

이어 두 아들을 낳았는데 큰 아들은 비류요, 차자는 온조이다.

百濟始祖 溫祚, 其父鄒牟王, 或云朱蒙, 自北扶餘逃難, 至卒本扶餘, 州之王無子, 知有三女, 見朱蒙知非常人, 以第二女妻之, 未幾, 扶餘州王薨朱蒙嗣位, 生二子, 長曰沸流, 次曰溫祚, 앞 三國遺事, 73쪽.

삼국사기 백제본기 9대 責稽王 원년(286)에, 고구려가 대방을 치니 대방이 우리에게 구원을 청하였다. 이에 앞서 왕이 대방의 왕녀(太守의 딸) 보과를 취하여 부인을 삼았으므로 이르기를 "대방은 우리의 구생(舅甥,장인과 사위)의 나라이니 그 청에 응하지 않을 수 없다" 하고 군사를 내어 구원하니 고구려가 원망하였다.

高句麗伐帶方, 帶方請救於我, 先是, 王娶帶方王女寶菓爲夫人, 故曰, 帶方我舅甥之國不可不副其請, 遂出師救之, 高句麗怨, 앞 三國史記, 219쪽.

24대 東城王 15년(493) 3월에, 왕이 신라에 사신을 보내어 혼인을 청하니 신라왕(조지마립간)이 이찬 비지의 딸을 보냈다(백제와 신라가 혼인 동맹을 맺음으로서 고구려의 압력에 대항하기 위한 비유(毗有)왕 이래의 동맹을 한층 강화한 것임).

春三月, 王遣使新羅請婚, 羅王以伊湌比智女歸之, 위 三國史記, 233쪽.

26대 聖王 31년(553) 10월에, 왕녀가 신라로 시집을 왔다.

冬十月, 王女歸于新羅, 위 三國史記, 237쪽.

三國遺事 武王전에, 제 30대 武王의 이름은 장(璋)이다. 그 모친이 과부가 되어 서울 남지변(南池邊)에 집을 짓고 살던중 그 연못의 용과 交通하여 장을 낳아 아명을 서동이라 하였는데 그 도량이 커서 헤아리기가 어려웠다. 항상 서여(薯蕷,마)를 캐어 팔아 생활하였으므로 나라사람들이 그렇게 이름을 지었다. 신라 진평왕(무왕과 동시대 왕이라면 신라 21대 소지마립간-毗處-이 맞음)의 셋째 공주 선화(善花, 善化)가 매우 아름답다는 말을 듣고 머리를 깎고 신라 서울로 가서 서여(마)를 가지고 동네 아이들을 먹이니 아이들이 친해서 따르게 되었다. 이때 동요를 지어 여러 아이들을 꾀어 부르게 하였는데 그 노래에 "선화공주님은 남몰래 얼어(嫁)두고 서동방(薯童房, 님)을 밤에 몰래 안고 가다" 라 하였다. 동요가 서울에까지 퍼져 대궐까지 알려지니 백관이 임금에게 극간(極諫)하여 공주를 먼곳으로 귀양 보내게 하였는데 떠나려 할 때 왕후가 순금 한 말(斗)을 노자

로 주었다. 공주가 귀양지로 갈 때 서동이 도중에 나와 맞이하며 시위(侍衛)하고 가려고 하였다. 공주는 그가 어디서 온지는 모르나 우연히 믿고 기뻐하여 따라가며 잠통(潛通)하였다. 그 후에야 서동의 이름을 알고 동요가 맞는것을 알았다.

第三十, 武王名璋, 母寡居, 築室於京師南池邊, 池龍交通而生, 小名薯童, 器量難測, 常掘薯蕷, 賣爲活業, 國人因以爲名, 聞新羅眞平王第三公主善花(一作善化), 美艶無雙, 剃髮來京師, 以薯蕷餉閭里羣童, 羣童親附之, 乃作謠, 誘羣童而唱之云, 善花公主主隱, 他密只嫁良置古薯童房乙夜矣卯乙抱遺去如, 童謠滿京, 達於宮禁, 百官極諫, 竄流公主於遠方, 將行, 王后以純金一斗贈行, 公主將至竄所, 薯童出拜途中, 將欲侍衛而行, 公主雖不識其從來, 偶爾信悅, 因此隨行, 潛通焉. 然後知薯童名, 乃信童謠之驗, 앞 三國遺事, 74쪽.

隋書 百濟전에, 동명의 후손에 구태라는 자가 있으니 매우 어질고 신의가 두터웠다. 그는 대방의 옛 땅에 처음 나라를 세웠다. 한(漢)의 요동 태수 공손도가 딸을 주어 아내로 삼게하니 나라가 점점 번창하여 동이의 강국이 되었다. 당초에 백가가 바다를 건너 왔다하여(濟) 나라이름을 백제라고 불렀다.

東明之後, 有仇台者, 篤於仁信, 始立其國于帶方故地, 漢遼東太守公孫度以女妻之, 漸以昌盛, 爲東夷强國, 初以百家濟海, 因號百濟, 앞 中國正史朝鮮傳, 554쪽.

北史 百濟전에, 풍(馮, 北燕왕 馮弘)씨의 국운이 다하여 그 유민들이 고구려로 도망해 오면서 더러운 무리(醜類, 고구려를 가리킴)는 점차 강성해지고 끝내 백제도 그들의 침략과 위협을 당하여 원한이 얽히고 전화(戰禍)가 연이은것이 30여년 입니다. 만일 천자(天子)의 인자(仁慈)와 간절한 긍휼(矜恤)이 멀리라도 미치지 않는데가 없다면 속히 장수 한 사람을 파견하여 신의 나라를 구원해 주십시오. 마땅히 저의 딸을 보내어 후궁(後宮)에서 청소나 하게하고, 아울러 자제들도 보내어 마굿간에서 말을 기르도록 하겠으며 한 치의 땅이나 한사람의 남자도 감히 저의 소유라 여기지 않겠습니다.

自馮氏數終, 餘燼奔竄, 醜類漸盛, 遂見陵逼, 構怨連禍, 三十餘載, 若天慈曲矜, 遠及無外, 速遣一將, 來救臣國, 當奉送鄙女, 執掃後宮, 并遺子弟, 牧圉外廐, 尺壤正夫, 不敢自有, 위 中國正史朝鮮傳, 567쪽.

삼국사기 고구려본기 2대 琉璃明王 3년(17) 10월에 왕비 송씨가 돌아갔다. 왕이 다시 두 여자를 취하여 계실을 삼으니 하나는 화희로 골천인의 딸이고, 하나는 치희인데 한인(漢人)의 딸이다. 두 여자가 사랑다툼으로 서로 불화하여 왕이 양곡이라는 곳에 동서 두 궁을 짓고 그들을 각각 살게하였다. 그후 왕이 기산에서 전렵(사냥)을 하고 7일간 돌아오지 않는데 두 여자가 싸움을 하였다. 화희는 치희를 꾸짖어 "너는 한가(漢家)의 비첩으로 무례함이 어찌 그리 심하냐"고하니 치희는 부끄럽고 분하여 도망갔다. 왕이 듣고 말을 채찍하여 쫓아 갔으나 치희는 노하여 돌아오지 않았다.

冬十月, 王妃宋氏薨, 王更娶二女以繼室, 一日禾姬, 鶻川人之女也, 一日雉姬, 漢人之女也, 二女爭寵不相和, 王於涼谷, 造東西二宮, 各置之, 後王田於箕山, 七日不還, 二女爭鬪, 禾姬罵雉姬曰, 汝漢家婢妾, 何無禮之甚乎, 雉姬慙恨亡歸, 王聞之, 策馬追之, 雉姬怒不還, 앞 三國史記, 132쪽.

3대 대무신왕 15년(32) 4월에 왕자 호동이 옥저(지금 함흥 일대)에 유람하고 있을 때 마침 낙랑 왕 최리가 그곳에 출유하여 호동을 보고 "군의 얼굴을 보니 보통사람이 아닌 듯 하니 혹 북국신왕의 아들이 아니냐" 하고 그를 데리고 돌아와 사위를 삼았다. 그후 호동이 귀국하여 비밀이 사람을 보내어 최씨 딸에게 이르기를 "네가 너의 나라 무기고에 들어가 고각(鼓角, 군중 악기)을 부수면 내가 예로서 너를 맞이할 것이요, 그렇지 않으면 맞지 않겠다" 하였다. 앞서 낙랑에는 이상한 고각이 있어서 적병이 오면 저절로 우는 까닭에 부수게 한것이다. 이에 최녀는 잘 드는 칼로 몰래 무기고에 들어가 북의 피면과 고각의 주둥이를 부순 후 호동에게 알리었다. 호동은 왕을 권하여 낙랑을 엄습하였다. 최리는 고각이 울지 않으므로 방비치 않고 있다가 갑자기 우리군사가 성 아래에 닥친 후에야 고각이 다 부서진것을 알았다. 그래서 그의 딸을 죽이고 나와 항복하였다. 11월에 왕자 호동이 자살하니…

夏四月 王子好童, 遊於沃沮, 樂浪王崔理, 出行因見之, 問曰, 觀君顔色, 非常人, 豈非北國神王之子乎, 遂同歸以女妻之, 後好童還國, 潛遣人, 告崔氏女曰, 若能入而國武庫, 割破鼓角, 則我以禮迎, 不然則否, 先是, 樂浪有鼓角, 若有敵兵則自鳴, 故令破之, 於是, 崔女將利刀, 潛入庫中, 割鼓面角口, 以報好童, 好童勸王, 襲樂浪, 崔理以鼓角不鳴, 不備, 我兵掩之城下, 然後知鼓角皆破, 遂殺女子, 出降, 冬十一月, 王子好童自殺, … 위 三國史記, 140쪽.

三國遺事 駕洛國記에, 왕과 왕후가 함께 침전에 있을 때 왕후가 왕에게 조용히 말하기를 나는 본시 아유타국의 공주인데 성은 허씨이며, 이름은 황옥이고 나이는 16세인

데 금년 5월에 본국에 있을 때 부왕이 황후와 더불어 나에게 말씀 하시기를 어제밤 꿈에 함께 上帝를 뵈오니 상제의 말씀이 가락국왕 수로는 하늘이 내려 보내어 등극케 하였으니 이사람이야 말로 신성스러운 이다. 또 새로 나라를 다스리는데 아직 배필을 정하지 못하였으니 그대들은 공주를 보내어 짝을 삼게하라 하시고 말씀을 마치자 하늘로 올라갔다. 잠을 깬 후에도 상제의 말이 아직 귀에 쟁쟁하니 너는 이 자리에서 곧 부모를 작별하고 그리로 가라 하였다. 그래서 내가 바다에 떠서 증조(蒸棗, 찐 대추)를 구하고 하늘에 가서 반도(蟠桃, 仙桃복숭아)를 얻어 진수(螓首,미인의 네모반듯한 이마)로 외람히 용안을 가까이하게 되었다 하니, 왕이 대답하기를 나는 생래(生來)로 자못 신성하여 먼저 공주가 멀리 올것을 알고 신하들의 납비(納妃)의 청을 듣지 않았더니 지금 현숙한 그대가 저절로 왔으니 이사람의 다행이라 하고 드디어 동침하여 두밤을 지내고 또 하룻밤을 지냈다.

　於是王與后共在御國寢, 從容語王曰, 妾是阿踰陁國公主也, 姓許名黃玉, 年二八矣, 在本國時, 今年五月中, 父王與皇后顧妾而語曰, 爺孃一作夢中, 同見皇天上帝, 謂曰, 駕洛國元君首露者, 天所降而俾御大寶, 乃神乃聖, 惟其人乎, 且以新莅家邦, 未定匹偶, 卿等湏見公主而配之, 言訖升天, 形開之後, 上帝之言, 其猶在耳, 儞於此而忽辭親向彼乎, 往矣, 妾也浮海遐尋於蒸棗, 移天赴於蟠桃, 螓首敢叩, 龍顔是近, 王答曰, 朕生而頗聖, 先知公主自遠而屆 下臣有納妃之請, 不敢從焉, 今也淑質自臻, 眇躬多幸, 遂以合歡, 兩過淸宵, 一經白晝, 앞 三國遺事, 83쪽.

Ⅳ. 공녀(貢女)

　공녀를 살피기 전에 먼저 조공(朝貢)부터 간략하게 알아 보기로 한다. 조공은 크고 작은 나라 사이에 우의(友誼)와 친선을 통한 상호 공존 교린(交隣)의 예(禮)에서 출발 하였는데 춘추전국(春秋戰國)시대 이래로 대국은 소국에 대하여 무력적 시위로 일방적인 사대(事大, 큰 나라를 섬기는)의 예를 강요하였고, 이러한 행사가 발전하여 많은 헌상물(獻上物)을 바치는 조빙사대(朝聘事大)로 되었다. 한(漢)나라 이후로 중국 주변의 작은 나라들은 조공(朝貢)·방물(方物)·책봉(冊封)이라는 독특한 외교 형태로 변질·발전하여 군신지의(君臣之義)를 맺게까지 되었다. 따라서 강대국 주변의 약소국들은 자국의 안전을 위해 국가적인 침략을 예방하여 생존권을 보장받고 공식적인 무역과 문화교류도 이루어지게 되었는데, 고려시대에는 元나라의 횡포가 매우 심하였다가 明나라 이후로는 차차 사라지게 되었다.

삼국시대 조공의 시원을 살펴보면

고구려에서는 시조 동명성왕 14년(BC. 24) 10월에 왕이 사신을 부여에 보내어 공물(貢物, 方物)을 바치어 그 덕(德)을 갚았다.

冬十月, 遣使扶餘饋方物, 以報其德, 앞 三國史記, 131쪽.

신라에서는 시조 혁거세(赫居世) 38년(BC. 20) 2월에 호공(瓠公)을 마한에 보내어 수빙(修聘)하는데 마한 왕이 호공을 꾸짖어 가로되 진(辰)·변(卞) 두 한(韓)은 우리의 속국인데 근년에는 직공(職貢, 貢物)을 보내지 아니하니 대국을 섬기는 예가 이같을 수가 있겠느냐 하니 호공이 대답 하기를 우리나라는 두 성인(二聖)이 일어남으로서부터 인사(人事)가 바로 잡히고 천시(天時)가 고르고 창름(倉廩, 창고)이 충실(充實)하고 인민이 경호(敬護)하여 진한(辰韓) 유민(遺民)으로부터 변한(弁韓)·낙랑(樂浪)·왜인(倭人)에 이르기까지 두려워 하지 아니함이 없되, 우리 임금은 겸손하여 하신(下臣)을 보내어 인사를 닦으니 이는 예에 지나친다고 할 수 있거늘, 도리어 대왕이 진노(震怒)하여 병(兵)으로써 겁박하니 무슨 뜻이냐고 하였다. 마한 왕이 분하여 호공을 죽이려고 하니 좌우가 간(諫)하여 말리므로 그의 귀국을 허락하였다.

三十八年, 春二月, 遣瓠公聘於馬韓, 馬韓王讓瓠公曰, 辰卞二韓, 爲我屬國, 比年不輸職貢, 事大之禮, 其若是乎, 對曰, 我國自二聖肇興, 人事修, 天時和, 倉庾充實, 人民敬讓, 自辰韓遺民, 以至卞韓, 樂浪 倭人, 無不畏懷, 而吾王謙虛, 遣下臣修聘, 可謂過於禮矣, 而大王赫怒, 劫之以兵, 是何意耶, 王憤欲殺之, 左右諫止乃許歸, 위 三國史記, 2쪽.

백제에서는 8대 古爾王 25년(258) 봄에 말갈의 두목(長) 라갈(羅渴)이 좋은 말 10필을 바쳤다하고,

二十五年 春, 靺鞨長羅渴獻良馬十匹, 王優勞使者以還之, 위 三國史記, 218쪽.

13대 근초고왕 27년(372) 1월에 사신을 진(晉, 東晉)에 보내어 조공하였다.

二十七年 春正月, 遣使入晉朝貢, 위 三國史記, 212쪽.

공녀는 어린 여자를 상대국의 왕실에 바쳐 왕의 후비 또는 첩으로 삼게하는 제도로서, 앞에서 살펴 본 바와 같이 조공은 그나라 특산물이나 금은 보화 같은 귀한 물품을 헌상(獻上)하는 것이지만, 공녀는 물건이 아닌, 왕실이나 귀족의 어린 여자로서 아름다움과 덕이 있어야하고 교양을 갖추어야 한다.

우리나라에서의 공녀는 주로 원(元)·명(明) 나라였는데, 고려가 강동성(江東城)에 있던 거란족을 평정할 때 몽골의 지원을 받게 된 후 몽골은 고려에 과다한 공물을 요구하고 계속 압박을 가하고 침입이 계속 되었으나, 고려는 화평관계를 유지하려고 몽골에게 부마국(駙馬國, 사위나라)이 되었다. 또 조건을 달아 어린 남녀 500-1,000명을 요구한 후에도 여러 차례 공녀를 요구 하였다. 그 이유 중의 하나는 元나라의 많은 군사 들에게 배우자를 만들어 주겠다고 한것이지만 실은 고려 여자들에 대한 야욕 충족(充足)의 목적도 다분히 있었다고 볼 수 있다. 그후 명나라가 건국되고부터는 그리 심하지 않았다.

고려시대에는 결혼도감(結婚都監) 과부처녀추고별감(寡婦處女推考別監) 같은 특별한 관청을 두어 여자들을 징발하였다. 25대 충렬왕(忠烈王, 1274-1308)대부터 33대 공민왕(恭愍王, 1351-1374)대까지 원나라에 보낸 처녀진공사(處女進貢使)의 왕래 횟수가 50회가 넘었다. 공녀는 고려에서는 역적의 부인, 승려의 딸들로 충당하기도 하였지만, 충열왕 대에는 처녀등록제를 실시하기도 하였는데 공녀는 13~16세까지의 처녀들을 징발하였으므로 이 나이에 해당되는 처녀가 있는 집안에서는 10세가 되면 혼인을 시켜 조혼(早婚)과 예서제(豫壻制, 데릴사위) 풍습이 유행하였다. 조혼하지 못한 처녀 중에는 중이 되거나 목숨을 끊는 예도 있었다. 한편 원나라로 끌려간 처녀들은 궁녀와 제왕의 후비(后妃)의 시중을 들기도 하였는데 그중에는 원나라 최후 황제인 순제(順帝)의 제2황후가 된 기황후(奇皇后)와 같이 권세와 영화를 누린 사람도 있었으나, 노비로 전락한 처녀들이 많았다. 이러한 공녀 제도는 공민왕의 반원(反元) 정책으로 끝났으나, 새로 건국한 명(明)나라에 계속 처녀들을 바치었는데 조선 태종 8년(1408)부터 중종 16년(1521)까지 10여 차례 공녀를 요구하다가 중종 21년(1526) 조선의 하등극사(賀登極使) 홍숙(洪淑)을 보내 공녀의 폐지를 인정 받았다.

흔히 공녀라 하면 전제왕권(專制王權)이 강화된 元나라나 明나라에 부마지국(駙馬之國, 사위의 나라) 구생지간(舅甥之間, 장인과 사위 사이)이라고 하는데 실은 삼국시대로부터 공녀 관계는 심심치 않게 등장하고 있다.

삼국사기 신라본기 38대 元聖王 8년(792) 7월에, 사신을 당에 보내어 미녀 김정란을 바치니 그 여자는 국색으로 몸에 향기가 있었다.

　　八年 秋七月, 遣使入唐, 獻美女金井蘭, 其女國色身香, 앞 三國史記, 101쪽.

　　삼국사기 고구려본기 11대 東川王 19년(245) 3월에, 동해인이 미녀를 바치므로 왕이 후궁으로 받아 들였다.
　　春三月, 東海人獻美女, 王納之後宮, 위 三國史記, 157쪽.

　　後漢書 東沃沮전에, 동옥저는 지역이 작고 좁은데다가 큰 나라 사이에 끼여 있어 마침내 고구려에 신속(臣屬)케 되었다(三國史記에는 太祖王 4년(56)에 동옥저를 정벌하여 그 땅을 城邑으로 삼았다 함). 고구려는 그 지역의 大人을 뽑아 사자(使者)로 삼아서 읍락(邑落)을 토착거수(土着渠帥)와 함께 다스리게 하였으며 조세(租稅)로 초포(貂布, 貂皮, 담비의 가죽, 백두산 일대의 특산물, 일찍부터 중국에 알려짐) 어염(魚鹽) 및 해초(海草)류를 징수하게하고 미녀를 뽑아 그들의 종이나 첩으로 삼았다.
　　其土迫小, 介於大國之間, 遂臣屬句驪, 句驪復置其中大人遂爲使者, 以相監領, 責責其租稅, 貂皮魚鹽, 海中食物, 發美女爲婢妾焉, 앞 中國正史朝鮮傳, 517쪽.

　　같은 내용이 三國志 東沃沮전에도 실려 있는데 동옥저는 나라가 작고…고구려에 신속 되었다…또 동옥저의 미인을 보내게 하여 종이나 첩으로 삼았는데 그들(동옥저 사람)을 노복(奴僕)처럼 대우 하였다. 위 中國正史朝鮮傳, 524쪽.

　　新唐書 渤海전에, 대력 연간에 25번 조공하였고, 또 일본의 춤추는 여인(舞女) 11명을 조정에 헌상 하였다.
　　大曆中, 二十五來, 以日本舞女十一獻諸朝, 위 中國正史朝鮮傳, 591쪽.

　　舊唐書 渤海 靺鞨전에, 대력(大曆,唐 연호) 12년(777) 1월에 사신을 보내와 일본국의 춤추는 여인(舞女) 11명과 방물을 바쳤다(新唐書 발해전에는 大業 연간으로만 적혀있고, 일본국 사료에는 무녀를 바친 사실이 없다).
　　大曆十二年, 正月, 遣使獻日本國舞女十一人及方物, 위 中國正史朝鮮傳, 587쪽

　　魏書 高句麗전에, 위나라 문명태후가 현조의 육궁(六宮, 天子를 모시는 황후와 다섯 부

인)이 채워지지 못하였다하여 조칙(詔勅)으로 연(璉, 20대 長壽王)에게 그의 딸을 보내라고 하였다. 연이 표를 올려 "딸은 모두 출가하였으므로 아우의 딸 중에서 구하여 조칙에 응하겠다" 고 하자 조정에서 허락하였다. 이에 안락왕 진과 상서 이부 등을 보내 국경까지 가서 예물을 보내게 하였다. 그러나 연은 "위(魏) 나라는 지난날 풍(馮,北燕왕 馮弘)씨와 혼인을 맺었다가 얼마 안되어 그 나라를 멸망 시켰습니다. 은감이 멀지 아니하니 당연히 핑계를 대고 거절하여야 할것입니다" 라는 좌우 신하들의 말에 현혹되어 마침내 글을 올려 그의 조카딸이 죽었다고 거짓말을 하였다. 조정에서는 속이는 것이라 의심하여 다시 가산기상시 정준을 보내 따끔하게 꾸짖고 "조카딸이 참으로 죽었다면 종친 중에 어진 딸을 뽑아 줄것을 허락한다" 고 하니 연이 "천자께서 이전의 허물을 용서하여 주신다면 삼가 조칙을 받들겠습니다" 하였다. 그 무렵 현조가 죽어서 그 일은 중지되었다.

　　後文明太后以顯祖六宮未備, 敕璉令薦其女, 璉奉表, 云女已出嫁, 求以弟女應旨, 朝廷許焉, 乃遣安樂王眞, 尙書李敷等至境送幣, 璉惑其左右之說, 云朝廷昔與馮氏婚姻, 未幾而滅其國, 殷鑒不遠, 宜以方便辭之, 璉遂上書妄稱女死, 朝廷疑其矯詐, 又遣假散騎常侍程駿切責之, 若女尋死者, 聽更選宗淑, 璉云, 若天子恕其前愆, 謹當奉詔, 會顯祖崩, 乃至, 앞 中國正史朝鮮傳, 543쪽.

　　위와 같은 내용이 北史 高句麗전
　　後文明太后以獻文六宮未備, 敕璉令薦其女, 璉奉表云, 女已出, 求以弟女應旨, 朝廷許焉, 乃遣安樂王眞, 尙書李敷等至境送幣, 璉惑其左右之說, 云朝廷昔與馮氏婚姻, 未幾而滅其國, 殷鑒不遠, 宜以方便辭之, 璉遂上書, 妄稱女死, 朝廷疑其矯矩, 于遣假散騎常侍程駿切責之, 若女審死, 聽更選宗淑, 璉云, 若天子怒其前愆, 謹當奉詔, 會獻文崩, 乃止, 위 中國正史朝鮮傳, 563쪽.

　　三國史記에도 실려 있어서 알아보면
　　고구려본기 20대 長壽王전에, 54년(466)에 3월에 위(魏)나라에 사신을 보내어 조공 하였다. 위의 문명태후(文明太后, 魏의 제 4대왕 고종(高宗)의 황후 馮씨)가 현조(顯祖)의 육궁(六宮, 후궁)이 미비하다 하여 우리 왕에게 왕녀를 바치라 하였다. 왕이 글을 보내어 왕녀는 이미 출가하였다 하고 그 대신 제녀(弟女, 姪)를 보낼것을 청하였다. 위나라에서는 이를 허락하고 안락왕 진과 상서(尙書) 이부 등을 시켜 고구려 경내에 이르러 여자를 맞

四. 음란(淫亂)·혼례(婚禮)·공녀(貢女)　239

는 폐백을 전달하였다. 어떤 사람이 왕에게 권하기를 "위나라가 전일에 북연과 혼인을 맺고 얼마 아니되어 연을 정벌한 일이 있으니 行人(使臣)으로 인하여 지리의 이험(夷險, 평탄과 험조)을 고루 한 까닭이며 전감(前鑑, 이같이)이 멀지 아니하니 방편(수단)을 써서 사절 하소서" 하였다. 왕은 글을 보내어 제녀가 죽었다고 하였다. 위나라는 그것이 거짓말임을 의심하고 가산기상시 정준을 보내어 매우 꾸짖고 여자의 죽음이 분명하다면 다시 종숙(종족의 숙녀)의 간택을 청허하겠다고 하였다. 왕은 천자가 우리의 전과(前過)를 용서하면 삼가 조명(詔命)을 받들겠다하였다. 마침 위나라의 현조가 죽었으므로 그만두었다.

春三月, 遣使入魏朝貢, 魏文明太后以顯祖六宮未備, 敎王令薦其女, 王奉表云, 女已出嫁, 求以弟女應之, 許焉, 乃遣安樂王眞, 尙書李敷等, 至境送幣, 或勸王曰, 魏昔與燕婚姻, 旣而伐之, 由行人具知, 其夷險故也, 殷鑑不遠, 宜以方便辭之, 王遂上書稱女死, 魏疑其矯詐, 又遣假散騎常侍程駿, 切責之, 若女審死者, 聽更選宗淑, 王云, 若天子怒其前過, 謹當奉詔, 會顯祖崩, 乃止, 앞 三國史記, 170-1쪽.

공녀(貢女)를 되돌려 보냄

삼국사기 신라본기 26대 眞平王 전에, 53년(631) 7월에 당나라에 사신을 보내어 미녀 두 사람을 바치니 위징(唐의 名臣)이 말하기를 받지 말라 하였다. 上(당 태종)이 기뻐하여 가로되, "저 임읍(林邑 安南)에서 바친 앵무새도 고생과 추위를 부르짖으며 제나라로 도로 가려고 하거늘 하물며 두 여자가 멀리서 친척을 이별함에 있어서랴" 하고 도로 돌려 보냈다.

秋七月, 遣使大唐獻美女二人, 魏徵以爲, 不宜受, 上喜曰, 彼林邑獻鸚鵡, 猶言苦寒, 思歸其國, 況二女遠別親戚乎, 付使者歸之, 위 三國史記, 45쪽.

新唐書 新羅전에, 현종 개원년간에 자주 입조하여 과하마·조하주·어아주·해표피 등을 바쳤다. 그리고 두명의 여자를 바쳤는데 현종이 "두 여인은 모두 왕의 고모요, 자매이다. 생소한 풍속에 부모 친척과 떼어 놓는것이니 짐은 차마 머물게 하지 못하겠노라" 하고 많은 물품을 주어 돌려 보냈다.

玄宗開元中, 數入朝, 獻果下馬 朝霞紬 魚牙紬 海豹皮 又獻二女, 帝曰"女皆王姑姊妹, 違本俗, 別所親, 朕不忍留, 厚賜還之, 앞 中國正史朝鮮傳, 606쪽.

같은 내용이 구당서 신라전에도 실려 있는데

舊唐書 新羅전에, 정관(貞觀, 당 태종의 연호, 신라 진평왕 49-53년에 해당) 5년에 사신을 보내와 여자 악공 두 사람을 바쳤는데 둘이 모두 머리가 새까만 미인이었다. 태종이 시신(侍臣)에게 이르기를 "내가 들으니 성색(聲色)을 즐기는것은 덕을 좋아 하는것 만 같지 못하다고 한다. 그리고 산천이 가로 막혀 멀리 있으니 고향을 그리워 할것도 알 수 있다. 얼마 전에 임읍(林邑 安南)에서 바친 흰 앵무새도 고향을 그리워 할 줄 알아 제 나라로 보내 줄것을 하소연 하였다. 새도 그러하거늘 하물며 인정에 있어서랴. 나는 그들이 멀리 떠나 와서 반드시 친척을 그리워 하는것을 불쌍히 여긴다. 사자의 인편에 보내어 제집으로 돌려 보내게 하라고 하였다.

貞觀五年, 遣使獻女樂二人, 皆鬒髮美色, 太宗謂侍臣曰, 朕聞聲色之誤, 不如好德, 且山川阻遠, 懷土可知, 近日林邑獻白鸚鵡, 尙解思鄕, 訴請還國, 鳥猶如此, 況人情乎, 朕憫其遠來, 必思親戚, 宜付使者, 聽遣還家, 앞 中國正史朝鮮傳, 581쪽.

신당서 신라전에도 같은 내용이 실렸는데

新唐書 新羅전에, 정관 5년에 2명의 여자악공을 보내오니 태종은 "근간에 임읍에서 바친 앵무새도 고향이 그립다는 말을 하며 돌려 보내 주기를 빌더라. 하물며 사람에게 있어서랴" 하고 사자의 편에 돌려 보내라고 하였다.

貞觀五年, 獻女樂二, 太宗曰, 此林邑獻鸚鵡, 言思鄕, 丐還, 況於人乎, 付使者歸之, 위 中國正史朝鮮傳, 605쪽.

삼국사기 신라본기 33대 聖德王전에, 22년(723) 3월에 왕이 사신을 당에 보내어 미녀 2인을 바치었다. 하나는 포정이라는 여자로 그의 아버지는 나마(11품관) 천승이고, 다른 하나는 정완이라는 여자로 그의 아버지는 대사(12품관) 충훈인데 당나라로 갈 때에 왕이 그들에게 의복과 기구 노비 거마 등을 주고 예를 갖추어 자송(資送, 用度를 주어 보냄)하였다. 당 현종은 말하기를 "여자 들이 모두 왕의 고자매(내종 자매)로 본속(친족)을 이별하고 본국을 떠나 온것이므로 내가 차마 머물러 두고 싶지 않다"하고 후히 물품을 내리어 돌려 보냈다.

春三月, 王遣使入唐, 獻美女二人, 一名抱貞, 父天承奈麻, 一名貞菀, 父忠訓大舍, 給以衣着, 器具 奴婢, 車馬, 備禮資遣之, 顯宗曰, 女皆王姑姉妹, 違本屬, 別本國, 朕不忍留, 厚賜還之, 앞 三國史記, 86쪽.

四. 음란(淫亂)·혼례(婚禮)·공녀(貢女) 241

삼국사기 고구려본기 28대 寶臧王전에, 5년(646) 5월에 왕과 막리지(개금, 개소문)가 사신을 보내어 사죄하고 아울러 두 미녀를 바치었다. 당나라 왕은 이를 돌려 주며 사자에게 이르기를 색은 사람이 중히 여기는 바이지만 친척을 떠나 그 마음을 상하게 함이 가엾어 나는 취하지 않는다라고 하였다.

夏五月, 王及莫離支蓋金, 遣使謝罪, 并獻二美女, 帝還之, 謂使者曰, 色者人所重, 然憫其去親戚, 以傷乃心, 我不取也, 앞 三國史記, 197-8쪽.

舊唐書 高(句)麗전에, 20년에 고(구)려가 사신을 보내와 사죄하고 아울러 두 미녀를 바쳤다. 태종이 사신에게 "돌아가서 너의 군주에게 일러라. 미색이란 사람이면 다 사랑한다. 너희가 바치는 미인은 참으로 아름답기는 하나 그러나 부모 형제를 본국에 두고 온 것이 불쌍하고, 그의 몸을 머물러 두게 하여 그의 어버이를 잊게하는 것을 그의 아름다움을 사랑하여 그의 마음을 상하게 하는 일은 내가 하지 않으리라" 하고 돌려 보냈다.

二十年 高麗遣使來謝罪, 并獻二美女, 太宗謂其使曰, 歸謂爾王, 美色者, 人之所重, 爾之所獻, 信爲美麗, 憫其離父母兄弟於本國, 留其身而忘其親, 愛其色而傷其心, 我不取也, 並還之, 앞 中國正史朝鮮傳, 576쪽.

같은 내용이 新唐書 高(句)麗전에도 실려 있는데

新唐書 高(句)麗전에, 장(藏, 三國史記에는 臧으로 기록됨, 고구려 28대 보장왕)이 사신을 보내와 방물을 올리고 사죄를 하며 두 미녀를 바쳤다. 태종이 돌려 보내라고 조명을 내리고 사신에게 "여색이란 사람마다 소중히 여기지만 그들이 친척을 떠나 와서 마음 아파 하는것이 불쌍하여 내가 취하지 않겠다"고 하였다.

藏遣使者上方物, 且謝罪, 獻二妹口, 帝敕還之, 謂使者曰, 色者人所重, 然愍其去親戚以傷乃心, 我不取也, 위 中國正史朝鮮傳, 599쪽.

공녀(貢女)를 금지함

삼국사기 신라본기 30대 文武王 8년(668)에, 원기와 쟁토를 당나라에 보냈는데 쟁토는 당에 머물러 돌아오지 않고, 원기만 돌아왔다. 당나라 왕으로부터 이후로는 여자의 공헌을 금한다는 칙명이 있었다.

八年, 遣元器與淨土, 元器還, 有勅此後禁獻女人, 위 三國史記, 63쪽.

Ⅴ. 맺음말

삼국시대의 질투(嫉妬)・음란(淫亂)・혼례(婚禮)・공녀(貢女)에 대하여 관계 기록을 찾아 보았다. 부여(夫餘)에서는 일반적으로 남녀가 음란 하거나 질투를 하면 사형에 처한다고 하였는데 부여에서 내려왔고 결국 부여를 복속(服屬)시킨 고구려는 남녀가 야합(野合)하는 경우가 많고, 음탕(淫蕩)하여도 부끄럽지 않고, 유녀(遊女)가 많다고 하였고, 백제에서는 부인이 간통을 하면 종으로 삼는다고 하였다.

한편 왕실의 간음(간통・사통・황음 등)은 개인적인 욕정(慾情)의 유형도 여러가지로 알려졌다. 신료(臣僚)로부터 미색(美色)의 소문을 들었다던가, 왕에 아부(阿附)하기 위한 상납, 궁궐 밖을 거닐다가, 들에서 수렵을 한 후 돌아오다가 우연히 미녀를 발견하여 사통하였다던가, 남편이 있는 여자를 간음 하려고 갖은 수단을 다하는 등인데, 이로 미루어 보면, 한정(限定)된 궁궐이라는 공간에서, 변화 없는 제도화(制度化)된 의례(儀禮) 속에서의 지루하게 반복되는 생활, 사회의 혼란, 그리고 영토확장을 위한 전쟁, 대단위(大單位) 역사(役事), 자연재해(自然災害) 등으로 인하여 최고 통치자들은 태평성대의 여유를 누릴 시간이 그리 많지 않았을 것이다. 따라서 고정 형식의 틀에서 좀 벗어나 전야(田野)를 자유로히 출유(出遊)하는 풍경도 동경 하였을 것이다. 그러므로 길가(路邊), 또는 사가(私家)의 여자를 한번 보고 사모(思慕)의 정을 느껴 환궁(還宮)하여서도 잊지 못한다고 하였으니, 이러한 사실은 여자들이 출중(出衆)한 미색(美色)이라기 보다는 궁중에서의 제복(制服)의 궁녀들과는 다른 신선한 감회(感懷)가 있어 위엄(威嚴)과 지존(至尊)의 입장을 자중(自重)치 못하고 예의와 염치를 무릅쓰고 절대적인 권력을 일시 남용(濫用)하였을 것이다.

그러나 신라 제42대 흥덕왕은 왕비 장화부인이 죽으니 그를 잊지 못하여 창연불락(悵然不樂)하여, 여러 신하가 새로 비(妃)를 맞이할것을 청하였으나, 왕은 척조(隻鳥, 외짝새)도 짝을 잃으면 슬픈데 하물며 좋은 배필을 잃고 어찌 무정하게 재취(再娶)를 하겠느냐하며 듣지 않고, 시녀(侍女)까지도 가까이 하지 못하게 하여 좌우사령(左右使令)에는 오직 고자만 있게한 왕도 있었다(삼국사기 흥덕왕전에, 冬十二月, 妃章和夫人卒, 追封爲定穆王后, 王思不能忘, 悵然不樂, 群臣表請再納妃, 王曰, 雙鳥有喪匹之悲, 況失良匹, 何忍無情遽再娶乎, 遂不從, 亦不親近女侍, 左右使令, 唯宦竪而已).

혼례에 있어서도 본고(本稿)에서는 다루지 않았으나, 신라는 성골(聖骨)・진골(眞骨)이라 하여 왕실을 중심으로 근친혼(近親婚)이 대행(大行)하였다. 그러나 부여・고구려에서는 형이 죽으면 형수(兄嫂)를 아내로 삼고, 혼인 할 때 재물을 받는 사람이 있으면 계집종으로 팔아 먹었다하여 매우 부끄럽게 생각한다하고, 신라에서는 혼인 의식에는 술과 음식 뿐으로 잘 차리고 못 차리는것은 빈부(貧富)에 따라 다르다고 하였다.

국제결혼도 삼국이 혈통(血統) 언어 습속이 같지만 왕을 정점으로 한 국가체제가 달라 정치적으로 통혼(通婚)을 하였는데, 고구려 왕은 대방(帶方) 왕녀를 취하여 부인을 삼고, 북부여 왕은 둘째 딸을 주몽의 아내로 삼고, 가야국 왕이 신라에 혼인을 청하고, 신라 진흥왕은 백제 왕의 딸을 데려와 작은 부인(小妃)으로 삼고, 백제왕 모대(牟大)가 신라에 사신을 보내 혼인을 청하고, 왜국 왕이 신라에 혼인을 청하였으며, 주변의 부여(夫餘)·당(唐)·왜(倭) 그리고 멀리 아유타국과도 혼인을 맺었다.

공녀는 약소국(弱小國)이 강대국의 왕실에, 아름답고 교양있는 처녀를 공납(貢納)하는 것으로, 위(魏)나라가 고구려에 요구하기도 하였지만, 고구려도 동옥저(東沃沮)에게 미녀를 뽑아 바치게 하고 그들을 종이나 첩(妾)으로 삼았다. 그러나 당 현종(唐 顯宗)은 어린 여자들이 가족을 떠나 불쌍하다고 돌려 보내는가 하면, 공녀를 금한다는 인군(仁君)도 있었다. 여하간 공녀는 사회를 어지럽게 만들고, 조혼제도(早婚制度)를 발생시켰다.

五. 三國時代의 외교(外交)와 제례(祭禮)

I. 머리말

II. 외교(外交)
    화(和)   중개(仲介)   혈맹(血盟)・혈삽(血歃)

III. 하정(賀正)

IV. 조공(朝貢)

V. 제례(祭禮)
    신라의 시조묘 제(始祖墓 祭)   신궁 제(神宮 祭)   분향기천(焚香祈天)   기우제(祈雨祭)

VI. 점복(占卜)・일관(日官)

VII. 맺음말

Ⅰ. 머리말

고대 국가에서는 외교와 제례는 국가를 온전히 보존하고 백성을 평안하도록 기원하는 최대의 국가적 행사였다.

고대 중국의 여러 왕조에서는 그 주변의 크고 작은 나라들을 동이(東夷)·서융(西戎)·남만(南蠻)·북적(北狄)이라 하여 정기적으로 사절을 받고 공물(貢物)을 바치게 하였다. 주(周)나라 때 제후(諸侯)는 방물(方物, 지역 특산물)과 함께 천자(天子)를 배알(拜謁)하고 군신지의(君臣之義)를 약속하고, 천자는 제후들을 통제 지배하였다. 이로부터 동아시아 지역에서는 큰 나라를 섬기는 사대주의(事大主義)가 생기게 되었는데, 대국인 중국의 고대국가에 대한 외교와 조공은 불가침의 공존관계로 나라의 평안을 도모 하고 나아가 문물교류도 활발하여 문화 발전에도 크게 기여하였다.

그런데 삼국이 정립(鼎立)하면서 서로 다른 나라의 조공(朝貢)의 길을 방해한 경우도 있는데, 백제 22대 문주왕 2년(476) 3월에 사신을 송(宋)에 보내어 조공 하려는데 고구려가 길을 막아 이루지 못하고 돌아 왔다는 기록도 보인다.

한편 고구려 20대 장수왕(394-491)은 장수(長壽)도 하였지만 재위(在位) 기간(413-491)도 78년이나 된다. 이 기간 중 진(晉)·송(宋)·위(魏)나라들과 국교 정상에 힘쓰고, 왕권 강화와 중앙집권제를 확립하였다. 427년 국내성(國內城, 집안현 통구)에서 평양으로 천도(遷都)하여 국내성 일대의 귀족세력을 약화시키고, 475년에는 백제를 쳐서 개로왕을 살해하여 그 도읍을 웅진(공주)으로 옮기게 하고, 서해(西海)를 장악하여 백제와 일본의 중국 남조와의 교류를 방해하기도 하였는데, 그의 내외(內外) 치적(治績)도 크지만 재임기간 중 40여회 조공을 하여 삼국왕 중 가장 많은 조공을 기록하였다. 중국내 고대국가에의 조공은 원거리 인데다가 교통도 불편하고 사신을 포함한 인원, 진귀(珍貴)한 공물(貢物)의 운송에 많은 국력의 소모가 있었을 것이다.

삼국사기 고구려본기 시조 동명성왕 14년(BC. 24) 10월에 왕이 사신을 부여에 보내어 방물(方物, 貢物)을 바치어 그 덕을 갚았다 하고, 신라는 시조 혁거세 38년(BC. 20)에 진(辰) 변(卞) 2한은 우리의 속국인데 근년에 직공(職貢)을 보내지 아니하니, 대국을 섬기는 예가 이같을 수 있겠느냐 하고 호령하였다. 백제는 8대 고이왕 25년(258) 봄에 말갈(靺鞨)의 두목 라갈(羅渴)이 양마(良馬) 10필을 바쳐 왕이 후하게 위로하였다는 기록이 있다.

한편 삼국은 중국의 고대국가인 수(隋)·당(唐)·진(晉)·위(魏)·양(梁) 등에 지역 특산물로서 금·은·조하주(朝霞紬)·어아주(魚牙紬)·과하마(果下馬)·해표피(海豹皮)·우황(牛黃)·인삼 등을 조공한 예가 무수히 기록되어 있다.

고대 국가의 제사는 시조신(始祖神)·천신(天神)·지신(地神) 등을 모셨는데, 시조신에게 제사는 최고 통치자로서 지배자의 정당성과 권위를 과시하기 위하여 스스로 천손(天孫)임을 강조한 것이고, 천신에게 지내는 제사는 천지 이변(異變)이나 재해(災害)를 막아 화(禍)를 면하여 복을 누리게하여 달라는 기원(祈願)일 것이고, 지신에 지내는 제사는 농산물의 풍요(豊饒)로서 사회의 안정과 경제적인 여유를 바라는 뜻과, 지하에 사후(死後)생활의 유택(幽宅)을 마련하여 후손들이 영원토록 수복(壽福)·부귀(富貴)·영화(榮華)를 누릴 수 있기를 바라는 뜻에서 이루어 졌을 것이다. 또한 기암괴석(奇巖怪石)과 맹수(猛獸)를 비롯한 산천초목 등 만물의 숭배는 자연에 순응하기 위함이었을 것이다.

그리고 점(占)은 인간 지능(知能)의 한계성으로 미래를 예측 할 수 없을 때, 특별한 징후(徵候)가 발생하면 앞으로 어떠한 사건이 일어날지 그 길흉(吉凶)을 알아내는 행위를 점을 친다고 한다. 원래는 개인적이었으나 공동 취락생활을 영위하면서 주술(呪術)자는 그 집단의 대표가 되어 무복사(巫卜師)행위를 하였고, 삼국시대에는 왕이 직접 점술사(占術師)들에게 해괘(解卦)를 하명(下命)하기도 하였다.

Ⅱ. 외교(外交)

三國史記 新羅本紀 始祖 赫居世전에 38년(BC. 20) 2월에 호공을 마한에 보내어 수빙하매 마한왕이 호공을 꾸짖어 가로되, 진·변 2한은 우리의 속국인데 근년에 직공을 보내지 아니하니 대국을 섬기는 예가 이같을 수 있느냐고 하였다. 호공이 대답하기를 우리나라는 2성인이 일어나심으로부터 인사가 바로잡히고, 천시가 고르고 창고(창름)가 충실하고 인민이 경양하여 진한 유민으로부터 변한 낙랑 왜인에 이르기 까지 두려워하지 아니함이 없다. 우리 임금은 겸손하여 하신(下臣)을 보내어 인사를 닦으니 이는 예에 지나친다고 할 수 있거늘, 도리어 대왕이 진노하여 병졸로써 겁박하니 무슨 뜻이냐고 하였다. 마한왕이 분하여 호공을 죽이려고 하자 좌우가 간하여 말리는지라 이에 그의 귀국을 허락하였다… 53년(서기 5)에 동옥저의 사자가 와서 좋은 말 20필을 바치며 말하되, 과군(자기나라의 임금을 겸손히 낮춘 말)이 남한(신라·가야 등 변한 제국의 별칭)에

성인이 나심을 듣고 신을 보내어 드리는것이라고 하였다.

 遣瓠公聘於馬韓, 馬韓王讓瓠公曰, 辰卞二韓, 爲我屬國, 比年不輸職工, 事大之禮, 其若是乎, 對曰, 我國自二聖肇興, 人事修, 天時和, 倉庾充實, 人民敬讓, 自辰韓遺民, 以至卞韓, 樂浪 倭人, 無不畏懷, 而君王謙虛, 遣下臣修聘, 可謂過於禮矣, 而大王赫怒, 劫之以兵, 是何意耶. 王憤欲殺之, 左右諫止乃許歸,… 五十三年 東沃沮使者來, 獻良馬二十匹曰, 寡君聞南韓有聖人出, 故遣臣來享, 李丙燾 校勘, 1993, 三國史記, 乙酉文化社, 2-3쪽.

3대 유리니사금 17년(40) 9월 화려(영흥) 부내(안변)의 2현인이 공모 연합하여 기병을 거느리고 북방 경계를 침범하므로 맥국의 거수(추장)가 군사로써 곡하 서쪽에서 가로막아 이를 깨트리니 왕은 기뻐하여 맥국과 호의를 맺었다. 19년 8월에 맥국의 거수가 금수를 사냥하여 왕에게 바치었다.

 秋九月, 華麗, 不耐二縣人, 連謀率騎兵犯北境, 貊國渠帥以兵, 要曲河西敗之, 王喜, 與貊國結好, 위 三國史記, 6쪽.

4대 탈해니사금 3년(59) 5월에 왜국과 호의를 맺고 빙문(聘間)을 나누었다.
 夏五月, 與倭國結好交聘, 위 三國史記, 7쪽.

5대 파사니사금 18년(97) 정월에 군사를 일으켜 가야를 치려 하는데, 그 국왕이 사신을 보내어 죄를 청하므로 그만 두었다. 동왕 15년 2월에 가야적이 마두성을 공위(攻圍)하므로 왕이 아찬 길원을 보내어 기병 1,000을 거느리고 쳐서 쫓았다. 또 동왕 17년 9월에 가야인이 남계를 침습하므로 가성주 장세를 보내어 막게 하였더니 적에게 죽은바 되었다. 왕이 노하여 용사 5,000을 거느리고 나가 싸워 적을 깨트리니 노획이 매우 많았다. 26년 정월에 백제가 사신을 보내어 화(和)를 청하였다.

 春正月, 擧兵, 欲伐加耶, 其國主遣使請罪, 乃止, 十五年, 春二月, 加耶賊圍馬頭城, 遣阿飡吉元, 將騎一千擊走之, 秋八月, 閱兵於閼川, 十七年, 九月, 加耶人襲南鄙, 遣加城主長世, 拒之, 爲賊所殺, 王怒, 率勇士五千, 欲伐加耶, 其國主遣使請罪, 乃止, 위 三國史記, 9쪽.

6대 지마니사금 2년(113) 3월에 백제가 사신을 보내어 내빙하였다. 12년 3월에 왜국과 강화하였다.

五. 외교(外交)와 제례(祭禮) 249

二年, 百濟遣使來聘, 十二年, 與倭國講和, 앞 三國史記, 10-11쪽.

8대 아달라니사금 5년(158) 3월에 왜인이 내빙하고, 20년 5월에 왜국 여왕 비미호(히미꼬)가 사신을 보내어 내빙(來聘)하였다.

五年, 春三月, 倭人來聘, 二十年 夏五月 倭女王卑彌乎, 遣使來聘, 위 三國史記, 14-15쪽.

10대 나해니사금 6년(201) 2월에 가야국이 화(和)를 청하였다.

六年, 加耶國講話, 위 三國史記, 17쪽.

12대 첨해니사금 2년(248) 2월에 고구려에 사신을 보내어 화(和)를 맺었다.

二月, 遣使高句麗結和, 위 三國史記, 19쪽.

27대 선덕왕 13년(644) 당 태종이 사농승(錢穀을 맡은 장관) 상리 현장을 시켜 새서를 가지고 가서 고구려에 주어 가로되 "신라는 우리나라에 귀의하여 조공을 궐하지 아니하니 그대는 백제와 함께 곧 전쟁을 정지하라. 만일 또다시 신라를 친다면 명년에는 군사를 내어 그대의 나라를 칠 터이다"고 하였다. 개소문이 현장에게 이르되 "고구려와 신라와의 원극(원한 간극)은 이미 오래 되었다. 전자에 수나라가 우리 나라에 침입하였을 때 신라는 그 틈을 타서 고구려의 500리의 땅을 빼앗고 성읍을 다 차지하였으니 그 땅과 성을 돌려 보내지 아니하면 전쟁을 그만두지는 못하겠다"고 하였다. 현장이 말하되 "이왕 지나간 일을 왜 추론 하느냐"고 하므로 소문은 마침내 듣지 아니하였다.

十三年, 春正月, 遣使大唐獻方物 太宗遣司農丞相里玄奬, 齎璽書, 賜高句麗曰, 新羅委命國家, 朝貢不闕, 爾與百濟, 宜卽戢兵, 若更攻之, 明年當出師, 擊爾國矣, 蓋蘇文謂玄奬曰, 高句麗 新羅 怨隙已久, 往者, 隋室相侵, 新羅乘釁, 奪高句麗五百里之地, 城邑皆據有之, 非返地還城, 此兵恐未能已, 玄奬曰, 已往之事, 焉可追論, 蘇文竟不從, 위 三國史記, 49쪽.

33대 성덕왕 2년(703) 일본국 사신이 내조하니 총 204인이었다.

二年, 秋七月, 日本國使至, 摠二百四人, 遣阿湌金思讓朝唐, 위 三國史記, 83쪽.

35대 경덕왕 원년(242) 10월에 일본국 사신이 내조하였으나, 받지 아니하였다. 12년 8월에 일본국사가 내조하여 오만무례하므로 왕이 접견치 아니하여 곧 돌아갔다.

元年, 冬十月, 日本國使至, 不納, 十二年, 秋八月, 日本國使至, 慢而無禮, 王不見之, 乃廻, 앞 三國史記, 91쪽.

40대 애장왕 4년(803) 7월에 일본과 교빙하여 우호를 맺었다. 5년 5월에 일본이 사신을 보내어 황금 300량을 진상하였다. 7년 3월에도 일본국 사신이 와 왕이 그를 조원전에서 인견하였다. 9년 2월에도 일본국 사신이 와 왕이 후례로 대접하였다. 10년 7월 대아찬 김육진을 당에 보내어 사은겸 방물을 진봉하였다.

四年, 秋七月, 與日本國交聘結好, 五年, 夏五月, 日本國遺使, 進黃金三百兩, 七年, 春三月, 日本國使至, 引見朝元殿, 九年, 春二月, 日本國使至, 十年, 秋七月, 遺大阿湌金陸珍入唐, 謝恩兼進奉方物, 위 三國史記, 103-104쪽.

48대 경문왕 4년(864) 4월에 일본국 사신이 왔다.

四年, 夏四月, 日本國使至, 위 三國史記, 115쪽.

49대 헌강왕 4년(878) 8월에 일본국의 사신이 와 왕이 조원전에서 접견하였다. 8년 4월에 일본 국왕이 사신을 보내어 황금 300량과 명주(야명주) 10개를 바치었다.

四年, 日本國使至, 王引見於朝元殿, 八年, 日本國王遣使, 進黃金三百兩, 明珠一十箇, 위 三國史記, 118쪽.

三國史記 高句麗本紀 始祖 東明聖王전에
14년(BC. 24) 10월에 왕이 사신을 부여에 보내어 방물(공물)을 바치어 그 덕을 갚았다.
十四年, 冬十月, 遣使扶餘饋方物, 以報其德, 위 三國史記, 131쪽.

三國史記 百濟本紀 溫祚王전에
시조 4년(BC. 15) 8월에 사신을 낙랑에 보내어 수호하였다.
四年, 秋八月, 遣使樂浪修好, 위 三國史記, 208쪽.

3대 기루왕 29년(105)에 사신을 신라에 보내어 화를 청하였다.… 37년(113)에 사신을 보내어 신라와 통하였다.
二十九年(105) 遣使新羅請和, …三十七年(113) 遣使聘新羅, 위 三國史記, 213쪽.

五. 외교(外交)와 제례(祭禮) 251

17대 아신왕 6년(397) 5월에 왕이 왜국과 우호를 맺고 태자 전지를 볼모로 삼았다. 11년 5월에 사신을 왜국에 보내어 큰 구슬(大珠)을 구하였다. 12년 2월에 왜국에서 사신이 오니 왕이 이를 맞아 위로함이 특히 후하였다.

王與倭國結好, 以太子腆支爲質, 앞 三國史記, 224쪽.

18대 전지왕 5년(409)에 왜국이 사신을 보내어 야명주를 보내니 왕이 그 사신을 우례로 대접하였다.

倭國遣使送夜明珠, 王優禮待之, 위 三國史記, 225쪽

20대 비유왕 2년(428) 2월에 왜국의 사신이 왔는데 따르는 자가 50인 이었다.

倭國使至, 從者五十人, 위 三國史記, 226쪽.

외교 방해(外交 妨害)

三國史記 高句麗本紀 26대 영양왕 23년 청구(靑丘, 동방)의 외방(外方)이 다 직공(職貢, 述職 朝貢)을 닦고 벽해(碧海)의 빈(濱)이 한가지(중국의) 정삭(正朔)을 받들거늘 고구려는 중간에서 침신(琛賮, 寶貨)을 도적질하여 다른나라 사절의 교통을 두절케 하고 잔학(殘虐)이 무고(無辜)에 이르러 성자(誠者)로 화(禍)를 만나게 한다. 사명을 받든 수레가 해동(海東)에 갔을 때 정절(旌節, 使行)의 도정(道程)이 번경(藩境 고구려)을 지나면 고구려는 중간에서 길을 가로 막고 왕인(王人, 使者)을 거절하였다. 임금을 섬기는(事君) 마음이 없으니 어찌 신하의 예(禮)라 할 수 있으랴…

又靑丘之表, 咸修職貢, 碧海之濱, 同稟正朔, 遂復敚攘琛賮, 遏絶往來, 虐及弗辜, 誠而遇禍, 輶車奉使, 爰暨海東, 旌節所次, 途經藩境, 而擁塞道路, 拒絶王人, 無事君之心, 豈爲臣之禮… 위 三國史記, 183쪽.

27대 영류왕 9년(626) 신라(진평왕 때)와 백제(무왕 때)가 당에 사신을 보내어 말하되 고구려가 길을 막고 조빙하지 못하게 하고, 또 자주 침략한다 하였다. 당 고조는 산기시랑 주자사를 시켜 절(節)을 가지고 고구려에 가서 서로 화해 하도록 달랬다. 왕이 사과하는 글월을 보내어 두 나라와 화평 하기를 청하였다.

九年, 新羅 百濟遣使於唐, 上言, 高句麗閉道, 使不得朝, 又屢相侵掠, 帝遣散騎侍郞朱

子奢, 持節諭和, 王奉表謝罪, 請與二國平, 앞 三國史記, 188쪽.

28대 보장왕 2년(643) 9월에 신라가 사신을 당에 보내어 말하되 "백제가 우리(신라)의 40여 성을 공취하고, 또 고구려와 군사를 연합하여 당에 입조하는 길을 막으려 한다" 하고 구원을 청하였다.

新羅遣使於唐言, 百濟攻取我四十餘城, 復與高句麗連兵, 謀絶入朝之路, 乞兵救援, 위 三國史記, 191쪽.

三國史記 百濟本紀 21대 개로왕 18년 사신을 북위(北魏)에 보내어 글월을 전하여 가로되, 신이 나라를 극동에 세웠는데 시랑(豺狼 승량이, 고구려)이 길을 막으니 대대로 대국의 영화(靈化 敎化)를 받으나, 번병(藩屛, 諸侯)을 받들 길이 없다. 멀리 제궐(帝闕)을 바라 보면 달리는 정이 끝이 없건만 양풍(凉風, 北風)의 응(應)함이 없었다. 생각건대 황제 폐하는 천휴(天休, 天命)에 협화(協和) 하니 앙모(仰慕)의 정을 이길 수 없다. 삼가 본국의 관군장군 부마도위불사후장사 여례와 용기장군대방태수사마 장무 등을 보내어 험한 해도(海濤)에 배를 띄워 명진(溟津)으로 길을 찾아 목숨을 자연의 운수에 맡기고 정성의 만분의 일이나마 보내노라 바라건데 천지지지가 이에 감동하고 황령(皇靈, 황제의 신령)이 크게 보호하여 천정(天庭, 황제의 거처)에 능히 도달해서 신의 뜻을 통달케 된다면, 비록 그 소식을 아침에 듣고 저녁에 죽더라도 길이 여한이 없겠다 하였다. 또 이르기를 신은 고구려와 더불어 근원이 부여에서 나왔다. 선세(先世)시에는 고구려가 구의(舊誼)를 굳게 존중하더니 그 조(祖) 고국원왕이 가벼히 우호를 깨트리고 친히 군사를 거느리고 우리의 국경을 침범하여 왔다. 그래서 신의 할아버지 수(須, 근구수왕)가 군사를 정비하여 번개같이 달려가 기회를 타서 공격하니 잠시 교전 끝에 쇠(釗 고국원왕)의 목을 베어 효시(梟示)하였다. 이로부터는 감히 남쪽을 돌아보지 못하더니 풍씨(馮氏)의 운수가 다하여 그 나머지 무리들이 도망해 온 이후로 추류(醜類 추한무리, 고구려)가 점차 성하여져서 드디어 백제는 없이 여김과 핍박을 당하게 되었다. 원한을 맺고 화를 연속함이 30여년, 재물이 다하고 힘이 다하여 점차 저절로 쇠약해졌다. 만일 황제의 인자(仁慈)와 간절한 긍휼(矜恤)이 멀리 미치지 않는곳이 없다면 속히 장수를 보내어 우리나라에 와서 구해 주소서 마땅히 비녀(鄙女, 더러운 딸)를 보내어 후궁을 소제케 하고 아울러 자제를 보내어 외양간에서 말을 기르게 하며 한 척(자)의 땅, 한사람의 지아비라도 감히 스스로 가지지 않겠노라고 하였다.

十八年, 遣使朝魏上表曰, 臣立國東極, 豺狼隔路, 雖世承靈化, 莫由奉藩, 瞻望雲闕 馳

五. 외교(外交)와 제례(祭禮)

情罔極, 凉風薇應, 伏惟皇帝陛下, 協和天休, 不勝係仰之情, 謹遣私署冠軍將軍駙馬都尉弗斯侯長史餘禮, 龍驤將軍帶方太守司馬張茂等, 投舫波阻, 搜徑玄津, 託命自然之運, 遣進萬一之誠, 冀神祗垂感, 皇靈洪履, 克達天庭, 宣暢臣志, 雖旦聞夕沒, 永無餘恨, 又云, 臣與高句麗, 源出扶餘, 先世之時, 篤崇舊款, 其祖釗輕廢隣好, 親率士衆, 凌踐臣境, 臣祖須整旅電邁, 應機馳擊, 失石暫交, 梟斬釗首, 自爾已來, 莫敢南顧, 自馮氏數終, 餘燼奔竄, 醜類漸盛, 遂見凌逼, 構怨連禍, 三十餘載, 財殫力竭, 轉自屠跛, 若天慈曲衿, 遠及無外, 速遣一將, 來救臣國, 當奉送鄙女, 執後宮, 并遣子弟, 牧圉外廐, 尺壤匹夫, 不敢自有… 앞 三國史記, 227쪽.

22대 문주왕 2년(476) 3월에 사신을 송에 보내어 조공하려 하였는데 고구려가 길을 막아서 이루지 못하고 돌아 왔다. 4월에 탐라국(제주도)이 방물을 바치니 왕이 기뻐하여 사자를 배하여 은솔(제3位)을 삼았다.
　遣使朝宋, 高句麗塞路, 不達而還, 夏四月, 耽羅國獻方物, 王喜, 拜使者爲恩率, 위 三國史記, 231쪽.

24대 동성왕 6년(484) 7월에 내법좌평 사약사를 시키어 남제에 가서 조공케 하였는데 약사가 서해 중에 이르러 고구려 군병을 만나 나아가지 못하였다.
　遣內法佐平沙若思如南齊朝貢, 若思至西海中, 遇高句麗兵, 不進, 위 三國史記, 232쪽.

30대 무왕 27년(626) 사신을 당에 보내어 명광개를 전하고, 인하여 고구려가 길을 막고 당에 내조 하는것을 허락하지 않는다고 호소하였다. 당 고조가 산기상시 주자사를 보내어 조서로, 아국과 고구려가 원한을 풀것을 달래었다.
　遣使入唐獻明光鎧, 因訟高句麗梗道路, 不許來朝上國, 高祖遣散騎常侍朱子奢, 來詔諭我及高句麗, 平其怨, 秋八月, 遣兵攻新羅王在城, 執城主東所殺之, 冬十二月, 遣使入唐朝貢, 위 三國史記, 241쪽.

31대 의자왕 3년(643) 11월에 왕이 고구려와 화친하고 신라의 당항성(남양)을 취하여 입조(通唐)의 길을 막으려고 군사를 발하여쳤다. 신라왕 덕만(선덕왕)이 당에 사신을 보내어 군사를 청하니 왕이 듣고 군사를 파하였다.
　遣使入唐朝貢, 冬十一月, 王與高句麗和親, 謀欲取新羅党項城, 以塞入朝之路, 遂發兵

攻之, 羅王德曼遣使請救於唐, 王聞之罷兵, 앞 三國史記, 244쪽.

三國史記 新羅本紀 26대 진평왕 47년(625), 11월에 대당에 사신을 보내어 조공하고 호소 하기를, 고구려가 신라의 당에 조공하는 길을 막아 입조하지 못하게 하고 또 자주 신라에 침입한다고 하였다.

冬十一月, 遣使大唐朝貢, 因訟高句麗塞路, 使不得朝, 且數侵入, 위 三國史記, 44쪽.

舊唐書 高(句)麗전에, 9년에 신라와 백제가 사신을 보내와 건무를 탓하기를 그들이 길을 막아 입조 할 수 없었다.

九年, 新羅百濟遣使訟建武, 云閉其道路, 不得入朝, 國史編纂委員會, 1986, 國譯 中國 正史朝鮮傳, 573쪽.

舊唐書 百濟전에, 16년에 의자왕이 군사를 일으켜 신라의 땅 40여성을 빼앗아 군대 를 보내어 지키는 한편 고구려와 화친을 맺어 당항성을 탈취하여 신라의 입조의 길을 끊고자 하였다.

十六年, 義慈興兵伐新羅四十餘城, 又發兵以守之, 與高麗和親通好, 謀欲取黨項城以絶 新羅入朝之路, 위 中國正史朝鮮傳, 578쪽.

화(和)

19대 눌지마립간 17년(433) 7월에 백제가 사신을 보내어 화를 청하므로 이에 허종하 였다. 18년 2월에 백제왕이 양마 2필을 보내고, 9월에 또 백응을 보냈다. 10월에 왕은 황금과 명주(야명주)로 백제에 보빙(회례)하였다.

秋七月, 百濟遣使講和, 從之, 十八年, 春二月, 百濟王送良馬二匹, 秋九月, 又送白鷹, 冬十月, 王以黃金·明珠, 報聘百濟, 위 三國史記, 29쪽.

30대 문무왕 4년(664) 각간 김인문과 이찬 천존이 당의 칙사 유인원과 백제의 부여 융(구 왕자)으로 더불어 웅진(공주)에서 화친의 서맹을 하였다(신라와 부여 융과의 화맹이 니 전년 평란후 유인원이 당나라로 돌아가서, 당주의 칙명에 의하여 부여 융과 함께 백제에 와 서 양자의 화맹을 도모한 것).

角干 金仁問, 伊湌天存, 與唐勅使劉仁願, 百濟扶餘隆, 同盟于熊津, 앞 三國史記, 60쪽.

　문무왕 5년 춘2월 이찬 문왕(문무왕 제3제)이 죽으니 왕자의 예로 장사하였다. 당제(당 고종)가 사신을 보내어 내조하고 겸하여 자의 1습, 요대 1조와 채능라 100필, 생견 200필을 기증하였다. 왕은 당사에게 금백을 더욱 두터이 주었다.
　8월 왕이 당 칙사 유인원과 웅진도독 부여 융으로 더불어 웅진 취리산(공주 연미산)에서 화친을 서맹하였다. 처음 백제는 부여 장(무왕)이 고구려와 화친함으로부터 자주 우리의 강역을 침벌하여 이 때문에 우리는 중국에 사신을 보내어 구원을 청함이 그치지 아니 하였으며, 소정방이 이미 백제를 평정하고 회군하자, 그 남은 무리들이 또 배반하므로, 왕은 당의 진수사 유인원·유인궤 등으로 더불어 수년 동안 이를 경략하여 겨우 평정하게 되었던 바 당고종이 부여 융에게 명하여 본국에 돌아가 그 남은 무리들을 무마하는 한편, 우리(신라)와 화친하게 되었던 것이다. 이때에 백마를 희생하여 서맹을 약속할 새, 먼저 신기(천신 지기)와 산곡의 신을 제사하고, 다음에 피를 삽(옛날에는 서맹의 표적으로 흔히 백마를 죽여서 그 피를 입에 바른다)하였다. 그 맹문에 가로되 "전자에 백제의 선왕(무왕)이 순역에 어두어 선린을 두터이 하지 않고, 또 인친과 화목치 않고, 고구려와 결탁하여 왜국과 교통하여 함께 잔폭한 행동을 하는 동시에 신라를 침해하여 성읍을 노략하고, 혹은 무찔러 거의 편안할 때가 없었다. 중국의 천자는 일물이라도 제자리를 잃음을 민망히 여기고 무죄한 백성을 불쌍히 여기어 자주 사인을 보내어 화호를 하게 하였으나, 백제가 지리의 험함과 거리의 먼 것을 믿고 천도(중국)를 모반하므로 황제가 혁노하여 삼가 조벌(정벌)을 행할새, 정기(군여)의 향하는 곳에 한번 싸워 크게 평정하니, 사실로 말하면 마땅히 그 궁택을 없애어 소택으로 만들어 후예를 경계하고 또 그 근원을 막고 뿌리를 빼어 길이 후사에게 교훈을 보일것이나, 그러나 유순자를 품(받)고 배반자를 치는것은 선왕의 아름다운 전례요, 또 망하는 것을 일으켜주고 끊어진것을 잇게 하는 것은 전철의 상규인 즉 일은 반드시 예를 본받아 사기에 전할 것이므로 특히 전백제대사가정경(당 관직)부여 융을 세워 웅진도독을 삼아 그 선조의 제사를 받들게 하고 상재(고토)를 보존케 하니 신라와 상의하여 길이 여국(우방)이 되어 각기 숙감을 풀고 우의를 맺고 서로 화친 할지며 각각 황제의 조명을 받들어 길이 번속이 될지어다. 이에 사인 우위위장군 노성현공 유인원을 보내어 친히 권유하며 이내 뜻을 자세히 전달케 하노니 그대들은 서로 혼인을 약속하고 맹서를 지어 희생을 형(죽여)하여 피를 삽하고 함께 같이 돈목하며 재변을 같이하고 환란을 구하고 형제와 같이 은의가 있게 할지며 정성껏 유언(천자의 말)을 받들어 헛되이 돌리지 말고, 맹약 후에는 함께 세한(절의)을 지킬 것이며, 만일 맹약을 위배하여 여러 가지로 마음(심리)이 변하여 군사를 일으키어 변경을 침범하는 일이 있으면, 그때에는 신명이 내려다 보고 백가지 재앙을 내리어 그 자손을 기르지 못하게 하고, 그 사직을 지키지 못하게 하고, 제사가 끊어져 유여를 없이할 것이다. 그러므로 이에 금서 철권을 받들어 종묘에 장치하니 자손들은 만대토록 위범치 말라, 신이여 듣고 흠향하고 복주소서" 라고 하였으니 이는 유인궤의 지은 글이다.

五年, 春二月, 中侍文訓致仕, 以伊湌眞福爲中侍, 伊湌文王卒, 以王子禮葬之, 唐皇帝遣使來弔, 兼進贈紫衣一襲·腰帶一條·彩綾羅一百匹·絹二百匹, 王贈唐使者金帛尤厚, 秋八月, 王與勅使劉仁願·熊津都督扶餘隆, 盟于熊津就利山, 初百濟, 自扶餘璋與高句麗連和, 屢侵伐封場, 我遣使入朝求救, 相望于路, 及蘇定方旣平百濟, 軍廻, 餘衆又叛, 王與鎭守使劉仁願·劉仁軌等, 經略數年, 漸平之, 高宗詔扶餘隆, 歸撫餘衆, 及令與我和好, 至是, 刑白馬而盟, 先祀神祇及川谷之神, 而後歃血, 其盟文曰, 往者, 百濟先王, 迷於逆順, 不敦鄰好, 不曉親姻, 結託高句麗, 交通倭國, 兵爲殘暴, 侵削新羅, 剽邑屠城, 略無寧歲, 天子憫一物之失所, 憐百姓之無辜, 頻命行人, 遣其和好, 負嶮怙遠, 侮慢天經, 皇赫斯怒, 龔行弔伐, 旌旗所指, 一戎大定, 固可潴宮汚宅, 作誡來裔, 塞源拔本, 垂訓後昆, 然, 懷柔伐叛, 前王之令典, 興亡繼絕 往哲之通規, 事必師古, 傳諸曩冊, 故, 立前百濟大司稼正卿扶餘隆, 爲熊津都督, 守其祭祀, 保其桑梓, 依倚新羅, 長爲與國, 各除宿憾, 結好和親, 各承詔命, 永爲藩服, 仍遣使人右威衛將軍魯城縣公劉仁願, 親臨勸誘, 寔宣成旨, 約之以婚姻, 申之以盟誓, 刑牲歃血, 共敦終始, 分災恤患, 恩若弟兄, 祇奉綸言, 不敢失墜, 旣盟之後, 共保歲寒, 若有背盟, 二三其德, 興兵動衆, 侵犯邊陲, 明神監之, 百殃是降, 子孫不育, 社稷無守, 禋祀磨滅, 罔有遺餘, 故作金書鐵券, 藏之宗廟, 子孫萬代, 無敢違祀, 神之聽之, 是饗是福, 劉仁軌之辭也, 앞 三國史記, 61쪽.

중개(仲介)

三國史記 百濟本紀 31대 의자왕 11년(651) 사신을 당에 보내어 조공하였다. 사신이 돌아올 새, 고종이 새서를 주어 왕을 달래 이르기를 "해동 삼국이 개국한지 세월이 오래며 강계를 나란히 하여 땅이 犬牙(서로 들죽 날죽 끼어)의 勢를 이루고 있다. 近代 이래로 드디어 혐극을 일으켜, 전쟁이 교기하니 거의 편안한 때가 없고, 삼한 백성으로 하여금 목숨을 칼도마 위에 올려 놓게 하고, 무기를 갖고 분을 발함이 조석으로 잇달았

다. 나는 하늘을 대신하여 만물을 다스리는 터이라 매우 그것을 애달프게 여기는 바이다. 지난해에 고구려 신라 등의 사신이 아울러 입조하였을 때, 나는 그들에게 원수를 풀고, 다시 화목을 두터이 할 것을 명하였다. 신라의 사신 김법민(무열왕의 아들, 후의 文武王)이 아뢰기를, 고구려와 백제가 순치와 같이 서로 의지하여 마침내 무기를 들고 번갈아 침략하여 오니 大城과 중진이 모두 백제에게 병합된바가 되어 강토는 날로 줄어들고, 위력도 쇠하였다. 바라건대 백제에 조서를 내리어 침략한 성을 돌려주게하고, 만일 조명을 받들지 아니하면 곧 스스로 군사를 일으켜 공취할 것이다. 그러나 고지를 얻으면 곧 화호를 청한다고 하였다. 나는 그 말이 이치에 타당하므로 허하지 않을 수 없었다. 옛날 제의 환공(춘추시대의 제후)은 제후의 자리에 있었으나, 오히려 망국을 존속시키었거늘, 하물며 나야 만국의 주로서 어찌 위급한 번국을 구휼하지 않으리오. 왕이 겸병한 신라의 성을 모두 그 본국에 돌려 줄것이며, 신라도 또한 잡아간 백제의 포로를 왕에게 돌려 보낼지니, 그러한 뒤에 환란과 분규를 풀고, 무기를 거두어 들이면 백성은 몸을 안식 시킬 소원을 얻고, 삼국은 전쟁의 괴로움이 없을 것이다. 이를 저 변계에서 피를 흘리고 강역에 시체가 쌓이며, 농사와 직조를 모두 폐하여 사녀가 근심하는 그것과 어찌 한가지로 말 할수 있으랴. 왕이 만일 나의 처사에 따르지 않는다면 나는 법민의 소청에 의하여 왕과 결전 할 것을 맡길 것이요, 또 고구려와 약속하여 멀리서 서로 구원하지 못하게 할 것이다. 고구려가 만일 명령을 받들지 아니하면 곧 거란 제번으로 하여금 요하를 건너 깊이 쳐들어가 구략하게 할 것이다. 왕은 깊이 나의 말을 생각하고 스스로 다복하기를 구하고 양책을 도모하여 후회를 끼치지 말지어다" 라 하였다.

　　十一年, 遣使入唐朝貢, 使還, 高宗降璽書諭王曰, 海東三國, 開基日久, 並列疆界, 地實犬牙, 近代已來, 遂構嫌隙, 戰爭交起, 略無寧歲, 遂令三韓之氓, 命縣刀俎, 築戈肆憤, 朝夕相仍, 朕代天理物, 載深矜憫, 去歲高句麗新羅等並來入朝, 朕命釋玆讎怨, 更敦款睦, 新羅使金法敏奏言, 高句麗百濟脣齒相依, 竟擧干戈, 侵逼交至, 大城重鎭, 並爲百濟所倂, 疆宇日蹙, 威力並謝, 乞詔百濟, 令歸所侵之城, 若不奉詔, 即自興兵打取, 但得古地, 即請交和, 朕以其言旣順, 不可不許, 昔齊桓列土諸侯, 尙存亡國, 況朕萬國之主, 豈可不恤危藩, 王所兼新羅之城並宜還其本國, 新羅所獲百濟俘虜亦遣還王, 然後解患釋紛, 韜戈偃革, 百姓獲息肩之願, 三蕃無戰爭之勞, 比夫流血邊亭, 積屍疆場, 耕織並廢, 士女無聊, 豈可同年而語哉, 王若不從進止, 朕已依法敏所請, 任其與王決戰, 亦令約束高句麗, 不許遠相救恤, 高句麗若不承命, 即令契丹諸藩度遼深入抄掠, 王可深思朕言, 自救多福, 審圖良策, 無貽後悔. 앞 三國史記. 245-246쪽.

혈맹(血盟)·혈삽(血歃)

　三國史記 列傳 第一 金庾信전에, 선덕대왕 11년(642)에, 백제가 대량주(합천)를 함락하였을 때에 춘추공의 딸 고타소낭이 남편 품석을 따라 죽었다. 춘추가 이를 한하여 고구려에 청병하여 백제에 대한 원한을 갚으려 하니, 왕이 허락하였다. 춘추가 장차 떠나려 할 때에 유신에게 "나는 공과 일신 동체로 나라의 고굉(股肱, 팔과 다리)이 되었다. 지금 내가 만일 저곳에 들어가 해를 당한다면 公은 무심할 것인가" 하니 유신이 "公이 만일 가서 돌아 오지 않는다면 나의 말발굽이 반드시 고구려·백제 두 임금의 마당을 짓밟을 것이다. 정말 그렇게 하지 못한다면 장차 무슨 면목으로 국인을 대할 것인가" 하였다. 춘추가 감격하여 기뻐하며 公과 더불어 손가락을 깨물어 피를 흘려 마시며 맹세하기를 "내가 날짜로 헤아려 60일이면 돌아 올 것이다. 만일 이 기일을 지나도록 돌아 오지 않는다면 다시 만나볼 기약이 없을 것이다" 하고 서로 작별하였다.

　從夫品釋死焉, 春秋恨之, 欲請高句麗兵以報百濟之怨, 王許之, 將行, 謂庾信曰, 吾與公同體, 爲國股肱, 今我若入彼見害, 則公其無心乎, 庾信曰, 公若往而不還, 則僕之馬跡必踐於麗濟兩王之庭, 苟不如此, 將何面目以見國人乎, 春秋感悅, 與公互嚙手指, 歃血以盟曰, 吾計日六旬乃還, 若過此不來, 則無再見之期矣, 遂相別後, 앞 三國史記, 395쪽

　三國史記 新羅本紀 30대 문무왕 5년 소정방이 이미 백제를 평정하고 회군하자 그 남은 무리들이 또 배반하므로 왕은 당의 진수사 유인원 유인궤 등과 수년 동안 이를 격략하여 겨우 평정하게 되었던바 당 고종이 부여 융에게 명하여 본국에 돌아가 그 남은 무리를 무마하는 한편 우리(신라)와 화친하게 되었다. 이때에 백마를 희생하여 맹서를 약속하고 먼저 천신지지와 천곡의 신에 제사하고 다음에 피를 삽(歃)하였다(옛날에는 맹서의 표적으로 흰말을 잡아 그 피를 입에 발랐다).

　五年, 蘇定方旣平百濟, 軍廻, 餘衆又叛, 王與鎭守使劉仁願 劉仁軌等, 經略數年, 漸平之, 高宗詔扶餘隆, 歸撫餘衆, 及命與我和好, 至是, 刑白馬而盟, 先祀神祇及川谷之神, 而後歃血, 위 三國史記, 61쪽.

같은 기록이 삼국사기 백제본기 의자왕전에 기록 되었는데
　인덕 2년(665) 신라왕(문무왕)과 웅진성에서 백마를 잡아 맹서하였는데 인궤가 맹서의 글을 지어 금서철계로 만들어 신라 종묘중에 간직하였다. 맹서의 글은 신라본기 문

무왕 5년조에 나타나 있다.

麟德二年, 與新羅王會熊津城, 刑白馬以盟, 仁軌爲盟辭, 乃作金書鐵契 藏新羅廟中, 盟辭見新羅紀中, 앞 三國史記, 250쪽.

三國遺事 太宗春秋公전에도 같은 내용이 전하는데

특히 전 백제왕 사가정경 부여융으로 웅진 도독을 삼아 그 선조의 제사를 받들게 하고 유재(고토)를 보존케 하니 신라에 의지하여 길이 여국(우방)이 되어 각각 숙회를 품고 호의를 맺어 화친할 것이며 삼가 조명을 받들어 길이 번속이 되라. 이에 사인 우위장군 노성현공 유인원을 보내어 친히 내 뜻을 자세히 베푸니 그대들은 서로 혼인을 약하고 맹서를 지어 희생하여 피를 삽하고 함께 시종을 두터히 할것이요, 재앙을 같이하고 환란을 서로 구하여 형제와 같이 은의가 있을것이며 정성껏 윤언을 받들어 헛되이 하지말고 맹서 후에는 함께 세한(절의)을 지킬 것이다.

仍遣使右威衛將軍魯城縣公劉仁願, 親臨勸諭, 具宜成旨, 約之以婚姻, 申之以盟誓, 刑牲歃血, 共敦終始, 分災恤患, 恩若兄弟, 祗奉綸言, 不敢墜失, 旣盟之後, 共保歲寒, 李丙燾 譯註, 1992, 三國遺事, 明文堂, 51쪽.

舊唐書 百濟전에도, 인덕 2년 8월 부여융이 웅진성에 이르러 신라왕 법민과 백마를 잡아놓고 맹약하였는데 먼저 천신지지, 산천 신에게 제사를 올리고 나서 피를 마셨다. … 삽혈을 마시고 단 아래 깨끗한 곳에 폐백을 묻고 맹서문은 신라의 사당에 간직 하였다.

麟德二年, 八月, 隆到熊津城, 與新羅王法敏刑白馬而盟, 先祀神祇及川谷之神, 而後歃血, 仍遣使人右威衛將軍魯城縣公劉仁願親臨勸諭, 具宣成旨, 約之以婚姻, 申之以盟書, 刑牲歃血, …歃訖, 埋幣帛於壇下之吉地, 藏其盟書於新羅之廟, 앞 中國正史朝鮮傳, 500-501, 580쪽.

Ⅲ. 하정(賀正)

三國史記 新羅本紀 28대 진덕왕 5년(651) 正月 초하루에 왕이 조원전에 임하여 백관의 신정(신년)하례를 받으니 하정의 예가 이때에 시작되었다.

五年, 春正月朔, 王御朝元殿, 受百官正賀, 賀正之禮, 始於此, 앞 三國史記, 52쪽.

33대 성덕왕 13년(714) 윤2월에 급찬(제9품관) 박유를 당에 보내어 신정(신년)을 하례하였더니 당주가 그에게 조산대부원외봉어의 직을 주어 돌려 보냈다. 15년 3월에 입당하정사(신정을 축하하는 사절) 김풍후가 귀국하려 하니 당주는 그에게 원외랑의 직을 주어 돌려 보냈다. 18년 정월에 사신을 당에 보내어 신정을 하하였다. 21년 10월에 대나마 김인일을 당에 보내어 신정을 하례하고 겸하여 방물을 전하였다. 23년 2월 김무훈을 당에 보내어 신년을 하례하고, 25년 4월에 김충신을 당에 보내어 신정을 하례하고, 26년 정월에 사신을 당에 보내어 신년을 하례하고, 28년 정월에도 사신을 당에 보내어 신년을 하례하고, 추 9월에도 당에 사신을 보내 조공했다.… 30년 2월에 김지량을 당에 보내어 신년을 하례하였다. 당 현종이 지량에게 대복소경원외치를 주고 백 60필을 내리어 돌려 보낼새, 조서를 왕에게 주니 거기에 가로되 "보낸 우황과 금은 등의 물건은 표문(신라왕의 글)을 보아 자세히 알았다. 그대의 이명(二明, 日月 즉 夫婦)은 경복하고 삼한(신라)은 선린이니 때로 인의(仁義)의 향(鄕)의 칭이 있고, 대대로 훈현(공훈과 현덕이 있는)의 업을 나타냈다. 그 문장과 예악은 군자의 풍을 드러냈고, 납관(수호)과 수충(치충)은 근왕(왕사에 진력)의 절을 다하였다. 참으로 번유(지방)의 진위(중요한 땅)요, 충의의 의표이니 어찌 수방(이역) 경속(원속)과 해를 같이 하여 말할까보냐. 더구나 의를 사모함이 극권하고 직을 술함이 더욱 근실하며, 제산항해(산해를 발섭)하여 조수(구활구조의 수신)에 게으름이 없었고, 폐백을 들이고 미보를 받침이 해마다 한결같이 하였다. 우리 왕법을 지키어 국가 기록(사기)에까지 오르게 되니 그 간절한 성의를 돌아보매 깊이 가상할만 하다. 나는 매양 일찍이 일어나 서서 그대를 생각하고 새벽 부터 옷을 입고 현인을 기다린다. 기인(왕)을 상견하매, 계옥(마음 가운데 있는바를 토로하여 임금의 심중에 주입하는 것)을 빛나게 할 듯 하며, 그대를 만난 뒤에 소회를 나눌까 하였더니, 지금 사신이 와서 그대가 질고(疾苦)로 인하여 부명(赴命)치 못함을 알게 되었다. 오래 격조함을 생각하매 우로를 더할 뿐이다. 시후가 차차 온화하여 지니 아마 병환은 회복될 듯 하다. 지금 그대에게 능채 500필과 백 2500필을 주니 영수하라" 하였다. 33년 4월에 왕이 대신 김단갈단을 당에 보내어 신년을 하례하니 제는 그를 내전에서 연견하고 위위소경의 직을 주며 비란포 평만은 대와 견 60필을 내리었다. 34년 정월 김의충을 당에 보내어 신년을 축하하고, 35년 6월에도 사신을 당에 보내 신년을 하례하고, 36년 2월 사찬 김포질을 당에 보내어 신년을 하례하고 동시에 방물을 바치었다.

　十三年, 二月, 改詳文司爲通文博士, 以掌書表事, 遣王子金守忠入唐宿衛, 玄宗賜宅及帛以寵之, 賜宴于朝堂, 閏二月, 遣級湌朴裕入唐賀正, 賜朝散大夫員外奉御還之,… 十五

五. 외교(外交)와 제례(祭禮)　261

年, 三月, 遣使入唐獻方物, 出成貞王后, 賜彩五百匹·田二百結·租一萬石·宅一區, 宅買康申公舊居賜之, 大風拔木飛瓦, 崇禮殿毁, 入唐賀正使金楓厚欲歸國, 授員外郎還之,…十八年, 春正月, 遣使入唐, 賀正,…二十一年, 冬十月, 遣大奈麻金仁壹入唐, 賀正幷獻方物,…二十三年 二月, 遣金武勳入唐賀正,… 二十五年, 夏四月, 遣金忠臣入唐賀正,…二十六年, 遣使入唐賀正,…二十八年, 春正月, 遣使入唐賀正, 秋九月, 遣使入唐朝貢, …三十年, 春二月, 遣金志良入唐賀正, 玄宗授大僕少卿員外置, 賜帛六十匹, 放還, 降詔書曰, 所進牛黃及金銀等物, 省表具之, 卿二明慶祚, 三韓善鄰, 時稱仁義之鄉, 世著勳賢之業, 文章禮樂, 闡君子之風, 納款輸忠, 效勤王之節, 固潘維之鎭衛, 諒忠義之儀表, 豈殊方憬俗, 可同年而語耶, 加以慕義克勤, 述職愈謹, 梯山航海, 無倦於阻修, 獻幣貢琛, 有常於歲序, 守我王度, 垂諸國章, 乃眷懇誠, 深可嘉尚, 朕每晨興佇念, 宵衣待賢, 相見其人, 以光啓沃, 俟卿覯止, 允副所懷, 今使至, 知嬰疾苦, 不遂抵命, 言念遐闊, 用增憂勞, 時侯暄和, 想痊復也, 今賜卿綾綵五百匹·帛二千五百匹, 宜卽領取, …三十三年, 夏四月, 遣大臣金端竭丹入唐賀正, 帝宴見於內殿, 授衛尉少卿, 賜緋襴袍·平漫銀帶及絹六十匹,… 三十四年, 春正月, 熒惑犯月, 遣金義忠入唐賀正,… 三十五年, 夏六月, 遣使入唐賀正,… 三十六年, 春二月, 遣沙湌金抱質入唐賀正, 旦獻方物, 앞 三國史記, 85-89쪽.

34대 효성왕 2년(738) 3월에 김원현을 당에 보내어 신년을 하례하였다.
三月, 遣金元玄入唐賀正, 위 三國史記, 90쪽.

35대 경덕왕 14년 4월에 당에 사신을 보내어 하정하였다.
十四年, 夏四月, 遣使入唐賀正, 위 三國史記, 93쪽.

36대 혜공왕 8년(772) 정월에 이찬 김표석을 당에 보내어 신년을 하례하니 당 태종이 그에게 위위원외소경의 직을 주어 돌려 보냈다. 9년 4월에 사신을 당에 보내어 신년을 하례하고 금은 우황 어아주 조하주 등 방물을 전하였다. 10년 10월 사신을 당에 보내어 신년을 하례하니 당주가 연영전에서 접견하고 사신에게 원외위위경의 직을 주어 보냈다.

八年, 春正月, 遣伊湌金標石朝唐賀正, 代宗授衛尉員外少卿,… 放還. 九年, 夏四月, 遣使如唐賀正, 獻金銀·牛黃·魚牙紬·朝霞等方物, 十年, 冬十月, 遣使如唐賀, 見丁延英殿, 授員外衛尉卿, 遣之, 위 三國史記, 96쪽.

Ⅳ. 조공(朝貢)

　三國史記 新羅本紀 始祖 赫居世조 38년(BC.20) 2월에 호공을 마한(지금 충청·전라 지방으로 여러 부족 국가로 나뉘어 있었으나, 그중 맹주는 처음에는 목지(월지. 현 직산이고, 후에는 건마국(익산)인 듯)에 보내어 수빙하매, 마한왕이 호공을 꾸짖어 가로되, 진변두한은 우리의 속국인데, 직공(공물인데 직이나 공이 같은 말)을 보내지 아니하니 대국을 섬기는 예가 이같을 수 있겠느냐고 하였다. 호공이 대답하되, 우리나라는 두 성인이 일어나 심으로부터 인사가 바로 잡히고, 천시가 고르고, 창름이 충실하고 인민이 경양하여 진한 유민으로부터 변한 낙랑 왜인에 이르기까지 두려워 하지 아니함이 없되, 우리 임금은 겸손하여 하신을 보내어 인사를 닦으니 이는 예에 지나친다 할 수 있거늘, 도리어 대왕이 진노하여 병사로써 겁박하니 무슨뜻이냐고 하였다. 마한왕이 분하여 호공을 죽이려고 하니, 좌우가 간하여 말리므로 그의 귀국을 허락하였다.

　三十八年, 春二月, 遣瓠公聘於馬韓, 馬韓王讓瓠公曰, 辰卞二韓, 爲我屬國, 此年不輸職貢, 事大之禮, 其若是乎, 對曰, 我國自二聖肇興, 人事修, 天時和, 倉庾充實, 人民敬讓, 自辰韓遺民, 以至卞韓, 樂浪 倭人, 無不畏懷, 而吾王謙虛, 遣下臣修聘, 可謂過於禮矣, 而大王赫怒, 劫之以兵, 是何意耶, 王憤欲殺之, 左右諫止乃許歸, 앞 三國史記, 2쪽.

　三國史記 新羅本紀 22대 지증마립간 13년(512) 6월에 우산국이 귀복(내속)하여 해마다 토의(토산물)를 바치었다고 하였다. 우산국은 명주(강릉)의 정동 해도에 있어 혹은 울릉도라고도 하거니와 지방이 100리요, 험함을 믿고 신라에 귀복치 아니 하였다. 이찬 이사부가 아슬라주(강릉)의 군주가 되어 생각하기를 우산인은 어리석고 사나워 위세로써 내복케 하기는 어려우나 계교를 써서 항복 받을 수는 있다하고, 이에 목우사자(목조사자)를 많이 만들어 전선에 나누어 싣고, 그나라 해안에 다달아 거짓말로 고하기를, 너희들이 만일 항복하지 아니하면 이 맹수를 놓아 밟아 죽이겠다고 하니 그들이 두려워서 곧 항복하였다.

　夏六月, 于山國歸服, 歲以土宜爲貢, 于山國, 在溟洲正東海島, 或名鬱陵島, 地方一百里, 恃嶮不服, 伊湌異斯夫爲何瑟羅州軍主, 謂于山人愚悍, 難以威來, 可以計服, 乃多造木偶獅子, 分載戰船, 抵其國海岸, 誑告曰, 汝若不服, 則放此猛獸踏殺之, 國人恐懼則降, 위 三國史記, 35쪽.

24대 진흥왕 25년(564) 북제(중국 북조의 하나. 후에 북 중국의 대부분을 차지했던 나라) 에 사신을 보내어 조공하였다.… 28년 3월과 29년 6월에 진에 사신을 보내어 방물을 전 하였다.… 31년 6월에도 사신을 진에 보내어 방물을 전하고, 32년에도 사신을 진에 보 내어 방물을 전하고, 33년 3월에 사신을 북제에 보내 조공하였다.

二十五年, 遣使北齊朝貢,… 二十八年, 三月, 遣使於陳貢方物, 二十九年, 六月, 遣使於 陳貢方物,… 三十一年, 六月, 遣使於陳獻方物, 遣使於陣貢方物, 三十三年, 三月, 遣使北 齊朝貢, 앞 三國史記, 39-40쪽.

25대 진지왕 3년(578) 7월에 진에 사신을 보내어 방물을 바치었다.
七月, 遣使於陳以獻方物, 위 三國史記, 41쪽.

26대 진평왕 18년(596) 3월에 사신을 수에 보내어 방물을 전하였다. 24년에도 대나마 상군을 수에 보내어 방물을 전하고, 43년 7월에 왕이 당에 사신을 보내어 방물을 조공 하였다. 45년 10월에도 당에 사신을 보내어 조공하고, 47년 11월에도 대당에 사신을 보 내어 조공하고 호소하되, 고구려는 신라가 당에 통하는 길을 막아 입조치 못하게 하고 또 자주 신라에 침입한다고 하였다. 48년 7월에도 당에 사신을 보내어 조공하였다. 당 고조는 주자사를 보내어 조서로 이르되 고구려와 화합하라 하였다. 49년 6월, 49년 11 월과 51년 9월에도 대당에 사신을 보내어 조공하였다.

十八年, 遣使如隋貢方物, 二十四年, 遣使大奈麻上軍, 入隋進方物, 四十三年, 七月, 王 遣使大唐朝貢方物, 四十五年, 冬十月, 遣使大唐朝貢, 四十七年, 十一月, 遣使大唐朝貢, 因訟高句麗塞路使下得朝, 且數侵入, 四十八年, 七月, 遣使大唐朝貢, 四十九年, 六月, 冬 十一月, 五十一年, 九月, 遣使大唐朝貢, 위 三國史記, 42-44쪽.

27代 선덕왕 원년(632) 12월에 사신을 당에 보내어 조공하고, 2년 7월에도 당에 사신 을 보내어 조공하고, 11년 정월에 사신을 대당에 보내 방물을 전하고, 12년 정월에도 당에 사신을 보내어 방물을 전하고, 13년 정월에도, 14년 정월에도 당에 사신을 보내어 방물을 전하였다.

元年, 十二月, 遣使入唐朝貢, 二年, 七月, 遣使大唐朝貢, 十一年, 正月, 遣使大唐獻方 物, 十二年, 正月, 遣使大唐獻方物, 十三年, 春正月, 遣使大唐獻方物, 十四年, 春正月, 遣 使大唐貢獻方物, 위 三國史記, 46-49쪽.

28代 진덕왕 2년(648) 정월에 당에 사신을 보내 조공하고, 6년 정월에도 당에 사신을 보내어 조공하였다.

二年, 春正月, 遣使大唐朝貢, 六年, 春正月, 遣使大唐朝貢, 위 三國史記, 51-52쪽.

30대 문무왕 2년(662) 7월에 이찬 김인문을 당에 보내어 방물을 전하였다.

二年, 秋七月, 遣伊湌金仁問入唐貢方物, 위 三國史記, 60쪽.

32대 효소왕 8년(699) 2월 당에 사신을 보내어 방물을 전하였다.

八年, 遣使朝唐貢方物, 위 三國史記, 82쪽.

33代 성덕왕 2년(703) 정월에 당에 사신을 보내어 방물을 전하고, 4년 3월에 당에 사신을 보내 조공하였다. 동년 9월에도 당에 사신을 보내 방물을 전하였다. 5년 4월에도, 동년 10월에도, 6년 12월에도, 8년 6월에도, 9년 정월에도, 10년 12월에도 당에 사신을 보내어 방물을 전하고, 11년 2월에 당에 사신을 보내어 조공하고, 12년 2월에도 당에 사신을 보내어 조공하니 당주 현종은 루문에 나와서 사신을 접견하였다. 14년 3월에 김풍후를 당에 보내어 조공하였다. 15년 3월과 23년 12월에도 사신을 당에 보내 방물을 전하였고, 25년 5월 왕제 김흠질을 당에 보내어 조공하니 당주가 그에게 낭장의 직을 주어 돌려 보냈다. 27년 7월에 왕제 김사종을 당에 보내 방물을 전하고, 겸하여 글로써 자제의 국학(당의 대학) 입학을 청하였더니 당주가 이를 허가하고 사종에게 과의(당 부병관의 하나) 라는 벼슬을 주어 이내 숙위에 머므르게 하였다. 28년 9월에도 사신을 당에 보내어 조공하였다. 29년 10월 사신을 당에 보내어 방물을 전하였다.

二年, 春正月, 遣使入唐貢方物, 四年, 三月, 遣使入唐朝貢, 九月, 遣使如唐獻方物, 五年, 四月, 遣使入唐貢方物, 冬十月, 遣使入唐貢方物, 六年, 冬十二月, 遣使入唐貢方物, 八年, 六月, 遣使入唐貢方物, 九年, 春正月, 遣使入唐貢方物, 十年, 十二月, 遣使入唐貢方物, 十一年, 春二月, 遣使入唐朝貢, 十二年, 春二月, 遣使入唐朝貢, 玄宗御樓門以見之, 十四年, 春三月, 遣金楓厚入唐朝貢, 十五年, 三月, 遣使入唐獻方物, 二十三年, 冬十二月, 遣使入唐獻方物, 二十五年, 五月, 遣王弟金釿質入唐朝貢, 授郞將還之, 二十七年, 秋七月, 遣王弟金嗣宗入唐獻方物, 二十八年, 春正月, 遣使入唐賀正, 二十九年, 冬十月, 遣使朝唐貢獻方物, 위 三國史記, 83-87쪽.

동왕 22년(723) 4월에 사신을 당에 보내어 과하마 한 필과 우황(약용)·인삼(약용)·미체(여성을 일컬음)·조하주·어아주·루응령·해표피·금은 등을 전하고 상표하여 가로되, 우리의 곳은 해우 원변의 지로서 원래 천객(천주 상인)의 진보도 없고, 종인(남만인)의 화재도 없어 감히 토산의 물로 천관(임금의 이목)을 더럽히고 노건(노둔하고 쩔둑발이)한 질의 마도 용구(임금의 마구간)를 추하게 하려 함이 마치 연시(돼지)와 초계(꼬리 긴 닭. 변변치 않은 물건을 왕에게 바치려는 충성이 있었다)와 비슷하여 깊이 부끄러움을 깨닫고 전한(두렵고 땀이 난다는 겸양한 말)을 더할 뿐이다 라고 하였다. 23년 2월에 김무훈을 당에 보내어 신년을 하례하였다. 무훈이 환국 할 때 당 현종이 왕에게 글을 보내어 가로되 "경이 정삭을 받을 때마다 우리 궐정에 조공을 보내고 소회를 말하니 깊이 가상하며, 또 보낸 바 여러가지 물품을 받으니 그것이 다 창해와 초분을 거쳐 온것이므로 물건이 정하고 아름다워 깊이 경의 뜻을 나타냈다. 지금 경에게 금포(금직의 옷)와 금대와 채견 소견 등 2,000필을 증여하여 경의 헌성에 보답하려 하니 가거든 받으라" 하였다.

二十二年, 夏四月, 遣使入唐, 獻果下馬一匹, 牛黃 人蔘 美髢 朝霞紬 魚牙紬 鏤鷹鈴 海豹皮 金銀等, 上表曰, 臣鄕居海曲, 地處遐陬, 元無泉客之珍, 本乏寶人之貨, 敢將方産之物, 塵瀆天官, 駑蹇之才, 滓穢龍廐, 竊方燕豕, 敢類楚雞, 深覺靦顔, 彌增戰汗, …二十三年, 二月, 遣金武勳入唐賀正, 武勳還, 玄宗降書曰, 卿每承正朔, 朝貢闕庭, 言念所懷, 深可嘉尙, 又得所進雜物 等, 並踰越滄波, 跋涉草奔, 物旣精麗, 深票卿心, 今賜卿錦袍, 金帶及綵素共二千匹, 以答誠獻, 至宜領也, 앞 三國史記, 86쪽.

34代 효성왕 원년(737) 12월에 사신을 당에 보내어 방물을 전하였다.
元年, 十二月, 遣使入唐獻方物, 위 三國史記, 90쪽.

35대 경덕왕 5년(746) 2월에 사신을 당에 보내어 신년을 하례하고 겸하여 방물을 바치었다. 14년 4월에도 사신을 당에 보내어 신년을 하례하였다. 17년 8월과 21년 9월, 22년 4월에도 당에 사신을 보내어 조공하고, 24년에도 당에 조공하니 당제(대종)가 사신에게 검교예부상서의 직을 주었다.

五年, 春二月, 遣使入唐賀正並獻方物, 十四年, 夏四月, 遣使入唐賀正, 八月, 遣使入唐朝貢, 二十一年, 秋九月, 遣使入唐朝貢, 二十二年, 夏四月, 遣使入唐朝貢, 二十四年, 夏四月, 遣使入唐朝貢, 帝授使者檢校禮部尙書, 위 三國史記, 92쪽.

36대 혜공왕 3년(767) 7월에 이찬 김은거를 당에 보내어 방물을 조공하고 이내 책명을 가하기를 청하니 제는 자진전에서 임어하여 사신을 연견하였다.… 4년 9월에도 사신을 당에 보내어 조공하고,… 10년 4월에도 사신을 당에 보내어 조공하였다.

　三年, 秋七月, 遣伊湌金隱居入唐貢方物, 仍請加冊命, 帝御紫震殿, 宴見, …四年, 九月, 遣使入唐朝貢, …앞 三國史記, 95-96쪽.

40代 애장왕 2년(801) 10월에 탐라국(제주)에서 사신을 보내 조공하였다. 7년 8월에 당에 사신을 보내어 조공하였다. 9년 2월에 김력기를 당에 보내어 조공하고,… 10년 7월에 대아찬 김육진(신라의 서가로 김생 다음의 인물)을 당에 보내어 전년 책봉의 은혜를 감사하고 겸하여 방물을 진봉하였다.

　二年, 冬十月, 耽羅國遣使, 朝貢, 七年, 秋八月, 遣使入唐朝貢, 九年, 春二月, 遣金力奇入唐朝貢, …十年, 秋七月, 遣大阿湌金陸珍入唐, 謝恩兼進奉方物,… 위 三國史記, 103-104쪽.

41대 헌덕왕 7년(815) 정월에 사신을 당에 보내니 헌종이 인견하고,… 9년 10월에 왕자 김장염을 당에 보내어 조공하고, 12년 11월 사신을 당에 보내어 조공하니 목종이 인덕전에서 사신을 소견하고 사연 사물에 차등이 있었다. 14년 12월에 김주필을 당에 보내어 조공하였다.

　七年, 春正月遣使朝唐, …九年, 冬十月, 遣王子金張廉入唐朝貢, 十二年, 十一月, 遣使入唐朝貢, 穆宗召見麟德殿, 宴賜有差, 十四年, 十二月, 遣柱弼入唐朝貢, 위 三國史記, 105쪽.

42대 흥덕왕 3년(828) 2월에 사신을 당에 보내어 조공하였다. 5년 12월에도 사신을 당에 보내어 조공하였다. 6년 11월에도 사신을 당에 보내어 조공하였다.

　三年, 二月, 遣使入唐朝貢, 五年, 冬十二月, 遣使入唐朝貢, 六年, 冬十一月, 遣使入唐朝貢, 위 三國史記, 108-109쪽.

三國史記 百濟本紀 13대 근초고왕 27년(372) 정월에 사신을 동진(서진이 전조에 멸망당한 후 -420-원제가 강남으로 가서 건강에 도읍하였는데 이를 동진이라 하고, 송에게 멸망할 때까지 약 100년간 계속되었다)에 보내어 조공하였다. 28년 2월에도 사신을 진에 보내

어 조공하였다.

　　二十七年, 春正月, 遣使入晉朝貢, 二十八年, 春二月, 遣使入晉朝貢, 앞 三國史記, 221쪽.

14대 근구수왕 5년(379) 3월에 사신을 동진에 보내어 조공 하였는데, 그 사신이 해상에서 폭풍을 만나 도달하지 못하고 돌아왔다.
　　五年, 春三月, 遣使朝晉, 其使海上遇惡風, 不達而還, 위 三國史記, 222쪽.

15대 침류왕 원년(384) 7월 사신을 진에 보내어 조공하였다.
　　元年, 秋七月, 遣使入晉朝貢, 위 三國史記, 222쪽.

18대 전지왕(직지왕) 2년(406) 2월에 사신을 동진에 보내어 조공하였다.
　　二年, 二月, 遣使入晉朝貢, 위 三國史記, 225쪽.

22代 문주왕 2년(476) 4월에 탐라국이 방물을 바치니 왕이 기뻐하여
　　二年, 夏四月, 耽羅國獻方物, 王喜… 위 三國史記, 231쪽.

24대 동성왕 20년(498) 8월에 왕은 탐나(제주)가 공부를 바치지 않음으로 친정하여 무진주(광주)에 까지 이르렀다. 탐라가 이를 듣고 사신을 보내어 죄를 청하므로 그만 두었다.
　　二十年, 八月, 王以耽羅不修貢賦, 親征至武珍州, 耽羅聞之, 遣使乞罪, 乃止, 위 三國史記, 233쪽.

27대 위덕왕 36년(589) 중국의 전선 1척이 탐모라국(제주도)에 표류 하여 왔다. 그 배가 자국으로 돌아가려고 국계를 경과하므로 왕이 매우 후히 자송(필수품을 주어 보냄)하고 아울러 사신과 글월을 수에 보내어 진을 평정 한것을 치하하였다. 수의 고조(문제)가 이를 선히 여겨 조서를 보내어 이르기를 "백제 왕이 이미 진을 평정 한것을 듣고, 멀리서 글월을 보내왔다. 왕복이 지극히 곤란하여 만일 풍낭을 만나면 곧 손상을 입게 되리라. 백제왕의 마음이 지극히 순량함은 내가 이미 자세히 알고 있다. 상거가 비록 멀다 하여도 대면하여 말함과 같으니, 자주 사신을 보내어 직접 서로 존문 하여야 하겠는가.

이제 부터는 해마다 입공할것이 없으며, 나도 또한 사신을 보내지 않을것이니 왕은 그리 알지어다"고 하였다.

　　三十六年, 有一戰船漂之耽牟羅國, 其船得還, 經于國界, 王資送之甚厚, 并遣使奉表賀平陳, 高祖善之下詔曰, 百濟王旣聞平陳, 遠令奉表, 往復至難, 若逢風浪, 便致傷損, 百濟王心迹淳至, 朕而委知, 相去雖遠, 事同言面, 何必數遣使來相體悉, 自今已後, 不須年別入貢, 朕亦不遣使王, 王宜知之, 앞 三國史記, 239쪽.

31대 의자왕 11년(651)에 사신을 당에 보내 조공하였다.
　　十一年, 遣使入唐朝貢, 使還, 위 三國史記, 245쪽.

三國史記 高句麗本紀 東明聖王전에, 14년(BC.24) 10월에 왕이 사신을 부여에 보내 방물(공물)을 바치니 그 덕을 갚았다.
　　十四年, 冬十月, 遣使扶餘饋方物, 위 三國史記, 131쪽.

3대 대무신왕 15년(32) 12월에 사신을 후한에 보내어 조공하니, 광무제가 왕호를 회복케 하였다(고구려 뿐 만 아니라 여러 만이(蠻夷) 군장을 칭하기를 후(侯)라 하였다).
　　十五年, 十二月, 入王子解憂爲太子, 遣使入漢朝貢, 光武帝復其王號, 위 三國史記, 141쪽.

6대 태조대왕 53년(105) 정월에 북부여의 사신이 와서 범을 헌상 하였는데 길이가 한 발 두자, 털색은 매우 투명하나 꼬리가 없다. …57년 정월에 한에 사신을 파견하고, 59년 한에 사신을 보내어 방물을 전하고 현토에 속하기를 구하였다.
　　五十三年, 春正月, 扶餘使來, 獻虎, 長丈二, 毛色甚明而無尾, …五十七年, 春正月, 遣使如漢, 五十九年, 遣使如漢, 貢獻方物, 求屬玄菟, 위 三國史記, 144쪽.

16대 고국원왕 6년(336) 3월에 사신을 진에 보내어 방물을 전하였다.
　　六年, 遣使如晉貢方物, 위 三國史記, 164쪽.

19대 광개토왕 9년(399) 정월에 왕이 후연에 사신을 보내어 조공하였다.
　　春正月, 王遣使入燕朝貢, 앞 三國史記, 168쪽.

20대 장수왕 12년(424) 2월에 신라(실성왕)가 사신을 보내어 빙례를 닦으므로, 왕이 사신을 특별히 우대하였다. 13년에는 후위에 사신을 보내 조공하고, 23년 6월에도 후위에 조공하고, 24년에는 북연왕(빙홍)이 위에 사신을 보내 조공하고, 시자(위에 입시한 자제)의 입송을 청하였으나, 위왕은 허락하지 않고 장차 군사를 이르켜 치려고 하니, 사신을 고구려에 보내어 고유(연왕의 죄를 고하여 연과 서로 통하지 말고 연왕이 혹 달아나더라도 받아 들이지 말라는 것)하였다. 25년 2월에도 왕이 사신을 위에 보내 조공하고, 27년 11월, 12월에도 위에 조공하고, 43년에는 송에 사신을 보내어 조공하고, 50년 3월에도 위에 사신을 보내어 조공하고, 53년 2월, 54년 3월에도 위에 사신을 보내어 조공하고, 55년 2월, 56년 4월, 57년 2월, 58년 2월, 60년 2월, 7월에도 위에 사신을 보내어 조공하니 이때 부터 위에 보내는 공헌(貢獻)이 전보다 배가 되니 위의 회사(回賜)도 더하였다. 61년 2월, 8월, 62년 3월, 7월에도 위에 사신을 보내어 조공하고, 송에도 사신을 보내어 조공하였다. 63년 2월에 위에 사신을 보내 조공하고, 8월에도, 64년 2월, 7월, 9월, 65년 2월, 9월에도 위에 사신을 보내어 조공하고, 66년에는 사신을 송에 보내어 조공하고, 67년 3월에는 위에 사신을 보내 조공하고, 9월에도 조공하였다. 69년에는 남제에 사신을 보내어 조공하고, 72년 10월에는 위에 사신을 보내어 조공하고, 73년 5월, 10월, 74년 4월, 75년 5월, 76년 2월, 4월, 8월, 77년 2월, 6월, 10월, 78년 7월, 9월에도 위에 사신을 보내어 조공하였다. 또 79년 5월, 9월에도 사신을 위에 보내어 조공하였다.

十二年, 春二月, 新羅遣使修聘, 王勞慰之特厚, 十三年, 遣使如魏貢, 二十三年, 夏六月, 王遣俟入魏朝貢, 二十四年, 燕王遣使入貢于魏, 二十五年, 春二月, 遣使入魏朝貢, 二十七年, 冬十一月, 遣使入魏朝貢, 十二月遣使入魏朝貢, 四十三年, 遣使入宋朝貢, 五十年, 春三月, 遣使入魏朝貢, 五十四年, 春二月, 遣使入魏朝貢, 五十三年, 春三月, 遣使入魏朝貢, 五十五年, 春二月, 遣使入魏朝貢, 五十六年, 夏四月, 遣使入魏朝貢, 五十七年, 春二月, 遣使入魏朝貢, 五十八年, 春二月, 遣使入魏朝貢, 六十年, 秋七月, 遣使入魏朝貢, 六十一年, 春二月, 秋八月, 遣使入魏朝貢, 六十二年, 春三月, 秋七月, 遣使入魏朝貢, 遣使入宋朝貢, 六十三年, 春二月, 秋八月, 遣使入魏朝貢, 六十四年, 春二月, 秋七月, 秋九月, 遣使入魏朝貢, 六十五年, 春二月, 秋九月, 遣使入魏朝貢, 六十六年 遣使入宋朝貢, 六十七年, 春三月, 秋九月, 遣使入位朝貢, 六十八年, 夏四月, 南齊太祖簫道成, 策王爲驃騎大將軍, 王遣使餘奴等, 朝聘南齊… 六十九年, 遣使南齊朝貢, 七十二年, 冬十月, 遣使入魏朝貢, 七十三年, 夏五月, 冬十月, 遣使入魏朝貢, 七十四年, 夏五月, 七十五年, 夏五月,

七十六年, 春二月, 夏六月, 秋閏八月, 遣使入魏朝貢, 七十七年, 春二月, 夏六月, 冬十月, 遣使入魏朝貢, 七十八年, 秋七月, 秋九月, 遣使入魏朝貢, 七十九年, 夏五月, 秋九月, 遣使入魏朝貢, 앞 三國史記, 169-172쪽.

장수왕은 재위도 길었지만 각국에 조공도 많이 하여 위(魏)에는 46회, 송(宋)에는 2회 남제(南齊)에 2회등 50여회의 조공을 한 것으로 기록되었다.

21대 문자왕 원년(492) 6월에 사신을 위에 보내 조공하고, 8월과 10월에도 위에 입공(入貢)하였다. 3년 정월과 7월에 위에 조공하고, 4년 2월, 5월에도 위에 조공하고, 5년 왕이 사신을 제에 보내어 조공하고, 7년 8월과, 9년 8월, 10년 정월, 12월, 11년 12월에 사신을 위에 보내 조공하고, 13년 사신을 위에 보내어 조공하니 위의 세종(효문제)이 동당에서 그사신 예실불을 인견하였다. 실불이 나아가 말하기를 "소국이 제정(帝庭)에 성관을 맺자 여러대 정성을 오로지하여 땅에서 나는 산물로 일찌기 조공을 어긴일이 없었다. 다만 황금은 부여에서 나고, 가옥(패류)은 섭라(탐나, 탐모라(제주))의 소산인데 앞서 부여는 물길에게 쫓기고(오기), 섭라는 백제에게 병합되었다. 두 물건(황금·가옥)이 왕부(위부)에 등장되지 못함은 실로 양적(물길과 백제)때문이라" 하니, 세종이 가로되 "고구려는 대대로 제실의 도움을 받아 해외(동방)를 전제하고 구이(九夷, 동이)의 교활한 놈들을 모두 정복하게 되었다. 병주(甁酒, 작은 술그릇)의 핍절은 뢰(뢰, 대주기)의 치욕이니 이것이 누구의 허물이냐. 전일의 조공이 불여의(不如意)한 것은 그 책임이 연솔(태수·지방장관)에 있으니 그대는 나의 뜻을 그대의 임금에게 잘 전하여 그로 하여금 힘써 위회(위엄과 회유)의 책을 써 나쁜 놈들을 없애고 동방의 인민을 편안케 하여 이읍(부여와 섭라)으로 구허를 회복케 하여 토모(토지산물)의 상공을 잃치 않게 하라" 하였다. 동왕 15년 9월, 16년 10월, 17년 5월, 12월, 18년 5월, 19년 윤6월, 11월에 위에 조공하고, 21년 3월에는 양에 조공, 5월에는 위에 조공, 22년 정월, 5월, 12월에 위에 조공하고, 23년 11월과 24년 10월에 위에 조공하고, 25년 4월 양에 조공하고, 26년 4월, 27년 2월과 4월, 5월 위에 조공하였다(총 32회 조공).

元年, 春正月, 魏孝文帝, 遣使拜王 夏六月, 秋八月, 冬十月, 遣使入魏朝貢, 三年, 春正月, 秋七月, 遣使入魏朝貢, 四年, 春二月, 夏五月, 遣使入魏朝貢, 五年, 遣使入齊朝貢, 七年, 八月, 遣使入魏朝貢, 九年, 秋八月, 十年, 春正月, 冬十二月, 遣使入魏朝貢, 十一年, 十二月, 遣使入魏朝貢, 十三年, 夏四月, 十五年, 九月, 遣使入魏朝貢, 十六年, 冬十月, 十

七年, 夏五月, 冬十二月, 遣使入魏朝貢, 十八年, 夏五月, 十九年, 夏閏六月, 冬十一月, 遣使入魏朝貢, 二十一年, 春三月, 遣使入梁朝貢, 夏五月, 遣使入魏朝貢, 二十二年, 春正月, 夏五月, 冬十二月, 遣使入魏朝貢, 二十三年, 冬十一月, 二十四年, 冬十月, 遣使入魏朝貢, 二十五年, 夏四月, 遣使入梁朝貢, 二十六年, 夏四月, 二十七年, 春二月, 夏四月, 五月, 遣俟入魏朝貢, 앞 三國史記, 173-175쪽.

22대 안장왕 2년(520) 정월과 9월에 사신을 양에 보내어 조공하고, 5년 11월에 위로 사신을 보내고, 8년 3월, 9년 11월에도 양에 사신을 보내어 조공하였다.
  二年, 春正月, 遣使入梁朝貢, 秋九月, 入梁朝貢, 五年, 十一月, 遣使朝魏, 八年, 春三月, 九年, 冬十一月, 遣使入梁朝貢, 위 三國史記, 176쪽.

23대 안원왕 2년(532) 4월에 양에 조공하고, 6월에는 위에, 11월에는 양에 조공하고, 3년 2월과 4년에도 사신을 위에 보내어 조공하고, 5년 2월에 양에 조공, 6년에는 동위에 사신을 보내어 조공하고, 7년 12월, 9년 5월, 10년 12월에 동위에 조공하고, 11년 3월에는 양에 조공하고, 12년 12월과 13년 11월, 14년 11월에 동위에 조공하였다(총 14회 조공).
  二年, 夏四月, 遣使入梁朝貢, 六月, 遣使入魏朝貢, 冬十一月, 遣使入梁朝貢, 三年, 二月, 四年, 遣使入魏朝貢, 五年, 春二月, 遣使入梁朝貢, 六年, 秋八月, 遣使入東魏朝貢, 七年, 冬十二月, 九年, 夏五月, 十年, 十二月, 遣使入東魏朝貢, 十一年, 春三月, 遣使入梁朝貢, 十二年, 冬十二月, 十三年, 冬十一月, 十四年, 冬十一月, 遣使入東魏朝貢, 위 三國史記, 176-177쪽.

V. 제례(祭禮)

　제사(祭祀)·제례(祭禮)라고도 하는데, 타계(他界)한 사람의 영혼이나 자연의 신(神)들에게 각종의 음식을 차려놓고 의식을 행하는 예이다. 고대사회로부터 인간은 자연에 의지하여 생활하여 왔으므로, 모든 자연현상에 대하여 경외심(敬畏心)을 가졌다. 특히 동양에서는 천지(天地)·일월(日月)·성신(星辰)·암석(巖石)·거수(巨樹)·하해(河海) 등 자연의 만물까지를 제사의 대상으로 삼았다.

우리 한(韓)민족도 부여의 영고(迎鼓), 고구려의 동맹(東盟), 동예(東濊)의 무천(舞天), 마한의 소도(蘇塗, 솟대), 고려의 원구(圓丘, 천신을 제사하는 둥근 단), 방택(方澤 지지를 제사하는 네모의 단), 사직(社稷), 종묘(宗廟) 등의 제의(祭儀)가 있었고, 조선시대로 연결되면서 유교(儒敎)가 성하여 통과의례(通過儀禮)로서의 관혼상제(冠婚喪祭)라는 4대 행사를 만들었다.

천신(天神)신앙과 제천의식은 고대로부터 조선시대 말까지 이어지며 민족문화의 기반이 되기도 하였다. 고조선의 단군신화는 천신이 하강(下降)하여 인간을 다스리는 건국신화이고, 천신이 내려온 태백산 신단수(神檀樹) 아래의 신시(神市)는 천신이 정사(政事)를 보는 도읍지이자 천신에게 기도(祈禱)하고 제사를 드리는 제단(祭壇)이라고 볼 수 있다.

제천(祭天)은 하늘의 무한성(無限性)·영원성(永遠性)·창조성(創造性)·불접근성(不接近性)을 신성시(神聖視)하여 고대로부터 여러 민족간에 행하여졌다.

우리나라 고대사회에서의 제천은 중국의 고대 사료(史料)에 기록된 바와 같이 제삿날은 은정월(殷正月) 또는 납월(臘月)로 기술되었으니 이는 음력 12월에 해당하고, 10월 제천은 모든 농산물의 수확이 끝난 풍요로운 시기로서 하늘에 감사하며, 제를 지내는 규모는 나라행사 중에서도 가장 큰 모임이고, 제사를 지내는 대상은 하늘(天)이고, 제사지내는 풍습(과정)은 연일 음주가무라 하였으니, 당시 사회경제의 안정을 뜻하고, 형옥(刑獄)을 금하고 죄수를 풀어 준다하였으니, 지배자의 권위와 자애(慈愛)를 나타내고, 제사지내는 장소는 소도(蘇塗)와 같은 특정된 신성한 장소에서 거행 하였다.

1991년 전북 부안 죽막동제사유적(竹幕洞祭祀遺蹟)이 조사된 후 전국적으로 생활 생산, 산악 수변 해양 분묘 종교적 제사에 이르기 까지 여러 형태의 많은 제사유적이 발굴조사 되어 당대의 생활 양상, 공동체 신앙과 원시종교 문제등 제사의례의 다면성으로 사회적 경제적 기능에 이르기까지 조사 연구하게 되었다.

제사유적에서 수습된 유물로 보아 시대의 흐름에 따라 형태 재질 매납방법이 다양하게 변천(變遷)되었음을 알 수 있다. 청동기시대에는 자색마연(赭色磨硏 붉은색)토기를 파손하여 구연부(口緣部)·저부(底部) 등 일부분만 매납하기도 하고, 청동의기(靑銅儀器) 특히 동검(銅劍)·동모(銅鉾)·동과(銅戈)의 매납(埋納)은 자료의 희소성, 제작공정의 문제 등으로 보아 일반적인 무구(武具)로서의 매장이 아니라, 신분의 권위의 상징 의례물로서 특수제작한 제의용구(祭儀用具)로 보고 있다.

삼국시대에는 일상 토기를 사용하거나 또는 그보다 아주 작게 만들거나, 특별한 형태의 제사용 토기를 제작하여 매납하거나, 대형 토기를 깨어서 묻거나, 토기의 파수(把手, 손잡이)만을 매납하는 경우도 있었다.

삼국사기 고구려본기 제2대 유리왕과 제10대 산상왕대에 교제(郊祭)에 사용할 희생(犧牲)의 돼지의 기록이 보이는 것으로 보아 고구려 초기에 희생을 바치는 천제가 있었음을 알 수 있고, 백제에서는 대단(大壇) 혹은 남단(南壇)을 쌓아 왕이 천지(天地)와 오제신(五帝神)에게 제사를 올렸고, 신라에서는 시조묘(始祖廟)와 신궁(神宮) 산천(山川)에 제사 드렸다는 기록이 있고, 삼국유사에서는 일신(日神)과 월신(月神)이 있었는데 이 신들이 일본으로 건너간 뒤 갑자기 일광(日光)·월광(月光)이 사라지고 천지가 어두어져 이를 되살리기 위해 제천의식을 거행하였다. 한편 불교(佛敎)의 유입으로 이전의 전통사상과 의식에 많은 변화가 일어 났는데 전통적인 천신은 불교의 천신인 제석천(帝釋天)과 비슷하게 여겨져 불교의식에서도 제석천등의 천신에 관한 의식이 고려시대까지 계승 되었다.

三國史記 雜志 第一 祭祀조에 의하면
신라 종묘(조상신을 위하는 곳)의 제도는 제2대 남해차차웅 3년에 비로서 시조 혁거세의 사당을 세워 사시(춘하추동)로 제사 지내고, 왕의 친매(누이)에게 제사를 맡게 하였으며, 22대 지증왕대에는 시조(혁거세) 탄강지인 나을(나정)에 신궁을 창립하고 제향하였다. 36대 혜공왕대에는 처음으로 오묘제도를 정하였다. 미추왕은 김씨 성의 시조가 되어 태종대왕(무열왕), 문무대왕(무열왕자)은 백제와 고구려를 평정한 큰 공덕이 있으므로 모두(3 왕) 세세불천의 신위로 삼고, 거기에 친묘(조와 부) 2위를 합쳐 오묘로 하였다. 37대 선덕왕은 사직단(토지신을 위하는 곳)을 세웠다.

또 신라 제전에 나타난 것이 모두 국내의 산천뿐이고, 천신지지(天神地祇)에는 미치지 아니하였으며, 그것은 대개 왕제 천자는 칠묘요, 제후는 오묘(五廟)이니, 이소(二昭) 이목(二穆)과 태조의 묘를 합하여 五가 된다하고 또 왕제(王制, 禮記篇名)에 천자는 천신지지와 천하의 명산대천을 제사 하되 제후는 사직과 자기 영토내에 있는 명산대천 만을 제사한다 하였으므로 신라는 감히 제후의 예를 벗어나지 않고, 실행한 것이라 한다. 그러나 그 제당의 고하, 유문의 내외 차위(次位)의 존비, 제사의 진설, 승하의 절차, 존작(酒器), 변두(변은 대나무 그릇, 두는 나무그릇), 생로(희생), 책축(祝文)의 예식에 관하여는 추지할 수 없고 다만 그 대략만을 적는것이라 하였다.

매년 오묘는 6회의 제사를 지내는데, 정월 2일·5일, 5월 5일, 7월 상순, 8월 1일·15일 이다. 12월 인일에는 신성 북문에서, 팔차를 제사하되 풍년에는 대로(牲牛), 흉년에는 소로(小牢, 牲羊)를 썼다.

입춘 후 해일에는 명활성 남쪽 웅살곡에서 선농(先農, 田祖)을 제사하였다.

입하 후 해일에는 신성 북문에서 중농을 제사하였다.

입추 후 해일에는 산원(위치미상)에서 후농(後農)을 제사하였다.

입춘 후 축일에는 견수곡문(위치미상)에서 풍백(豊神)을 제사하였다.

입하 후 신일에는 탁저에서 우사(雨神)를 제사하였다.

입추 후 진일에는 본피부 유촌에서 영성을 제사하였다.

삼산오악 이하 명산대천을 나누어 대·중·소사로 한다.

按新羅宗廟之制, 第二代南解王三年春, 始入始祖赫居世廟, 四時祭之, 以親妹阿老主祭, 第二十二代智證王, 於始祖誕降之地奈乙, 創立神宮以享之, 至第三十六代惠恭王, 始定五廟, 以味鄒王爲金姓始祖, 以太宗大王, 文武大王平百濟, 高句麗有大功德, 並爲世世不毁之宗, 兼親廟二爲五廟, 至第三十七代宣德王, 立社稷壇, 又見於祀典, 皆境內山川, 而不及天地者, 蓋以王制曰, 天子七廟, 諸侯五廟, 二昭二穆與太祖之廟以五, 又曰, 天子祭天地天下名山大川, 諸侯祭社稷, 名山大川之在其地者, 是故, 不敢越禮而行之者歟, 然其壇堂之高下, 境門之內外, 次位之尊卑, 陳設登降之節, 尊爵, 邊頭, 牲牢, 册祝之禮, 不可得而推也, 但粗記其大略云爾, 一年六祭五廟, 謂正月二日, 五日, 五月五日, 七月上旬, 八月一日, 十五日, 十二月寅日, 新城北門祭八借, 豊年用大牢, 凶年用小牢, 立春後亥日, 明活城南熊殺谷祭先農, 立夏後亥日, 新城北門祭中農, 立秋後亥日, 蒜園祭後農, 立春後丑日, 犬首谷門祭風伯, 立夏後申日, 卓渚祭雨師, 立秋後辰日, 本彼遊村祭靈星, 三山五岳已下名山大川, 分爲大中小祀, 앞 三國史記, 313-314쪽.

三國遺事 卷一 延烏郎 細烏女전에, 제8대 아달라왕 즉위 4년(157) 동해변에 연오랑과 세오녀 부부가 살고 있었다. 하루는 연오가 바다에 가서 해초를 따고 있던중 홀연히 한 바위(혹은 一魚라고도 함)가 그를 싣고 일본으로 가버렸다… 그나라 사람들이 보고 이는 비상한 사람이라 하여 왕을 삼았다(일본 제기를 보면 전후에 신라인으로 王이된 사람이 없으니 이는 변읍의 소왕이고 진왕은 아닌 듯). 세오가 그 남편이 돌아오지 않음을 괴이히 여겨 찾아 보는데 남편이 벗어놓은 신이 있으므로 그 바위 위에 올라가니 바위가 전과 같

이 그를 싣고 갔다. 그나라 사람들이 보고 경의(驚疑)하여 왕에게 알리니 부부가 서로 만나 귀비가 되었다. 이때 신라에서는 일광이 광채를 잃었다. 일관이 아뢰되 일월의 정이 우리나라에 있던 것이 지금 일본으로 갔기 때문에 이러한 변이 일어났다고 하였다. 왕이 사자를 일본에 보내어 두 사람을 찾으니 연오가 가로되, 내가 이나라에 온 것은 하늘이 시킨것이라 이제 어찌 돌아 갈 수 있겠는가. 그러나 나의 비가 짠 세초가 있으니 이것으로 하늘에 제사를 지내면 좋으리라하고, 곧 비단을 주었다. 사자가 돌아와 아뢰고 그 말대로 제사를 지내니 과연 일월이 전과 같았다. 그 비단을 어고에 두어 국보를 삼고, 그 창고를 귀비고라하며, 제천한 곳을 영일현 또는 도기야라고 하였다.

第八阿達羅王卽位四年丁酉, 東海濱有延烏朗 細烏女, 夫婦而居, 一日延烏歸海採藻, 忽有一巖(一云一魚), 負歸日本, 國人見之曰, 此非常人也, 乃立爲王, 細烏怪夫不來, 歸尋之, 見夫脫鞋, 亦上其巖, 巖亦負歸如前, 其國人驚訝, 奏獻於王, 夫婦相會, 立爲貴妃, 是時新羅日月無光, 日者奏云, 日月之精, 降在我國, 今去日本, 故致斯怪, 王遣使求二人, 延烏曰, 我到此國, 天使然也, 今何歸乎, 雖然朕之妃有所織細綃, 以此祭天可矣, 仍賜其綃, 使人來奏, 依其言而祭之, 然後日月如舊, 藏其綃於御庫爲國寶, 名其庫爲貴妃庫, 祭天所名迎日縣, 又都祈野, 앞 三國遺事, 39쪽.

신라 제(祭)에 관한 중국사료(中國史料)는
三國志 弁辰전에, 의복과 주택은 진한과 같다. 언어와 법속이 서로 비슷하지만 귀신에게 제사 지내는 방식은 달라서 문의 서쪽에 모두 조신을 모신다.
衣服居處與辰韓同, 言語法俗相似, 祀祭鬼神有異, 施竈皆在戶西, 앞 中國正史朝鮮傳, 529쪽.

北史 新羅전에, 매달 초하루에는 서로 하례하는데 왕은 이날 연회를 베풀어 뭇 관원의 노고를 치하 한다. 또 이날에는 일신과 월신에게 제를 올린다.
每月旦相賀, 王設宴會, 班賚群官, 其日, 拜日月神主, 위 中國正史朝鮮傳, 569쪽.

隋書 新羅전에, 매년 정월 원단에 서로 하례하는데 왕은 이날 연회를 베풀어 뭇 관원의 노고를 치하한다. 또 이날에는 일신과 월신에게 제를 올린다.
每正月旦相賀, 王設宴會, 班賚群神, 其日拜日月神, 앞 中國正史朝鮮傳, 555쪽.

舊唐書 新羅전에, 산신에게 제사 지내기를 좋아한다. …원일(원단, 원삭, 정월 초하루)을 중히 여겨 서로 이날을 축하하고 연회를 베푸는데 해마다 이날에는 일월신에게 절을 한다.

好祭山神, …重元日, 相慶賀燕饗, 每以其日拜日月神, 위 中國正史朝鮮傳, 581쪽.

新唐書 新羅전에, 정월 초하루 날은 서로 축하하며 이날은 일월신에게 절을 올린다(정월 초하루에 相慶하는 것은 국내의 기록에는 없고, 三國史記의 賀正六 禮나 册府元龜의 每正月旦相賀는 다만 고위 귀족중의 관례인 듯 하다).

元日相慶, 是日拜日月神, 위 中國正史朝鮮傳, 604쪽.

신라의 시조묘제(始祖廟祭)

三國史記 新羅本紀 南解 次次雄 전에
2대 남해차차웅 3년(서기 6) 정월에 시조의 묘를 세웠다.
三年, 春三月, 立始祖廟, 앞 三國史記, 4쪽.

3대 유리니사금 2년(25) 2월에 왕이 친히 시조묘에 제사지내고 죄수를 크게 풀어 주었다.
二年, 春二月, 親祀始祖廟, 大赦, 위 三國史記, 5쪽.

4대 탈해니사금 2년(58) 2월에 왕이 친히 시조묘에 제사지냈다.
二年, 春二月, 親祀始祖廟, 위 三國史記, 7쪽.

5대 파사니사금 2년(81) 2월에 왕이 친히 시조묘에 제사지냈다.
二年, 春二月, 親祀始祖廟, 위 三國史記, 8쪽.

6대 지마니사금 2년(113) 2월에 왕이 친히 시조묘에 제사지냈다.
春二月, 親祀始祖廟, 위 三國史記, 10쪽.

7대 일성니사금 2년(135) 정월에 왕이 친히 시조묘에 제사지냈다.

二年, 春正月, 親祀始祖廟, 앞 三國史記, 12쪽.

8대 아달라니사금 2년(155) 정월에 왕이 친히 시조묘에 제사하고 죄수를 대사하였다.
二年, 春正月, 親祀始祖廟, 大赦, 위 三國史記, 14쪽.

9대 벌휴니사금 2년(185) 정월에 왕이 친히 시조묘에 제사하고 죄수를 대사하였다.
二年, 春正月, 親祀始祖廟, 大赦, 위 三國史記, 15쪽.

10대 나해니사금 2년(197) 정월에 왕이 시조묘에 배알하였다.
二年, 春正月, 謁始祖廟, 위 三國史記, 16쪽.

11대 조분니사금 원년(230) 7월에 왕이 시조묘에 배알하였다.
元年, 秋七月, 謁始祖廟, 위 三國史記, 18쪽.

12대 첨해니사금 원년(247) 7월에 왕이 시조묘에 배알하였다.
元年, 秋七月, 謁始祖廟, 위 三國史記, 19쪽.

13대 미추니사금 2년(263) 2월에 왕이 친히 국조묘에 제사하고 죄인을 대사하였다.
二年, 二月, 親祀國祖廟, 大赦, 위 三國史記, 20쪽.

14대 유례니사금 2년(285) 정월에 왕이 시조묘에 배알하였다.
二年, 春正月, 謁始祖廟, 위 三國史記, 21쪽.

15대 기림니사금 2년(299) 2월에 시조묘에 제사하였다.
二年, 二月, 祀始祖廟, 위 三國史記, 22쪽.

16대 흘해니사금 2년(311) 2월에 왕이 친히 시조묘에 제사하였다.
二年, 二月, 親祀始祖廟, 위 三國史記, 23쪽.

17대 나물니사금 3년(358) 2월에 왕이 친히 시조묘에 제사하였는데, 그때 묘상에는 자운(서운)이 서리고 묘정에는 신작(이상한 새, 봉, 神雀)이 모여 들었다.

　　三年, 春二月, 親祀始祖廟, 紫雲盤旋廟上, 神雀集於廟庭, 앞 三國史記, 25쪽.

18대 실성니사금 3년(404) 2월에 왕이 친히 시조묘에 배알하였다.

　　三年, 春二月, 親謁始祖廟, 위 三國史記, 27쪽.

19대 눌지니사금 2년(418) 정월에 왕이 친히 시조묘에 배알하였다.

　　二年, 春正月, 親謁始祖廟, 위 三國史記, 28쪽.

20대 자비마립간 2년(459) 2월에 왕이 시조묘에 배알하였다.

　　二年, 春二月, 謁始祖廟, 위 三國史記, 30쪽.

21대 조지마립간 2년(480) 2월에 왕이 시조묘에 제사하였다. 7년 4월에 왕이 친히 시조묘에 제사하고, 수묘(묘를 지키는 자) 20집을 더 두었다. 9년 2월에 나을(나정, 井의 古訓이 얼-을-)에 신궁을 지으니 나을은 시조가 처음 탄생한 곳이었다. 17년 정월에 왕이 친히 신궁에 제사지냈다.

　　二年, 春二月, 祀始祖廟, 七年, 夏四月, 親祀始祖廟, 增置守廟二十家, 九年, 春二月, 置神宮於奈乙, 奈乙始祖初生地處也, 十七年, 春正月, 王親祀神宮, 위 三國史記, 32쪽.

30대 문무왕 4년(664) 2월에 왕이 유사에게 명하여 역대 제왕 능묘에 민호(수묘민) 각각 20호 씩을 옮기게 하였다. 8년 11월 5일에 왕이 고구려의 부로 7,000인을 이끌고 입경하여 다음날인 6일에 문무 제신을 데리고 선조묘에 배알하고 고하여 가로되 "삼가 선지를 이어 대당과 함께 의군을 이르켜 백제·고구려의 죄를 물어 원흉(두목)이 이미 복죄하고 국운이 태평하게 되었으므로 이에 감히 고하오니 신이여 들으소서" 하였다.

　　四年, 二月, 命有司徙民於諸王陵園, 各二十戶, 八年, 十一月, 王以所虜高句麗人七千入京, 六日, 率文武臣僚, 朝謁先祖廟, 告曰, 祗承先志, 與大唐同擧義兵, 問罪於百濟高句麗, 元兇伏罪, 國步泰靜, 敢玆控告, 神之聽之, 위 三國史記, 60-64쪽.

34대 효성왕 3년(739) 정월에 조고묘에 배알하였다.

　　三年, 春正月, 拜祖考廟, 위 三國史記, 90쪽.

40대 애장왕 2년(801) 2월 왕이 시조묘에 배알하였다. 태종대왕(무열왕)과 문무대왕의 2묘를 별립하고, 시조대왕(미추니사금)과 왕의 고조 명덕대왕(효양), 왕의 증조 원성대왕, 황조 혜충대왕, 황고 소성대왕을 5묘로 삼았다. 3년 춘정월 왕이 친히 신궁에 제사지냈다.

二年, 春二月, 謁始祖廟, 別立太宗大王, 文武大王二廟, 以始祖大王及王高祖明德大王, 曾祖元聖大王, 皇祖惠忠大王, 皇考昭聖大王爲五廟, 三年, 春正月, 王親祀神宮, 앞 三國史記, 103쪽.

56대 경순왕은 견훤의 천거로 즉위하였는데, 전왕의 시체를 서당(西堂)에 모시고 군신과 함께 통곡한 후 시호를 올리어 경애라 하고, 남산 해목령(경주 독능)에 장사하였다. 고려 태조가 사신을 보내어 전왕을 조제하였다.

爲甄萱所擧卽位, 擧前王屍殯於西堂, 與群下慟哭, 上諡曰景哀, 葬南山蟹日嶺, 太祖遣使弔祭, 위 三國史記, 125쪽.

신궁제(神宮祭)

삼국사기 신라본기 22대 지증마립간 3년(502) 3월에 왕이 친히 신궁(나을)에 제사하였다.

三年, 春三月, 親祀神宮, 위 三國史記, 34쪽.

23대 법흥왕 3년(516) 정월에 왕이 친히 신궁(나을 신궁)에 제사하는데, 용이 양산 정중에 나타났다.

三年, 春正月, 親祀神宮, 龍見楊山井中, 위 三國史記, 35쪽.

25대 진지왕 2년(577) 2월에 왕이 친히 신궁에 제사하고 죄수를 대사하였다.
二年, 春二月, 王親祀神宮, 大赦, 위 三國史記, 41쪽.

26대 진평왕 2년(580) 2월에 왕이 친히 신궁에 제사하였다.
二年, 春二月, 親祀神宮, 위 三國史記, 41쪽.

27대 선덕왕 2년(633) 정월에 왕이 친히 신궁에 제사하고, 죄수들을 대사하고 여러 주군의 일년 조세를 면제하여 주었다.
　　二年, 春正月, 親祀神宮, 大赦, 復諸州郡一年租調, 앞 三國史記, 46쪽.

28대 진덕왕 원년(647) 11월에 왕이 친히 신궁에 제사하였다.
　　元年, 十一月, 王親祀神宮, 위 三國史記, 50쪽.

31대 신문왕 2년(682) 정월에 왕이 친히 신궁(나을)에 제사하고, 죄수를 크게 풀어 주었다.
　　二年, 春三月, 親祀神宮, 大赦, 위 三國史記, 80쪽.

32대 효소왕 3년(694) 정월에 왕이 친히 신궁에 제사하고 죄수를 크게 풀어 주었다.
　　三年, 春正月, 親祀神宮, 大赦, 위 三國史記, 82쪽.

33대 성덕왕 2년(703) 정월에 왕이 친히 신궁에 제사하였다.
　　二年, 春正月, 親祀神宮, 위 三國史記, 83쪽.

35대 경덕왕 3년(744) 4월에 왕이 친히 신궁에 제사하였다.
　　三年, 夏四月, 親祀神宮, 위 三國史記, 92쪽.

36대 혜공왕 2년(766) 2월에 왕이 신궁에 친히 제사하였다. 12년(776) 정월에 왕이 감은사에 행행하여 바다를 망제하였다.
　　二年, 二月, 王親祀神宮, 十二年, 春正月, 行感恩寺望海, 위 三國史記, 65-96쪽.

37대 선덕왕 2년(781) 2월에 왕이 신궁에 친히 제사하였다.
　　二年, 春二月, 親祀神宮, 위 三國史記, 97쪽.

38대 원성왕 3년(787) 2월에 왕이 신궁에 친히 제사하고 죄수를 크게 풀어 주었다.
　　三年, 春二月, 親祀神宮, 위 三國史記, 100쪽.

41대 헌덕왕 2년(810) 2월에 왕이 신궁(나을)에 친히 제사하고 사자를 파견하여 국내의 제방(저수지)을 수축케 하였다.
二年, 二月, 王親祀神宮, 發使修葺國內堤防, 앞 三國史記, 104쪽.

42대 흥덕왕 2년(827) 정월에 왕이 친히 신궁에 제사하였다.
二年, 春正月, 親祀神宮, 위 三國史記, 108쪽.

47대 헌안왕 2년(858) 정월에 왕이 신궁에 친히 제사하였다.
二年, 春正月, 親祀神宮, 위 三國史記, 114쪽.

48대 경문왕 2년(862) 2월에 왕이 신궁에 친히 제사하였다. 4년 2월에 왕이 감은사에 행행하여 바다를 망제하였다.
二年, 二月, 王親祀神宮, 四年, 春二月, 王幸感恩寺望海, 위 三國史記, 115쪽.

55대 경애왕 원년(924) 10월에 왕이 신궁에 친히 제사하고 죄수를 대사하였다.
元年, 冬十月, 親祀神宮, 大赦, 위 三國史記, 124쪽.

예(濊)와 고구려의 제사는
後漢書 濊전에, 새벽에 별자리의 움직임을 관찰하여 그해의 흉풍을 미리 안다. 해마다 10월이면 하늘에 제사를 지내는데 주야로 술 마시며 노래 부르고 춤을 추니 이를 무천이라고 한다. 또 호랑이를 신으로 여겨 제사 지낸다.
曉候星宿, 豫知年歲豊約, 常用十月祭天, 晝夜飮酒歌舞, 名之謂舞天, 又祠虎以爲神, 앞 中國正史朝鮮傳, 518쪽.

三國志 濊전에, 해마다 10월이면 하늘에 제사를 지내는데 주야로 술 마시고 노래 부르니 이를 무천이라 한다. 또 호랑이를 신으로 모셔 제사지낸다.
常用十月節祭天, 晝夜飮酒歌舞, 名之爲舞天, 又祭虎以爲神, 위 中國正史朝鮮傳, 526쪽.

舊唐書 靺鞨전에, 죽은 자는 땅을 파고 묻는데 시체를 그대로 흙에 묻으므로 관이나

염하는 도구가 없고 그가 타던 말을 잡아 주검앞에 놓고 제사를 지낸다.

死者穿地埋之, 以身儩土, 無棺斂之具, 殺所乘馬於屍前設祭, 앞 中國正史朝鮮傳, 585쪽.

後漢書 夫餘國전에, 납월(臘月, 三國志 魏書에는 殷正月로 되었음)에 지내는 제천행사는 연일 크게 모여 마시고 먹으며 노래하고 춤추는데, 그 이름을 영고라고 한다. 이때에 형옥을 중단하고 죄수를 풀어준다. 전쟁을 하게 되면 그때에도 하늘에 제사를 지내고 소를 잡아 그 발굽으로 길흉을 점친다.

以臘月祭天, 大會連日, 飮食歌舞, 名曰迎鼓, 是時斷刑獄, 解囚徒, 有軍事亦祭天, 殺牛, 以蹄占其吉凶, 行人無晝夜, 好歌吟, 音聲不絶, 위 中國正史朝鮮傳, 514쪽.

三國志 夫餘전에, 은월 정월(殷末의 曆法은 太殷曆으로 1년을 365일로 하는 太陽年의 日數가 채용 되었으며 丑月로 歲首를 하였으니 지금의 12월이 殷正月이다)에 지내는 제천행사는 국중대회로 날마다 마시고 먹고 노래하며 춤추는데 이 이름을 영고라 한다. …전쟁을 하게 되면 그때도 하늘에 제사를 지내고 소를 잡아서 그 발굽을 보아 길흉을 점치는데 발굽이 갈라지면 흉하고 발굽이 붙으면 길하다고 생각한다.

以殷正月祭天, 國中大會, 連日飮食歌舞, 名曰迎鼓, …有軍事亦祭天, 殺牛觀蹄以占吉凶, 蹄解者爲凶, 合者爲吉, 위 中國正史朝鮮傳, 520-521쪽.

南史 高句麗전에, 왕의 궁실 왼편에 큰집을 지어 귀신에게 제사 지내고 또 영성과 사직에도 제사를 지낸다. …10월에 하늘에 제사를 지내는 큰 잔치가 있다.

好修宮室, 於所居之左立大屋, 祭鬼神, 又祠零星, 社稷, …以十月祭天大會, 위 中國正史朝鮮傳, 558쪽.

後漢書 高句驪전에, 고구려에서는 귀신 사직 영성에 제사 지내기를 좋아한다. 10월에는 하늘에 제사 드리면서 크게 모이는데 이름을 동맹이라 한다. 그 나라의 동쪽에 큰 구멍이 있어 이를 수신이라 하는데, 역시 10월에 신을 맞이하여 제사 드린다고 하였다.

好祠鬼神社稷零星 以十月祭天大會, 名曰東盟, 其國東有大穴, 號禭神, 亦以十月迎而祭之, 위 中國正史朝鮮傳, 515쪽

三國志 高句麗전에, 궁실을 잘 지어 치장한다. 거처하는 좌우에 큰 집을 짓고 그곳에서 귀신에게 제사한다. 그리고 영성과 사직에도 제사를 지낸다. …종묘를 세우고 영성과 사직에 따로 제사 지낸다.…10월에 지내는 제천행사는 국중대회로 이름하여 동맹이라 한다.

好置宮室, 於所居之左右入大屋, 祭鬼神,…亦得立宗廟, 祀靈星社稷…以十月祭天國中大會 名曰東盟, 앞 中國正史朝鮮傳, 522쪽.

北史 高句麗전에, 고구려는 항상 10월이면 하늘에 제사 드리고 음사(淫祀, 민속의 신당)가 많다. 신묘가 2곳에 있는데 하나는 부여신이라 하여 나무를 새겨 부인의 상을 만들고, 다른 하나는 고등신이라하여 이를 시조라 하고 부여신의 아들이라 한다. 모두 관서를 설치하고 사람을 보내어 지키게 하니 대개 하백녀와 주몽이라고 한다.

信佛法, 敬鬼神, 多淫祠, 有神廟二所, 一曰夫餘神, 刻木作婦人像, 一曰高登神, 云是其始祖夫餘神之子, 並置官司, 遣人守護, 蓋河伯女, 朱蒙云, 위 中國正史朝鮮傳, 565쪽.

梁書 高句驪전에, 고구려는 왕의 거처하는 곳의 좌편에 큰 집을 짓고, 귀신에게 제사드린다. 또한 영성과 사직에 제사 드리고,… 10월에 하늘에 제사를 올리는데 큰 잔치가 있으니 이를 동맹이라 한다.

好治宮室, 於所居之左立大屋, 祭鬼神, 又祠零星, 社稷, … 以十月祭天大會, 名曰東盟, 위 中國正史朝鮮傳, 538-539쪽.

舊唐書 高(句)麗전에, 풍속은 음사(淫祀, 지내지 않아도 되는 잡다한 제사)가 많아서 영성신·일신·가한신·기자신을 섬긴다. 국성 동쪽에 신수(神隧, 백제본에는 隧神)라는 큰 동굴이 있는데 해마다 10월에 왕이 친히 제사를 지낸다.

其俗多淫祀, 事靈星神, 日神可汗神, 箕子神, 國城東有大穴, 名神隧, 皆以十月, 王自祭之, 위 中國正史朝鮮傳, 572쪽.

新唐書에도 같은 내용이 실렸는데

俗多淫祠, 祀靈星及日, 箕子, 可汗登神, 國左有大穴曰神隧, 每十月, 王皆自祭, 위 中國正史朝鮮傳, 595쪽.

魏書 高句麗전에, 해마다 10월이면 하늘에 제사를 지내는데 나라 사람들이 모두 모인다.

常以十月祭天, 國中大會, 앞 中國正史朝鮮傳, 543쪽.

三國史記 高句麗本紀 東明聖王전에, 시조 14년(BC. 24) 8월에 왕모 유화가 동부여에서 돌아가니, 그 왕 금와가 태후의 예로 장사하고 드디어 신묘를 세웠다.

十四年, 秋八月, 王母柳花薨於東扶餘, 其王金蛙, 以太后禮葬之, 遂立神廟, 위 三國史記, 131쪽.

2대 유리왕 19년(BC.1) 8월에 교시가 놓여 달아나매 왕이 탁리와 사비라는 자로 뒤를 쫓게 하였더니 장옥택중에 이르러 발견하고, 칼로 그 돼지의 각근을 끊었다. 왕이 듣고 노하여 가로되 "제천할 희생을 어찌 함부로 상하게 할것이냐" 하고 두 사람을 구덩이에 넣어 죽였다. 9월에 왕이 편치 못하자 무당이 말하기를 탁리 사비가 준 병환이라 하였다. 왕이 그를 시켜 사과케 하니 병환이 곧 낳았다(교는 천자의 제천소이므로 교시는 제천용 희생의 돼지).

十九年, 秋八月, 郊豕逸, 王使託利 斯卑追之, 至長屋澤中得之, 以刀斷其脚筋, 王聞之怒日, 祭天之牲, 豈可傷也, 遂投二人坑中殺之, 九月, 王疾病, 巫曰, 託利 斯卑爲崇, 王使謝之, 卽愈, 앞 三國史記, 133쪽.

3대 대무신왕 3년(20) 3월에 동명왕묘를 세웠다(이후 역대왕이 졸본에 행행하여 시조묘에 제사하였다는 기사가 자주 있는것을 보면 동명왕묘는 옛 도읍인 졸본(환인)에 세웠던 듯하다).

三年, 春三月, 立東明王廟, 위 三國史記, 137쪽.

6대 태조대왕 69년(121) 10월에 왕이 부여에 행행하여 태후묘에 제사하고 곤궁한 백성을 존문하여 물건을 내리되 차별을 두었다.

六十九年, 冬十月, 王幸扶餘, 祀太后廟, 存問百姓窮困者, 賜物有差, 위 三國史記, 145쪽.

8대 신대왕 3년(167) 9월에 왕이 졸본에 가서 시조묘에 제사하였다. 15년 9월에 국상

명임답부가 졸하니 나이 103세였다. 왕이 그 집에 친임하여 슬퍼하고 7일간 조회를 파하였으며 예로써 질산에 장사하고 수묘인 20집을 두었다.

三年, 秋九月, 王如卒本, 祀始祖廟, 十五年, 秋九月, 國相荅夫卒, 年百十三歲, 王自臨慟, 罷朝七日, 乃以禮葬於質山, 置守墓二十家, 앞 三國史記, 150쪽.

9대 고국천왕 2년(180) 9월에 왕이 졸본으로 가서 시조(동명)묘에 제사하였다.

二年, 秋九月, 王如卒本, 祀始祖廟, 위 三國史記, 151쪽.

11대 동천왕 2년(228) 2월에 왕이 졸본(환인)에 가서 시조묘에 제사하고 죄수를 대사하였다.

二年, 春二月, 王如卒本, 祀始祖廟, 大赦, 위 三國史記, 156쪽.

12대 중천왕 13년(260) 9월에 왕이 졸본에 거동하여 시조묘에 제사하였다.

十三年, 秋九月, 王如卒本, 祀始祖廟, 위 三國史記, 159쪽.

16대 고국원왕 2년(332) 2월에 왕이 졸본에 행행하여 시조묘에 제사하고,

二年, 春二月, 王如卒本, 祀始祖廟, 위 三國史記, 164쪽.

18대 고국양왕 8년(391) 3월에 왕이 하교하기를 불교를 숭신하여 복을 구하라고, 유사에게 명하여 국사(社稷)을 건설하고 종묘를 수리케 하였다.

九年, 三月, 下敎, 崇信佛法求福, 命有司, 立國社修宗廟, 위 三國史記, 167쪽.

22대 안장왕 3년(521) 4월에 왕이 졸본에 거동하여 시조묘에 제사하였다.

三年, 夏四月, 王幸卒本, 祀始祖廟, 위 三國史記, 176쪽.

25대 평원왕 2년(560) 2월 왕이 졸본에 거동하여 시조묘에 제사하였다.

二年, 三月, 王幸卒本, 祀始祖廟, 위 三國史記, 178쪽.

27대 영류왕 2년(619) 4월에 왕이 졸본에 행행하여 시조묘에 제사하고, 5월에 졸본에서 돌아왔다. 14년에 당이 광주사마(관직명) 장손수를 보내어 수대 전사의 해골을 거두

어 파묻고 제사(위령제)를 지내고, 당시 세운 경관(고구려에서 수나라 전몰 장병의 유해를 쌓고 그위에 봉토하여 전승을 기념한 것)을 헐어 버렸다.

二年, 夏四月, 王幸卒本, 祀始祖廟, 十四年, 唐遣廣州司馬長孫師, 臨瘞隋戰士骸骨, 祭之, 毀當時所立京觀, 앞 三國史記, 187-188쪽.

백제의 제사는

백제는 (冊部元龜에 이르기를) "매년 4중월(2, 5, 8, 11)에 왕이 하늘과 5제의 신에 제사한다. 그 시조 구태의 묘를 나라 도성에 세우고, 사계절로 제사한다" 고 하였다.

또한 "온조왕 20년 2월에 단을 세우고 천지에 제사 지냈다" 고 하였다. 38년 10월과 다루왕 2년 2월, 고이왕 5년 정월, 10년 정월, 14년 정월, 근초고왕 2년 정월, 아신왕 2년 정월, 전지왕 2년 정월, 모대(동성)왕 11년 10에 모두 위와 같이 거행하였다. 책계왕 2년 정월, 분서왕 2년 정월, 계왕 2년 4월, 아신왕 2년 정월, 위와 같이 거행하였다.

三國志 韓전에, 조선후 준이 참람되이 왕이라 일컫다가 연나라에서 망명한 위만의 공격을 받아 나라를 빼앗겼다. … 그뒤 준의 후손은 멸망하였으나 지금 한인 중에는 아직 그의 제사를 받드는 사람이 있다.

侯準旣僭號稱王, 爲燕亡人衛滿所攻奪, … 其後滅絶, 今韓人猶有奉其祭祀者. 十月農功畢, 亦復如之, 信鬼神, 國邑各立一人主祭天神, 名之天君, 又諸國各有別邑, 名之爲蘇塗, 立大木, 縣鈴鼓, 事鬼神, 앞 中國正史朝鮮傳, 527-8쪽.

後漢書 韓전에, 해마다 5월에는 농사일을 마치고 귀신에게 제사를 지내는데 밤낮으로 술자리를 베풀어 떼지어 노래 부르고 춤을 춘다. … 10월에 농사의 추수를 끝내고 또다시 이와 같이 한다. 여러 국읍에는 각각 한사람이 천신의 제사를 주재하는데 그 사람을 천군이라 부른다. 또 소도를 만들어 거기에 큰 나무를 세우고 방울과 북을 매어달아 귀신을 섬긴다.

常以五月田竟祭鬼神, 晝夜酒會, 群聚歌舞, … 十月農功畢, 亦復如之, 諸國邑各以一人主祭天神, 號爲天君, 又立蘇塗 建大木以縣鈴鼓, 事鬼神, 위 中國正史朝鮮傳, 518쪽.

三國志 韓전에, 해마다 5월이면 씨뿌리기를 마치고 귀신에게 제사를 지낸다. 떼를 지어 모여 노래와 춤을 즐기며 술 마시고 노는데 밤낮을 가리지 않는다. … 10월 농사일

을 마치고도 이와 같이 한다. 귀신을 믿기 때문에 국읍에 각각 한사람씩 세워서 천신의 제사를 주관하는데 이를 천군이라 한다. 또 여러나라에는 각각 별읍이 있으니 그곳을 소도라고 한다. 그곳에 큰 나무를 세우고 방울과 북을 매어달아 놓고 귀신을 섬긴다.

常以五月下種訖, 祭鬼神, 群聚歌舞, 飮酒晝夜無休, … 十月農功畢, 亦復如之, 信鬼神, 國邑各入一人主祭天神, 名之天君, 又諸國各有別邑, 名之爲蘇塗, 立大木, 縣鈴鼓, 事鬼神, 앞 中國正史朝鮮傳, 527-528쪽.

晋書 馬韓전에, 풍습은 귀신을 믿으며 해마다 5월에 씨뿌리는 작업을 마치면 떼지어 노래하고 춤추면서 신에게 제사 지낸다. 10월에 이르러 추수를 마친 뒤에도 역시 그렇게 한다. 국읍에는 각각 한사람을 세워 천신에 대한 제사를 주재하는데 그를 천군이라 부른다. 또 별읍을 설치하여 그 이름을 소도라고 하는데 큰 나무를 세우고 방울과 북을 매어단다.

俗信鬼神, 常以五月耕種畢, 群聚歌舞以祭神, 至十月農事畢, 亦如之, 國邑各立一人主祭天神, 謂爲天君, 又置別邑, 名曰蘇塗, 以大木, 縣鈴鼓, 위 中國正史朝鮮傳, 531쪽.

北史 百濟전에, 해마다 매 계절의 중월에 하늘 및 오제의 신에게 제사 지내며 그 시조 구태(仇台)의 사당도 성안에 건립하여 놓고 한해에 네차례 제사를 지낸다.

其王每以四仲月祭天及五帝之神, 立其始祖 仇台之廟於國城, 歲四祠之, 위 中國正史朝鮮傳, 567쪽.

隋書 百濟전에, 해마다 매 계절의 중월에 왕이 하늘 및 오제의 신에게 제사하며 시조 구태의 사당을 도성안에 세워놓고 한해에 네번씩 제사한다.

每以四仲之月, 王祭天及五帝之神, 立其始祖仇台廟於國城, 歲四祠之, 위 中國正史朝鮮傳, 554쪽.

舊唐書 百濟전에, 인덕(당나라 연호 664-665) 2년 8월에 부여융이 웅진성에 이르러서 신라왕 법민과 백마를 잡아 놓고 맹약 하였다. 먼저 천신지지 및 산천의 신에게 제사를 올리고 나서 피를 마셨다.…

麟德二年, 八月, 隆到熊津城, 與新羅王法敏刑白馬而盟, 先祀神祇及川谷之神, 而後歃血… 위 中國正史朝鮮傳, 580쪽.

三國史記 百濟本紀 溫祚王전에, 시조 원년(BC.18) 5월에 동명왕묘(백제 왕실에서 동명이 온조나 비류 이상으로 숭배되었음)를 세웠다. 17년 4월에는 사당(묘)을 세우고 국모를 제사 지냈다(원시시대에 모계를 존중하던 유풍). 20년(서기 2) 2월에 왕이 큰 단을 설치하고 친히 천지에 제사 지냈는데, 이상한 새 5마리가 와서 날았다. 38년 10월에도 왕이 큰 단을 쌓고 천지에 제사를 지내었다.
　　元年, 夏五月, 立東明王廟, 十七年, 夏四月, 立廟祀國母, 二十年, 春二月, 王設大壇, 親祀天地, 異鳥五來翔, 三十八年, 冬十月, 王築大壇, 祀天地, 앞 三國史記, 208-210쪽.

　　2대 다루왕 2년(29) 정월에 시조 동명묘에 배알하였다. 2월에는 남단에서 천지에 제사지냈다.
　　二年, 春正月, 謁始祖東明廟, 二月, 王祀天地於南壇, 위 三國史記, 211쪽.

　　8대 고이왕 5년(238) 정월에 천지에 제사 지내는데 북과 피리를 사용 하였다. 10년 정월에도 큰 단을 베풀고 천지 산천에 제사 지내고, 14년 정월에도 남단에서 천지에 제사 지내었다.
　　五年, 春正月, 祭天地用鼓吹, 十年, 春正月, 設大壇, 祭天地山川, 十四年, 春正月, 祭天地於南壇, 위 三國史記, 217쪽.

　　9대 책계왕 2년(287) 정월에 동명묘에 배알하였다.
　　二年, 春正月, 謁東明廟, 위 三國史記, 219쪽.

　　10대 분서왕 2년(299) 정월에 동명묘에 배알하였다.
　　二年, 春正月, 謁東明廟, 위 三國史記, 219쪽.

　　11대 비류왕 9년(312) 4월에 동명묘에 배알하였고, 10년 정월에 남교에서 천지에 제사 지내었는데 왕이 친히 희생(제사에 바치는 동물)을 베었다.
　　九年, 夏四月, 謁東明廟, 十年, 春正月, 祀天地於南郊, 王親割牲, 위 三國史記, 220쪽.

　　13대 근초고왕 2년(347) 정월에 천신과 지신에게 제사하였다.
　　二年, 春正月, 祭天地神祇, 위 三國史記, 221쪽.

17대 아신왕 2년(393) 정월에 동명묘에 배알하였고, 또 남단에서 천지에 제사 지내었다. 11년 여름에 크게 가물어 벼 싹이 타서 마르므로 왕이 친히 횡악에 제사를 지냈더니 비가 왔다.

二年, 春正月, 謁東明廟, 又祭天地於南壇, 위 三國史記, 224쪽.

18대 전지왕 2년(406) 정월에 왕이 동명묘에 배알하고, 남단에서 천지에 제사를 지냈으며 죄수를 크게 사하였다.

二年, 春正月, 王謁東明廟, 祭天地於南壇, 大赦, 앞 三國史記, 225쪽.

24대 동성왕 11년(489) 가을에 크게 풍년이 들었다. 10월에 왕이 단을 베풀고 천지에 제사를 지내었다. 11월에 남당(남당은 처음에는 정사를 논의 집행하던곳이었으나, 후에는 의례적인 장소로 됨)에서 군신에게 연회를 베풀었다.

十一年, 冬十月, 王設壇祭天地, 十一月, 宴群臣於南堂, 위 三國史記, 232쪽.

분향기천(焚香祈天)

三國史記 列傳 第三 金庾信전에, 윤중(김유신의 적손. 성덕대왕 대에 벼슬이 대아찬)의 서손 암은 천성이 총민하고 방술의 학습을 좋아하였다. 젊어서 이찬이 되어 당에 들어가 숙위하였을 때에 틈을 타서 스승을 찾아 음양가의 술법을 배웠는데, 한 모퉁이의 것을 들으면 미루어서 세 모퉁이의 것을 연술하였다. 스스로 둔갑입성법을 지어 그의 스승에게 드리니 스승이 무연한 모습으로 "오군의 명달이 이렇게까지 될 줄은 생각지 못하였다" 하며 그 후로는 감히 제자로 대우하지 아니하였다. 대력(당 대종의 연호. 766-79) 연간에 귀국하여 사천대박사가 되었고, 양·강·한 3주의 태수를 역임하고, 다시 집사시랑 패강진 두상이 되었는데 가는 곳 마다 마음을 다하여 백성을 보살펴 사랑하며 삼계절(춘하추) 농무의 여가에 육진병법을 가르치니 모두들 편하게 여기었다. 일찍이 누리가 있어 서쪽에서 패강진 경계로 들어오는데 꾸물거리며 들판을 덮으니, 백성들이 근심하고 두려워하였다. 암이 산 마루에 올라가서 분향하고 하늘에 기도하니 갑자기 풍우가 크게 일며 누리가 다 죽어 버렸다.

允中庶孫巖, 性聰敏, 好習方術, 少壯爲伊飡, 入唐宿衛, 間就師, 學陰陽家法, 聞一隅, 則反之以三隅, 自述遁甲入成之法, 呈於其師, 師憮然曰, 不圖吾子之明達, 至於此也, 從是

而後, 不敢以弟子待之, 大曆中, 還國, 爲司天大博士, 歷良康漢三州太守, 復爲執事侍郞, 浿江鎭頭上, 所至盡心撫字, 三務之餘, 敎之以六陣兵法, 人皆便之, 嘗有蝗蟲, 自西入浿江之界, 蠢然蔽野, 百姓憂懼, 巖登山頂, 焚香祈天, 忽風雨大作, 蝗蟲盡死, 앞 三國史記, 408쪽.

三國遺事 卷二 駕洛國記전에, 왕후가 돌아간 후 왕이 매양 고침에 의지하여 비탄함이 많더니 10년을 지낸 헌제 입안(건안이니 려 태조의 휘. 건을 피하여 입안이라 했음) 4년 3월 23일에 돌아가니 연세가 158세였다. 국인이 마치 천지(부모의 위)를 잃은 듯이 서러워하여 후의 돌아간날 보다 더하였다. 대궐의 동북 평지에 빈궁(능묘)을 지어 높이 1장, 주위 300보로써 장사지내니 수릉왕묘라 하였다. 그 아들 거등왕으로부터 9대손 구충까지 이 묘에 배향하고 매년 정월 3일, 7일과 5월 5일, 8월 5일, 15일에 풍결한 제존이 상속 불절하였다. 신라 제 30대 왕 법민에 이르러 용삭 원년 3월 일에 영을 내리되 … 15대(?)시조가 되는것이라 그 나라는 이미 망했으나, 사당은 상금 남아 있으니 종묘에 합하여 제사를 계속케 하리라. 이에 사자를 그의 고허에 보내어 사당에 가까운 상상전 30경을 공양의 자금으로 왕위전이라 이름하고,… 세시마다 술·감주와 병·반·다·과 등의 여러 가지로써 제향하여 년년 끊이지 않게하고, 그 제일은 거등왕의 정한 바 년중 5일을 변치 않게 하니 그 아름다운 효사가 이에 있게 되었다. 거등왕이 즉위한 기묘년에 편방을 둔 이후로부터 구충조까지 330년 동안에 종묘의 제례가 오래 변함이 없으니 구충이 왕위를 잃고 나라를 떠난후 부터 용삭 원년에 이르기 까지 60년 동안에 묘향이 혹 궐하기도 하였다. 문무왕(법민왕의 시호)이 먼저 조상을 받들어 끊겼던 제사를 다시 행하니 효성스럽고 효성스럽도다. 신라 말에 충지잡간이 금관성을 공취하고 성주장군이 되자 영규아간이 장군의 위엄을 빌어 묘향을 뺏어 음사(잡사)를 지내더니 단오를 당하여 고사 하는 중 대들보가 무고히 부러져 거기에 치어 죽었다. 이에 장군이 혼자 말로 다행히 전연으로 성왕이 계시던 국성에 외람히 제전을 하게 되었으니 나는 마땅히 그 영정을 그려 모시고 향등을 바쳐 신은을 갚아야 한다 하고, 드디어 3척 교견(교룡 무늬를 넣은 비단)에 영정을 그려서 벽상에 봉안하고 조석으로 기름불을 켜서 경건히 받들더니 3일만에 진영의 두 눈에서 피눈물이 흘러 내려 거의 한 말(1두)이나 지상에 괴이었다. 장군이 크게 두려워하여 그 진영을 모시고 사당으로 가서 불사르고 곧 왕의 진손 규림을 불러 어제도 불상사가 있고 이런일이 중첩하니 이는 반드시 사당의 위령이 내가 진영을 그려서 부손히 공양한데 진노하신 것이다. 영규가 죽기에 내가 매우 두려워

하는데 이제 영정을 태웠으니 반드시 음주를 당할 것이다. 그대는 왕의 진손이니 꼭 종전대로 제사를 받들라 하였다. 규림이 대를 이어 제전을 받들더니 나이 88세에 죽고, 그 아들 간원경이 상속하여 제사를 지냈다. 단오일 알묘제(사당에 참배하는 제전)에 영규의 아들 준필이 또 발광하여 사당에 와서 간원의 제수를 걷어 치우고, 자기의 제수를 베풀더니 삼헌(세번째 술잔을 드리는 것)이 끝나기 전에 갑자기 병이 나서 집으로 돌아가 죽었다. 고인의 말에 잡사는 복이 없고 도리어 재앙을 받는다 하였으니 앞서 영규와 후의 준필의 부자를 두고 말한 것일 것이다.

元君乃每歌枕, 悲嘆良多 隔二十五歲, 以獻帝立安四年己卯三月二十三日而殂落, 壽一百五十八歲矣, 國中之人若亡天只, 悲慟, 甚於后崩之日, 遂於闕之艮方平地, 造立殯宮, 高一丈, 周三百步而葬之, 號首陵王廟也, 自嗣子居登王洎九代孫仇衡之享是廟, 須以每歲孟春三之日, 七之日, 仲夏五之日, 仲秋初五之日, 十五之日, 豊潔之奠, 相繼不絶, 洎新羅第三十王法敏龍朔元年辛酉三月日…乃爲十五代始祖也, 所於國者已曾敗, 所葬廟者今尙存, 合于宗祧, 續乃祀事, 仍遣使於黍離之趾, 廟上田三十頃, 爲供營之資, 號稱王位田,…每歲時釀醪醴, 設以餠飯茶果庶羞等奠, 其祭日不失居登王之所定年內五日也, 芬苾孝祀…假威於將軍, 奪廟享而淫祀, 當端午而致告祀, 是必廟之威靈, 靈怒余之圖畵, 以供養不孫, 英規旣死, 余甚怪畏, 影已燒矣, 必受陰誅, 卿是王之眞孫,…端午日謁廟之祭, 英規之子俊必又發狂, 來詣廟,…然古人有言, 淫祀無福, 反受其殃, 前有英規, 後有俊必, 父子之謂乎, 앞 三國遺事, 84-85쪽.

기우제(祈雨祭)

三國史記 新羅本紀 12대 첨해니사금 7년(253) 5월 부터 7월에 이르도록 비가 오지 아니하므로 조묘와 명산에 기우제를 지냈더니 비가 곧 왔다. 그러나 흉년이 들어 도적이 많았다.

七年, 自五月至七月, 不雨, 禱祀祖廟及名山, 乃雨, 앞 三國史記, 20쪽.

26대 진평왕 50년(628) 여름에 큰 가뭄이 있어 시장(상업 무역의 장소로 이것이 번성하기 때문에 농사에 불길한 재해가 일어난다고 생각해서)을 옮기고 용을 그려 비를 빌었다.

五十年, 夏, 大旱, 移市, 畵龍祈雨, 위 三國史記, 44쪽.

33대 성덕왕 14년(715) 6월에 큰 가뭄이 있어 왕이 하서주(강릉) 용명악거사 이효를 불러 임천사 못 위에서 비를 빌게 하였더니 10일 동안이나 비가 왔다. 15년 6월에도 가뭄이 있어 왕은 또 이효를 불러 기도를 하게 하였더니 곧 비가 왔다.

十四年, 六月, 大旱, 王召河西州龍鳴嶽居士理曉, 祈雨於林泉寺池上, 則雨浹旬, 十五年, 六月, 旱, 又召居士理曉祈禱, 則雨, 赦罪人, 앞 三國史記, 85쪽.

41대 헌덕왕 9년(817) 5월에 비가 오지 아니하여 두루 산천에 기도하였더니, 7월에 가서야 비가 왔다.

九年, 夏五月, 不雨, 徧祈山川, 至秋七月乃雨, 위 三國史記, 107쪽.

三國史記 百濟本紀 6대 구수왕 14년(227) 3월에 우박이 왔고, 4월에 크게 가물었다. 왕이 동명묘에 빌었더니 비가 왔다.

十四年, 夏四月, 大旱, 王祈東明廟, 乃雨, 위 三國史記, 217쪽.

17대 아신왕 11년 여름에 크게 가물어 벼싹이 타서 마르므로 왕이 친히 횡악에 제사 지냈더니 비가 왔다.

十一年, 夏, 大旱, 禾苗焦枯, 王親祭橫岳, 乃雨, 위 三國史記, 225쪽.

29대 법왕 2년 봄에 왕흥사를 창건하고 승 30인을 두었다. 크게 가물어서 왕이 칠악사에 가서 비를 빌었다.

二年, 春正月, 創王興寺, 度僧三十人, 大旱, 王幸漆岳寺祈雨, 위 三國史記, 240쪽.

Ⅵ. 점복(占卜)·일관(日官)

인간 지능의 한계성으로 미래를 예측 할 수 없을 때, 특별한 징후가 발생하면 앞으로 어떠한 사건이 일어날지 그 길흉을 알아내는 행위로 점을 친다고 한다. 원시사회에서 원래 개인적이었으나, 공동 취락생활을 영위하면서 주술자(呪術者)는 그 집단의 대표가 되어 크고 작은 일들을 처리하였다.

동양에서는 인도의 점성술(占星術)과 중국의 복서(卜筮, 복은 거북등껍질이나 짐승뼈에 불을 붙여 그것의 트는 모양을 보아서, 서는 서죽(筮竹)과 산목(算木)의 음양 결합에 따라 길흉을 알아 내는것)가 있었다. 우리나라 고대 사회에서도 삼국지 위지 동이전 부여전에 전쟁을 할 때에 소를 잡아 미리 길흉(吉凶)을 점친다 하였으니, 전쟁은 국가의 존망이 달려 있으므로 그 승패의 가능성은 미리 계산하여 보았을 것이다.

이외에도 일자(日者)·일관(日官)·무사(巫師)·무자(巫子)·점복관(占卜官師)으로 불리우는 사람들을 관직(官職)에 두어 국가의 대소 행사의 점을 치게 하였고, 고구려에서는 일자(日者), 신라에서는 사천박사(司天博士), 백제에서는 일관부(日官部)를 두어 그들을 배속(配屬)시키고, 고려에서는 서운관(書雲觀), 조선시대에는 관상감(觀象監)에서 천문(天文)·지리(地理)·점산(占算)·역수(曆數)·각루(刻漏)·측우(測雨) 등을 관장하였다.

後漢書 夫餘國전에, 전쟁을 하면 그 때에도 하늘에 제사 지내고 소를 잡아 그 발굽으로 길흉을 점친다.
有軍事亦祭天, 殺牛, 以蹄占其吉凶, 앞 中國正史朝鮮傳, 514쪽.

三國志 夫餘전에, 전쟁을 하게 되면 그때도 하늘에 제사를 지내고 소를 잡아 그 발굽을 보아 길흉을 점치는데 발굽이 갈라지면 흉하고 합치면 길하다고 생각한다.
有軍事亦祭天, 殺牛觀蹄以占吉凶, 蹄解者爲凶, 合者爲吉, 위 中國正史朝鮮傳, 521쪽.

三國志 濊전에, 새벽에 별자리의 움직임을 관찰하여 그해의 흉풍을 미리 안다.
曉候星宿, 豫知年歲豊約, 위 中國正史朝鮮傳, 525쪽.

後漢書 濊전에, 새벽에 별자리의 움직임을 관찰하여 그해의 흉풍을 미리 안다.
曉候星宿, 豫知年歲豊約, 위 中國正史朝鮮傳, 518쪽.

隋書 百濟전에, 책을 읽고 관리의 일도 잘본다. 또 의약기구 점상술도 안다.
讀書史, 能吏事, 亦知醫藥, 蓍龜, 占相之術, 위 中國正史朝鮮傳, 554쪽.

三國史記 新羅本紀 伐休尼師今전에, 9대 벌휴니사금(184-195) 원년에 풍운을 보고 점을 쳐서 미리 수재·한재와 그 해의 풍흉을 알았다.
王占風雲, 豫知水旱及年之豊儉, 앞 三國史記 15쪽

고구려본기 10대 山上王 7년(203) 3월에 왕이 자식이 없어 산천에 기도하였더니 같은 달 15일 밤 꿈에 천신(天神)이 나타나 말하기를 "내가 너의 소후(小后)로 하여금 아들을 낳게 할터이니 근심하지 말라"하였다. 왕이 꿈을 깨어 여러 신하에게 말하기를 "꿈에 천신이 나에게 이리이리 간곡히 말하였는데 소후가 없으니 어찌하면 좋으냐"하니 을파소(乙巴素)가 대답하기를 "천명을 헤아릴 수 없으니 왕은 기다리시오"라 하였다. 12년 11월에 교시(郊豕, 祭天용 돼지)가 달아났다. 맡은 관리가 그 뒤를 쫓아 주통촌(酒桶村)에 이르니 돼지가 이리저리 달아나 잡지 못하고 있는데 나이 20세 쯤 되는 여자 하나가 곱고 어여쁜 얼굴로 웃으며 앞질러 잡으니 쫓아가던 자가 비로서 얻게 되었다. 왕이 듣고 이상히 여겨 그 여자를 보려고 미행(尾行, 暗行)하여 밤에 그의 집에 가서 시인(侍人, 왕의 近侍人)을 시켜 달래 보았다. 그 집에서는 왕이 오신 것을 알고 감히 거역하지 못하였다. 왕이 방으로 들어가 그 여자를 불러보고 상관하려 하니 여자가 고하기를 "대왕의 명을 감히 어길 수는 없습니다만 만일 상관하여 아이가 있게 되면 저버리지 마시기 바랍니다"하므로 왕이 허락하였다. 밤 12시에 왕이 일어나 궁으로 돌아왔다.

9월에 주통촌의 여자가 남아를 낳으니 왕이 기뻐하여 이는 하늘이 나에게 사자(嗣子, 대를 이을 아들)를 주심이라 하였다. 처음에 교시의 사실로 인하여 그 어미를 상관하게 되었으므로 그 아이의 이름을 교체(郊彘)라 하고 그 어미를 소후(小后)로 하였다. 처음에 소후의 모가 소후를 배어 아직 해산하기 전에 무꾸리의 점이 "반드시 왕후를 낳겠다"하니 그 어미가 기뻐하여 딸을 낳을 때 이름을 후녀(后女)라고 하였다.

七年春二月, 王以無子, 禱於山川, 是月十五夜, 夢天謂曰, 吾令汝小后生男勿憂, 王覺於群臣曰, 夢天語我諄諄如此, 而無小后奈何, 巴素對曰, 天命不可測, 王其待之, 十二年十一日 郊豕逸, 掌者追之, 至酒桶村, 攔躑不能捉, 有一女子年二十許, 色美而艷, 笑而前執之, 然後追者得之, 王聞而異之, 欲見其女, 微行夜至女家, 使待人說之, 其家知王來, 不敢拒, 王入召其女, 欲御之, 女告曰, 大王之命, 不敢避, 若幸而有子, 願不見遺, 王諾之, 至丙夜王起還宮, 秋九月, 酒桶村女生男, 王喜曰, 此天贊豫嗣胤也, 始自郊豕之事, 得以幸其母, 乃名其子曰, 郊彘, 立其母爲小后, 初小后母孕未産, 巫卜之曰, 必生王后, 母喜, 及生名曰后女, 앞 三國史記, 154쪽

三國遺事·心地繼祖전에, 석심지는 진한(신라) 제41대왕 헌덕대왕 김씨의 아들이다.…법회가 끝나고 산으로 들어 갈 때 도중 옷섶 사이에 2간자가 끼어 있음을 보았다.…점을 쳐 보니 마음과 소행이 상당하면 감응하고 그렇지 않으면 마음에 이르지 않는 것이

五. 외교(外交)와 제례(祭禮) 295

니 이름하여 허류라고 한다. …

釋心地, 辰韓第四十一主憲德大王金氏之子也, … 途中見二簡子貼在衣褶間, … 以此占看, 得與心所行事相當, 則爲感應, 否則爲不至心, 名爲虛謬, … 앞 三國遺事, 150-151쪽.

三國遺事 眞聖女大王 居陁知전에, 이 왕대의 아찬 양패는 왕의 계자이었는데 당나라에 봉사하려 할 때 후백제의 해적이 진도에서 가로 막는다 함을 듣고 궁사 50인을 뽑아서 따르게 하였다. 배가 혹도(걸대도)에 이르렀을 때 풍랑이 크게 일어나 10여일 동안 묵게 되었다. 공이 근심하여 사람을 시켜 점을 치니 이르기를 섬에 신지가 있으니 제사 지내면 좋겠다. 하니 못 위에서 제전을 차려 놓으니 못물이 한길 이상이나 용솟음쳤다.

此王代阿湌良貝, 王之季子也, 奉使於唐, 聞百濟海賊梗於津島, 選弓士五十人隨之, 舡次鵠島, (骨大島), 風濤大作, 信宿俠旬, 公患之, 使人卜之, 曰島有神池, 祭之可矣, 於是具奠於池上, 池水湧高丈餘, 위 三國遺事, 68쪽.

三國遺事 駕洛國記 坐知王전에, 김즐이라고도 하는데 의희 3년에 즉위하여 용녀를 취하고 그 여자의 무리들로서 벼슬을 시키니 국내가 요란하였다. 계림국이 꾀를 내어 이 나라를 치려 하였다. 이때 가락국에 박원도라는 신하가 있어 왕에게 간하기를 변변치 못한 풀이라도 또한 우충(羽蟲)을 포섭하는데 하물며 사람에 있어서랴. 하늘이 없어지고 땅이 꺼지면 사람이 어느 곳에서 보존 하리오라고 하였다. 또 왕의 복사가 점을 쳐 해괘를 얻었다. 점사에 解而悔朋至斯孚라고 하였으니 임금은 역괘를 보라 하였다. 왕이 사례하여 옳다 하고 용녀를 물리쳐서 하산도에 귀양 보내고 정치를 고쳐 행하여 길이 백성을 편안케 하였다.

一云金叱, 義熙三年卽位, 娶傭女, 以女黨爲官, 國內擾亂, 雞林國以謀欲伐, 有一臣名朴元道, 諫曰, 遺草閱閱亦含羽, 況乃人乎, 天亡地陷, 人保何基, 又卜士筮得解卦, 其辭曰, 解而悔, 朋至斯孚, 君鑑易卦乎, 王謝曰可, 攘傭女, 貶於荷山島, 改行其政, 長御安民也, 위 三國遺事, 88쪽.

삼국사기 백제본기 시조 온조왕 25년(7) 2월 왕궁의 우물이 갑자기 넘쳤다. 한성 인가의 말(馬)이 소(牛)를 낳았는데 머리는 하나고, 몸은 둘이었다. 일관이 말하기를 "우물이 갑자기 넘친 것은 대왕이 발흥할 징조요, 소가 1수(首) 2신(身)인 것은 대왕이 이웃나라를 병합할 징조"라고 하니, 왕이 듣고 기뻐하여 드디어 진한을 병합할 생각을 품게 되었다.

春二月, 王宮井水暴溢, 漢城人家馬生牛, 日者曰, 井水暴溢者, 大王勃興之兆也, 于一首二身者, 大王幷鄰國之應也, 王聞之喜, 遂有幷吞辰馬之心, 앞 三國史記, 210쪽.

31대 의자왕 20년(660) 6월 왕도의 여러 마리의 개들이 노상에 모여 짓기도 하고 곡을 하기도 하더니 잠시 후에 곧 흩어졌다. 귀신 하나가 궁중에 들어와서 "백제가 망한다, 백제가 망한다"고 크게 외치고는 곧 땅속으로 들어갔다. 왕이 괴이하게 여겨 사람을 시켜 땅을 파보게 하였더니 석자 가량 깊이에서 한마리의 거북이 나왔는데 그 등에 글이 써 있기를 "백제는 월륜(月輪, 달바퀴)과 같고 신라는 신월(新月)과 같다"고 하였다. 왕이 이를 무자(巫者)에게 물었더니 말하기를 "월륜과 같다는 것은 찼다(滿)는 것이니 차면 기울 것이요, 신월과 같다고 한 것은 아직 차지 않았다는 것이니 차지 않으면 점점 찰 것이라"고 하니 왕이 노하여 그를 죽였다. 어떤자가 말하기를 "월륜과 같다는 것은 성(盛)을 의미한 것이요, 신월과 같다는 것은 미약(微弱)을 뜻하는 것이니 생각컨대 국가(백제)는 성하고 신라는 점점 미약해지는 것으로 생각됩니다"하니 왕이 기뻐하였다.

王都羣犬集於路上, 或吠或哭, 移時卽散, 有一鬼入宮中, 大呼百濟亡百濟亡, 卽入地, 王怪之, 使人掘地, 深三尺許有一龜, 其背有文, 曰百濟同月輪, 新羅如月新, 王問之巫者曰, 同月輪者滿也, 滿卽虧, 如月新者未滿也, 未滿卽漸盈, 王怒殺之, 或曰, 同月輪者盛也, 如月新者微也, 意者國家盛而新羅寖微者乎, 王喜, 위 三國史記, 247쪽

같은 내용이 三國遺事 太宗春秋公전에, 한 귀신이 궁중에 들어와 크게 부르짖기를 백제는 망한다 백제는 망한다 하더니 곧 땅속으로 들어갔다. 왕이 괴이히 여겨 사람을 시켜 땅을 파 보니 깊이 3척 가량 되는 곳에서 거북이 한마리가 나타났다. 거북이 등에 글이 쓰여 있는데 曰百濟圓月輪, 新羅如新月 이라 하여 무당에게 물으니 이르기를 원월륜은 달이 찼다는 것이니 차면 이지러지고, 여신월은 차지 못한것이니 차지 못하면 점점 차지려는 것이라 하였다. 왕이 노하여 그를 죽였다. 혹은 말하기를 원월륜은 성한다는 것이고, 여신월은 미약하다는 것이니 생각컨대 우리나라는 성하고 신라는 미약해 진다는 뜻이라 하니 왕이 기뻐하였다.

有一鬼入宮中, 大呼曰, 百濟亡 百濟亡, 卽入地, 王怪之, 使人掘之, 深三尺許, 有一龜, 其背有文, 曰百濟圓月輪, 新羅如新月, 聞之巫者, 云圓月輪者滿也, 滿卽虧, 如新月者未

滿也, 未滿則漸盈, 王怒殺之, 或曰, 圓月輪盛也, 如新月者微也, 意者國家盛而新羅寖微乎, 王喜, 앞 三國遺事, 49쪽

　　같은 책 太宗春秋公전에는, 나당군이 전진 합세하여 진구에 닥치어 강가에 진을 치고 있을 때 홀연히 새가 소정방의 영내에 날아와 돌아다니는 지라 사람에게 점을 치게 하니 반드시 원수가 다치리라 하였다. 정방이 두려워 군사를 이끌고 싸움을 그만두려고 하였다. 유신이 정방에게 이르기를 어찌 새의 괴이한 짓으로 천시를 어기리오. 천리에 응하고 인심에 순하여 불인자를 치는데 무엇이 상서롭지 못하랴 하고 신검을 빼어 그 새를 겨누어 쳐서 좌전에 떨어뜨렸다.
　　進軍合兵, 簿津口, 瀨江屯兵, 忽有鳥, 廻翔於定方營上, 使人卜之, 曰, 必傷元帥, 定方懼欲引兵而止, 庾信謂定方曰, 豈可以飛鳥之怪違天時也, 應天順人, 伐至不仁, 何不祥之有, 乃發神劍擬其鳥, 割裂而墜於座前, 위 三國遺事, 50쪽.

　　三國遺事 金庾信전에, 드디어 함께 집에 돌아와서 백석을 결박하고 그 실정을 물으니 백석이 말하기를 나는 본래 고구려 사람인데 우리나라의 군신이 말하기를 신라의 유신은 우리나라의 점쟁이 추남의 화신이니 국경에 역류수가 있어 그로 하여금 점을 치게 하였다. 추남이 아뢰기를 대왕의 부인이 음양의 도를 역행하므로 그 표징이 이와 같다 하였다. 대왕이 놀라 괴이히 여기고, 왕비는 크게 노하여 이것은 요망한 여우의 말이라 하고 왕에게 고하여 다시 다른 일로서 시험하여 그 말이 맞지 않으면 중형에 처하자고 하였다. 이에 쥐 한마리를 합속에 감추고 묻기를 이것이 무슨 물건이냐 하니 추남이 아뢰기를 그것은 틀림없이 쥐인데 그 수가 여덟이라 하였다. 고로 말이 틀린다 하여 장차 죽이려 하니 추남이 맹세 하기를 내가 죽은 뒤에는 대장이 되어 반드시 고구려를 멸하겠다고 하여 곧 목을 베어 죽이고 쥐의 배를 갈라 보니 새끼가 일곱마리가 있으므로 그제야 그의 말이 맞은 것을 알았다. 그날 밤에 대왕의 꿈에 추남이 신라 서현공 부인의 품속으로 들어가는 것을 보고 여러 신하에게 이야기 하니 모두 이르기를 추남이 맹세하고 죽더니 이일이 과연 맞았다하고 그것 때문에 나를 보내와서 이렇게 꾀하게 한 것이라 하였다. 공이 백석을 처형하고 백미를 갖추어 삼신에게 제사를 지내니 모두 나타나 흠향하였다.
　　遂與還至家, 拷縛白石, 而問其情曰, 我本高麗人, 我國群臣曰, 新羅庾信, 是我國卜筮之士楸南也, 國界有逆流之水, 使其卜之, 奏曰, 大王夫人逆行陰陽之道, 其瑞如此, 大王驚

怪, 而王妃大怒, 謂是妖狐之語, 告於王, 更以他事驗問之, 失言則加重刑, 乃以一鼠於盒中, 問是何物, 其人奏曰, 是必鼠, 其命有八, 乃以謂失言, 將加斬罪, 其人誓曰, 吾死之後, 願爲大將必滅高麗矣, 卽斬之, 剖鼠腹視之, 其命有七, 於是知前言有中, 其日夜大王夢, 楸南入于新羅舒玄公夫人之懷, 以告於群神, 皆曰, 楸南誓心而死, 是其果然, 故遺我至此謀之爾, 公乃刑白石, 備百味祀三神, 皆現身受奠, … 앞 三國遺事, 47쪽.

三國遺事 萬波息笛전에, 명년임오 5월1일에 해관파진찬 박서청이 아뢰기를 동해중에 작은 산이 떠서 감은사로 향하여 오는데 물길을 따라 왕래한다 하였다. 왕이 이상하게 여겨 일관 김춘질에게 점을 치게하였더니 성고(聖考)가 지금 해용(海龍)이 되시어 삼한을 진호하시고 또 김공 유신은 33천의 일자로 지금 하강하여 대신이 되었다.

明年壬午五年朔, 海官波珍湌朴夙淸奏曰, 東海中有小山, 浮來向感恩寺, 隨波往來, 王異之, 命日官金春質, 占之, 曰, 聖考今爲海龍, 鎭護三韓, 抑金公庾信三十三天之一子, 今絳爲大臣, 위 三國遺事, 58쪽.

三國遺事 元聖大王전에, 이찬 김주원이 처음에 상재(상대등)가 되고, 왕은 각간으로서 차재에 있었는데 꿈에 복두를 벗고 흰갓을 쓰고 12현금을 들고 천관사 우물로 들어갔다. 꿈을 깨어 사람을 시켜 점을 치니 복두를 벗은 것은 실직할 징조요, 현금을 든것은 칼(형구)을 쓸 징조요, 우물속으로 들어간것은 옥에 갇힐 징조라 하였다. 왕(각간)이 듣고 매우 근심하여 두문불출하였는데. 아찬 여삼이 와서 뵙기를 청하자…복두를 벗은 것은 위에 거할 사람이 없음이요, 흰갓은 쓴것은 면류관(왕관)을 쓸 징조요, 12현금을 든 것은 12손이 대를 이을 징조요, 천관정에 들어간것은 대궐로 들어갈 상서로운 징조라 하였다.

伊湌 金周元, 初爲上宰, 王爲角干, 居二宰, 夢脫幞頭, 著素笠, 把十二絃琴, 入於天官寺井中, 覺而使人占之, 曰脫幞頭者, 失職之兆, 入井入獄之兆, 王聞之甚患 杜門不出, 于時 阿湌餘三 …曰脫幞頭者, 人無居上也, 著素笠者, 冕旒之兆也, 把十二絃琴者, 十二孫傳世之兆也, 入天官井, 入宮禁之瑞也, 위 三國遺事, 63쪽.

Ⅶ. 맺음말

동서고금을 통하여 약소 국가는 강력한 국가에 사대(事大, 큰 것을 섬김)를 하면서 비굴(卑屈)한 외교를 계속하고, 조공(朝貢)을 바치거나 복속(服屬)을 강요당하여 왔다. 삼국시대에도 예외는 아니어서, 고구려·신라·백제 삼국은 주변의 작은 정치집단으로부터 조공(朝貢)을 받기도 하고, 자국(自國)의 국태민안(國泰民安)을 위해 중국의 고대국가에 군신지의(君臣之義)로 끊임없는 외교와 하정(賀正)·조공(朝貢, 職貢)은 국가의 대사(大事)로서 정례행사(定例行事)의 하나였다.

농산물의 수확이 풍부하지 못하여 경제적 여유가 없어 사회는 불안정하고, 계속되는 대내외 전쟁으로 인한 국가재정은 몹시 곤궁하였을 터인데도, 해마다 또는 한해에 수차례에 걸쳐 지역 특산물을 엄선하여, 학식과 덕망을 갖춘 사절단 수십명 외 그들 수행자들의 도보(徒步)·항해(航海) 등 불편한 여로(旅路), 장거리에 수개월 만에 귀국하는 고역(苦役)은 필설(筆舌)로 표현하기 어려웠을 것이다(신라 성덕왕 때에는 일본사신이 204명이 오기도 하고, 백제 비유왕때는 왜국사신이 왔는데 그 따르는자가 50인 이었다고 전한다).

그리고 삼국에서는 각각 시조신(始祖神)·천신(天神)·지신(地神)·자연신(自然神)등에 제사하였는데, 국가적인 행사로 최고 통치자로서 지배자의 정당성과 위세(威勢)를 과시(誇示)하고, 자기는 천손(天孫)임을 강조하여 천신(天神)에게 제를 올림으로서 이변(異變) 재해(災害)를 막아 복을 기원(祈願)하고, 지신(地神)에게 제사는 농산물의 풍요(豊饒)로 경제적 여유와 사회의 안정을 기원하고, 자연에 순응하기 위하여 산천초목에, 그리고 사후(死後)와 후손의 수복(壽福)·부귀(富貴)를 위하여 엄숙(嚴肅)하게 제를 올렸음을 알 수 있다.

끝으로 일상적이 아닌 특별한 이변(異變)이나 징조(徵兆)가 보이면, 길흉(吉凶)을 알아보기 위하여, 또는 전쟁을 앞두고 승패의 예지(豫知)로 점복사(占卜師, 巫子 日官)에게 해답을 구하기도 하였는데, 점은 원래 개인적이었던 것이 국가적 행사로 발전하여 그들에게 관직(官職)을 주어 점괘(占卦)를 해석하게 하여 군신의 중론에 의하여 결정하였음 살펴 보았다.

六. 三國時代의 장속(葬俗)

Ⅰ. 머리말

Ⅱ. 장례(葬禮)의 여러 형태
　　화장(火葬)　　수장(水葬)　　순장(殉葬)　　석굴장(石窟葬)·동굴장(洞窟葬)　　갱장(坑葬, 구덩이에 넣어 죽임)
　　초분(草墳, 假埋葬, 二次葬, 洗骨葬)

Ⅲ. 후장(厚葬)과 박장(薄葬)
　　후장의 기록　　박장(薄葬)

Ⅳ. 시체(屍體)를 버리거나, 토막을 내거나, 미끼로 쓰다
　　시체를 산에 버리다　　시체를 담비를 잡는 미끼로 쓰다　　시체를 토막을 내다

Ⅴ. 잔인(殘忍)한 처형(處刑)
　　때려 죽임(打殺)　　찢어 죽임(破裂殺)　　목을 베다(斬首)　　목을 베어 장(醬)을 담다　　구족(九族)을 멸(滅)함

Ⅵ. 무덤의 훼손(毀損, 破墳)

Ⅶ. 맺음말

Ⅰ. 머리말

사람은 유한(有限)한 시간에 생노병사(生老病死)라는 피할 수 없는 과정을 거치는데 경우에 따라서는 태어나서 바로, 천재지변(天災地變)이나, 전장(戰場)에서, 기근(饑饉)과 질병(疾病)으로 인해 죽음으로 이어지기도 한다. 그런데 인간들에게는 한평생을 살아가는 동안 관혼상제(冠婚喪祭)라는 통과의례(通過儀禮)가 있다. 이중에서 관과 혼은 자기 스스로 해결 할 수 있으나, 상과 제는 타인에 의하여 즉 유가족들이나 사회 조직체에 의하여 실행 되기도 한다.

사람들은 어떤 민족이나 국가를 막론하고 가족을 기본 단위로하여, 각종의 크고 작은 조직에, 한 구성원으로 참여하여 생활하고 있다. 따라서 한사람의 죽음은 개인적으로나 사회적으로 특정한 절차 또는 의식을 치르게 된다. 그중에서 장의(葬儀)는 산 사람 집단에서 죽은 사람의 타계(他界)로의 이행(移行)이므로 장례(葬禮)는 죽은 사람의 영혼을 영구히 안주(安住)하도록 하는 신앙적인 의식으로서, 시대에 따라 민족에 따라 그 절차와 방법이 변천하고 있다. 그러나 기본적으로 사람들은 장례를 정중히 치르므로서, 또는 각종의 제례의식(祭禮儀式)을 통하여 사자(死者)와 생자(生者)가 정신적으로 통교(通交)한다고 믿고 있다. 삼국사기(三國史記) 신라본기에는 시조 혁거세거서간(赫居世居西干)의 아들인 2대 남해차차웅(南解次次雄)이 그의 아버지를 위하여 시조묘(始祖廟)를 짓고, 3대 유리니사금(儒理尼師今)이 친히 시조묘에 제사를 지냈다고 기록되어 있다.

상례가 상중(喪中)에 행하는 모든 의례라고 하면, 장예(葬禮)는 시신(屍身)을 처리하는 과정인데, 시신을 처리하는 방법에도 동굴에 안치하는 동굴장(洞窟葬), 땅에 묻거나 돌로 덮는 토장(土葬), 불에 태워 쇄골(碎骨)하는 화장(火葬), 강이나 바다에 던지는 수장(水葬), 일정한 지역에 가지런히 눕혀 놓는 風葬, 나무위에 올려놓는 수장(樹葬) 등이 있다. 시신의 처리방법은 시대나 종교에 따라, 나라와 사회의 관습에 따라 여러 가지 형태가 있다. 그리고 시체를 처리하는 과정도 관념에 따라 다른데, 죽은 자와의 관계를 빨리 끊고자 시체를 포기(抛棄)·파괴(破壞)하는 경우(火葬), 관계를 오랫동안 유지하려고 장례를 여러차례 하거나(洗骨葬, 二次葬), 유골을 특정 장소에 오랫동안 보존하려는 경우가 있다. 매장(埋葬)하는 경우에도 죽은 자의 신분과 크게 관계되는데, 부귀(富貴)한 자는 크고 넓은 땅에 거대한 봉분(封墳)에 많은 부장품(副葬品)을 매납(埋納)하고, 빈한(貧寒)하거나 천(賤)한 자는 좁고 값싼 땅에 묻히게 된다. 여하간 주검(시체)을 제일 간단하고 빨리 처리하는 방법은 수장(水葬)이고, 철저하게 파괴(破壞)하는 방법은 화장(火葬)이라고 할 수 있다.

　우리나라에서는 고대로 토장이 일반화하였고, 화장도 일찍부터 행하여졌는데 신석기시대 중기로 보는 경남 진주 상촌리 유적에서 화장된 성인의 인골이 발견 되기도 하였다.

　신석기시대에는 적석묘(積石墓, 塚)라 하여 광(壙)을 파거나 구덩이 없이 시신을 놓고 그 위에 돌을 쌓는 형식의 돌무지무덤으로, 주검은 쭉 펴서 하늘을 쳐다보게하는 앙천와신장(仰天臥伸葬)으로 머리는 동쪽을 향하게 하였고, 청동기시대에는 토장묘(土葬墓, 구덩이무덤) 토광묘(土壙墓, 널무덤)와 지석묘(支石墓 고인돌) 돌널무덤(石棺墓) 등에 매장되었다. 지석묘는 주검의 안치부가 지상으로 생각되고, 4개의 판석(板石)을 세워서 장방형의 석실(石室 돌방)을 만들고 그 위에 편평하고 커다란 개석(蓋石 뚜껑돌)을 올려놓는 탁자형(卓子形)과, 지하에 돌방을 만들고 그 위에 작은 돌을 돌려 세우거나 큰 뚜껑돌을 올려놓는 기반식(碁盤式 바둑판)이 있다. 그리고 고인돌의 주검 매장부가 매우 좁아 굴장(屈葬 굽혀서 묻음, 모태 내에서의 생태)을 하였거나 그 보다도 더 좁아 이차장(세골장)을 한것으로 알려진것도 있다. 석관묘(石棺墓)는 지하에 석관을 놓고 그 안에 주검을 안치하는데 개석은 작은 돌 몇 개를 올려 놓던가 나무토막을 이용하였기 때문에 없어진 경우가 많다.

　철기시대에는 지하에 수직으로 장방형의 토광을 파고 주검을 안치하는 토광묘와 크고 작은 토기를 이용하여 주검을 처리하는 방법인데 신전장(伸展葬,쭉 펴서 묻기)을 할 수 있는 대형토기는 옹관장(甕棺葬)을 목적으로 특별히 제작 한것이고, 작은 토기는 일반적으로 사용하던 긴 항아리나 옹관장용으로 만든것도 있는데 굴장(屈葬)이나 세골(洗骨 이차장)을 하여 수평이나 45도 각도로 안치하기도 하였다.

　삼국시대에는 고대국가로의 발전과 왕권확립(王權確立)으로 거대(巨大)한 봉토분(封土墳)이 축조되었고, 불교의 전래로 화장이 성행되어 산골(散骨)을 담는 여러 가지 형태의 골호(骨壺 화장하여 분쇄된 뼈를 담는 용기)들을 사용한것이 유존되고 있으며, 불교가 더욱 성행한 신라에서는 많은 왕사(王師) 국사(國師)를 비롯한 고승(高僧)들과 삼국통일의 위업을 달성한 문무왕(文武王)을 비롯하여 여덟 왕이 화장을 하였다.

　무덤 안에 주검과 함께 껴서 묻는 용품들을 부장품(副葬品)이라고 한다. 죽은 자의 생시에 사용한 것이거나 또는 죽은 이를 위하여 특별히 제작하여 매납(埋納)하기도 하는데 저승에 가서도 생시와 같은 생활을 할것과 타계에서 보다 좋은 여건에서 생활하기를 기원(祈願)하는 뜻에서 생활용이나 의례용구(儀禮用具)를 모작(模作) 또는 과장(誇張)

하여 의식적으로 부장한다. 부장품을 크게 분류하여 보면 토기류(土器類)·식품류(食品類)·장신구류(裝身具類)·무구류(武具類)·마구류(馬具類)·의식용구(儀式用具) 등이 있는데 시대 연령 성별 신분에 따라 품목과 수량의 차이가 크게 다르다.

한반도에서는 구석기 시대로부터 이러한 의식은 있었다고 생각되나 실제로는 신석기시대에 돌칼(石劍)이나 토기들을 주검과 함께 묻고, 이후 청동기시대를 거치면서 삼국시대에 이르면 중국 한(漢)나라의 후장풍습(厚葬風習)의 영향을 받아 부장품의 종류는 다양(多樣)하고 양도 많아진다. 여하간 이러한 부장품의 출토로 우리는 그 시대의 사회·문화·경제·공예 등 각 분야에 걸쳐 문헌에서 찾아 볼 수 없는, 또는 문헌에 있다 하더라도 실물이 전해지지 않는 귀한 자료를 얻게 되어 학술자료로 활용됨은 물론 이러니와 당대를 재조명하는데 크게 활용하고 있다.

II. 장례(葬禮)의 여러 형태

화장(火葬)

불은 인간이 잘 이용하면 많은 혜택(惠澤)을 받지만, 통제(統制)하지 못하면 큰 재앙(災殃, 재난)을 받는 이중성을 가지고 있다. 인간이 만물의 영장(靈長)으로서 군림(君臨)하는것도 불(火)의 발명과 이용의 결과라고 할 수 있다. 불은 빛을 발하여 어둠을 밝히고, 열을 내어 추위로부터 몸을 보호하고, 음식의 조리를 비롯하여 각종의 생활용품을 만들어 내고, 공장에서 동력(動力)을 돌리는 원천(源泉)이기도 하다. 그리고 불은 일찍이 중국에서 짐승뼈나 거북등껍질을 불로 지져서 점괘(占卦)를 보아 길흉(吉凶)을 예상하는 점복(占卜)이나 신앙으로도 널리 이용되었는데, 인류가 처음 불을 사용한 흔적은 약 50만년 전의 베이징원인(北京猿人) 유적에서 불에 탄 재가 발견되었다.

화장은 죽은 사람의 유해(遺骸)를 불로 태워 철저하게 분쇄(粉碎)하는 장법(葬法)으로 불에 타고 남은 골회를 골호(骨壺, 藏骨用器)에 넣어 땅에 묻거나 탑에 안치하기도 하고, 산천에 뿌리기도 한다. 때에 따라서는 천장(遷葬, 移葬) 등으로 토장한 유골을 다시 화장하는 경우도 있다.

화장은 유럽에서는 신석기시대 후기부터 시작되었는데 청동기시대에는 화장하여 골호(骨壺)에 봉안(奉安)하는 풍습이 중부 유럽을 중심으로 영국 이탈리아까지 전파되었다. 동남 아시아 지역의 진랍국(眞臘國 在林邑 월남 서남)에서는 오향목(五香木)을 사용하여 시신(屍身)을 태운 후 재를 거두어 금·은 병에 담아 큰 냇물에 띄워 보내거나, 가난한 사람들은 토기를 사용하기도 하였다.

중국 요녕성 여대시 감정자구(遼寧省 旅大市 甘井子區) 강상묘(崗上墓)는 판석상묘(板石床墓)·토광묘(土壙墓) 등의 묘광(墓壙)에 화장한 인골이 있는데 대부분 상부로부터 태웠기 때문에 상부는 잘 탔지만 하부는 불탄 부분의 상태가 좋지 않다. 출토된 유물로 보아 기원전 8-6세기로 추정(推定)되고 있다. 그리고 강상묘 동쪽에 루상묘(樓上墓)의 석곽묘(石槨墓) 3기에는 석곽 상면(床面) 탄층(炭層)에 화장된 인골(人骨)이 있다고 보고(報告)되었고, 요동반도의 청동기시대의 적석총(積石塚)들도 대부분 화장을 하였다고 보고 되었다. 같은 요녕성 본계묘후산(本溪廟后山) 동혈묘(洞穴墓)의 B동과 C동에서 23기의 묘장(墓葬)이 발견 되었는데 대부분 앙천신전와장(仰天伸展臥葬)의 석관묘(石棺墓)인데 화장 이차장(二次葬) 등 다양한 장속(葬俗)이 보고 되었고, 화장묘 중에는 인골을 호(壺) 또는 관(罐)을 이용 매납(埋納)한 예도 있다.

중국에서는 불교의 유입으로 송(宋)대에 민간에서 화장이 유행 하였는데 남송(南宋) 고종(高宗 1127-1162)은 효(孝)에 어긋난다 하여 화장 금지법을 하달(下達)하기도 하였다.

말갈족(靺鞨族)은 주(周)대에는 숙신(肅愼), 남북조(南北朝)시대에는 물길(勿吉), 한(漢)대에는 읍루(挹婁)로 불리었는데 이들은 퉁구스족의 일족으로 시베리아 만주 함경도 지역이 활동 무대였다. 길림성 유슈현 노하심(吉林省 榆樹縣 老河深) 지역에서 당(唐)대 말갈인묘 중 토광묘 6기는 화장묘이다.

일본에서는 죠몽(繩文)시대 후기 만기(晩期)의 배석유구(配石遺構)에 수골(獸骨)과 인골을 태우는 행위가 일반화 하였고, 불교가 전래된 후 화장은 크게 유행하였는데 화장의 방법도

1. 가마모양(窯形)의 진흙을 바른 목곽(木槨)을 만들어 그 안에서 화장을 한 후 뼈를 다른 곳으로 이동하지 않은 상태로 고분을 만드는 경우(古墳時代 후기 출현)
2. 화장한 장소에 장골기(藏骨器)를 놓고 뼈를 담는 방법
3. 화장한 장소와는 다른 별도의 장소에서 장골기에 뼈를 담아 묻는 경우(2와 3은 고분시대 종말기에 병행하고 그 후로도 보임)
4. 장골기에 넣지 않고, 산골(散骨)하는 경우 등이 있다. 기록에 의하면 승 도희(僧 道

熙 文武天皇 4년, 700)가 가장 이르고, 천황으로는 41대 지통천황(持統天皇, 686-697)이 처음 화장한 천황이다.

　열반경(涅槃經)에 의하면 석가모니(釋迦牟尼)는 그의 유해(遺骸)를 다비(茶毘, 화장)하였으며, 석가를 따르는 사람들이 그의 사리(舍利)와 유회(遺灰)를 나누어 각처에 보관하면서 탑파(塔婆)가 건립되었다고 한다. 이로서 화장은 불교의 발전과 더불어 불교신자 및 일반인에게도 크게 유행하게 되었다.

　화장은 이세상에서 살았던 육체를 더러운 것으로 보고, 사람이 죽어서 깨끗한 저승으로 가기 위해서는 육체를 깨끗하게 처리 하여야 한다는 생각으로 불을 이용하여 더러운 육신(肉身)을 철저하게 분쇄(粉碎)하여 한줌의 깨끗하고 하얀 재로 만든다는 것이다. 이처럼 시신(屍身)을 태워 이승에서의 더러운 형체를 없애고자 하는 사고(思考)에서 비롯된 불교 예식을 다비(茶毘) 또는 사유(闍維)라고 하는데, 다비는 범어로 Jhapita의 음역(音譯)으로 분소(焚燒) 연소(燃燒) 등의 의역(意譯)이며, 원래는 시체를 화장함을 의미한다. 또한 불교에서는 화장 후 사리를 수습하여 사리탑(舍利塔)이나 부도(浮屠) 등의 건조물(建造物)에 봉안(奉安)하는데 이것은 이차장(二次葬)의 의미를 갖고 있을 뿐만 아니라, 사리에 죽은 사람의 영혼이 깃들여 있다고 보아 영혼을 사리로 재탄생시키는 수단으로 이해하기도 한다.

　우리나라에서 옹관묘(甕棺墓)의 시작을 신석기시대 중기로 보는 자료가 경상남도 진주 상촌리(上村里) 유적에서 확인 되었는데 옹관 내부에 화장된 성인의 인골이 매장되었다. 그 후 불교의 수입 발전의 영향으로 화장 풍속이 확산 성행하고, 경주 지역이나 부근에서는 많은 수의 여러 형태의 골호(骨壺, 골합骨盒 뼈항아리)가 발견되고 있는것은 화장에 의한 뼈 가루를 매납(埋納)하는 용기(容器)로 사용 되었음을 시사(示唆)해 주고 있다.

　이러한 화장은 고려시대까지 크게 유행하였는데, 고려의 귀족들은 불교식 화장을 매우 선호하였다. 그들의 화장은 사망후 약 한달 이내에 좋은 날을 택하여 이루어지고, 화장 후 유골은 절에 안치하는 것이 상례(常例)이었다(박진훈, 2006, 고려사람들의 죽음과 장례 -官人가족을 중심으로- 韓國史硏究 135호, 韓國史硏究會, 12쪽).

　신라시대 최고 통치자인 왕들의 화장 예를 살펴 보면
　三國史記 新羅本紀 文武王 21년(681)에, 산곡은 변천하고 세대는 추이(推移)하여 저

오왕(吳王, 孫權)의 북산의 무덤에도 어찌 금부(金鳧 향로)의 광채를 볼 수 있으며, 위주(魏主 曹操)의 서능의 망(望, 魏 武帝 조조가 銅雀臺를 짓고 말년에 제자에게 遺命하여 내가 죽은 후 나의 妾과 伎人들도 동작대에 가서 臺上에 6尺의 상(牀)을 설하고 밑에 세포의 장을 치고 조석으로 酒·脯·食米·乾飯·등속을 바치게 하고 매월 삭망에는 장전을 향하여 기악을 연주하게 하고 또 너희들도 대에 올라 나의 西陵墓田을 바라보라고 하였다. 그래서 후인이 이를 슬피 여겨 동작기라는 曲名을 지었다고 한다)도 오직 동작(銅雀)의 이름만 듣게되니 석일(昔日) 만기(萬機·萬事) 총찰의 영주도 마침내 한 봉우리의 흙(墳墓)을 이루고 만다. 초동(樵童)과 목수(牧豎)는 그 분묘 위에서 노래하고 여우와 토끼는 그 곁을 구멍을 뚫으니 분묘란 것은 한갓 재물(財物)만 허비하고 기평(譏評)을 사책(史册)에 남길 뿐이며 헛되이 인력만 노비(勞費)하고, 유혼(幽魂)을 오래 머물게 하지 못한다. 고요히 생각하면 마음의 상통(傷痛)을 금치 못하겠으니, 이러한 류는 나의 즐겨 원하는 바가 아니다. 속광(屬纊, 臨終)후 10일에는 곧 고문 외정에서 서국(西國, 印度)식에 의하여 불로 소장(燒葬)할 것이며 복기(服期)의 경중은 본래 상규가 있거니와 상의 제도는 힘써 검약을 쫓을것이다.

且山谷遷貿, 人代推移, 吳王北山之墳, 詎見金鳧之彩, 魏主西陵之望, 唯聞銅雀之名, 昔日萬機之英, 終成一封之土, 樵牧歌其上, 狐兎穴其旁, 徒費資財, 貽譏簡牘, 空勞人力, 莫濟幽魂, 靜而思之, 傷痛無已, 如此之類, 非所樂焉, 屬纊之後十日, 便於庫門外庭, 依西國之式, 以火燒葬, 服輕重, 自有常科, 喪制度, 務從儉約, 李丙燾 校勘, 1993, 三國史記, 乙酉文化史, 78쪽.

문무왕의 화장과 관련된 자료는 삼국유사(三國遺事)에서도 찾아 볼 수 있다.

三國遺事 文虎王 法敏 조에, 대왕이 재위 21년에 돌아가니 유조(遺詔)에 의하여 동해 중의 큰 바위 위에 장사 지냈다.

大王御國二十一年, 崩, 遺詔葬於東海中大巖上, 李丙燾 譯註, 1992, 三國遺事, 明文堂, 56쪽.

三國遺事 王曆에는

名法敏…陵在感恩寺東海中, 위 三國遺事, 17쪽.

경주시 배반동에 옛날부터 능지탑(陵只塔)·연화탑(蓮華塔) 이라고 불리는 5층 석탑이 있는데 이 주변에서 문무왕릉 비석의 일부가 발견되었고, 또 이곳은 사천왕사·선덕여왕릉·신문왕릉 등이 있어 문무왕의 화장터로 추정하고 있다.

三國史記 新羅本紀 孝成王 6년(742) 5월에 유명(遺命)으로 구(柩, 널)를 법류사 남쪽에서 화장하여 유골을 동해에 뿌리라고 하였다.
王薨 諡曰孝成, 以遺命, 燒柩於法流寺南, 散骨東海, 앞 三國史記, 91쪽.

같은 내용이 三國遺事에도 실려 있는데
三國遺事 王曆에
第三十四, 孝成王, 法流寺火葬, 骨散東海, 앞 三國遺事, 20쪽.

三國史記 新羅本紀 宣德王 6년(785)에 이르기를 홀연히 병에 걸려 일어나지 못하니 사생(死生)에는 명이 있는것이라 다시 무엇을 한 하랴. 죽은 후에는 불식에 의하여 소화하여 동해에 산골하라하고, 13일에 돌아가니 시호를 선덕이라 하였다.
忽遘疾疹, 不寤不興, 死生遺命, 顧復何恨, 死後, 依佛制燒火, 散骨東海, 至十三日, 薨, 諡曰宣德, 위 三國史記, 98쪽.

38대 원성왕은 재위 14년(798) 12월에 돌아가셨는데 유명(遺命)에 의하여 영구(靈柩)를 봉덕사 남쪽에서 태웠다.
冬十二月二十九日, 王薨, 諡曰元聖, 以遺命, 擧柩燒於奉德寺南, 위 三國史記, 102쪽.

三國遺事 元聖王 전에는, 능은 토함산 서쪽 동곡사(지금 숭복사)에 있으니 최치원이 찬한 비가 있다.
王之陵在吐含岳西洞鵠寺 今 崇福寺, 有崔致遠撰碑, 위 三國遺事, 64쪽.

三國遺事 王曆에는 능은 곡사라 하여 지금의 숭복사라고 하였다.
陵在鵠寺, 今崇福寺, 위 三國遺事, 21쪽.

三國史記 新羅本紀 眞聖王 11년(897) 12월 왕이 북궁에서 돌아가셔 시호를 진성이라 하고 황산에 장사하였다고 기록 되었다.

六. 장속(葬俗) 309

冬十二月乙巳, 王薨於北宮, 諡曰眞聖, 葬于黃山, 위 三國史記, 120쪽.

三國遺事 王曆에는, 12월에 돌아가셔서 화장하고 모량산 서쪽에서 산골하였는데 미황산이라고도 한다.
十二月崩, 火葬, 散骨于牟梁山西岳, 一作未黃山, 앞 三國遺事 王曆, 23쪽.

三國史記 新羅本紀 孝恭王 16년(912) 4월에 돌아가니 시호를 효공이라 하고 사자사 북쪽에 장사지냈다고 하였다.
十六年, 夏四月, 王薨, 諡曰孝恭, 葬于獅子寺北, 위 三國史記, 122쪽.

三國遺事 王曆에는, 사자사 북쪽에서 화장하고 구지제 동산협에 뼈를 묻었다고 하였다.
火葬獅子寺北, 骨藏于仇知堤東山脇, 위 三國遺事, 24쪽.

三國史記 新羅本紀 神德王 6년(917) 7월에 왕이 돌아가니 시호를 신덕이라 하고 죽성에 장사하였다 하였다.
六年 秋七月, 王薨, 諡曰神德, 葬于竹城, 위 三國史記, 123쪽.

三國遺事 王曆에는, 화장하여 잠현 남쪽에 소골 하였다고 기록되었다.
火葬, 蔬骨于箴峴南, 위 三國遺事, 24쪽.

三國史記 新羅本紀 景明王 8년(924) 8월에 돌아갔는데, 시호를 경명이라 하고 황복사 북쪽에 장사 지냈다 하였다.
八年 秋八月, 王薨, 諡曰景明, 葬于黃福寺北, 위 三國史記, 124쪽.

三國遺事 王曆에는, 황복사에서 화장하여 성등잉산 서쪽에 산골 하였다.
火葬 皇福寺, 散骨于省等仍山西, 위 三國遺事, 25쪽.

신라왕들의 화장에 대하여 살펴 보았는데 유명(遺命)에 의하여 화장한 왕은 文武王·孝成王·宣德王·元聖王이고 동해(東海)에 산골(散骨)한 왕은 文武王·孝成王·宣德王의 3왕이고, 화장후 능(陵)을 만든 왕은 문무왕(최근 과학적으로 조사한 결과 대왕암은 능이 아니라고도 함), 元聖王(掛陵), 孝恭王(원형봉토분)의 3왕이고, 화장 후 토장을 한 왕은 眞聖女王(牟梁 西岳 또는 未黃山), 神德王(竹城 또는 箴峴 남쪽), 景明王(省等仍 서쪽 皇福寺 북쪽)의 세 왕이다.

수장(水葬)

여러 형태의 장례(葬禮) 중에서 가장 간단하고 신속하게 시체를 처리하는 장법(葬法)이다. 시체를 물속에 버리거나 장사 지내는 것으로, 북서부 아메리카나 멜라네시아 지역의 노예(奴隷)나 천민(賤民)들의 풍습이었다. 멜라네시아 도서(島嶼) 지방에서는 수장을 하므로서 죽은자가 해수(海獸)로 환생(還生)한다고 믿었다. 수장은 재생(再生)을 기원(祈願)하기도 하였으나, 강물이나 바다에 띄웠을 때 다른 부족이나 나라로 흘러 들어가면 그들로부터 해를 입기도 하였다.

티베트에서는 아기를 생산하지 못하는 여자나 나쁜 병으로 죽은 사람을 가죽푸대에 넣어 강물에 던지기도 하였고, 인도에서는 화장(火葬)한 골회(骨灰)를 겐지스강에 뿌리기도 한다. 수장이 발전되어 시체를 배에 실어 바다로 떠내려 가게하는 주장(舟葬)도 있었는데 태평양의 폴리네시아의 여러 섬사람들 사이에 성행하였다. 현재 주장대신 배모양의 관(棺)을 사용하는 것도 주장의 풍습에서 유래(由來)된 것으로 생각된다.

사적(史蹟) 제375호로 지정된 광주 신창동저습지(光州 新昌洞低濕地)의 선사유적(先史遺蹟)지구에서 1세기를 전후한 시대의 50대 여인을 신전장(伸展葬)한 것이 발견되었는데 작은 연못 안에 벼껍질로 쌓여 물에 항상 젖어 있어 시신(屍身)은 완전한 상태로 보존된 것이 발견 조사되었다.

三國史記 百濟本紀 武寧王 원년(501) 정월 좌평(佐平) 백가(苩加)가 가림성(加林城)에서 반란(叛亂)을 일으키니 왕이 병마(兵馬)를 거느리고 우두성(牛頭城)에 이르러 한솔(扞率 관직 제5위) 해명(解明)으로 하여금 토벌케 하였다. 백가가 나와 항복하니 왕은 그를 목베어 백강(白江, 금강 입구)에 던졌다.

春正月 佐平苩加據加林城叛, 王帥兵馬至牛頭城, 命扞率解明討之, 苩加出降王斬之, 投於白江, 앞 三國史記, 234쪽,

三國史記 新羅本紀 太宗 武烈王 7년(660) 모척을 잡아 죽였는데 그는 본래 신라인으

로서 백제로 도망간 자이다. 그는 대야성에서 모척과 공모하여 백제병을 인도하여 창고를 불질러 성중의 식량을 절핍(絶乏)케 하고, 품석의 부처를 위협해서 죽였고, 백제인과 더불어 본국을 내공(來攻)하여 그의 사지(四肢)를 찢어 시체를 강물에 던졌다.

　　捕斬毛尺, 毛尺本新羅人, 亡入百濟, 與大耶城黔日, 同謀陷城, 故斬之, 又促黔日, 數日, 汝在大耶城, 與謀尺謀, 引百濟之兵, 燒亡倉庫, 令一城乏倉致敗, 罪一也, 逼殺品釋夫妻, 罪二也, 與百濟來攻本國, 罪三也, 以四支解, 投其尸於江水, 앞 三國史記, 55쪽.

　　三國遺事 文虎王 法敏전에, 신라 제 30대 문무왕의 휘(諱)는 법민이다. 대왕이 재위 21년(681)에 돌아가니 유조(遺詔)에 의하여 동해중(東海中)의 큰 바위 위에 장사 지냈다.
　　大王御國二十一年, 以永隆二年辛巳崩, 遺詔葬於東海中大巖上, 앞 三國遺事, 56쪽.

순장(殉葬)

순사(殉死) 또는 딸려묻음 이라고도 하는데, 고위신분(高位身分)인 자가 죽으면 아내·신료(臣僚)·노비(奴婢) 등이 스스로 따라 죽거나 강제로 같이 매장되는 장속(葬俗)이다.

아프리카 나이지리아 주큰족(族)은 왕이 죽으면 남녀 2명의 노예(奴隸)를 액살(縊殺 목을 졸라 죽임)하여 시체를 왕의 묘입구에 두었는데, 남자 노예의 오른손에는 왕의 창(槍)을 쥐어주고, 여자 노예의 머리맡에는 물동이를 놓아 두었다고 한다. 왕이 총애(寵愛)하던 노예는 스스로 또는 선발되어 순사하였다하고, 잠비브웨이 왕국에서는 왕이 죽으면 왕비(王妃)도 따라 죽었다고 한다.

남아메리카 잉카 제국에서는 고위신분인 자가 죽으면 그의 부인과 종들이 희생되었다하고, 북아메리카의 니체즈족도 수장(首長)이 죽으면 요리사 하인들을 함께 매장 하였다고 하는데 이러한 습속은 사후세계(死後世界)에서도 생시(生時)와 같은 안녕(安寧)한 생활을 기원(祈願)하는 뜻으로 해석하고 있다.

인도에서는 남편이 죽어서 화장을 하면, 아내도 따라 불에 타 죽는 풍습이 있었는데, 육체(肉體)와 우주(宇宙)의 합일(合一), 자신의 희생(犧牲)으로 영혼(靈魂)의 구제(救濟)와 육체의 소멸(消滅)이 재생(再生)이라는 힌두교의 사생관(死生觀)에서 비롯되었다고 한다.

중국의 사기(史記)에 의하면 BC. 7세기 진나라 순장의 기록이 보이고, 이후에도 순장의 금지령이 내렸음에도 청(淸)나라 초기까지 황제(皇帝) 왕족(王族)이 죽으면 많은 처첩(妻妾)과 신료(臣僚)·노예(奴隸)가 희생(犧牲)되고 일용품(日用品) 장신구(裝身具) 거마용구(車馬用具) 등이 같이 매장(埋藏)되었다. 사람 대신 토용(土俑)을 매납(埋納)하는 풍습도 춘추시대(春秋時代)에서 볼 수 있고, 씨안(西安)의 진시황릉(秦始皇陵) 용마갱(俑馬坑)은 장속(葬俗)·규모(規模)·종류(種類)·기술(技術) 등이 세계적으로 유명하여 관람객(觀覽客)의 발길이 끊이지 않고 있다.

우리나라 고대사(古代史)에서의 순장의 기록이 중국의 정사(正史)인 후한서(後漢書) 삼국지 위지 동이전(三國志 魏志 東夷傳), 진서(晉書), 수서(隋書) 등과 三國史記에도 그러한 기록이 있어 알아 보면

後漢書 東夷傳 夫餘國전에, 사람이 죽어 장사 할 때는 곽은 사용하나 관은 쓰지 않고, 사람을 죽여서 순장 하는데 많을 때는 100명 가량이 된다. 그나라 왕의 장사에는 옥갑을 사용하므로 한나라 조정에서는 언제나 옥갑을 미리 현토군에 갖다 두었는데 왕이 죽으면 그 옥갑을 취하여 장사 지내게 하였다.

死則有郭無棺, 殺人殉葬, 多者以百數, 其王葬用玉匣, 漢朝常預以玉匣付玄菟郡, 王死則迎取以葬焉, 앞 中國正史朝鮮傳, 514쪽.

三國志 魏書 東夷 夫餘전에, 여름에 사람이 죽으면 모두 얼음을 넣어 장사 지내며, 사람을 죽여서 순장을 하는데 많을 때는 100명 가량 된다. 장사를 후하게 지내는데 곽은 사용하나 관은 쓰지 않는다.

其死, 夏月皆用氷, 殺人殉葬, 多者百數, 厚葬, 有槨無棺, 위 中國正史朝鮮傳, 521쪽.

晉書 夫餘國전에, 사람이 죽으면 산사람으로 순장을 하며, 곽은 있으나 관은 없다.
死者以生人殉葬, 有槨無棺, 위 中國正史朝鮮傳, 530쪽.

通典 東夷 夫餘전에, 여름에 죽으면 모두 얼음을 사용하였고, 사람을 죽여 순장하는데 많을 때는 100명을 넘고, 후장하였다.

其死夏月皆用氷, 殺人殉葬, 多者百數, 厚葬有棺無槨, 民族文化史, 1982, 支那史料抄, 224쪽.

三國史記 高句麗本紀 東川王 22년(248) 9월에 왕이 돌아가셨는데 자원에 장사 지내고 동천왕이라 시호하였는데 나라사람들이 그의 은덕을 기려 슬퍼하지 않는 사람이 없고,

근신들이 순사 하려는자가 많아 사왕은 예의가 아니라하여 금지하려 하였으나 장사 지내는 날이 되자 무덤에 와서 자살하려는 사람이 많아 나라사람들이 나무를 베어 그 시체를 덮었으므로 그 지명을 자원이라 한다.

　　二十二年, 秋九月, 王薨, 葬於紫原, 號曰東川王, 國人懷其恩德, 莫不哀傷, 近臣欲自殺以殉者眾, 嗣王以爲非禮禁止, 至葬日, 至墓自死者甚多, 國人伐紫以覆其屍, 遂名其地曰紫原, 앞 三國史記, 158쪽.

三國史記 新羅本紀 智證麻立干 3년(502) 3월에 령을 내려 순장을 금하였다. 전에는 국왕이 돌아가면 남녀 각 5인을 순장 하더니 이때에 이르러 그것을 금하게 하였다.

　　三年, 春三月, 下令禁殉葬, 前國王薨, 則殉以男女各五人, 至是禁焉, 위 三國史記, 34쪽.

실제로 고분 발굴조사에서도 순장을 확인 할 수 있는 자료가 여러곳에서 발견되는데 가야지역인 양산 부부총에서 높은 석상(石床) 위에 부부로 보이는 남녀 2구의 유해가 있고, 석상 아래에는 3구의 유해가 나란히 있었고, 고령 지산동 45호분에서도 순장을 실질적으로 밝힌 다곽묘(多槨墓)가 있는데 4세기를 전후한 시기에 경상도 지역 일대에서 순장제가 보편적으로 행하여 졌다고 보고 되고 있다.

우리나라에서 뿐 만 아니라 일본에서도 순장이 있었고, 또 이를 금한다는 기록이 있다.

　　三國志 魏書 東夷 倭人전에, 히미꼬(卑彌呼, 邪馬台國-일본 고대 야마다이국의 여왕)가 죽었는데 지름이 100여 보의 큰 무덤을 만들고, 노비 100여명을 순장하였다.
　　卑彌呼以死, 大作冢, 徑百餘步, 殉葬者奴婢百餘人, 앞 支那史料抄, 45쪽.
　　(앞의 박장(薄葬)조 日本書紀 孝德天皇전 참조)

이러한 순장 제도는 서아시아 이라크 남부 우르(Ur)왕 묘 중 제1237호 묘에 74인, 제189호 묘에 63인, 제800호 묘에 25인의 순장자가 묘도에 가지런히 줄지어 있었는데 이들은 주로 여관(女官)·근시(近侍)·병졸(兵卒)들이라 하였다(世界考古學事典, 平凡社, 1979).

이 외에 사람 대신 소나 말을 순장한 예도 적지 않은데
　　三國志 魏書 東夷 韓전에, 소나 말을 탈 줄은 모르고 다만 주검을 보내는데(순장하는

데)썼다 하였다.

其葬有槨無棺, 不知乘牛馬, 牛馬盡於送死, 앞 中國正史朝鮮傳, 527쪽.

晉書 四夷 東夷 馬韓전에, 소나 말은 탈줄 모르고 다만 장송을 위해 기른다.
不知乘牛馬, 畜者但以葬送, 위 中國正史朝鮮傳, 531쪽.

通典 東夷 馬韓전에, 소나 말은 탈줄 모르고, 주검을 보내는데 모두 쓴다.
其葬有棺無槨, 不知騎乘牛馬, 牛馬盡於送死, 앞 支那史料抄, 214쪽.

순장을 금한다는 기록을 찾아 보면

三國史記 新羅本紀 智證麻立干전에, 22대 지증마립간 3년(502) 3월에 순장을 금하게 하였다.
三年, 春三月, 下令禁殉葬, 앞 三國史記, 34쪽.

日本書紀 孝德天皇전 박장령에 의하면
무릇 사람이 죽을 때 스스로 목을 매어 순사하거나 강제로 망인의 말을 순사시키거나 혹은 망인을 위해 보물을 묘에 묻거나, 망인을 위해 머리털을 잘랐고, 이러한 옛 습속은 모두 버리라 하고 만일 그 법을 어기면 일족을 멸할것이다하였다.
凡人死亡之時, 若徑自殉, 或絞人殉, 及强殉亡人之馬, 或爲亡人, 藏寶於墓, 或爲亡人, 斷髮刺股而誄, 如此舊俗, 一皆悉斷, 縱有違詔, 犯所禁者, 必罪其族, 田溶新 完譯, 1989, 日本書紀, 一志社, 451-452쪽.

석굴장(石窟葬)·동굴장(洞窟葬)

석굴은 산이나 수직(垂直)의 절벽을 옆으로 파서 공간을 만든 종교인들의 도장(道場)이요, 수행자(修行者)들의 은신(隱身)처이다. 석굴은 인도에서 BC. 3세기 경에 시작되어 중앙아시아 인도 중국 등지에서 많이 볼 수 있는데, 중국은 4세기 중엽의 둔황막고굴(敦煌莫高窟), 윈강(雲崗)석굴, 룽먼(龍門)석굴 등이 유명하고, 우리나라에서는 군위(軍威) 삼존(三尊)석굴, 경주 석굴암(石窟庵)이 널리 알려져 있다.

그런데 이보다 훨씬 앞선 시기에 자연적으로 형성된 동굴들이 있는데, 동굴에는 종유동(鐘乳洞), 석회동(石灰洞), 해식동(海蝕洞), 풍식동(風蝕洞) 응회암동(凝灰岩洞), 용암동(熔岩洞) 등이 있다. 이 동굴에는 사람들이 들어가서 생활하기에 충분한 공간이 있는 곳도 있다. 그리고 사람들이 생활하다가 죽으면 죽은 사람을 위하여 그곳을 내어 주고, 산 사람들은 다른곳(새 동굴)으로 이사 가기도 하였다. 죽은 사람을 안치(安置)하는 장소로서 동굴장(洞窟葬)이라 했고, 유럽에서는 중기 구석기시대에 이미 행해지고 있었다. 고대 이집트에서도 동굴장이 행해지고, 오늘날에도 아프리카 중국남부 동남아시아 등지에서 행하여 지고 있는데, 죽은 가족이 다시 모일 수 있는, 즉 힘 들이지 않고 간단히 복장(復葬)할 수 있는 이점(利點)도 있다. 필자도 수년 전에 필리핀의 한 동굴장을 직접 찾아가 본적도 있다. 우리나라에서는 신석기시대의 동혈매장(洞穴埋葬) 유구로서 춘천 교동유적에서 3인이 3방향으로 신전장(伸展葬)된 매장유구가 조사보고 되었다. 그런데 삼국시대에도 석굴장 동굴장을 한 예가 있으니

三國史記 高句麗本紀 4대 민중왕 4년(47) 4월에 왕이 민중원에서 사냥(田獵)을 하다가 한 석굴이 있는것을 보고 좌우 신하 들에게 이르기를 "내가 죽거든 반드시 이곳에 장사하고 달리 능묘는 만들지 말라"고 하였다. 5년에 왕이 돌아가니 왕후와 여러 신하들이 유명(遺命)을 어기기 어려워 석굴에 장사하고 묘호(廟號)를 민중왕이라 하였다.
四年, 夏四月, 王田於閔中原, 秋七月, 又田見石窟, 顧謂左右曰, 吾死必葬於此, 不須更作陵墓, 五年 王薨, 王后及群臣, 重違遺命, 乃葬於石窟, 號爲閔中王, 앞 三國史記, 141쪽.

後漢書 東夷 濊전에, 질병으로 사망하면 옛 집에 두고 다시 새집을 지어 이사 간다.
疾病死亡, 輒損棄舊宅, 更造新居, 앞 中國正史朝鮮傳, 518쪽.

通典 東夷 濊전에도 같은 내용이 있다.
疾病死亡 卽棄舊宅, 更作新居, 앞 支那史料抄, 213쪽.

갱장(坑葬, 구덩이에 넣어 죽임)

사마천(司馬遷)의 사기(史記)에 분서갱유(焚書坑儒)라는 기록이 있다. 중국 진(秦)나라 시황제(始皇帝)가 천하를 통일한 8년 후인(즉위 34년) BC. 213년 스스로의 전제(專制) 지

배(支配)를 관철(貫徹)하기 위하여 의학(醫學)·점술(占術)·농학(農學) 등의 모든 서적(書籍)을 불사르고, 다음 해에는 시황제를 비난하던 유생(儒生) 460 여명을 검거하여 함양(咸陽)에서 갱(坑 구덩이)에 생매장(生埋葬)을 하였다하는데 중국 협서성(陝西省) 임당현의 남서쪽에 갱유곡(坑儒谷)이 있다고 전한다. 우리나라 삼국시대에도 이러한 갱장(坑葬)의 기록이 있다.

三國史記 高句麗本紀 제2대 유리왕 19년(AD.1) 8월 교시(郊豕, 郊는 天子의 祭天所이고, 郊豕는 祭天用 犧牲의 돼지)가 놓여(풀어져) 달아나 왕이 탁리와 사비라는 자로 하여금 그 뒤를 쫓게 하였더니 장옥택중에서 발견되어 칼로 그 돼지의 각근(脚筋, 다리심줄)을 끊었다. 왕이 듣고 노하여 이르기를 "하늘에 제사 지낼 희생을 어찌 함부로 상하게 할 것이냐" 하고 두 사람을 갱중(坑中)에 넣어 죽였다. 9월에 왕이 편치 못하자 무당이 말하기를 탁리 사비가 준 병이라 하여 왕은 그를 시켜 사과하게 하니 병환이 곧 낳았다.

十九年, 秋八月, 郊豕逸, 王使托利 斯卑追之, 至長屋澤中得之, 以刀斷其脚筋, 王聞之怒曰, 祭天之牲, 豈可像也, 遂投二人坑中殺之, 九月, 王疾病, 巫曰, 托利 斯卑爲崇, 王使謝之, 卽愈, 앞 三國史記, 133쪽.

三國史記 高句麗本紀 제28대 보장왕 4년(645) 당주(唐主)는 무기(無忌)편 군사의 먼지가 일어남을 보고 고각(鼓角)을 불고 기치(旗幟)를 들게하니 제군(諸軍)이 북치고 고함을 지르며 일제히 나가는지라 연수(延壽) 등이 두려워 군사를 나누어 이를 막으려 하였으나 그 진(陣)은 이미 어지러워 졌다. 용문인 설인귀가 기복(奇服)을 입고 크게 소리 지르며 진에 깊이 들어가니 향하는 곳마다 맞서는 자가 없어 아군이 뒤흔들리었다. 대군이 이에 덮쳐 공격하므로 아군은 크게 무너져 죽은 자가 30,000여명이었다. 당주가 설인귀의 용전을 바라보고 유격장군을 삼았다. 연수 등이 나머지 무리를 거느리고 산을 의지하여 스스로 굳게 하므로 당주가 제군에 명하여 이를 포위하게 하고 장손무기(長孫無忌)는 교량을 모두 거두어 그 귀로를 끊었다. 연수와 혜진은 그의 무리 36,800인을 거느리고 항복을 청하고 군문에 들어와 배복(拜伏)하며 명을 청하였다. 당주가 욕살(褥薩 官職) 이하 관장(官長) 3,500인을 가려서 내지로 옮기고 나머지는 모두 놓아 평양으로 돌아가게 하고 말갈인 3,300인은 거두어서 모두 구덩이에 묻어 죽였다.

帝望見無忌軍塵起, 命作鼓角擧旗幟, 諸軍鼓噪並進, 延壽等懼, 欲分兵禦之, 而其陣已亂, 龍門 人薛仁貴著奇服, 大呼陷陣, 所向無敵, 我軍披靡, 大軍乘之, 我軍大潰, 死者三萬

餘人, 帝望見仁貴, 拜遊擊將軍, 延壽登將餘衆, 依山自固, 帝命諸軍圍之, 長孫無忌悉撤橋梁, 斷其歸路, 延壽 惠眞, 帥其衆三萬六千八百人, 請降, 入軍門拜伏, 請命, 帝簡縟薩以下官長三千五百人, 遷之內地, 餘皆縱之, 使還平壤, 收靺鞨三千三百人悉坑之, 앞 三國史記, 195쪽.

같은 내용이 舊唐書 高(句)麗전에 실려 있는데

고연수가 이적의 군사를 보고 출전하였다. 태종이 멀리 무기(無忌, 唐主 長孫將軍)의 군사가 먼지를 일으키는 것을 보고 고각을 동시에 울리고 기치를 일제히 들게 하였다. 적의 무리들이 크게 두려워하여 군사를 나누어 방어하려 하였으나 그 진영은 이미 어지러워 졌다. 이때 이적이 보병 10,000명에게 장창을 들려 진격하니 고연수의 무리들은 패전하였다. 무기는 군사를 놓아 후미를 치고 태종은 산에서 내려와 군사를 이끌고 들이 닥치니 적은 크게 무너져 참수(斬首, 목을 베임)가 10,000여 급이나 되었다. 연수 등은 남은 무리를 거느리고 산에 의지하여 방비 태세만 갖추었다. 이에 무기, 이적 등에 명하여 군사를 이끌고 포위하니 동천의 다리를 철거하여 돌아갈 길을 차단 하였다. 고연수와 혜진이 156,800명을 거느리고 항복을 청해 오므로 태종이 진영의 문으로 인도하여 들게 하였다. 연수 등은 무릎걸음으로 앞에 나아가 절을 하고 명을 청하였다. 태종은 욕살(縟薩 관직) 이하 추장 3,500명을 가려내어 군직을 주어서 내지로 옮기고 말갈(靺鞨)사람 3,300명은 모두 구덩이를 파서 묻고 나머지 무리들은 평양으로 돌려 보냈다.

延壽獨見李勣兵, 欲與戰, 太宗遙望無忌軍塵起, 令鼓角並作, 旗幟齊擧, 賊衆大懼, 將分兵禦之, 而其陣已亂, 李勣以步卒長槍一萬擊之, 延壽衆敗, 無忌縱兵乘其後, 太宗又自山而下, 引軍臨之, 賊因大潰, 斬首萬餘級, 延壽等率其餘寇, 依山自保, 於是命無忌, 勣等引兵圍之, 撤東川梁以斷歸路, 延壽 惠眞率十五萬六千八百人請降, 授以戎秩, 還之內地, 收靺鞨三千三百, 盡坑之, 餘衆放還平壤, 앞 中國正史朝鮮傳, 575쪽.

三國史記 高句麗本紀 28대 寶藏王 4년(645)에 "만일 고구려 사람들이 우리 양도(糧道, 양곡을 수송하는 길)를 끊으면 장차 이를 어찌 하겠습니까. 먼저 안시를 치는것만 같지 못하니 안시가 함락되면 북을 울리고 진군하여 건안을 취할 것입니다" 하였다. 당주가 이르기를 "그대를 장수로 삼았으니 어찌 그대의 책략을 쓰지 않으리오. 내일을 그르치지 말라" 고 하였다. 세적이 드디어 안시를 치는데 안시성의 사람들은 당주의 기치(旗幟)를 바라보고 곧 성위에 올라가 북을 치고 소리 지르니 당주가 노하였다. 세적이 청하

기를 성이 함락하는 날에는 남자는 모두 구덩이에 넣어 죽이자고 하였다. 안시성의 사람들이 듣고 더욱 성을 굳게 지키니 공격 하기를 오래 하였으나, 함락하지 못하였다.

若麗人斷吾糧道, 將若之何, 不如先攻安市, 安市下, 則鼓行而取建安耳, 帝曰, 以公爲將, 安得不用公策, 勿誤吾事, 世勣遂攻安市, 安市人望見帝旗蓋, 輒乘城鼓噪, 帝怒, 世勣請, 克城之日, 男子皆坑之, 安市人聞之益堅守, 攻久不下, 앞 三國史記, 196쪽.

三國史記 百濟本紀 시조 온조왕 18년(AD. 1) 10월에 말갈(靺鞨)이 엄습(掩襲 뜻밖에 쳐들어 옴) 해 오니 왕이 군사를 거느리고 칠중하(임진강)에서 맞아 싸워 추장 소모를 사로잡아 마한에 보내고 그 나머지 적들은 모두 갱장(坑葬 산채로 구덩이에 넣어 죽임)하였다.

十八年, 冬十月, 靺鞨掩之, 王帥兵逆戰於七重河, 虜獲酋長素牟送馬韓, 其餘賊盡坑之, 위 三國史記, 209쪽.

초분(草墳, 假埋葬, 二次葬, 洗骨葬)

죽은 사람을 일정기간 동안 특정한 장소에 보존(매장)하였다가 탈육(脫肉 살이 다 없어진 후) 뼈만 추려서 깨끗하게 한 후 항아리나 석실(石室)에 안치하는 장례이다. 이차장제(二次葬制)의 한 모습으로 중국 남부지역, 일본 오끼나와, 한반도 전역에서 행하여졌는데, 이러한 묘제는 고인돌 축조 시기인 청동기시대까지 소급 될 수 있다. 그것은 나주군 보산리와 춘천 중도 유적의 고인돌의 하부구조가 신전장(伸展葬, 伸展仰天臥葬 하늘을 쳐다 보고 손발을 쭉 펴 모은)은 물론 굴장(屈葬 다리를 굽혀 쪼구리고 앉은 모습인데 죽은 사람의 활동을 속박하고, 운반하기 쉽고, 母胎안의 자세이므로 원상태 대로 다시 돌아가라는 뜻)이나 유아장(乳兒葬)으로 보기에는 너무 작은 공간이므로 이차장의 풍습으로 보아야 할 것이다.

고대 문헌(文獻)자료에는

三國史記 高句麗本紀 제 10대 산상왕(197-227)의 휘(諱)는 연우(延優 位宮)이고 고국천왕(故國川王)의 아우이다. 고국천왕이 아들이 없자 연우가 대를 이은 것인데 처음 고국천왕이 돌아가셨을 때 왕후 우(于)씨는 상사(喪事)를 비밀에 부쳐 발상(發喪)하지 않고, 밤에 왕의 동생 발기(發歧)의 집에 가서 "왕이 후사(後嗣, 대를 이을 자손)가 없으니 그대가 계승하라" 하니 발기는 왕의 상사(喪事)를 모르고 대답하기를 "하늘의 역수(曆數)는

따로 돌아가니 가볍게 의론 할 수 없으며, 하물며 부인이 밤에 나와 다니는 것은 예가 아니다" 하니 왕후는 부끄러워 곧 그의 아우 연우에게 갔다. 연우는 일어나 의관(衣冠)을 갖추고 문에 나와 맞이하여 자리에 들어와 주연(酒宴)을 베풀었다. 왕후가 이르기를 "대왕이 돌아가고 아들이 없으니 발기가 장(長, 어른)이 되어 의당 뒤를 이어야 할 터인데 도리어 나보고 다른 마음이 있다 하고 폭만무례(暴慢無禮)하므로 지금 숙(叔, 아재)을 보러 온것이요" 하니 연우는 예(禮)를 더하여 친히 칼을 잡고 고기를 베다가 잘못하여 그의 손가락을 다치었다. 왕후는 허리띠를 풀어 그의 다친 손가락을 싸매 주었다.

왕후가 환궁(還宮)하려 할 때 연우에게 "밤이 깊어 무슨 불의(不意)의 일이 있을까 염려되니 그대는 나를 궁까지 바래다 달라" 하였다. 연우가 그리하였더니 왕후는 그의 손을 잡고 궁으로 들어 갔다. 이튿날 날이 밝을 때에 거짓으로 선왕(先王)의 유명(遺命)이라하고 군신(群臣)으로 하여금 연우를 세워 왕으로 삼게 하였다. 형인 발기가 듣고 크게 노(怒)하여 군사로 왕궁을 에워싸고 꾸짖어 가로되 "형이 죽으면 아우에게 돌아가는것이 예의거늘 너는 순차(順次)를 뛰어 넘어 왕위를 찬탈(簒奪)하니 큰 죄역(罪逆)이다. 속히 나오너라 그렇지 않으면 처자(妻子)의 목을 베일 것이다" 하였다.

연우는 3일간 궁문(宮門)을 닫으니 나라사람들도 발기를 따르는 자가 없었다. 발기는 처자를 데리고 요동(遼東)으로 달아나 태수 공손도(太守 公孫度)에게 "나는 고구려 왕 남무(男武)의 동모제(同母弟)인데 남무가 죽고, 아들이 없으므로 나의 아우 연우가 형수 우씨와 공모하여 즉위하니 천륜(天倫)의 의(義)를 무시하였다. 이때문에 분하여 상국(上國)에 내투(來投)하는 것이니 원컨대 나에게 군사 30,000을 빌려 주면 그를 쳐서 난(亂)을 평정하고자 한다"고 하니 공손도는 듣고 허락하였다. 연우(산상왕)는 아우 계수(罽須)를 시켜 군사를 이끌고 가서 막게 하니 한(漢)나라 병사는 크게 패(敗)하였다. 계수가 친히 선봉(先鋒)이 되어 패자(敗者)를 따라가니 발기가 계수에게 고하기를 "네가 지금 늙은 형을 죽이려 하느냐" 하니 계수는 형제간의 정이 없을 수 없어 감히 해치지 못하고 말하기를 "연우가 나라를 사양(辭讓)치 않은 것은 의(義)가 아니나, 그대가 일시의 분(憤)을 가지고 종국(宗國)을 멸(滅)하려 함은 무슨 뜻이냐. 죽은 후에 무슨 면목으로 선인(先人)을 보려 하느냐" 하니 발기는 듣고 참회(懺悔)를 이기지 못하여 자기 손으로 목을 찔러 죽었다. 계수는 슬피 울고 그의 시체를 거두어 초장(草葬 草殯)한 후 돌아왔다. 왕은 슬픔과 기쁨에 쌓여 계수를 내전(內殿)으로 불러들여 형제의 예로 한가히 접견(接見)하며 말하기를 "발기가 외국에 청병(請兵)하여 제 나라를 침범 하였으니 죄가 막대하다. 이제 그대가 쳐서 이기고 놓아 죽이지 않았으니 그것으로 족하거늘 그가 자살하자 매우 슬피 울고 도리어 나더러 무도하다 하느냐" 하였다. 계수가 안색(顔色)을 변하여 눈물을 머금고 대답하기를 "신은 지금 한마디 말씀을 사뢰고 죽기를 청하나이다" 하니 왕이 무엇이냐 물은 즉 계수가 말하기를 "왕후 우씨가 비록 선왕의 유명(遺命)을 가지고 대왕을 세웠다 할지라도 대왕이 예(禮)로서 사양하지 않은것은 일찍이 형우제공(兄友弟恭)의 의(義)가 없었던 까닭입니다. 신은 미덕(美德)을 나타 내려고 사체(死體)를 거두어 초빈(草殯)한 것인데, 이로 인하여 대왕의 노하심을 입을 줄은 생각지 못했나이다. 대왕이 만일 인(仁)으로서 미움을 잊으시고 형의 예로서 장사 지낸다면 누가 대왕을 불의(不義)하다고 하겠습니까" 왕은 이 말을 듣고 자리를 옮겨 앉으며 온화한 얼굴로 위로해 말 하기를 "내가 불초(不肖)하여 의혹(疑惑)이 없지 못하더니 지금 그대의 말을 들으니 진실로 나의 허물을 알겠다. 그대는 자기자신을 꾸짖지 말라" 하였다. 계수가 일어나 절하니 왕도 일어나서 답배(答拜)하고 한껏 즐거움을 다한 후에 끝내었다. 9월에 왕은 유사(有司)에게 명하여 발기의 상(喪)을 봉영(奉迎)하여 왕례(王禮)로 장사지내었다.

立延優爲王, 發歧聞之大怒, 以兵圍王宮, 呼曰, 兄死弟及禮也, 汝越次篡奪大罪也, 宜速出, 不然則誅及妻孥, 延優閉門三日, 國人又無從發歧者, 發歧知難, 以妻子奔遼東, 見太守, 公孫度, 告曰, 某高句麗王男武之母弟也, 男武死, 無子, 某之弟延優, 與嫂于氏謀, 卽位, 以廢天倫之義, 是用憤恚, 來投上國, 伏願假兵三萬, 令擊之, 得以平亂, 公孫度從之, 延優遣弟罽須, 將兵禦之, 漢兵大敗, 罽須自爲先鋒, 追北, 發歧告罽須曰, 汝今忍害老兄乎, 罽須不能無情於兄弟, 不敢害之, 曰延優不以國讓, 雖非義也, 爾以一時之憤, 欲滅宗國, 是何義也, 身沒之後, 何面目以見先人乎, 發歧聞之, 不勝慚悔, 奔至裴川自刎死, 罽須哀哭, 收其屍, 草葬訖而還, 王悲喜, 引罽須內中, 宴見以家之禮, 且曰, 發歧請兵異國, 以侵國家, 罪莫大焉, 今子克之, 從而不殺足矣, 及其自死哭甚哀, 反謂寡人無道乎, 罽須愀然銜淚而對曰, 臣今請一言而死, 王曰, 何也, 罽須曰, 王后雖以先王遺命, 立大王, 大王不以禮讓之, 曾無兄弟友恭之義, 臣欲成大王之美, 故收屍殯之, 豈圖緣此逢大王之怒乎, 大王若以仁忘惡, 以兄喪禮葬之, 孰謂大王不義乎, 臣旣以言之, 雖死猶生, 請出受誅有司, 王聞其言, 前席而坐, 溫顔慰諭曰, 寡人不肖, 不能無惑, 今聞子之言, 誠知過矣, 願子無責, 王子拜之, 王亦拜之, 盡歡而罷, 秋九月, 命有司奉迎發歧之喪, 以王禮葬於裴嶺… 앞 三國史記, 153-4쪽.

三國史記 百濟本紀 제21대 개로왕 21년(475)에 고구려 장수왕이 몰래 백제를 치려고 간첩으로 갈 수 있는자를 구하였다. 이 때 중(僧) 도림(道琳)이 응모(應募)하여 말하기를

六. 장속(葬俗) 321

"어리석은 승이 아직 도를 알지 못하였으므로 나라의 은혜에 보답 하고자 하오니 원컨대 대왕이 신(臣)을 쓰시면 꼭 왕명을 욕되게 하지 않겠습니다" 하니 왕이 기뻐하고 비밀리에 보내어 백제를 속이게 하였다. 도림은 거짓으로 죄를 짓고 도망 온것처럼 하고 백제에 들어 갔다. 백제 개로왕은 바둑을 좋아 하였는데 도림이 대궐 문앞에 가서 신은 어려서 바둑을 배워 묘경(妙境)에 들었는데 왕께 고하기를 바란다고 하였다. 왕이 불러들여 바둑을 두었더니 과연 국수(國手)였다. 왕은 상객(上客)으로 받들어 매우 친근하고, 늦게 만난것을 한탄(恨歎)하였다. 도림이 하루는 왕에게 고하기를 "신은 다른나라 사람이지만 왕께서 은총(恩寵)을 두터히 베풀어 주심에 소승은 털끝 만큼도 도움이 되지 못하였으므로 지금 한 말씀 드리겠습니다" 하고 "대왕의 나라는 사방이 모두 산악(山岳)과 하해(河海)이니 하늘이 베푼 험한 요새(要塞)이므로 주위의 나라들이 감히 엿 볼 생각을 품지 못하고, 오직 받들어 섬기기를 원합니다. 그러므로 왕께서는 마땅히 숭고(崇高)한 위세(威勢)와 부유(富裕)한 실적(實積)으로서 남의 이목(耳目)을 놀라게 할것이니 성곽(城郭)과 궁실(宮室)을 수리하지 않고, 선왕(先王)의 해골(骸骨)은 노지(露地, 빈 들판)에 가매장(假埋葬)되어 있고, 백성의 집들은 자주 하류(河流, 흐르는 물)에 무너지니, 신은 대왕을 위하여 좋게 여겨지지 않습니다" 하였다. 왕이 말하기를 옳다 내가 그리 하리라 하고 나라사람들을 징발(徵發)하여 흙은 쪄서(烝) 성(城)을 쌓고, 안에는 궁실(宮室) 누각(樓閣) 대사(臺榭, 墩臺와 그 위 건물) 등을 지었는데 모두가 웅장(雄壯)하고 화려하였다. 한강 연변(沿邊)을 따라 뚝을 쌓고, 사성(蛇城 풍납토성) 동쪽에서 시작하여 숭산(崇山) 북(검단산 뒤 창우리)에까지 이르렀다. 이로 인하여 창름(倉廩, 창고)이 비고 인민이 곤궁(困窮)하니 나라의 위태로움이 계란(鷄卵)을 쌓아 놓은 것보다 더 하였다. 도림이 도망해 와서 장수왕에게 고하니 왕이 기뻐하며 백제를 치려고 군사를 장수에게 내어 주니 개로왕이 이를 듣고 아들 문주에게 이르기를 "내가 어리석고 밝지 못하여 간사(奸詐)한 사람의 말을 신용하고 이지경에 이르렀다. 백성은 쇠잔(衰殘)하고 군대는 약하여 비록 위태(危殆)한 일이 있다 하여도 누가 나를 위하여 힘껏 싸우겠는가, 나는 마땅히 사직(社稷)을 위하여 죽겠지만 너는 난(亂)을 피하여 나라의 계통을 잇게 하라" 하였다. 결국 백제는 웅진(熊津, 公州)으로 천도(遷都)하였다.

高句麗長壽王陰謀百濟, 求可以間諜於彼者, 時浮屠道琳應募曰, 愚僧既不能知道, 思有以報國恩, 願大王不以臣不肖, 持使之, 期不辱命, 王悅密事譎百濟, 於是道琳佯逃罪, 奔入百濟, 時百濟王近蓋婁好博奕, 道琳詣王門告曰, 臣少而學碁, 頗入妙, 願有聞於左右, 王召入對碁, 果國手也, 遂尊之爲上客, 甚親昵之, 恨相見之晩, 道琳一日侍坐, 從容曰, 臣異國

人也, 上不我疏外, 恩私甚渥, 而惟一技之是效, 未嘗有分毫之益, 今願獻一言, 不知上意如何耳, 王曰, 第言之, 若有利於國, 此所望於師也, 道琳曰, 大王之國四方皆山丘河海, 是天設之險, 非人爲之形也, 是以四隣之國, 莫敢有覦心, 但願奉事之不暇, 則王當以崇高之勢, 富有之業, 竦人之視聽, 以城郭不葺, 宮室不修, 先王之骸骨權攢於露地, 百姓之屋廬屢壞於河流, 臣竊爲大王不取也, 王曰諾, 吾將爲之, 於是盡發國人, 烝土築城, 卽於其內作宮室樓閣臺榭, 無不壯麗, 又取大石於郁里河, 作槨以葬父骨, 緣河樹堰, 自蛇城之東, 至崇山之北, 是以倉庾虛竭, 人民困窮, 邦之虺杌甚於累卵, 於是道琳逃還以告之, 長壽王喜將伐之, 乃援兵於帥臣, 近蓋婁聞之, 謂子文周曰, 予愚而不明, 信用姦人之言, 以至於此, 民殘而兵弱, 雖有危事, 誰肯爲我力戰, 吾當死於社稷, 汝在此俱死無益也, 蓋避亂以續國系彦, 앞 三國史記, 229-230쪽.

後漢書 東沃沮전에, 그들의 장사에는 큰 나무곽을 만드는데 길이가 10여발(丈)이나 되며, 한쪽 머리를 열어 놓아 문을 만든다. 사람이 죽으면 시체는 우선 임시로 매장하여 가죽과 살이 모두 썩은 다음에, 후에 뼈 만을 추려 곽속에 안치한다. 온 집안식구들을 모두 하나의 곽속에 넣어 두며, 살아있을 때와 같은 모습으로 목상을 세우는데 죽은 사람의 숫자대로 한다.

其葬, 作大木槨, 長十餘丈, 開一頭爲戶, 新死者先假埋之, 令皮肉盡, 乃取骨置槨中, 家人皆共一郭, 刻木如生, 隨死者爲數焉, 앞 中國正史朝鮮傳, 517쪽.

三國志 東沃沮전에, 그들의 장사에는 큰 나무곽을 만드는데 길이가 10여 발이나 되며 한쪽 머리를 열어 놓아 문을 만든다. 사람이 죽으면 시체는 모두 가매장을 하는데 겨우 형체만 덮힐 정도로 묻었다가 가죽과 살이 다 썩은 다음에 뼈만 추려 곽속에 안치한다. 온 집안식구를 모두 하나의 곽속에 넣어 두는데 죽은 사람의 숫자 대로 살아 있을 때와 같은 모습으로 나무로 모양을 새긴다. 또 질그릇 솥에 쌀을 담아서 곽의 문 곁에 엮어 매어단다.

其葬作大木槨 長十餘丈, 皆一頭作戶, 新死者皆假埋之, 才使覆形, 皮肉盡, 乃取骨置槨中, 舉家皆共一槨, 刻木如生形, 隨死者爲數, 又有瓦䥶, 置米其中, 編縣之於槨戶邊, 앞 中國正史朝鮮傳, 524쪽.

北史 高句麗전에, 사람이 죽으면 집안에 안치하여 두었다가 3년이 지난 후에 좋은 날

을 택하여 장사 지낸다. 부모와 남편의 상에는 모두 3년복을 입고, 형제간에는 3개월의 복을 입는다. 초상에는 눈물을 흘리며 곡하고 장사 지낼 적에는 북치고 춤추며 풍악을 울리면서 장송(葬送)하였다. 매장이 끝나면 죽은 사람이 생존시에 사용 하였던 의복 노리개 수레 말 등속을 가져다가 무덤 옆에 놓아 두는데 장례에 참석한 사람들이 다투어 그것을 가져갔다.

死者, 殯在屋內, 經三年, 擇吉日而葬, 居父母及夫喪, 服皆三年, 兄弟三月, 初終哭泣, 葬則鼓舞作樂以送之, 埋訖, 取死者生時服玩車馬置墓側, 會葬者爭取而去, 앞 中國正史朝鮮傳, 565쪽.

隋書 高(句)麗전에도 같은 내용이 있는데

死者殯於屋內, 經三年, 擇吉日而葬, 居父母及夫之喪, 服皆三年, 兄弟三月, 初終哭泣, 葬則鼓舞作樂以送之, 埋訖, 悉取死者生時服玩車馬置於墓側, 會葬者爭取而去, 위 中國正史朝鮮傳, 552쪽.

通典 東沃沮전에도, 사람이 죽으면 먼저 가매장하고 피부와 살이 다 썩은 후에 곽속에 넣는다.

新死者, 先假埋之, 令皮肉盡, 乃取骨置槨中, 앞 支那史料抄, 235-236쪽.

Ⅲ. 후장(厚葬)과 박장(薄葬)

후장은 장사(葬事, 葬禮)를 정성을 다하여 무덤을 조성(造成)하고 그 내부에는 당대 진귀(珍貴)한 물건을 부장 하는것을 말한다. 이제까지 알려진 최대 규모, 최고의 부장품을 매납(埋納)한 예는 진시황릉(秦始皇陵)이라고 할 수 있을 것이다.

중국의 시황릉(시황 BC. 259-210)은 산시성(陝西省) 씨안(西安 長安) 여산(驪山)에 자기가 묻힐 곳 즉 수릉(壽陵)을 건설하였는데 분구(墳丘 봉분 封墳)는 동서 345m, 남북 350m, 높이 76m이다. 70만 명의 죄수를 동원하여 영조(營造)하였다고 하는데 그 동쪽에 대형 지하 갱(坑)을 파고 등신대(等身大) 실물대(實物大) 보다 약간 큰 무인용(武人俑) 거마용(車馬俑) 등 8,000여의 병마도용(兵馬陶俑 현재까지 발굴조사 된것만)을 실물(각기 표정이 다른 인물 및 거마)과 거의 같게 제작하여 생전과 같은 지하 궁궐(宮闕)을 만들었다.

또 BC. 3,000년경의 이집트의 기자 지방에 세워진 제일 큰 피라미드는 230만개의 장방형 장대석(長大石)을 사각뿔 모양으로 사각(斜角) 51°로 쌓아 올렸는데 밑변의 길이가 230m, 높이는 145m이다. 이 기자 지방은 사막의 동쪽 끝에 위치 하였으므로 이렇게 큰 석재(石材)는 주위에 없는데도 어디서 채석(採石)하여 운반하였는지, 그리고 기후 관계로 1년중 3개월간 만 축조 작업이 가능하다는데 어떻게 그 시절에 세계최고의 석조건물인 피라미드를 건조 하였는지 세인(世人)들을 놀라게 할 뿐이다.

그런데 중국 찌린성 찌안시 퉁구(吉林省 集安市 通溝) 평야에 있는 고구려 고분으로 제일 크다고 하는 장군총(將軍塚)은 돌방돌무지무덤(階段石室積石塚)으로 정교(精巧)하게 다듬은 화강암 장대석을 사용하여 7단으로 축조 하였는데 꼭대기를 자른 피라미드 형태로 제일 아랫단의 한변의 길이가 약 33m이고, 높이는 약 13m이다. 또 신라 지역에서 제일 크다고 알려진 표형분(瓢形墳 표주박모양 무덤)인 경주 황남대총(皇南大塚)의 남북 길이가 120m, 동서직경 80m, 높이 23m이다. 황남대총의 남분만 축조하는데 사용된 물량을 대략적으로 산출하여 보면 봉토의 토량(土量)이 39,718㎥, 적석량(積石量)이 1,290㎥, 부곽(副槨)을 포함한 목곽(木槨)의 체적은 156㎥, 외주(外周)의 호석량(護石量) 816㎥, 남분의 전체체적(全體體積)은 42,291㎥인데, 총 동원된 인원수는 36,285명으로 계산되고, 남분 조성의 공기(工期)는 1일에 300명을 동원하였다고 가정하면 약 121일로 추산 할 수 있다. 진시황릉이나 피라미드와는 비교도 되지 않겠지만 삼국시대에도 왕이나 그의 가족 중 한사람의 주검을 위하여 많은 물량과 인원이 징발(徵發)되어 수 많은 세월 동안 고역(苦役)을 담당하였음을 알 수 있다. 한편 출토 유물을 살펴보면 주곽(主槨)·부곽(副槨) 봉토에서 출토된 유물은 총 22,793점이나 되니 이들 부장품을 제작한 사람들의 인원수와 기일을 감안하면 대단한 후장이라고 할 수 있을 것이다.

후장의 기록

三國志 東夷傳 高句麗전에, 후장을 하는데 금·은·재폐는 모두 장사를 치르는데 쓰고, 돌을 쌓아 봉분을 만들고 소나무와 잣나무를 그 주위에 벌려 심는다 하고
　厚葬, 金銀, 財幣, 盡於送死, 積石爲封, 列種松柏, 앞 中國正史朝鮮傳, 522쪽.

같은 책 夫餘전에, 여름에 사람이 죽으면 모두 얼음을 넣어 장사를 지내며, 사람을 죽여서 순장(殉葬)을 하는데 많을 때는 100명 가량이나 된다. 장사를 후하게 지내는데

곽(槨)은 사용하나 관(棺)은 쓰지 않는다.
　其死, 夏月皆用氷, 殺人殉葬, 多者百數, 厚葬, 有槨無棺(有棺無槨), 앞 中國正史朝鮮傳, 521쪽.

　같은 책 東夷傳 夫餘전에, 한나라 때에는 부여왕의 장례에 옥갑을 사용하였으므로 언제나 옥갑을 현토군에 미리 갖다 두었다가 왕이 죽으면 그것을 가져다 장사 지내었다.
　漢時, 夫餘王葬用玉匣, 常豫以付玄菟郡, 王死則迎取以葬, 위 中國正史朝鮮傳, 521쪽.

　通典 夫餘 전에도 같은 내용이 기록 되었는데
　自後漢時, 夫餘王葬用玉匣, 常先以付玄菟郡, 王死則迎取以葬, 앞 支那史料抄, 223쪽.

　後漢書 夫餘國 전에, 죽으면 곽은 사용하나 관은 쓰지 않고 사람을 죽여 순장을 하는데 많을 때는 100명 가량 된다. 그리고 왕의 장사에는 옥갑(玉匣)을 사용하므로 한(漢)나라 조정에서는 언제나 옥갑을 미리 현토군에 갖다 두었는데 왕이 죽으면 그 옥갑을 취하여 장사지내게 하였다.
　死則有郭無棺, 殺人殉葬, 多者以百數, 其王葬用玉匣, 漢朝常豫以玉匣, 付玄菟郡, 王死則迎取以葬焉, 위 中國正史朝鮮傳, 514쪽.

　通典 東夷 夫餘전에, 여름에 사람이 죽으면 모두 얼음을 넣어 장사를 지내며, 사람을 죽여서 순장을 하는데 많을 때는 100명 가량 된다. 장사를 후하게 지내는데 관(棺 널)은 사용하나 곽(槨 덧널)은 쓰지 않는다.
　其死夏月皆用氷, 殺人殉葬, 多者百數, 厚葬, 有棺無槨, 앞 支那史料抄, 224쪽.

　後漢書 東夷傳 高句驪전에, 결혼 후 곧 장례에 쓸 물건을 준비한다. 장례를 치름에는 금·은 및 재물을 모두 써 후장을 하며 돌을 쌓아 봉분을 만들고 소나무와 잣나무를 심는다.
　便稍營送終之具, 金銀財幣盡於厚葬, 積石爲封, 亦種松柏, 위 中國正史朝鮮傳, 515쪽.

　같은 책 東沃沮전에, 언어·음식·거처(居處)·의복은 고구려와 비슷하다. 그들이 장사 지낼적에는 큰 나무곽을 만드는데 길이가 십여장(丈 발)이나 되며 한쪽 머리를 열어 놓아 문을 만든다. 사람이 죽으면 시체는 우선 임시로 매장하여 가죽과 살이 모두 썩게 한 뒤에 뼈만 추려 곽속에 안치하고, 집안식구들은 모두 하나의 넣어두고 살아 있을 때 와 같은 모습으로 목상(木像)을 새기는데 죽은 사람의 숫자 대로 한다.

言語飮食居處衣服有似句驪, 其葬, 作大木槨, 長十餘丈, 開一頭爲戶, 新死者先假埋之, 令皮肉盡, 乃取骨置槨中, 家人皆共一槨, 刻木餘生, 隧死者爲數焉, 앞 中國正史朝鮮傳, 517쪽.

通典 東沃沮전에, 장사 지낼 때 큰 목곽을 만드는데 길이가 10여발(丈)이나 된다. 한 쪽에 문을 만들고 사람이 죽으면 먼저 가매장하고 피부와 살이 다 썩은 후에 곽속에 넣 는다. 집안식구가 모두 이 한 곽을 사용하고 나무를 깎아서 생전과 같이 사람 수 대로 한다. 또 질그릇 솥에 쌀을 넣고 곽호(槨戶) 변에 둔다.

其葬作大木槨, 長十餘丈, 開一頭爲戶, 新死者, 先假埋之, 令皮肉盡, 乃取骨置槨中, 家人皆共一郭, 刻木如主, 隧死者位數焉, 又有瓦鼎, 置米其中, 編懸之於槨戶邊, 앞 支那史 料抄, 235-236쪽.

梁書 諸夷傳 東夷 高句驪전에, 결혼을 한 뒤에는 곧 죽어서 입고 갈 수의를 미리 조 금씩 만들어 둔다. 죽은 사람을 장사할 때는 곽은 쓰지만 관은 사용하지 않는다. 후장 의 풍속이 있어서 금은과 재화를 모두 장례에 소비한다. 돌을 쌓아 봉분을 만들고 소나 무와 잣나무를 그 주위에 벌려 심는다.

便稍作送終之衣, 其死葬, 有槨無棺, 好厚葬, 金銀財幣盡於送死, 積石爲封, 列植松柏, 위 中國正史朝鮮傳, 539쪽.

南史 高句麗전에, 죽은 사람을 장사하는데에 곽은 쓰지만 관은 사용하지 않는다. 후 장하는 풍속이 있어서 금은 재화를 모두 장례에 소비한다. 돌을 쌓아 봉분을 만들고 소 나무와 잣나무를 그 주위에 벌려 심는다.

已嫁娶便稍作送終之衣, 其死葬, 有槨無棺, 好厚葬, 金銀財幣盡於送死, 積石爲封, 列 植松柏, 위 中國正史朝鮮傳, 558쪽.

晉書 馬韓전에, 소나 말은 탈줄 모르고 가축을 기르는것은 단지 장사 지내는데 쓰기

위해서이다.

不知乘牛馬, 畜者但以送葬, 앞 中國正史朝鮮傳, 531쪽.

박장(薄葬)

三國史記 新羅本紀 30대 문무왕(661-681)이 이르기를 "옛날 만사(萬事) 총찰(摠察)의 영주(英主)도 마침내 한 봉우리의 무덤을 이루고 만다. 풀 뜯는 아이들과 목동(牧童)들은 그 무덤 위에서 노래하고 여우와 토끼는 그 무덤 옆을 뚫으니 무덤이라는것은 한갓 재물(財物)만 허비하고, 기평(譏評 꾸짖어 비평함)을 역사책에 남길 뿐이며, 헛되이 인력(人力)만 낭비하고, 유혼(幽魂)을 오래 머물지 못하게 한다. 가만히 생각하면 마음이 상하고 아픔을 금치 못하겠으니 이러한것은 내가 원하는 바가 아니다. 임종(臨終) 후 10일에는 곧 창고문 밖에서 서국(西國 인도)식에 의하여 불로 태워 장사 지낼것이며 상제(喪制)도 검소하고 간략하게 하라" 하였다.

昔日 萬機之英, 終成一封之土, 樵牧歌其上, 狐兎穴其旁, 徒費資財, 貽譏簡牘, 空勞人力, 莫濟幽魂, 靜而思之, 傷痛無已, 如此之類, 非所樂焉, 屬纊之後十日, 便於庫門外庭, 依西國之式, 以火燒葬, 服輕重, 自有常科, 常制度, 務從儉約, 앞 三國史記, 78쪽.

22대 지증왕(500-514) 3년 3월에 령을 내려 순장을 금하였다. 전에는 국왕이 돌아가면 남녀 각 5인을 순장하더니 이때에 그것을 금하였다.

下令禁殉葬, 前國王薨, 則殉以男女五人, 至是禁焉, 앞 三國史記, 34쪽.

日本에서는 제 36世 고도꾸 천황(孝德天皇, 645-654)시대의 묘제(墓制)와 장법(葬法)을 보면, 갑신(甲申) 22일 조서(詔書)를 내리기를 짐(朕)이 듣기를 중국의 군(君)은 그 백성에 경계하여 가로되 옛날의 장사(葬事)는 높은 곳에 묘를 썼다. 봉토(封土)도 식수(植樹)도 하지 않았다. 관곽(棺槨)은 뼈를 썩히는데 족하고, 옷은 신체를 썩히는데 족하다. 나의 묘는 개간하지 못하는 곳에 만들고 대가 바뀌면 그곳을 모르게 하고자 한다. 금·은·동·철은 묻을 필요가 없다. 토기로 옛적의 수레의 형체를 만들고 풀을 묶어 종자의 인형을 만들면 된다. 관은 틈새를 3번 옷칠하라. 사자(死者)의 입에 주옥(珠玉)을 물리지 말라. 옥을 장식한 옷이나 주옥으로 장식한 상자를 쓰지 말라. 그런것은 어리석은 사람이 하는짓이다라고 하였다. 또 장(葬)하는것은 장(藏)하는것이다. 사람이 보지 못하게 하는것이다라 하고, 요즘 우리 백성이 빈궁(貧窮)한 것은 오로지 묘를 만드는데 이유가 있다. 이에 그 제도를 말하여 존비(尊卑)의 구별이 있게 한다.

왕 이상의 묘는 현실(玄室)의 길이 9자(尺), 너비 5척, 외역은 사방 9심(尋), 높이 5심, 노역(勞役) 1,000인, 7일에 마치고, 장례 때의 장막 등에는 백포를 쓰고, 장옥(葬屋)과 수레는 있어도 좋다.

상신(上臣)의 묘는 현실의 길이 너비 높이는 위와 같다. 외역은 사방 7심, 높이 3심, 노역500인, 5일에 마친다. 장례 때의 장막 등에는 백포를 쓰고, 짊어지고 가라(아마 상여를 지고 가는 듯 함).

하신(下臣)의 묘는 현실의 길이 너비 높이는 위와 같고, 외역은 사방 5심, 높이는 2심 반, 노역 250인, 3일에 마치고 장례 때의 장막은 백포를 쓰고, 그밖의 것은 위와 같다.

대인(大仁) 소인(小仁)의 묘는 현실의 길이 9척, 높이 너비 각 4척, 봉하지 말고 평토로 하라. 노역 100인, 1일에 마친다.

대례(大禮) 이하 소지(小智) 이상의 묘는 모두 대인에 준하고, 노역 50인, 1일에 마친다.

왕 이하 소지 이상의 묘에는 작은 돌을 쓰고, 그 장막 등에는 백포를 쓴다.

서민(庶民)이 죽었을 때에는 땅에 묻고, 그 장막 등에는 조포(粗布)를 쓰고, 1일이라도 두지 말고 곧 묻어라.

왕 이하 서민에 이르기까지 빈소(殯所)를 짓지 말라. 기나이(畿內)에서 제국에 이르기까지 한곳을 정하여 묻게 하여 더럽게 각처에 흩어 묻어서는 아니 된다. 무릇 사람이 죽을 때 스스로 목을 매어 순사(殉死)하거나 강제로 망인(亡人)의 말(馬)을 순사시키거나 혹은 미망인을 위하여 보물을 묘에 묻거나, 망인을 위하여 머리털을 자르고 허벅지를 찌르고 뢰(誄 만장)를 읊거나 하는 구속(舊俗)은 모두 다 그만 두어라(或本에 金·銀·錦·綾·五彩를 묻지 말고 제신에서 서민에 이르기까지 금 은을 쓰는것을 금하라). 만일 조(詔)에 위반하여 금한 바를 범한자가 있으면 반드시 그 일족을 벌할 것이다라고 하였다.

甲申, 詔曰, 朕聞, 西土之君, 戒其民曰,古之葬者, 因高爲墓, 不封不樹, 棺槨足以朽骨, 衣衿足以朽穴以已, 故吾營此丘墟, 不食之地, 欲使易代之後, 不知其所, 無藏金銀銅鐵, 一以瓦器, 合古塗車蒭靈之義, 棺漆際會三過, 飯含無以珠玉, 無施珠襦玉柙, 諸愚俗所爲也, 又曰, 夫葬者藏也, 欲人之不得見也, 我民貧絕, 專由營墓, 爰陳其制, 尊卑使別, 夫王以上之墓者, 其內長九尺, 濶五尺, 其外域, 方九尋, 高五尋, 役一千人, 七日使訖, 其葬時帷帳等, 用白布, 有輪車, 上臣之墓者, 其內長濶及高 皆准於上, 其外域, 方七尋, 高三尋, 役五

百人, 五日使訖, 其葬時帷帳等, 用白布, 擔而行之, 下臣之墓者, 其內長濶及高, 皆准於上, 其外域, 方五尋, 高二尋半, 役二百五十人, 三日使訖, 其葬時帷帳等, 用白布, 亦准於上, 大仁小仁之墓者. 其內長九尺, 高濶各四尺, 不封使平, 役一百人, 一日使訖, 大禮以下, 小智以上之墓者, 皆准大仁, 役五十人, 一日使訖, 凡王以下, 小智以上之墓者, 宜用小石, 其帷帳等, 及至庶民, 不得營殯, 凡自畿內, 及諸國等, 宜定一所, 而使收埋, 不得朽穢散埋處處, 凡人死亡之時, 若經自殉, 或絞人殉, 及强殉亡人之馬, 或爲亡人, 藏寶於墓, 或爲亡人, 斷髮刺股而誄, 如此舊俗, 一皆悉斷, 縱有違詔, 犯所禁者, 必罪其族, 앞 日本書記, 451-452쪽.

그리고 야마도(大和) 2년(646)에 장의(葬儀), 분구(墳丘 봉분)의 축조, 부장품(副葬品) 등을 간략하게 하는 장법(葬法)이 발령되어 묘(墓)의 규모, 축조(築造) 일수, 노역(勞役) 인수(人數) 등을 규제하여 부장(副葬)을 금하고 박장(薄葬)을 하게 하였다.

속일본기(續日本紀)에 持統天皇(686-697) 대보(大寶) 2년(702) 12월 22인 勿素服擧哀, 內外文武官, 如常, 喪葬之事, 務從儉約이라 하였고, 속일본기 권31 보구(寶龜) 원년(770) 10월 9일 從二位 文寶眞人淨三이 죽었을 때 臨終遺敎, 薄葬不受鼓吹라고 기록하고 있다(齊藤 忠, 日本考古學用語辭典, 學生社, 1992).

Ⅳ. 시체(屍體)를 버리거나, 토막을 내거나, 미끼로 쓰다

시체를 산에 버리다

三國志 夫餘전에, 남녀간에 음란한 짓을 하거나 질투하는 부인은 모두 죽였다. 투기(妬忌)하는 것을 더욱 미워하여 죽여서 그 시체를 나라의 남산 위에 버려서 썩게 한다. 친정집에서 그 시체를 가져 가려면 소와 말을 바쳐야 내어준다.

男女淫, 婦人妒, 皆殺之, 尤憎妒, 已殺, 尸之國南山上, 至腐爛, 女家欲得, 輸牛馬乃與之, 앞 中國正史朝鮮傳, 521쪽.

後漢書 夫餘國전에, 남녀가 음란한 짓을 하면 모두 죽이는데 투기하는 여자를 더욱 미워하여 죽인 다음 다시 산위에다 시체를 버려둔다.

男女淫皆殺之, 尤治惡妒婦, 旣殺, 復尸於山上, 앞 中國正史朝鮮傳, 514쪽.

시체를 담비를 잡는 미끼로 쓰다

北史 勿吉전에, 부모가 봄이나 여름에 돌아가면 세워서 매장하고, 무덤 위에 지붕을 만들어 비에 젖지 않도록 한다. 만약 가을이나 겨울에 돌아가면 그 시체를 이용하여 담비를 잡는데 담비가 그 시체의 살을 뜯어 먹다가 많이 잡힌다.

其父母春夏死, 立埋之, 冢上作屋, 令不雨濕, 若秋冬死, 以其尸捕貂, 貂食其肉, 多得之, 위 中國正史朝鮮傳, 570쪽.

魏書 勿吉國전에, 부모가 봄이나 여름에 돌아가면 세워서 묻고는 무덤위에 지붕을 지어 비나 습기가 차지 않도록 한다. 만약 가을이나 겨울에 돌아가면 그 시체를 이용하여 담비를 포획하는데 담비가 그 살을 뜯어 먹다가 많이 잡힌다.

其父母春夏死, 立埋之, 冢上作屋, 不令雨濕, 若秋冬, 以其尸捕貂, 貂食其肉, 多得之, 위 中國正史朝鮮傳, 546쪽.

(말갈(靺鞨) 족은 周대에는 숙신(肅愼), 남북조(南北朝)시대에는 물길(勿吉), 한(漢)대에는 읍루(挹婁)로 불리었는데 이들은 퉁구스족의 일족으로 시베리아 만주 함경도 지역이 활동 무대였음)

시체를 토막을 내다

三國史記 列傳 蓋蘇文전에, 개소문(蓋金)의 성은 천(泉)씨 인데 자칭 물 속에서 출생하였다 하여 여러 사람들을 미혹(迷惑)하게 하였다. 외양(外樣)이 위엄있고 의기가 호방(豪放)하였다. 그 아버지인 동부(東部 西部) 대인(大人) 대대로(大對盧)가 죽어서 개소문이 의당(宜當) 그 뒤(大人)를 이을것인데 나라 사람들이 그의 성품이 잔악(殘惡)하고 포악(暴惡)한 것을 미워하여 계승하지 못하게 되었다. 소문이 머리를 조아리며 여러 사람들에게 사죄하고 그 직위(대인)를 서리(署理) 할 것을 간청하면서 만일 불가함이 있다면 폐직(廢職)하더라도 뉘우침이 없겠다고 하였다. 여러 사람들이 애긍(哀矜)히 여겨 그 직위 계승을 허락하였다. 그런데 그가 여전히 흉악하고 잔폭하여 무도한 짓을 하므로 여러 대인제가(大人諸加)가 왕과 더불어 비밀히 의론하여 죽이려 하였는데 일이 누설(漏

泄)되었다.

소문이 자기부의 군사들을 다 모아 사열식(査閱式)을 하는것처럼 하는 동시에 주찬(酒饌)을 성의 남쪽에 성대히 베풀어 놓고 여러 대신들을 초청하여 함께 관람하고자 하였다. 손님들이 오자 모두 죽이기를 100여명이나 되고, 궁중으로 달려 들어가 영류왕(榮留王)을 시해(弑害)하고 몇 토막으로 잘라서 구덩이에 버리고, 왕제(王弟)의 아들 장(臧)을 세워 왕을 삼고, 제 스스로 대막리지(大莫離支, 벼슬 이름)가 되니, 그 벼슬이 당(唐)나라의 병부상서(兵部尙書)로서 중서령(中書令)을 겸한 것과 같았다.

蓋蘇文(或云蓋金), 姓泉氏, 自云生水中, 以惑衆, 儀表雄偉, 意氣豪逸, 其父東部(或云西部)大人大對盧死, 蓋蘇文堂嗣, 而國人以性忍暴惡之, 不得立, 蘇文頓首謝衆, 請攝職, 如有不可, 雖廢無悔 衆哀之, 遂許嗣位, 而凶殘不道, 諸大人與王密議欲誅, 事泄, 蘇文悉集部兵, 若將校閱者, 幷盛陳酒饌於城南, 召諸大臣共臨視, 賓至, 盡殺之, 凡百餘人, 馳入宮弑王, 斷爲數段, 棄之溝中, 立王弟之子臧爲王, 者爲莫離支, 其官如唐兵部尙書兼中書令職也, 앞 三國史記, 448쪽.

같은 내용이 신당서에도 실려 있는데

新唐書 高(句)麗傳에, 개소문은 개금(蓋金)이라고도 하는데 성은 천(泉)씨(唐 高祖 李淵의 諱를 피하여 천으로 개칭-아들 泉男生의 경우 -하였다는것이 통설이다. 그의 성은 연개(淵蓋)이며 이름은 소문(蘇文)이다) 자신은 물속에서 태어 났다고하여 사람들을 현혹(眩惑)시켰고, 성질이 잔혹(殘酷)하고 난폭(亂暴)하였다. 그의 아버지는 동부 대인(고구려를 형성한 5부의 후예로서 초기에는 대가(大加)로 불리었음) 대대로(大對盧)인데 죽으면 개소문이 대를 잇게 되어 있었으나 나라 사람들이 미워하여 위(位)를 이어받을 수 없게 되었으므로, 머리를 조아려 많은 사람들에게 사죄하고 섭정(攝政)을 청하면서 시켜보아 합당치 않으면 그 때는 폐(廢)하여도 후회는 없겠다 하므로 여러 사람들이 불쌍히 여겨 드디어 위를 잇게 하였다.

그러나 너무 난폭하고 나쁜짓을 하므로 여러 대신이 건무 영류왕(建武 榮留王)과 상의 하여 죽이기로 하였는데 개소문이 이를 알아 차리고 여러 부의 병사를 불러 모아 거짓으로 크게 열병(閱兵)을 한다하고 잔치를 베풀어 여러 대신들의 참석을 청하였다. 대신들이 이르자마자 모두 죽여 버리니 무려 100여명이나 되었다. 다시 왕궁으로 달려 들어가 건무(영류왕)를 죽여서 그의 시체를 찢어 도랑에 던져 버렸다.

有蓋蘇文者, 或號蓋金, 姓泉氏, 自云生水中以惑衆, 性忍暴, 父爲東部大人, 大對盧,

死, 蓋蘇文堂嗣, 國人惡之, 不得立, 頓首謝衆, 請攝職, 有不可, 雖廢無悔, 衆哀之, 遂嗣爲, 殘凶不道, 諸大臣與建武議誅之, 蓋蘇文覺, 悉召諸部, 給云大閱兵, 列饌具請大臣臨視, 賓至盡殺之, 凡百餘人, 馳入宮殺建武, 殘其尸投諸溝, 更立建武弟之子臧爲王, 自爲莫離支, 專國, 猶唐兵部尙書, 中書令職云, 貌魁秀, 美須髥, 官服皆飾以金, 佩五刀, 左右莫敢仰視, 使貴人伏諸地, 踐以升馬, 出入陳兵, 長呼禁切, 行人畏竄, 至投坑谷, 앞 中國正史 朝鮮傳, 595쪽.

三國史記 百濟本紀 시조 온조왕 34년(16) 10월에 마한(馬韓)의 옛 장수(舊將) 주권(朱勸)이 우곡성에 웅거(雄據)하여 반란을 일으켰다. 왕은 친히 군사 5,000을 거느리고 가서 치니 주권이 목을 매어 자살 하였으므로, 그 시체의 허리를 자르고 그의 처자(妻子)도 목을 베었다.

三十四年, 冬十月, 馬韓舊將周勸據牛谷城叛, 王躬帥兵五千討之, 周勸自經, 腰斬其尸, 幷誅其妻子, 앞 三國史記, 210쪽.

V. 잔인(殘忍)한 처형(處刑)

때려 죽임(打殺)

三國史記 列傳 弓裔전에, 궁예의 아버지는 신라 제47대 헌안왕이고 어머니는 헌안왕의 빈(嬪)으로 그의 성은 전하지 않는다. 혹은 48대 경문왕의 아들로 5월 5일에 외가에서 출생 하였다고도 한다. 그때 지붕위에 긴 무지개와 같은 희빛이 하늘까지 닿았는데 일관(日官)이 아뢰기를 "이 아이가 중 오일(5월 5일)에 출생하였고, 나면서 이(齒)가 있습니다. 그리고 광염(光焰)이 이상 하였으니 장차 나라에 이롭지 못할 것이니 기르지 마십시오" 하였다. 왕이 중사(中使 宮中 勅使)에게 그 집에 가서 죽이게 하였다. 사자(使者)가 어린아이를 강보에서 빼앗아 루(樓)마루 아래로 던졌는데 마침 젖먹이 비자(婢子 여자 종)가 몰래 받다가 잘못하여 손으로 눈을 찔러 한쪽 눈이 멀게 되었다. 곧 안고 도망하여 숨어서 고생스럽게 길렀다. 나이 10여세가 되었는데 놀기를 좋아 하므로 그를 키운 비자가 말하기를 "그대는 낳아 버림 받은것을 내가 차마 볼 수 없어 남모르게 길러 오늘에 이르렀는데 그대의 미친 행동이 이러하니 반드시 남들이 알게 될것이다. 그렇게

되면 나와 그대는 모두 죽음을 면치 못할 것이니 어찌하여야 할까" 하니 궁예가 울며 말하기를 "만일 그렇다면 내가 멀리 가서 어머니의 근심이 되지 않게 하겠소" 하고 바로 세달사로 가니 지금의 흥교사(興教寺 개풍군 풍덕)이다. 머리를 깎고 중이 되어 선종(善宗)이라 스스로 부르며, 장성(長成)해서는 승려(僧侶)의 계율(戒律)에 구애(拘礙)하지 않고 기상(氣相)이 활발하여 담기(膽氣)가 있었다. 선종이 미륵불(彌勒佛)을 자칭하며 머리에 금책(金幘 금색 모자)을 쓰고 몸에 방포(方袍 승복)를 입고, 큰 아들은 청광보살(青光菩薩), 작은 아들은 신광(神光)보살이라 하였다. 외출 할 때에는 항상 백마(白馬)를 타고 채색 비단으로 말의 갈기와 꼬리를 장식하고, 동남동녀(童男 童女)로 일산(日傘)과 향화(香花)를 받들게 하여 앞에서 인도하게 하고, 또 비구(比丘) 200여명으로 범패(梵唄 불덕을 찬양하는 노래)를 부르면서 뒤를 따르게 하였다. 그리고 경문(經文) 20여권을 지었는데 그 말이 요망스럽고 모두 불경(불경 정도에 맞지 않음)한 것이었다. 때로는 정좌(正坐)하여 강설(講說)하였는데 승 석총이 이르기를 "모두 사악(邪惡) 괴담(怪談)으로서 가르칠 수 없는 것이다" 하니 선종이 듣고 노하여 철퇴(鐵槌)로 때려 죽였다.

善宗自稱彌勒佛, 頭戴金幘, 身被方袍, 以長子爲青光菩薩, 季子爲神光菩薩, 出則常騎白馬, 以彩飾其鬃尾, 使童男童女奉幡蓋香花前導, 又命比丘二百餘人, 梵唄隨後, 又自述經二十餘卷, 其言妖妄, 皆不經之事, 時或正坐講說, 僧釋聰謂曰, 皆邪說怪談, 不可以訓, 善宗聞之怒, 鐵椎打殺之, 앞 三國史記, 453쪽.

찢어 죽임(破裂殺)

三國史記 新羅本紀 제 48대 경문왕 14년(874) 5월에 이찬 근종이 모반하여 대궐을 침입 하므로 금군(근위대)을 동원하여 쳐부수니 근종은 그의 무리와 함께 밤에 성을 탈출하였으므로 관군이 추격 체포하여 차열(車裂, 몸을 두 마리의 牛車에 붙들어 매어 좌우로 찢어 죽임)에 처하였다.

十四年, 五月, 伊飡近宗, 謀逆犯闕, 出禁軍擊破之, 近宗與其黨夜出城, 追獲之車烈, 위 三國史記 117쪽.

29대 태종 무열왕 7년(660) 모척을 잡아 죽였는데 모척은 본래 신라 사람으로 백제로 도망간 자로 앞서 대야성(陝川)의 검일과 함께 공모하여 대야성이 함락되게 하였으므로 죽인것이다. 검일을 잡아 그의 죄목을 세어 가로되

1. 네가 대야성에서 모척과 공모 백제병을 인도하여 창고를 불질러 성중의 식량을 절핍(絶乏)케 하여 마침내 실패하게 하였고,
2. 품석의 부처를 위협해 죽이고,
3. 백제인과 더불어 본국을 내공한 것이다하고 사지를 찢어 시체를 강물에 던졌다.

捕斬毛尺, 毛尺本新羅人, 亡入百濟, 與大耶城黔日, 同謀陷城, 故斬之, 又促黔日, 數日, 汝在大耶城, 與毛尺謀, 引百濟之兵, 燒亡倉庫, 令一城乏食致敗, 罪一也, 逼殺品釋夫妻, 罪二也, 與百濟來攻本國, 罪三也, 以四支解, 投其尸於江水, 앞 三國史記, 55쪽.

三國史記 列傳 蓋蘇文전에, 소문이 자기부의 군사들을 다 모아 사열식(査閱式)을 하는 것처럼 하는 동시에 주찬(酒饌)을 성의 남쪽에 성대히 베풀어 놓고 여러 대신들을 초청하여 함께 관람하자고 하였다. 손님들이 오자 모두 죽이기를 100여명이나 되고 궁중으로 달려 들어가 영류왕을 시해(弑害)하고 몇 토막으로 잘라서 구덩이에 버리고…

蘇文悉集部兵, 若將校閱者, 幷盛陳酒饌, 召諸大臣共臨視, 賓至, 盡殺之, 凡百餘人, 馳入宮弑王, 斷爲數段, 棄之溝中…위 三國史記, 448쪽.

三國遺事 奈勿王과 金堤上전에, 마침 새벽 안개가 꽉 차서 제상이 미해에게 말하기를 지금 도망 할 때라고 하니 미해는 그러면 같이 가자고 하였다. 제상이 가로되 "신도 가면 왜인이 알고 쫓아올 듯 하니 신은 여기에 머물러 그들의 쫓는것을 막으리다" 하였다. 미해는 지금 당신과 나의 사이는 父兄과 같은데 어찌 당신을 버리고 나혼자 만 가리오 하니, 제상이 신은 공의 목숨을 구해 대왕의 마음을 위로하면 족하거늘 어찌 살기를 바라리오하고 술을 따라 미해에게 드렸다. 이때에 계림인 강구려가 왜국에 와 있었으므로 그로 하여금 미해를 따라가게 하였다. 제상이 미해의 방에 들어가 이튿날 아침까지 있었다. 좌우의 왜인들이 들어와 보고자 하므로 제상이 나와 사절하기를 미해가 어제 사냥을 다니다가 병이 들어 일어나지 못한다 하였다. 한낮이 지나자 왜인들이 이상히 여겨 또다시 물으니 대답 하기를 미해가 간지 이미 오래되었다고 하므로 좌우가 급히 왜왕에게 고하니 왜왕은 기병을 시켜 뒤를 좇았으나 미치지 못하였다. 이에 제상을 가두고 물어 가로되 네가 어찌 왕자를 몰래 보냈느냐 하니 나는 계림의 신하이지 왜국의 신하는 아니므로 오직 우리 임금의 뜻을 이루려고 함이니 그대에게 다시 무엇을 말하랴. 왜왕이 노하여 네가 이미 나의 신하가 되었는데 계림의 신하라고 하니 그러면 반드시 오형(五刑 중국고대의 5가지 형벌로 경자, 코를 비는 것, 발을 짜르는 것, 생식기를

없애는 것, 죽이는 것)을 갖출 것이요, 만일 왜국의 신하라고 한다면 반드시 중록(重祿)을 상으로 주겠다하니 대답하기를 차라리 계림의 개나 돼지가 될 지언정 왜국의 신하가 되고 싶지 않으며, 차라리 계림의 형장(刑杖)을 받을 지언정 왜국의 작록(爵祿)을 받고 싶지는 않다고 하였다. 왕이 노하여 제상의 다리가죽을 벗기고 갈대를 벗겨 그 위를 걷게 하고 다시 묻기를 네가 어느나라 신하냐 하니 계림의 신하라고 하였다. 또 열철(熱鐵)위에 세우고 너는 어느나라 신하냐고 물으니 역시 계림의 신하라고 하였다. 왜왕은 그를 굽히게 할 수 없으므로 목도라는 곳에서 불에 태워(소살 燒殺) 죽였다.

適曉霧濛晦, 堤上曰, 可行矣, 美海曰, 然則偕行, 堤上曰, 臣若行, 恐倭人覺而追之, 願臣留而止其追也之, 美海曰, 今我與汝如父兄焉, 何得棄汝而獨歸, 堤上曰, 臣能救公之命, 而慰大王之情, 則足矣, 何願生乎, 取酒獻美海, 時鷄林人康仇麗在倭國, 以其人從而送之, 堤上入美海房, 至於明旦, 左右欲入見之, 堤上出止之曰, 昨日馳走於捕獵, 病甚, 未起, 及乎日吳, 左右之而更問焉, 對曰美海行已久矣, 左右奔告於王, 王使騎兵逐之, 不及, 於是囚堤上, 問曰, 汝何竊遣汝國王子也, 對曰, 臣是鷄林之臣, 非倭國之臣, 今欲成吾君之志耳, 何嵌言於君乎, 倭王怒曰, 今汝已爲我臣, 而言鷄林之臣, 則必具五刑, 若言倭國之臣者, 必賞重祿, 對曰, 寧爲鷄林之犬豚, 不爲倭國之臣子, 寧受鷄林之箠楚, 不受倭國之爵祿, 王怒, 命屠剝堤上脚下之皮, 刈簾葭, 使趨其上, 更問曰, 汝何國臣乎, 曰鷄林之臣也, 又使立於熱鐵上, 問何國之臣乎, 曰鷄林之臣也, 倭王知不可屈, 燒殺於木島中, 앞 三國遺事 41-42쪽.

목을 베다(斬首)

고구려·신라·백제의 삼국이 정립(鼎立)하여 상호간에 침략이나 방어(防禦)와 영토확장(領土擴張) 전장(戰場)에서 적군의 장졸(將卒)들의 머리를 베었다는 기록은 매우 많이 있고, 이 밖에도 정치체제나 최고통치자에게 불만이 있어 반란(叛亂)을 모의(謀議) 또는 거사(擧事)하다가 발각되어 체포되면 그 주모자 들은 모두 목을 베었다. 여기서는 싸움터에서 적군의 목을 벤것을 제외하고, 형벌에 의한 참수(斬首)만을 알아 보기로 한다.

三國史記 百濟本紀 제 23대 삼근왕(477-479)은 문주왕(文周王)의 장자인데 왕이 돌아가자 위를 계승하였다. 즉위 할 때 나이가 13세였으므로 군국(軍國)의 정사(政事) 일체를 좌평(佐平, 官職) 해구에게 위임하였다. 2년(478) 봄에 해구가 은솔(恩率 官職) 연신과 더

불어 무리를 모아 대두성에서 반란을 일으켰다. 왕은 좌평 진남에게 명하여 군사 2,000명으로 치게 하였으나, 이기지 못하여 다시 덕솔(德率 官職) 진노에게 명하여 정병(精兵) 500명을 거느리고 해구를 공격하여 죽이었다. 연신은 고구려로 도망갔으므로 그의 처자를 잡아다가 웅진(공주) 저자(읍내)거리에서 그들의 목을 베었다.

　三斤王(或云壬乞), 文周王之長子, 王薨, 年十三歲, 軍國政事一切委於佐平解仇, 二年春, 佐平解仇與恩率燕信聚衆, 據大豆城叛, 王命佐平眞男, 以兵二千討之, 不克, 更命德率眞老, 帥精兵五百, 擊破解仇, 燕信奔高句麗, 收其妻子, 斬於熊津市, 앞 三國史記, 232쪽.

　三國史記 百濟本紀 25대 무녕왕 원년(501) 정월 좌평 백가가 가림성에서 반란을 일으키니 왕은 병마를 거느리고 우두성에 이르러 한솔(관직 제오위) 해명에게 토벌케 하였다. 백가가 나와 항복하니 왕은 그의 목을 베어 백강(금강 입구)에 던졌다.

　佐平苩加據加林城叛, 王帥兵馬至牛頭城, 命扞率解明討之, 苩加出降王斬之, 投於白江, 위 三國史記, 234쪽.

　三國史記 列傳 朴堤上전에, 제상은 시조 박혁거세의 후예(後裔)로서 5대 파사니사금(婆娑尼師今 80-112)의 5대 손이며 조부는 아도 갈문왕(葛文王)이다. 18대 실성왕(實聖王) 원년에 왜국과 강화(講和)하였는데 왜왕이 17대 나물왕(奈勿王 356-402)의 아들 미사흔(未斯欣)을 볼모로 삼기를 청하였다. 왕은 일찍이 나물왕이 자기를 고구려에 볼모로 보낸것을 한(恨)으로 여겨 그 아들에게 유감을 풀고자 하던 터이라 거절하지 않고 보냈으며, 또 11년에는 고구려가 역시 미사흔의 형 복호를 볼모로 삼고자 하므로 대왕은 또 그를 보냈다.

　신라 19대 눌지왕(訥祗王 417-458)이 즉위하면서 변사(辯士 말잘하는 사람)를 구해 "나의 아우 두 사람이 고구려와 왜의 양국에 볼모가 되어 여러해가 지나도록 돌아오지 못하고 있으니 형제간에 생각하지 않을 수 없고, 살아서 돌아오기를 바란다" 하고 신하들에게 물으니 박제상을 천거 하였다. 왕은 제상을 부르므로 제상이 대답 하기를 "신이 어리석고 불초(不肖)하나 어찌 감히 명을 받들지 않겠습니까" 하고 빙례(聘禮)로서 고구려에 들어가 왕에게 말을 전하여 볼모로 있던 복호와 함께 귀국하였다.

　눌지왕이 기뻐하고 위로하여 말하기를 "내가 두 아우를 생각 하기를 좌우의 팔과 같이 하였는데 지금 단지 한팔 만 얻었으니 어찌하면 좋을까" 하니 제상이 대답 하기를 "신이 비록 늙고 둔한 재주이오나 이미 몸을 나라에 바쳤으니 끝내 명을 욕되게 하지 않겠습니다. 그러나 고구려는 큰 나라요, 인군(仁君)이므로 신의 한마디의 말로 깨닫게 할 수 있었지만 왜인들은 구설(口舌)로는 달랠 수가 없으니 거짓 꾀를 써서 왕자를 돌아오게 하겠습니다. 신이 저곳에 가거든 대왕께서는 신에게 나라를 배반한 죄로 논정(論定)하여 왜인들이 들어서 알게 하소서" 하고 죽음을 맹세하고 처자도 보지 않고 율포(울산)로 가서 배를 타고 왜국으로 향하였다. 그의 아내가 듣고 포구(浦口)로 달려가서 배를 바라 보며 대성통곡으로 "잘 다녀 오시오"하니 제상이 돌아다 보며 "내가 왕명을 받아 적국으로 들어가니 그대는 나를 다시 볼 기약을 하지 말라" 하고 바로 왜국으로 들어가서 마치 본국을 배반하고 온 자와 같이 하였는데 왜왕이 의심 하였으나 왜왕은 신라왕이 미사흔 및 제상의 가족을 가두었다는 말을 듣고 제상을 의심하지 않았다. 왜왕은 군사를 보내어 신라를 침습(侵襲)하려 하여 제상과 미사흔을 장수로 임명하여 향도(嚮導)로 삼아 바다가운데 山島에 이르렀다. 왜의 여러 장수들이 몰래 의론하기를 신라를 멸(滅)한 뒤에 제상과 미사흔의 처자를 잡아 돌아오자고 하였다. 제상이 그것을 알고 미사흔과 함께 배를 타고 놀며 고기와 오리를 잡는것처럼 하니, 왜인들이 보고 아무렇지도 않게 생각하고 기뻐하였다. 여기서 제상은 미사흔에게 가만히 본국으로 도망 할 것을 권하니 미사흔은 "내가 장군 받들기를 아버지와 같이 하는데 어떻게 혼자서 돌아 가겠는가" 하니 제상이 "만일 두 사람이 함께 떠나면 계획이 이루어지기 힘듭니다" 하니 미사흔은 제상의 목을 껴안고 울며 작별하고 돌아섰다. 제상이 혼자 방안에서 자다가 늦게야 일어나니 미사흔이 멀리 가게 함이었다. 여러사람이 "장군이 어찌 일어나기를 늦게 하는가" 하므로 대답하기를 "전날 배를 타고 다니느라고 피곤하여 일찍 일어나지 못하였다" 하고 제상이 밖으로 나오자 미사흔이 도망한것을 알고 제상을 결박(結縛)하였다. 배를 저어 미사흔을 쫓았으나 마침 연무(煙霧)가 자욱하고 어두워서 바라보아도 미치지 못하였다. 제상을 왜왕의 처서로 돌려 보내니 그를 목도(木島)로 유배(流配)하였다가 얼마 아니하여 사람을 시켜 섶(薪)으로 전신을 불태운 후에 목을 베었다. 눌지왕이 이 소식을 듣고 애통하여 대아찬을 추중(追贈)하고 그의 가족에게 후하게 물품을 하사(下賜)하였다. 그리고 미사흔의 둘째 딸을 취(娶)하여 아내로 삼고 그 은공(恩功)에 보답하였다.

朴堤上或云毛末, 始祖赫居世之後, 婆娑尼師今五世孫, 祖阿道葛文王, 父勿品波珍飡, 堤上仕爲歃良州干, 先是實聖王元年壬寅, 與倭國講和, 倭王請以奈勿王之子未斯欣爲質, 王嘗恨奈勿王使已質於高句麗, 思有以釋憾於其子, 故不拒而遣之, 又十一年壬子, 高句麗亦欲得未斯欣之兄卜好爲質, 大王又遣之, 及訥祗王卽位, 思得辯士往迎之, 聞水酒村干伐

寶軼, 一利村干仇里迺, 利伊村干波老三人有賢智, 召問曰, 吾弟二人質於倭麗二國, 多年不還, 兄弟之故, 思念不能者止, 願使生還, 若之何而可, 三人同對曰, 臣等聞歃良州干堤上剛勇且有謀, 可得以解殿下之憂, 於是徵堤上使前, 告三臣之言而請行, 堤上對曰, 臣雖愚不肖, 敢不唯命祇承, 遂以聘禮入高句麗, 語王曰, 臣聞交隣國之道誠信而已也, 若交質者, 則不及五霸, 誠末世之事也, 今寡君之愛弟在此, 殆將十年, 寡君以鶺鴒在原之意, 永懷不已, 若大王惠然歸之, 則若九牛之落一毛, 無所損也, 而寡君之德大王也, 不可量也, 王其念之, 王曰諾, 許與同歸, 及歸國, 大王喜慰曰, 我念二弟如左右臂, 今只得一臂奈何, 堤上報曰, 臣雖奴才旣以身許國, 終不辱命, 然高句麗大國, 王亦賢君, 是故臣得以一言悟之, 若倭人不可以口舌諭, 當以詐謀, 可使王子歸來, 臣適彼, 則請以背國論, 使彼聞之, 乃以死自誓, 不見妻子, 抵栗浦汎舟向倭, 其妻聞之, 奔之浦口, 望舟大哭曰, 好歸來, 堤上回顧曰, 我將命入敵國, 爾莫作再見期, 遂徑入倭國, 若叛者, 倭王疑之, 百濟人前入倭, 讒言新羅與高句麗謀侵王國, 倭遂遣兵邏戍新羅境外, 會高句麗來侵, 幷擒殺倭邏人, 倭王乃以百濟人言爲實, 又聞羅王囚未斯欣, 堤上之家人, 謂堤上實叛者, 於是出師將襲新羅, 兼差堤上與未斯欣爲將, 兼使之嚮導, 行之海中山島, 倭諸將密議, 滅新羅後, 執堤上, 未斯欣妻孥而還, 堤上知之, 與未斯欣乘舟遊, 若促魚鴨者, 倭人見之, 以謂無心喜焉, 於是堤上勸未斯欣潛歸本國, 未斯欣曰, 僕奉將軍如父, 豈可獨歸, 堤上曰, 若二人俱發, 則恐謀不成, 未斯欣抱堤上項, 泣辭而歸, 堤上獨眠室內晏起, 欲使未斯欣遠行, 諸人問將軍何起之晩, 答曰, 前日行舟勞困, 不得夙興, 及出知未斯欣之逃, 遂縛堤上, 行舡追之, 適煙霧晦冥, 望不及焉, 歸堤上於王所, 則流於木島, 未幾, 使人以薪火燒爛之體, 然後斬之, 大王聞之哀慟, 追贈大阿飡, 厚賜其家, 使未斯欣娶其堤上之第二女爲妻, 以報之, 앞 三國史記, 424쪽.

三國史記 列傳 金庾信 上傳에, 28대 진덕왕(眞德王) 원년(648) 춘추(金春秋)는 고구려에 대한 소청(所請, 請兵)을 달성치 못하였으므로 당(唐)나라에 들어가 구원병을 청하니 장군 소정방에게 군사 200,000을 주어 백제를 치게 하였다. 김유신은 압량주 군주(軍主)로 있었는데 주병(州兵 압량주)을 뽑아 훈련시켜 적진을 향하여 나갔다. 대량주(陝川) 밖에 이르니 백제군이 반격·항거하므로 거짓으로 패배하는 척하여 옥문곡(玉門谷)에 이르렀다. 백제는 많은 군사를 이끌고 나왔다. 이때 신라의 복병(伏兵)이 일어나 앞 뒤로 쳐서 크게 쳐부수고 백제의 장군 8인을 잡고 1,000급을 참획(斬獲)하였다. 또 사람을 시켜 백제 장군에게 이르기를 "우리 군주 품석과 그의 아내 김씨의 유골이 너의 나라 옥중(獄中)에 묻혀있다(백제 의자왕 2년 7월에 왕이 친히 군사를 이끌고 쳐서 미후 등 40

六. 장속(葬俗) 339

여성을 함락시켰다. 8월에 장군 윤충을 시켜 군사 10,000을 거느리고 신라의 대야성(陝川)을 쳐서 성주 품석이 처자와 함께 나와 항복하니 윤충이 모두 죽이고 그의 머리를 잘라 왕도(王都) 부여에 전한 일이 있었다). 하고 지금 너의 비장 8인이 우리에게 잡혀 엎드려 살려 주기를 청하는데 지금 너희가 죽은 두 사람의 뼈를 보내, 살아있는 8인과 바꾸는 것이 어떠하겠는가" 하니 백제 중상(佐平 1품)이 백제 왕에게 말하기를 "신라 사람의 해골을 묻어두어 이익이 없으니 보내는것이 좋겠습니다. 만일 신라 사람들이 신용을 지키지 않고 우리 8인을 돌려 보내지 않는다면 잘못을 저편에 있고, 정직함은 우리에게 있으니 무엇을 근심 하겠습니까" 하니 품석 부처의 뼈를 파서 독 속에 넣어 보내왔다.

眞德王太和元年戊申, 春秋以不得請於高句麗, 遂入唐乞師, 太宗皇帝曰, 聞爾國庾信之名, 其爲人也如何, 對曰, 庾信雖少有才智, 若不籍天威, 豈易除鄰患, 帝曰, 誠君子之國也, 乃詔許, 勅將軍蘇定方以師二十萬徂征百濟, 時庾信爲押梁州軍主, 若無意於軍事, 飮酒作業, 屢經旬月, 州人以庾信爲庸將, 譏謗之曰, 衆人安居日久, 力有餘, 可以一戰, 而將軍慵惰如之何, 庾信聞之, 知民可用, 故大王曰, 今觀民心, 可以有事, 請伐百濟以報大梁州之役, 王曰, 以小觸大, 危將奈何, 對曰, 兵之勝否不在大小, 顧其人心何如耳, 故紂有億兆人, 離心離德, 不如周家十亂, 同心同德, 今吾人一意, 可如同死生, 彼百濟者不足畏也, 王乃許之, 遂簡練州兵赴敵, 至大梁城外, 百濟逆拒之, 佯北不勝, 至玉門谷, 百濟經之, 大率衆來, 伏發擊其前後, 大敗之, 獲百濟將軍八人, 斬獲一千級, 於時使故百濟將軍曰, 我軍主品釋及其妻金氏之骨埋於爾國獄中, 今爾裨將八人見觸於我, 匍匐請命, 我以狐豹首丘山之意, 未忍殺之, 今爾送死二人之骨, 易生八人可乎, 百濟仲常(忠常)佐平言於王曰, 羅人骸骨留之無益, 可以送之, 若羅人失信, 不還我八人, 則曲在彼, 直在我, 何患之有, 乃堀品釋夫妻之骨, 櫃而送之, 앞 三國史記, 398쪽.

魏書 百濟전에, 孝文帝 2년(472, 백제 개로왕 18) 신(臣)은 고구려와 함께 부여(夫餘)에서 나왔으므로 선대(先代)에는 우의(友誼)가 매우 돈독(敦篤)하였습니다. 그런데 그들은 선조의 쇠(釗 고구려 16대 고국원왕 재위 331-371)가 이웃간의 우호(友好)를 가볍게 깨트리고 몸소 많은 군사를 거느리고 신의 국경을 짓밟았습니다. 때문에 신의 선조인 수(須, 14대 근구수왕 재위 375-384)가 군사를 정돈하고 번개처럼 달려가서 기회를 타서 돌풍처럼 공격하여 화살과 돌이 오고 간지 잠깐 만에 쇠의 머리를 베어 높이 달았습니다. 그 후로는 감히 남쪽을 엿보지 못하였습니다라고 하였다.

臣與高句麗源出夫餘, 先世之時, 篤崇舊款, 其祖釗輕廢鄰好, 親率士衆, 陵踐臣境, 臣

祖須整旅電邁, 應機馳擊, 失石暫交, 梟斬釗首, 自爾已來, 莫敢南顧, 앞 中國正史朝鮮傳, 544-545쪽.

周書 高(句)麗전에, 그 나라 형법은 모반자(謀叛者) 반역자는 먼저 불로 지지고 목을 베고 그의 집을 적몰(籍沒)한다.
其刑法謀反及叛者, 先以火焚爇, 然後斬首, 籍沒其家, 위 中國正史朝鮮傳, 548쪽.

周書 百濟전에, 그 나라 형벌은 모반한 자와 싸움터(戰場)에서 퇴각한 자 및 살인자는 참수하였다.
其刑罰, 反叛, 退軍及殺人者, 斬, 위 中國正史朝鮮傳, 549쪽

北史 百濟전에, 그 나라 형벌을 반역자와 전장(戰場)에서 후퇴한 자, 살인자 등은 목을 베었다.
其刑罰, 反叛, 退軍及殺人者, 斬, 위 中國正史朝鮮傳, 567쪽.

北史 高句麗전에도, 그 형벌은 반역자와 모반을 한자는 기둥에 묶어 놓고 불로 지진 다음, 목을 베고 가산(家産)을 전부 몰수한다.
其刑法, 叛及謀逆者, 縛之柱, 爇而斬之, 籍沒其家, 위 中國正史朝鮮傳, 564쪽.

隋書 高(句)麗전에는, 반역(叛逆)한자는 기둥에 묶어 놓고 불로 지진 다음에 목을 베고, 집은 적몰(籍沒)한다.
反逆者縛之於柱, 爇而斬之, 籍沒其家, 위 中國正史朝鮮傳, 551쪽.

新唐書 高(句)麗전에, 반란을 일으킨 자에게는 많은 사람들이 횃불로 지진 다음 목을 베고 가속을 적몰한다.
叛者叢炬灼體, 乃斬之, 籍入其家, 降, 敗, 殺人及剽却者斬, 위 中國正史朝鮮傳, 594쪽.

新唐書 百濟전에, 그 나라의 법은 반역한 자는 목을 베고, 그 가속(家屬)을 적몰한다.
其法, 反逆者誅, 籍其家, 앞 中國正史朝鮮傳, 602쪽.

목을 베어 장(醬)을 담다

後漢書 句驪전에(現存 後漢書에는 句驪가 별항으로 취급 되었으나, 이는 착오이고 내용상으로는 高句麗 列傳에 연결되는 것으로 보아야 함), 이해에 궁이 죽고 아들 수성이 왕이 되었다. 도광이 상서하여 그들의 초상을 틈타 군사를 출동시켜 공격 하고자 하니 (후한의 조정에서) 논의하는 사람들이 모두 옳다고 하였으나, 상서 진충은 "궁이 생전에 악독하여 도광이 토벌하지 못하였는데 이제 그가 죽은것을 이용하여 치는것은 의리가 아닙니다. 마땅히 사절을 보내어 조문하고 지난날의 죄를 꾸짖고는 그의 죄를 용서해 주어 이후 그들이 착하게 되도록 하는것이 좋겠습니다" 하니 안제는 그의 의견을 따랐다. 다음해에 수성이 한나라의 포로를 송환하고 현토에 나와 항복하였다. 조서를 내리어 수성 등이 모두 포악하므로 목을 베어서 젓(젓갈)을 담아 백성에 보임이 마땅하겠으나, 다행이 용서함을 얻어 죄를 빌며 항복을 청하였다.

是歲宮死, 子遂成立, 姚光上言欲因其喪發兵擊之, 議者皆以爲可許, 尙書陳忠曰, 宮前桀黠, 光不能討, 死而擊之, 非義也, 宜遣弔問, 因責讓前罪, 赦不加誅, 取其後先, 安帝從之, 明年, 遂成還漢生口, 詣玄菟降, 詔曰, 遂成等桀逆無狀, 常斬斷菹醢, 以示百姓, 幸會赦令, 乞罪請降, 위 中國正史朝鮮傳, 516쪽.

구족(九族)을 멸(滅)함

구족은 부계친족(父系親族) 4, 모계친족(母系親族) 3, 처가(妻家) 2의 합칭(合稱)으로 모두 9명인데 반란 등 역적 행위를 하면 그의 일가를 모두 멸한다는 중형(重刑)이다.

三國史記 新羅本紀 26대 진평왕 53년(631) 5월에 이찬 칠숙이 아찬 석품과 함께 반란을 꾀하다가 왕이 이를 알고 칠숙을 잡아 동시(東市)에서 목을 베고, 아울러 구족을 멸하였다.

夏五月, 伊湌柒宿與伊湌石品謀叛, 王覺之, 捕捉柒宿, 斬之東市, 幷夷九族, 앞 三國史記, 45쪽.

30대 문무왕 2년(662) 8월에 대당총관 진주와 남천주총관 진흠이 거짓으로 병을 앓는다 하고 한가히 놀며 국사(國事)에 마음을 쓰지 않음으로, 그를 죽이고 그의 일족(一族)

까지 멸하였다.

大幢摠管眞珠, 南川州摠管眞欽, 詐稱病, 閑放不恤國事, 遂誅之, 幷夷其族, 앞 三國史記, 60쪽.

36대 혜공왕 4년(768) 7월에 일길찬 대공이 그의 아우 아찬 대염과 함께 모반하여 무리를 모아 왕궁을 에워싼지 33일 만에 왕군(王軍)이 마침내 토평(討平)하여 그의 구족을 주(誅, 칼로 베임)하였다.

秋七月, 一吉湌大恭與弟阿湌大廉叛, 集衆圍王宮三十三日, 王軍討平之, 誅九族, 위 三國史記, 69쪽.

48대 경문왕 6년(866) 10월에 이찬 윤흥과 그의 아우 숙흥 계흥 등이 모반하다가 일이 발각되어 대산군(垈山?)으로 달아나니 왕은 그들을 쫓아가 잡아서 목을 베고, 그의 일족을 멸하였다.

冬十月, 伊湌允興與弟叔興, 季興謀逆, 事發覺誅垈山郡, 王命追捕, 斬之夷一族, 위 三國史記, 116쪽

Ⅵ. 무덤의 훼손(毁損, 破墳)

三國史記 新羅本紀 41대 헌덕왕 14년(822) 3월에, 웅천주 도독 김헌창은 그의 아버지 주원이 앞서 왕위에 오르지 못한것을 이유로 배반하고 국호를 장안이라 하고 연호를 경운 원년이라 하고, 무진(武珍 光州), 완산(完山 全州), 청주(靑州 晉州) 사벌(沙伐 尙州)의 4도독과 국원경(충주) 서원경(청주) 금관경(김해) 등의 수령을 협박하여 자기 소속을 삼으니 …완산주 장사(長史, 官名 司馬) 최웅 등이 서울(慶州)로 가서 변을 고하니 왕은 최웅에게 급찬의 벼슬을 주고 왕도를 지키게 한 후 군사를 출동 하였다. 적장 헌창은 장수를 시켜 요로에서 관군을 기다렸다. 일길찬(7품위) 장웅이 도동현에서 적병을 만나 격파하고 잡찬(3품위) 위공 파진찬(4품위) 제능은 장웅의 군사와 합쳐서 보은 삼년산성을 쳐서 이기고, 다시 군사를 보은 속리산으로 보내어 적병을 섬멸하였다. 이찬 균정 등은 성산(성주)에서 적과 싸워 격파하고, 제군이 함께 웅진(공주)으로 가서 적과 대전하여 참획(斬獲 목을 베임)한 것이 이루 헤일 수 없었다. 이에 헌창 등은 겨우 피신하여 웅진성

내로 들어가 굳게 지키었으나 여러 관군의 공격 포위가 10일이 되니 성이 곧 함락하게 되자 헌창은 화를 면치 못할 것을 알고 자살하니 따르는 자(從者)가 그의 머리를 잘라 몸과 각각 파묻었다. 성이 함락되고 관군은 그의 몸을 무덤에서 찾아 내어(무덤을 파서) 다시 베고 그의 종족과 무리 239명을 죽이고 그곳 백성들을 놓아주었다.

十四年, 三月, 熊川州都督憲昌, 以父周元不得爲王, 反叛, 國號長安, 建元慶雲元年, 脅武珍, 完山 菁, 沙伐四州都督, 國元 西元 金官仕臣及諸郡縣守令, 以爲其屬…憲昌遣其將, 據要路以待, 張雄遇賊兵於道冬峴, 擊敗之, 衛恭 悌凌合張雄軍, 攻三年山城克之, 進兵俗離山, 擊賊兵滅之, 均貞等與賊戰星山, 滅之, 諸軍共到熊津, 與賊大戰, 斬獲不可勝計, 憲昌僅以身免, 入城固守, 諸軍圍攻浹旬, 城將陷, 憲昌知不免自死, 從者斷首與身各藏, 及城陷, 得其身於古冢誅之, 戮宗族, 黨與凡二百三十九人, 앞 三國史記, 106-107쪽.

三國史記 高句麗本紀 제 14대 봉상왕 5년(296) 8월에 모용외가 또 쳐들어와 고국원에 이르러 서천왕의 능묘(陵墓)를 보고 사람을 시켜 파다가 일꾼 중에 폭사자(暴死者)가 생기고, 광중(壙中)에서 음악 소리가 나므로 그는 귀신이 있는줄 알고 곧 군사를 이끌고 물러갔다. 왕이 여러 신하 들에게 이르기를 "모용씨는 병마(兵馬)가 막강하여 수차 우리의 강역(疆域)을 침범하니 어찌하면 좋으냐" 고 하니 국상(國相) 창조리가 대답 하기를 "북부(5부의 하나) 대형(大兄) 고노자가 어질고 용맹하니 대왕이 만일 적을 막고 백성들을 편안케 하시려면 고노자가 아니고서는 쓸만한 사람이 없습니다" 하였다. 왕은 고노자를 신성태수로 삼으니 그는 선정을 베풀어 위성(威聲)이 있었다. 이로부터 모용외는 다시 쳐들어 오지 않았다.

五年, 秋八月, 慕容廆來侵, 至故國原, 見西川王墓, 使人發之, 役者有暴死者, 亦聞壙內有樂聲, 恐有神乃引退, 王謂群臣曰, 慕容氏兵馬精强, 屢犯我疆場, 相國倉助利對曰, 北部大兄高奴子賢且勇, 大王若欲禦寇安民, 非高奴子無可用者, 王以高奴子爲新城太守, 善政有威聲, 慕容廆不復來寇, 위 三國史記, 161쪽.

제16대 고국원왕 12년(342) 11월에 연나라 황이 친히 기병 40,000을 거느리고 남도로 나가니 모용한 모용패를 선봉으로 삼고 따로 장사(長史, 職名) 왕우 등에게 군사 15,000을 거느리고 북도로 가서 고구려를 치게 하였다. 고구려 왕은 동생 무에게 정병 50,000을 통솔하여 북도를 막게 하고, 왕 자신은 약졸(弱卒)을 거느리고 남도를 방어 하였다. 모용한이 먼저 남으로 와서 싸움을 하고 황이 대중으로 이어 오니 고구려 병이 크게 패하였다. 좌장사 한수가 고구려 장군 아불화도가(加는 고구려 벼슬 이름)의 목을 베고, 제군이 승승하여 드디어 환도에 입성 하였다. 고구려 왕은 단기(單騎)로 단웅곡에 뛰어 들었으나 연나라 장수 모여가 왕의 어머니 주씨와 왕비를 사로 잡아 갔다. 그때 마침 연나라 장수 왕우 등은 북도에서 싸워 모두 패망 하였으므로 황은 다시 추격하지 아니하고 사람을 보내어 고구려 왕을 불렀으나 왕은 단웅곡에서 나오지 않았다. 황이 장차 환국하려 할 때 한수는 말하기를 고구려의 땅은 험하여 지키기가 어렵고, 지금 그 국주는 도망하여 백성은 흩어져 산곡간에 숨어 있으나, 연의 대군이 철귀(撤歸)하면 반드시 또 모여 남은 무리를 수습할 것이므로 오히려 걱정거리가 될 터이니 청컨대 그의 아버지의 무덤을 파서 시체(屍體, 美川王)를 싣고 그의 생모 주씨를 사로잡아 갔다가 고구려 왕의 속신자귀(束身自歸, 스스로 몸을 묶어 歸降)함을 기다려 도로 내어주고 은혜와 신의로 무마 하는것이 상책일 듯 하다 하였다. 왕이 그의 말에 따라 미천왕릉을 발굴하여 그 사체를 싣고, 또 부고(府庫, 정부 창고)에 있는 여러대의 보물을 취하고, 남녀 50,000여명을 사로잡고 그 궁실(宮室)을 불지르고 환도성을 헐어버리고 돌아갔다.

13년 2월에 왕이 그의 동생을 보내어 연나라에 칭신(稱臣, 신하를 칭하고) 입조(入朝)하여 진귀(珍貴)한 물건을 전하였는데 그 수가 1,000이나 되었다. 연나라왕 황은 미천왕의 시체를 돌려 보내고, 그 어머니 주씨는 아직 잡아두고 볼모로 하였다.

25년 12월에 왕이 연나라에 사신을 보내어 볼모를 주고 조공을 닦으며 왕의 어머니의 반환을 청하니, 연나라 왕 준이 허락하고 전중장군 도감을 시켜 왕의 어머니 주씨를 호송케 하였다.

十一月, 皝自將勁兵四萬, 出南道, 以慕容翰, 慕容霸爲前鋒, 別遣長史王寓等, 將兵萬五千, 出北道以來侵, 王遣弟武丘, 帥精兵五萬, 拒北道, 自帥羸兵以備南道, 慕容翰等先至戰, 皝以大衆繼之, 我兵大敗, 左長史韓壽, 斬我將阿佛和度加, 諸軍乘勝, 遂入丸都, 王單騎走入斷熊谷, 將軍慕輿埿, 追獲王母周氏及王妃而歸, 會王寓等戰於北道, 皆敗沒, 由是, 皝不復窮追, 遣使招王, 王不出, 皝將還, 韓壽曰, 高句麗之地不可戍守, 今其主亡民散, 潛伏山谷, 大軍旣去, 必復鳩聚, 收其餘燼, 猶足爲患, 請載其父尸, 因其生母而歸, 俟其束身自歸, 然後返之, 無以恩信, 策之上也, 皝從之, 發美川王墓, 載其尸, 收其府庫累世之寶, 虜男女五萬餘口, 燒其宮室, 毁丸都城而還.

十三年, 春二月, 王遣其弟稱臣入朝於燕, 貢珍異以數千, 燕王皝, 乃還其父尸, 猶留其母爲質.

二十五年, 冬十二月, 王遣使詣燕, 納質修貢, 以請其母, 燕王雋許之, 遣殿中將軍刀龕,

送王母周氏歸國, 앞 三國史記, 165쪽.

같은 내용이 魏書에도 실려 있는데

魏書 高句麗 전에, 위궁(位宮,고구려 11대 東川王)은 위(魏)나라 제(齊)왕(240-249)년간에 요동의 서쪽 안평을 침략 하였다가 유주자사 무구검에게 격파 당하였다. 그의 현손이 을불리(고구려 15대 美川王, 利의 아들은 쇠(釗) 16대 故國原王)이다. 북위 소선제 4년 고국원왕 12년에 모용원진(원진-전연의 모용황)이 많은 군사를 거느리고 그들을 공격, 남쪽 길로 침입하여 쇠(釗)는 홀로 도망쳤다. 원진이 쇠의 아버지의 묘를 파헤치고 시체를 싣고, 아울러 그의 어머니와 부인, 그리고 진귀한 보화(寶貨)와 남녀 50,000여명을 약탈하고, 그의 궁실을 불살라 환도성을 파괴한 후 귀환하였다.

位宮亦有勇力, 便弓馬, 魏正始中, 入寇遼西安平, 爲幽州刺史毋丘儉所破, 其玄孫乙佛利, 利子釗, 烈帝時與慕容氏相攻擊, 建國四年, 慕容元眞率衆伐之, 入自南陝, 戰於木底, 大破釗軍, 乘勝長驅, 遂入丸都, 釗單馬奔贏, 元眞掘釗父墓, 載其尸, 幷掠其母妻, 珍寶, 男女五萬餘口, 焚其宮室, 毀丸都城而還, 앞 中國正史朝鮮傳, 543쪽.

舊唐書 高(句)麗전에, 당나라 태종 5년(631)에 광주 도독부 사마 장손수에게 명하여 고구려에 가서 싸우다 죽은 수나라 군사의 해골을 거두어 묻고, 고구려가 세운 경관(전공을 과시하기 위한 적국 군사들의 시체를 모아 만든 큰 무덤)을 헐어 버리게 하였다.

貞觀五年, 詔遣廣州都督府司馬長孫絪帥往收瘞隋時戰亡骸骨, 毀高麗所立京觀, 위 中國正史朝鮮傳, 573쪽.

같은 기록이 신당서에도 보이는데

新唐書 高(句)麗전에, 태종이 광주 사마 장손수에게 명하여 고려에 가서 수나라 군사의 전망(戰亡) 해골을 거두어 묻고 고려가 세워놓은 경관을 헐어버리게 하였다.

帝詔廣州司馬長孫絪帥臨瘞隋士戰胔, 毀高麗所立京觀, 위 中國正史朝鮮傳, 595쪽.

Ⅶ. 맺음말

삼국시대의 장례의 여러모습과 타의에 의한 억울하고 비참한 죽음을 알아 보았다.

모든 생물체(生物體)는 유한(有限)하다. 그러므로 동식물을 비롯한 인간도 생노병사(生老病死)라는 과정은 피할 수 없는 자연의 법칙이다. 따라서 출생과 사거(死去)를 자기의 의사와는 관계없이 맞이하게 된다.

그런데 인간들은 일생 중 관혼상제(冠婚喪祭)라는 통과의례(通過儀禮)와 제도를 만들어 그 법속(法俗)에 의하여 각종의 의식행사가 진행된다. 이중에서 관례(冠禮)와 혼인(婚姻)은 자의(自意)에 따라 결정 지을 수 있으나 상례(喪禮)와 제의(祭儀)는 유가족과 후손, 그리고 그가 속해 있던 조직(組織)이나 사회단체에 의하여 거행(擧行)된다.

자고(自古)로 인간들은 이세상에서의 번잡(煩雜)하고 고통스러웠던 생(生)을 마감하면서 저승에서 보다 안락(安樂)한 생활의 영위(營爲)를 동경(憧憬)하며 여러 형태의 종교의식을 거행하여 사자(死者)를 타계(他界)로 보내는 장례(葬禮)에 정성을 다하여 후장(厚葬)하고자 진력(盡力)하였다.

한편 민족적(民族的)인 습속(習俗)·관념(觀念)·신앙(信仰)의 차이에 따라 장례의 방법도 달라 화장(火葬)·수장(水葬)·풍장(風葬)·순장(殉葬)·조장(鳥葬)·초분(草墳, 二次葬)·동굴장(洞窟葬)·토장(土葬) 등의 장의(葬儀)가 그들 나름대로 전승하고 있다.

삼국시대의 장속(葬俗)에서, 주인의 죽음을 따르는 순장(殉葬), 전장(戰場)에서 패배(敗北)한 장졸(將卒)들의 참수(斬首), 죄없는 전쟁포로(戰爭捕虜)의 생매장(生埋葬) 등의 타살(他殺)은 본인의 의사와는 전혀 관계없는 타의에 의한 억울한 죽음이다.

그리고 도적(盜賊)의 반란(叛亂)으로 그의 구족(九族)을 멸(滅)함, 제천(祭天)용 돼지를 다치게 한 관리를 구덩이에 넣어 죽이는 참혹(慘酷)한 행위는 잔인박행(殘忍薄行)이라고 아니 할 수 없다.

적국(敵國) 왕실(王室)의 분묘(墳墓)를 훼손(毁損)하고 시체를 자국(自國)으로 운반하거나, 역적(逆賊)의 무덤을 발굴(發掘)하여 시신(屍身)을 절단(切斷)하여 구덩이에 버린 처사(處事)는 말없는 시신(屍身)을 흥정의 대상으로 삼고, 자기 분노(憤怒)를 억제하지 못한 만행(蠻行)이라고나 할까.

삼국시대의 장의(葬儀)에서도, 천계(天界)에서의 영생안주(永生安住)를 기원(祈願)하기 위하여 결혼 후 곧 장례에 사용할 물건을 준비한다던가, 금은재폐(金銀財幣)를 모두 장사 치르는데 소모(消耗)하고, 소말(牛馬)은 부릴 줄 모르고 장송(葬送)에만 쓴다고 하였으니, 삼국시대 사람들도 후장에 많은 신경을 썼다고 할 수 있을것이다.

부록
삼국왕(三國王)들의 장단기(長短期) 집권(執權)

장수왕(長壽王)

삼국유사 가락국기(駕洛國記) 전에

왕이 왕후(王后)와 같이 살기를 마치 하늘이 땅을, 해가 달을, 음(陰)이 양(陽)을 가진 것과 같고… 후(后)가 돌아가니 수(壽)가 157세였다. 후(后)가 돌아간 후 왕이 매양 고침(孤枕)에 의지하여 비탄(悲嘆)함이 많더니 10년을 지낸 헌제 입안(獻帝 立安, 建安이니 麗 太祖의 諱, 建을 피하여 입안이라 함) 4년(193) 3월 23일에 돌아가니 수(壽)가 158세였다. 나라 사람이 마치 천지(天只, 부모의 謂)를 잃은 듯이 서러워하여 후(后)의 돌아간 날 보다 더하였다. 하고

魏書 高句麗 전에

태화(太和, 477-499) 15년에 왕 연(璉, 20대 長壽王, 재위 413-491)이 죽으니 나이가 100세였고, 南史 高句麗 전에도 연(璉)은 제(齊)나라 때에도 한결같이 작위(爵位)를 받았으며 100세를 살다가 죽었는데…北史 高句麗 조에도 태화 15년(北魏 孝文帝의 年號, 491년, 장수왕 79년)에 연이 죽었는데 나이가 100여세였다… 南齊書 高句麗조에도 고연(高璉, 장수왕)은 나이 100여 세에 졸(卒)하니… 梁書 高句麗 조에도 그 후손인 고연(高璉)이 진 안제(晋 安帝) 의희(義熙) 연간(年間, 405-418)에 비로서 표문을 올리고 공물(貢物)을 바치었다. 그는 송(宋) 제(齊) 시대를 거치면서 한결같이 작위를 받았고 나이 100여 세에 사(死)하였다… 하고

삼국사기 次大王 전에

7대 차대왕(146-165) 20년 4월에 태조대왕(太祖大王)이 별궁(別宮)에서 돌아가니 향년(享年) 119세였다. 하고

장기집권(長期執權, 30년 이상)			단기집권(短期執權, 5년 이하)		
\multicolumn{6}{c}{신라(新羅)}					

신라(新羅)

始祖	赫居世	61년	45대	神文王	1년
26대	眞平王	54년	50대	定康王	1년
16대	訖解尼師今	47년	44대	閔哀王	2년
17대	奈勿尼師今	47년	39대	昭聖王	2년
19대	訥祇麻立干	42년	43대	僖康王	3년
24대	眞興王	37년			
33대	聖德王	36년			
10대	奈解尼師今	35년			
3대	儒理尼師今	34년			
5대	婆娑尼師今	33년			
31대	阿達羅尼師今	31년			

고구려(高句麗)

6대	太祖大王	94년	4대	閔中王	5년
20대	長壽王	79년			
16대	故國原王	41년			
2대	琉璃王	37년			
25대	平原王	32년			
15대	美川王	32년			
10대	山上王	31년			

백제(百濟)

8대	古爾王	53년	22대	文周王	2년
3대	己婁王	52년	28대	惠王	2년
2대	多婁王	50년	29대	法王	2년
5대	肖古王	49년	12대	契王	3년
始祖	溫祚王	46년	23대	三斤王	3년
27대	威德王	45년			
30대	武王	42년			
11대	比流王	41년			
4대	蓋婁王	39년			
26대	聖王	32년			
13대	近肖古王	30년			

후 백제(後 百濟)

	甄萱	35년

부록
인용도서 해제(引用圖書 解題)

삼국사기(三國史記)

삼국사기는 우리나라 최고(最古)의 문헌사료(文獻史料)로서 고려 인종 23년(1145) 왕명에 의하여 김부식(金富軾) 주관(책임) 아래 최산보(崔山甫, 內侍) 등 8명의 참고(參考,편사관)와 정습명(鄭襲明) 이하 2명의 관구(管句,편사관) 등 모두 11명이 참가하여 편찬하였다.

중국 사마천(司馬遷)의 사기(史記)를 참고하여 저술하였는데, 김부식 등이 고기(古記, 三韓古記, 海東古記, 新羅古記, 新羅古事, 김대문의 花郎世紀, 鷄林雜傳, 高僧傳, 樂本漢山記, 崔致遠의 帝王年代曆과 그의 문집 등)와 유적(遺籍)과 중국의 여러 역사서에서 발췌(拔萃)하여 출간하였으나, 고려시대 간행본은 모두 없어지고 조선 태조 2~3년(1393~4)에 진의귀(陳義貴)와 김거두(金居斗)가 개간하고, 중종 7년(1512) 이계복(李繼福)이 재개간, 이후 목판(木版) 또는 활자로 수차 간행되었는데, 본기(本紀)·연표(年表)·지류(志類)·열전(列傳)의 순서로 편집 되었다. 1~12권은 신라본기, 13~22권은 고구려본기, 23~28권은 백제본기, 29~31권은 연표, 32~40권은 지류, 41~50권은 열전으로 되었다. 옥산서원(玉山書院) 소장본을 영인(影印)한 일본 도쿄(東京)대학 간행본(刊行本) 및 광문회(光文會) 간본, 조선사학회(朝鮮史學會) 간본 등이 일제시대에 출판되었다. 1956년 연세대 동방학연구소에서 삼국사기 색인(索引)이, 그 후 이병도의 역주본(譯註本), 김종권의 완역본이, 북한의 과학원 고전연구실에서도 1958년 출판되었다. 중국 사기(史記)의 영향을 많이 받았고, 삼국을 통일한 신라 위주로 서술하여 상대적으로 고구려·백제에 대한 기사(記事)는 매우 적은 편이다.

그리고 중요한 사건이나 인물에 대해서는 편찬자의 주관(主觀)이 많다는 이론(異論)이 많고, 고려왕조의 유교적 시대정신과 당시의 사대적(事大的)인 사회 환경을 고려 하지도 않고, 조선초 이래 선학(先學)들의 부정적인 평가는 그에 대한 올바른 성격이나 본질을 외면하였고, 일제시대 이후로도 식민사관(植民史觀)으로 왜곡(歪曲)하여 종합적인 분석(分析) 비판(批判)이 없이 다만 중국 문헌의 전사(傳寫)나 사대주의 성격이 농후(濃厚)하다고 하였다.

몇몇 학자들의 견해를 들어보면

고려말 조선초의 문신(文臣)이자 학자인 권근(權近 공민왕 1~태종 9, 1352~1409)은 삼국사기가 기전체(紀傳體)로서 사건을 중첩기술(重疊記述)하고, 유교윤리(儒敎倫理)에 어긋나는 즉위년칭원법(卽位年稱元法)으로 서술하였음을 비난하고, 조선후기 실학자(實學者)로서 동사강목(東史綱目) 등을 저술한 안정복(安鼎福 숙종 38~정조 15, 1712~1791)은 삼국사기가 황잡(荒雜)하고 소략(疎略)하다고 비난 하였다.

일제하(日帝下) 민족주의 사가(民族主義 史家)인 신채호(申采浩)는 삼국사기의 소루(疏漏)함이 사료(史料)의 부족이 아니라 김부식의 철저한 사대주의에 그 원인이 있으며, 민족 고유의 전통과 습속을 배제(排除)하고 유교적인 입장에서 서술된 사대주의사서(事大主義史書)라 규정하고, 김부식이 묘청(妙淸)의 서경전역(西京戰役)의 승리를 기회로 사대주의에 사로잡혀 조선의 강토(疆土)를 바짝 줄여 대동강 혹은 한강을 국경으로 정하는 한편 사대주의 유교적 입장의 사료(史料)는 부연찬탄(敷衍讚嘆, 알기쉽게 쓰고 기특하게 칭찬) 개작(改作)하고 그에 불합(不合)한 사료는 논폄도개(論貶塗改, 폄하 보수)하고 혹은 산제(刪除, 깎고 없앰)하였다고 보았다. 또한 김부식이 묘청(妙淸)의 난을 진압한것이 한국역사에 자주의식(自主意識)을 말살(抹殺)시켜, 이후 사대주의가 팽배(澎湃)하게 되는 계기가 되었으며, 한국사연구에 거의 도움을 주지 않는다 하였고, 일제(日帝)시대의 식민사가(植民史家)들도 대부분 이 같은 입장을 취하였다.

즈다(津田左右吉)는 백제·고구려의 본기(本紀)는 물론 신라본기의 상대(上代) 부분은 전혀 믿을 수 없는 허구(虛構)라 주장 한 후, 대부분의 일본 학자들은 삼국사기의 내용이 거의가 중국문헌(中國文獻)의 기계적(機械的)인 전재(轉載)라 하고 한결같이 나물왕(奈勿王, 17대, 356~402) 이전의 기록은 신빙성이 없는 날조(捏造)라 하였다.

스에마쯔(末松保和)도 중국 사료의 기계적인 삽입(揷入), 유교적(儒敎的) 입장강조, 신라제일주의, 고려 왕실과 신라 왕실과의 관계 명시(明示)의 편찬(編纂)이라 했다.

이이지마(飯島忠夫)는 삼국사기에 나타난 66회의 일식(日蝕)기사를 중국문헌의 전재(轉載)라 하여, 중국의 사서(史書)기록을 그대로 옮겨 수공적(手工的)으로 첨가(添加)하였다 했다.

김철준(金哲俊)도 전통적인 문화체질(文化體質)과 거리가 먼 모방적(模倣的)이고도 사대적(事大的)인 유교사관(儒敎史觀)에 입각할 때 결과는 자기 전통문화의 빈곤화(貧困化) 축소화(縮小化)이며 외교관계(外交關係) 기사(記事)의 풍부함도 사대주의의 합리화(合理化)에 불과하다 하고, 김부식 사관(史觀)의 고대적(古代的)인 성격과 전통적인 체질을 부인하는 입장에서 많은 사료가 인멸말살(湮滅抹殺)되고, 단지 사대(事大)의 타당성만을 강조하였다.

위와 같은 부정적(否定的) 의견(意見)에 대하여 긍정적(肯定的)인 견해(見解)도 있는데
고병익(高柄翊)은 김부식의 집필(執筆) 부분으로 생각되는 30즉(則)의 논찬(論贊)을 분석하여 유교적 형식윤리관이 오히려 덜하였고, 중국기사의 정확한 전재(轉載)는 물론이며 삼국의 기사를 본기(本紀)로 배당하여 삼국을 동등한 격(格)에 놓고, 삼국의 기사를 본기(本紀)로 명명(命名) 하는것도 만약 김부식이 중국중심의 사대사고(事大思考)가 골수(骨髓)에 박힌 사람 이라면 하지 못하였을 일이라 하였다. 그리하여 신라·고구려·백제의 삼국에 대한 김부식의 자세는 놀라울 정도로 공평불편(公平不偏)하였고, 주관적인 호오(好惡)나 명분론적(名分論的)인 차별에 사로 잡히지 않고 냉정한 객관성을 유지하였다하여, 김부식 사관(史觀)을 옹호(擁護)했다.

이기백(李基白)도 구삼국사(舊三國史)와의 비교를 통하여 삼국사기가 도덕적 합리주의(合理主義) 사관(史觀)으로 설명 할 수 있다고 한 후, 삼국사기는 오히려 발전된 사관과 역사 서술의 산물이라 하였다.

신형식(申瀅植)은 삼국사기의 본기의 내용은 처음부터 신라를 국가체제로 인정하여 정치 천재(天災) 외교(外交) 전쟁이라는 4항목으로 서술되어 있다하고, 나물왕을 어떤 역사적인 전기로 내세우지는 않았다고 하였다.

김원룡(金元龍)은 삼국사기의 상고(上古) 부분에 대한 서술도 고고학적인 발굴결과에 비추어 볼 때 신빙성(信憑性)이 있다는 견해(見解)를 밝혔는데, 현재 전국 각지에서의 유적 발굴조사 결과에서도 삼국사기의 기록과 부합되는 유적이 여러곳에서 조사보고 되었다. 최근 필자가 속한 연구원에서 경주 나정(蘿井)을 발굴조사 하였는데, 역시 삼국사기에 기록된 내용과 많은 부분에서 일치됨을 알 수 있었다.

저자 김부식(金富軾, 문종 29~의종 5, 1075~1151)은 고려시대 귀족 출신으로 학자이자 정치가이다. 본관은 경주, 좌간의대부(左諫議大夫) 간(覲)의 아들로 자는 입지(立之), 호는 뇌천(雷川)이다. 4 형제 중 셋째로 태어났는데 어려서 부친을 잃어 편모슬하(偏母膝下)에서 자랐다. 숙종시 문과에 급제, 안서대도호부 사록(安西大都護府 司錄) 우사간(右司諫)을 거처 중서사인(中書舍人)이 되고, 인종 즉위년(1122) 보문각대제(寶文閣待制)로 있을 때 이자겸이 예에 벗어나는 행동을 하여 충고 시정케 하였다. 인종 12년(1134) 묘청이 도참설로 서경으로 천도하려 하자 반대 중지 시키고, 다음해 묘청이 반란을 일으키자 원수로 중군장이 되어 정지상등을 반도들과의 내통 혐의로 살해하고, 난을 평정한 공으로 수충정난정국공신(輸忠定難靖國功臣)에, 1138년 집현전태박사(集賢殿太博士), 태자태사(太子太師), 1142년 벼

슬에서 물러나 동덕찬화공신(同德贊化功臣)이 되고, 1145년에 삼국사기를 편찬 하였다. 문종(文宗) 선종(宣宗)이후 인종(仁宗) 의종(毅宗) 등 7대(代)왕을 거쳤는데 그의 활동은 주로 50대 후반이고, 77세로 졸하였다.

여하간 문헌이란 그 시대적 산물이므로 현재의 시각(視覺)에서 파악 하여서는 안될 것이다. 그리고 위에서 살펴 본 바와 같이 김부식은 1075년 생으로서 1145년에 삼국사기를 편찬하였다고 하면 고령(高齡)인 70을 넘어서 저술 하였으므로, 그는 사료(史料)의 취사선택(取捨選擇) 수정(修整) 가필(加筆) 등을 하였다고 보는 것이 설득력(說得力)이 있다고 생각된다. 또한 김부식이 삼국사기를 편찬한 때는 이미 백제·고구려가 사직(社稷)을 잃은지 500년가량되어 고구려·백제 양국의 사적(史籍)은 매우 소략(疏略) 영성(零星)하였을 것이고, 그 후 신라통일기를 지나 신라가 고려에 나라를 바친지도 200년이 지난 시기이므로 삼국에 관한 사서(史書)나 사료(史料)가 자연적이거나 고의적(故意的)으로 많이 인멸(湮滅) 되었을 것을 짐작 한다면 삼국사기는 사료면에서 당연히 신라위주로 서술되었을 것이다.

삼국유사(三國遺事)

고려 충렬왕대 명승(名僧) 보각국사(普覺國師) 일연(一然)이 신라·고구려·백제 삼국의 유사(遺事)를 모아 편찬한 것으로 삼국사기와 더불어 가장 오래된 우리나라 역사서이다. 유사(遺事)라 함은 정사(正史)에서 유루(遺漏)된 쇄잡(瑣雜)한 사실을 기록한 것이라 하지만, 실제로는 정사에서 다루지 않은 중요한 역사학·국문학·민속학 및 많은 불교적 사실을 다루고 있어, 정사에 버금가는 큰 가치(價値)를 지녔다고 할 수 있다.

그리고 삼국사기는 사관(史官)에 의하여 편찬된 체제가 정연(整然)하고 문장이 유창(流暢)한 정사(正史)인데 반해, 삼국유사는 승려(僧侶)가 기록한 체제가 미비하고 문장이 소박한 야사(野史)이다. 그러나 삼국사기는 수록된 범위가 신라 고구려 백제의 삼국 정립(鼎立)기와 통일신라에만 한정되었고, 주로 정치제도 중심의 역사서임에 비해, 삼국유사는 시대적 한계가 원시사회(原始社會)에서 부족국가(部族國家)를 거쳐 삼국시대에서 통일신라까지의 주로 민족·종교·민속 중심의 역사이므로 비록 유문(遺聞, 전해진 이야기) 일사(逸事 숨겨진 사건)를 수집한 설화적(說話的)인 기록이라고 하지만, 김부식의 삼국사기가 유교적 영향과 관찬사적(官撰史的)인 제약(制約)에서 배제(排除)하였던 여러 역사적(諸歷史的) 기록을 남김으로서 현재까지도 민족사(民族史)의 참모습을 알려주는 귀중한 사료라고 할 수 있으며, 원본은 현재 전하지 않고 중종 7년(1512)에 재간(再刊) 한 책도 희귀(稀貴)하다.

삼국유사의 체재(體裁)는 정사인 삼국사기와는 크게 다를 뿐만 아니라, 삼국 역사 전반에 관한 사서(史書)로 편찬 된것도 아니며, 삼국의 불교사 전체를 포괄(包括) 한것도 아니고, 저자 자신의 관심 대상인 사료들을 선택적으로 수집 분류한 자유로운 형식의 사서이다. 따라서 불교사도 아니고, 전설(傳說)과 설화(說話)가 많이 수록 되었다하여 설화집도 아니고, 정사가 아니라는 이유로 야사(野史)나 만록(漫錄)으로 취급 할 수도 없는 저자의 강한 역사의식(歷史意識)과 호국불교사상(護國佛敎思想)이 깊숙히 스며있는 사서(史書)이다.

모두 5권으로 나뉘어 편찬 되었는데, 제1권에는 왕력(王曆)과 기이(紀異)의 전반(前半)이 수록, 제2권에는 기이의 후반(後半)이, 왕력에는 주로 삼국시대 왕의 세계(世系)와 그 연대를, 기이에는 고조선 부족국가 삼한 통일신라 후삼국의 사적(事蹟)이, 제3권에는 흥법(興法) 탑상(搭像)이, 제4권에는 의해(義解)가, 제5권에는 신주(神呪)·감통(感通)·피은(避隱)·효선(孝善) 등이 기록 되었는데 주로 불교에 관계된 기록이므로 불교의 전파(傳播) 사탑(寺塔)의 건조(建造) 승려(僧侶)의 행적(行蹟) 등이 자세히 설명 되었으며, 그중에는 향가(鄕歌) 14수(首)도 수록 되어 있다. 그리고 신이영묘(神異靈妙)한 사적(事蹟)을 수집하였으므로 불교적 기록이 많고, 삼국 외에 고조선(古朝鮮)·위만(衛滿)조선·삼한(三韓)·사군(四郡)·낙랑(樂浪)·대방(帶方)·말갈(靺鞨)·발해(渤海)·북부여(北夫餘)·동부여·후백제(後百濟)·가락(駕洛) 등의 기사도 실려 있다. 삼국사기에서 빠진 고기(古記)의 기록들을 원형대로 모은것이 특징이며, 단군설화를 비롯하여 고대 신화 전설 민속 사회 고어휘(古語彙) 성씨록(姓氏錄) 지명기원(地名起源) 사상 신앙 일사(逸事) 등을 대부분 금석(金石) 및 고적(古籍)의 인용, 견문(見聞)에 의하였는데 인용서적도 당시의 전적(典籍)을 고증하는데 귀중한 자료가 된다. 일제시대 원형대로 영인(影印)한 고전간행회본과 도쿄(東京)대 문과대사지총서(史誌叢書)본, 교또(京都)대 문학부 총서(叢書)본, 계명구락부(啓明俱樂部)간본 그리고 광복후 삼중당(三中堂) 간행본 외 이병도(李丙燾) 역주(譯註)본, 문고판(文庫版)의 이동환(李東歡) 역주본, 북한에서는 리상호 옮김으로 1960년에 출간되기도 하였다.

삼국유사는 고조선(古朝鮮)의 기사(記事)에서 단군왕검(檀君王儉)이 중국의 요제(堯帝)가 즉위 한지 50년에 평양성에 도읍을 정하고 국호(國號)를 조선(朝鮮)이라 한것은 우리나라의 기원이 중국과 같이 유구(悠久)함을 주장한 것이다. 그리고 부여(夫餘)·고구러·백제의 왕실(王室)이 모두 동명왕(東明王)의 혈통(血統)에 의한 것이라 강조하고, 삼한(三韓)을 고조선의 유민(遺民)들이 형성하였다고 하니, 이것은 삼국 출발의 원점이 하나임을 밝히고, 그들이 동일혈통(同一血統)임을 강조하고, 만주(滿洲)지방의 옛 강역(舊疆)이 원래 우리에게 속하였다는것을 당시 고려 사람들과 후세에 전하자는 발상(發想)에서 나온것이라 할 수 있고,

고려라는 나라 이름이 고구려를 습칭(襲稱) 한것과, 서경(西京, 평양)을 재건하여 거란(契丹)과 금(金)의 세력과 다투면서, 고려국의 북진(北進) 정책과 그에 따르는 동족사상(同族思想)의 고취(鼓吹)라 할 수 있을 것이다.

저자인 일연(一然, 희종 2~충열왕 15, 1206~1289)의 성명은 김견명(金見明), 자는 일연, 초자가 회연(晦然), 호는 무극(無極)이다. 언필(彦弼)의 아들이고 경주 장산군(章山) 출신이다. 아버지가 벼슬을 하지 않은것을 보면 그의 가문(家門)은 별로 좋지 않은 듯 하다. 9세에 (1214) 해양 무량사(海陽 無量寺)에 들어가 학문을 닦다가 1219년 대웅(大雄)에서 중이 되었다. 1227년 승과(僧科)에 급제, 1237년 삼중대사(三重大師), 1246년에 선사(禪師), 1256년 대선사(大禪師), 원종 2년(1261)에 왕의 부름으로 상경 선월사 주지, 원종 9년(1268) 조지(朝旨)를 받들어 운해사에서 대덕(大德) 100명을 모아 대장경낙성회(大藏經落成會)를 개최하여 맹주(盟主)가 되고, 충열왕 3년(1277) 왕명으로 운문사 주지, 1281년 왕에게 법설강론(法說講論), 1283년 국존(國尊)으로 추대되었다. 이 해에 90이 넘도록 고독하게 여생을 보낸 노모(老母)의 봉양(奉養)을 위하여 귀향(歸鄉)하였다.

다음으로 중국측 사료(史料)를 인용하였는데, 이 책에서 인용한 아래 역사책들은 중국 정사(正史)들로서, 우리나라 고대 역사를 그들의 입장에서 소개하였으므로, 중국 측에서 보면 남의 나라의 역사이다. 그리고 당시로서는 고구려와는 가까이 접경 하였으나, 신라 · 백제와는 상당한 거리가 있었고, 또 중화사상(中華思想)에서 보면 동이(東夷) · 서융(西戎) · 남만(南蠻) · 북적(北狄)이라 하여 주변국가들을 비하경시(卑下輕視)하였으므로 문장 내에는 실제와 같지 않고, 우리 심중(心中)에 들지 않는 부분이 많은것도 사실이나, 우리의 최고 역사서라고 하는 삼국사기도 이들 역사서를 참고 인용하여 저술하였으니 그 가치를 인정하지 않을 수 없다.

후한서(後漢書)

후한의 정사(正史)로 후한 13대(代) 왕(帝) 196년 간의 사적(事蹟)을 적은 역사책으로, 남조(南朝) 송(宋)나라 범엽(范曄)이 지었는데 기(紀) 10, 지(志) 30, 열전(列傳) 80권으로 되었다. 이중 지 30권은 진 사마표(晉 司馬彪)가 지었고, 기전에는 당나라 장회태자 이현의 주(註)가 붙어있고, 지에는 양(梁)나라 유소(劉昭)의 주보(註補)가 있다. 이 책의 동이전(東夷傳)에는 부여(夫餘) · 읍루(挹婁) · 고구려 · 동옥저(東沃沮) · 예(濊) · 한(韓) 및 왜(倭)전이 있어 우리나라 고대사 연구에 귀중한 자료이다.

삼국지(三國志)

중국 삼국시대인 위(魏)·오(吳)·촉(蜀)의 역사책으로, 진(晉)의 진수(陳壽)가 수집 편찬한 개인적인 찬집(撰集)이고, 위지(魏志) 30권, 촉지(蜀志) 15권, 오지(吳志) 20권으로 이루어졌다. 위지만 본기(本紀)가 있고, 지(志)·표(表)는 없다. 위나라만이 정통이고 촉나라는 제외되어 후세에 정통론이 일어나 비난의 대상이 되고, 촉나라를 정통으로 하는 속한서(續漢書)도 나왔지만 엄밀한 자료 비판으로 삼국을 공평하게 기술하여 정사 중에도 양서(良書)로 인정된다. 서술이 간략한 부분은 남조(南朝) 송(宋)나라의 배송지(裵松之)가 주(註)를 달아 귀중한 자료로 평가되고 있다. 위지(魏志) 동이전에는 부여·고구려·동옥저·읍루·예·마한·진한·변한·왜인전이 있어 우리 역사를 고구(考究)하는데 귀중한 사료이다.

진서(晉書)

중국 진(晉)왕조의 정사로 본기(本紀) 10권, 지(志) 20권, 열전(列傳) 70권외 오호십육국(五胡十六國)의 역사인 재기(載記) 30권이 포함 되었다. 648년 당(唐)나라 태종(太宗)이 그때까지 전하여 내려온 진대사(晉代史)를 참고하여 완성한 칙찬서(勅撰書)로서 선제기(宣帝紀) 무제기(武帝紀) 육기전(陸機傳) 왕희지전(王羲之傳) 등 사론(史論)은 태종이 직접 집필(執筆)하고, 방현령(房玄齡) 이연수(李延壽) 등이 명을 받아 저술(著述)한 것으로 서진(西晉) 4대 54년, 동진(東晉) 11대 120년 사이 정사체(正史體)의 역사이다. 여기에는 지리지(地理志)와 동이전이 실려 있다.

남제서(南齊書)

중국 24사(史)의 하나로 양(梁)의 소자현(蕭子縣)이 저술하였다. 남제에 관한 기전체(紀傳體)의 역사책으로 동이전(東夷傳)이 실려 있다. 남북조(南北朝) 시대 남조 4왕조(479~502)의 하나인데, 북조의 제를 북제라고 하므로 남조의 제를 남제라 하였다.

양서(梁書)

중국 남북조 시대 양나라 4대 사적(事蹟)을 기록한 정사(正史)로 24사(史) 중의 하나이다. 당(唐)나라 정관(貞觀) 3년(629)에 요사염(姚思廉) 위징(魏徵)이 칙명(勅令)에 의해 저술한 책인데 기전체(紀傳體)로서 본기(本紀) 6권, 열전(列傳) 50권으로 이루어졌다. 요사염의 아버지 찰(察)이 진(陳)나라 때 양진이사(梁陳二史)의 저술을 계획 하였으나 완성하지 못하여 아들 사염이 유지를 받들어 양사(梁史)를 참고하고, 태종의 명을 받아 편찬하였는데 양나라 5대 역사를 기록한 책으로 진서(晉書)·송서(宋書) 등 육조(六朝)의 정사(正史)는 모두 당시의 유행하던 병려체(騈驪體)로 기술(記述) 되었지만 유독 본서는 고문체(古文體)로 되었다. 고구려·신라·백제의 기록이 수록되어 있다. 그런데 관찬(官撰)이라고 하지만 실제로는 요(姚)씨 부자의 사저(私著)와 같다.

이책에 처음으로 신라전이 소개되었는데, 신라는 작아서 스스로 사신(使臣)을 보내지 못하고 양나라 보통 2년(511, 신라 법흥왕 8)에 처음으로 백제의 사신을 따라 중국에 토산물을 바쳤다. 글자가 없어 나무에 새겨 신표(信標)를 만들었으므로 언어는 백제인을 거쳐야 통한다하였으니, 신라를 잘못 이해한 기록이라고 볼 수 있다.

위서(魏書)

북제(北齊)의 위수(魏收)가 천보(天保) 2년(551) 명을 받아 지은 북위(北魏)의 정사로 제기 12, 열전 92, 지 10권으로 이루어졌는데, 위수가 주관적(主觀的)으로 사실(史實)을 왜곡하여 서술하였다 하여 예사(穢史)라는 비난이 있다. 이 안에 고구려·백제·물길(勿吉)·거란(契丹) 등의 열전(列傳)이 실려 있는데 삼국사기는 이것을 모두 수록하고 특히 백제전은 거의 전문(全文)을 전사(轉寫)하였다.

주서(周書)

북관(北關)때 사관(史官)이 쓴 책으로 이역전(異域傳)에 우리의 것 2편이 실려 있다.

수서(隋書)

중국 수나라 24史의 하나인데 당(唐)나라 태종(太宗)의 명으로 위징(魏徵) 장손무기(長孫無忌) 등이 편찬한 수(隋)나라 정사이다. 정관 3년(629)에 편찬되었는데, 그 후 태종은 정관 15년(641) 다시 령을 내려 양(梁)·진(陳)·제(齊)·주(周)·수(隋) 5대의 지를 편찬케 하여 예의(禮義)·율력(律曆)·음악(音樂)·천문(天文)·오행(五行)·식화(食貨)·형법(刑法)·백관(百官)·지리(地理)·경적(經籍)의 10지 30권을 보태어 고종 현경(顯慶) 1년(656) 간행되었다. 기전(紀傳)은 안사고(顏師古)·공영달(孔穎達)이, 지(志)는 이연수(李延壽) 등이 각각 지었다. 이 책 안에 81~618년 간에 걸친 사실(史實)이 수록되어 있고, 우리의 음악지(音樂志) 지리지(地理志)와 동이전(東夷傳), 북적전(北狄傳)이 기록되어 있다. 후에 태종의 명으로

우지녕(于志寧) 등이 편찬한 양(梁)·진(陳)·북제(北齊)·북주(北周)·수(隋) 등 5왕조의 제도를 기록한 10지(志) 30권이 편입되어 지금의 85권으로 되었다.

남사(南史)

당(唐)나라 이연수가 지은 것으로 송(宋)·제(齊)·양(梁)·진(陳)의 정사를 개산(改刪) 보수(補修)하여 남조(南朝) 4대 170년 간의 사건을 기록한 역사책이다. 본기(本紀) 10권, 열전(列傳) 70권으로 되어있다. 처음 연수의 아버지 태사(太師)는 송(宋)·제(齊)로부터 주(周)·수(隋)에 이르기 까지의 정사가, 남(南)은 북(北)을 색로(索虜)라 하고, 북은 남을 도이(島夷)라고 한것을 보고 이것을 고쳐 오월춘추편년(吳越春秋編年)같이 만들려고 하였으나 완성치 못하고 사망하였다. 이에 연수가 아버지의 뜻을 계승(繼承)하여 사마천(司馬遷)의 문체(文體)에 의하여 남북 8대의 사적(事蹟)을 서술한 것이다. 이 책안에 우리의 동이전이 실려 있다.

북사(北史)

북조(北朝)의 위(魏)·북제(北齊)·주(周)·수(隋)에 이르기 까지 4대 242년 간의 역사를 당나라 이연수(李延壽)가 편찬 하였다. 본기(本紀) 12권, 열전(列傳) 88권으로 되어 있는데 이 책은 남사(南史)에 비하여 더 힘을 들여서, 주(周)에는 문원전(文苑傳)을 더하고 제(齊)에는 열녀전(烈女傳)을 보충하여 역도원(酈道元)을 혹리(酷吏)에 넣고 육법화(陸法和)를 예술(藝術)에 부치는 등 용의주도하게 서술하였다. 이 책은 100권으로 되었는데 안에 고구려·백제·신라·물길(勿吉)·거란(契丹)과 왜국전(倭國傳)이 기록되어 있다.

당서(唐書)

중국 당나라의 정사로 구당서(舊唐書)와 신당서(新唐書)가 있는데, 구당서 200권은 945년에 완성되었으며, 오대(五代) 후진(後晉)의 유구(劉昫)가 저술하였다. 송(宋)의 구양수(歐陽修), 송기(宋祁)가 저술한 당나라 정사로 본기(本紀) 10권, 지(志) 50권, 표(表) 15권, 열전(列傳) 150권으로 모두 225권인데, 기(紀)·지(志)·표(表)는 구양수(歐陽修)가, 열전은 송기가 썼다. 동이전 북적(北狄)전이 실려 있어 우리나라 고대사 연구에 중요한 자료가 되며, 당나라 멸망 후 사료가 부족하여 후반부가 빈약하고, 전반부도 여러 사료를 발췌 하였으므로 체제에 연관성이 없으나, 당나라 때의 원사료가 많이 있어 사료로서의 가치가 크다.

구당서(舊唐書)

중국 당(唐)나라의 정사를 기록한 기전체(紀傳體)의 역사책으로 유구(劉昫)가 편찬하고 945년에 장소원(張昭遠)이 완성하였다. 송(宋)나라 인종(仁宗) 년간에 구양수(歐陽修) 등이 칙명(勅命)을 받들어 구당서의 잘못된것을 바로 잡아 새로 편찬한 것이 신당서(新唐書)이다. 고구려 장군 연개소문을 신라의 명장 김유신과 대등한 영웅으로 취급하고 음악지(音樂志), 지리지(地理志)와 동이(東夷)전, 북적(北狄)전은 우리나라 고대사 연구에 귀중한 자료가 되고 있다. 모두 200권으로 되었다.

신당서(新唐書)

225권으로 되었는데 1060년에 완성되었다. 북송(北宋)의 구양수(歐陽修) 등이 저술하고, 구당서에서 빠진것과 없는것을 보충 교정하여 만들었으나, 사적(史蹟)과 문장(文章)에 이론(異論)이 많다. 본기 10, 지 13(50권), 표(表) 4(15권), 열전 142(150권)이다. 재상세계표(宰相世系表), 병지(兵志), 선거지(選擧志)를 갖춘 것은 이 책이 처음이다. 그러나 원 사료의 문체를 고쳐서 간략하고 불명료(不明瞭)한 부분도 있으므로 사료적인 가치는 구당서만 못하지만 예악지(禮樂志), 지리지(地理志), 동이전(東夷傳), 북적전(北狄傳) 등 한국고대사 연구에 귀중한 사료가 많다.

통전(通典)

중국의 역대 제도를 통관(通觀)한 책으로 당나라 두우(杜佑)가 찬(撰)하였다. 총 200권으로 약 30년에 걸쳐 당나라 정원(貞元) 17년(801)에 상고(上古)로부터 당 현종(玄宗)때까지의 제도(制度)를 식화전(食貨典, 재정) 선거전(選擧典, 관리 임용) 직관전(職官典, 관제) 예전(禮典 의례), 악전(樂典 樂制), 병전(兵典 병제), 형전(刑典 형법), 주군전(州郡典 행정지리), 변방전(邊防典 외국)의 9부분으로 나누어 저술하여 제도사 연구에 귀중한 자료가 되고 있다. 송(宋)나라 정초(鄭樵)의 통지(通志), 원(元)나라 마단임(馬端臨)의 문헌통고(文獻通考)와 더불어 삼통(三通)이라고 한다.